필립 코틀러의

스포츠
브랜드
마케팅

필립 코틀러의 **스포츠브랜드 마케팅**

초 판 1쇄 펴낸날 | 2009년 3월 16일
개정판 1쇄 펴낸날 | 2021년 2월 26일

지은이 | 필립 코틀러 · 어빙 레인 · 벤 쉴즈
옮긴이 | 서원재 · 성용준
펴낸이 | 류수노
펴낸곳 | (사)한국방송통신대학교출판문화원
      03088 서울시 종로구 이화장길 54
      대표전화 1644-1232
      팩스 02-741-4570
      홈페이지 press.knou.ac.kr
      출판등록 1982년 6월 7일 제1-491호

출판위원장 | 이기재
편집 | 박혜원
디자인 | 플러스

ISBN 978-89-20-03953-9 03320

값 19,000원

THE ELUSIVE FAN

필립 코틀러의

스포츠 브랜드 마케팅

필립 코틀러·어빙 레인·벤 쉴즈 지음
서원재·성용준 옮김

지식의날개

The Elusive Fan

　오늘날 스포츠산업은 확고하고 두터운 층을 자랑했던 팬들을 잃어 가고 있다. 이제 스포츠팬들은 과거에는 상상할 수 없을 정도로 수많은 종류의 스포츠에 둘러싸여 있다. 야구, 미식축구, 농구, 아이스하키처럼 인기 있는 기존의 주요 스포츠들은 시장점유율을 유지하기 위해 치열하게 경쟁하고 있고, 여기에 라크로스, 페인트볼, 카레이싱, 포커 등이 점차 입지를 확대하고 있는 상황이다.

　또한 수많은 익스트림 스포츠들이 새로운 팬 층을 형성하고 있으며 그에 따라 스포츠시장 점유율은 더욱 잘게 쪼개지고 있다. 라크로스, 페인트볼, 포커와 같은 신생 스포츠들은 틈새시장을 겨냥하여 소비자들을 확보하려고 고군분투하는 중이다. 그밖에 세계시장이 점차 투명해짐에 따라 국내시장에만 전념했던 스포츠산업은 해외로 눈을 돌려 새로운 시장 개척과 점령을 위한 기회를 엿보고 있다.

　프로스포츠뿐 아니라 고등학교나 대학교와 같은 아마추어스포츠까지 격렬한 경쟁의 소용돌이에 휘말리고 있다. 거의 모든 분야의 스포츠들이 전투상황과 같은 경쟁 속에서 전문적인 스포츠 기술에 대한 기대에 부응하고 강력한 미디어의 매력까지 이끌어 내야 하는 부담감을 안고 있다. 이와 함께 신기술의 발달, 스포츠를 즐기기 위해 부담해야 할 비용, 스포츠 미디어 옵션의 증가 등으로 인해 '갈대 같은 팬 The Elusive Fan'들을 사로잡는 일은 더욱 어려워졌고 결국 스포츠산업은 그야말로 역사 이래 최대의 위기를 맞고 있다.

이제 그동안 스포츠산업에서 제기되어 온 수많은 문제들은 그 해결책을 요구하고 있다.

- 왜 팬들은 특정 스포츠와 특정 팀 그리고 특정 스타에만 열광하고 나머지에는 관심조차 주지 않는가?

- 핵심 팬들을 유지하면서 새로운 팬들을 끌어들이기 위해 수행해야 할 도전과제는 과연 무엇인가?

- 욕구가 다양해지면서 점차 세분화되고 있는 스포츠 소비자들과 확고한 관계를 형성하려면 어떤 전략이 필요한가?

- 엔터테인먼트 영역 간의 경쟁, 신기술의 발달, 교통 문제, 안전 문제와 같은 문화·정치적 요인들은 팬들의 스포츠 소비 의지에 어떤 영향을 미치는가?

이는 곧 이 책의 주제이기도 하다. 이러한 질문들에 대한 해답을 찾기 위해서는 세분화된 스포츠 경쟁시장에서 스포츠 소비자들을 확보할 수 있는 전략이 개발되어야 한다.

스포츠산업의 거대한 경제적·정서적 보상들을 감안하면 이러한 문제제기는 매우 큰 의미를 갖는다. 전 세계적으로 스포츠산업은 엄청난 성장을 이뤘으며 시장 규모는 1,000억 달러에 이른다. 중국 스포츠시장만 보더라도 2008년 베이징 올림픽 이전까지 그 규모는 100억 달러에 달했다. 미국과 캐나다에서는 2003-2004 시즌에 4억 7,600만여 명이 스포츠 이벤트에 참가했고, 2005-2006 시즌에는 130만 명의 팬들이 각종 미디어를 통해 '3월의 광란March Madness'이라고 불리는 NCAANational Collegiate Athletic Association, 미국대학체육협회 남자농구 결승전 중계를 시청했다.

물론 이 어마어마한 수치들이 스포츠 효과의 모든 것을 말하는 것은 아니다. 그러나 이제 스포츠가 삶의 방식이 되었으며 지역사회의 중요한 연결고리이자 도덕적 가치인 동시에 숭배의 대상이 되어 가고 있다는 사실을 증명해 준다.

그밖에 스포츠 선수들과 팀이 다양한 문화 영역에서 두루 활동함에 따라 스포츠는 가족과 지역사회 그리고 국가의 주요 관심사가 되고 있다. 이처럼 거대한 스포츠산업의 규모와 비전을 고려할 때 열성적인 스포츠팬들과 관계를 형성하고 유지하는 것은 중요한 기회이자 도전이다.

이 책에서 우리는 스포츠 의사결정자들이 팬 커넥션을 형성하는 데 가장 중요한 요소들을 이해할 수 있는 프레임워크를 제안할 것이다. 스포츠산업이 차별화되려면 팀, 리그, 선수와 이벤트에 대해 가지고 있던 오래된 생각을 바꾸어야 한다. 나아가 우리는 스포츠팬 층을 유지하고 성장시키는 데 핵심적인 역할을 하는 스포츠브랜드를 형성할 방안들을 제시하고자 한다.

이 책의 중심 메시지는 변화transformation다. 모든 스포츠가 치열해진 경쟁상황과 세분화된 시장에 적응할 수 있도록 변화해야 한다. 팬커넥션, 혁신적인 시장세분화, 브랜드 형성, 시장점유율 확대 등에 초점을 맞춘 전략적인 접근법 등은 변화를 수행하기 위한 중요한 지침이 될 것이다. 이러한 요소들은 이제 막 인생을 시작한 아기들부터 은퇴기에 접어든 베이비붐 세대에 이르기까지 시장을 주도하는 소비자의 세대변화를 이해하고 활용하는 데 도움을 준다. 변화에 민첩하게 반응하는 스포츠브랜드 전략은 불확실하고 혼란스러운 시장에서 명쾌한 해답을 제시해 줄 것이다.

이 책에서 소개하는 프레임워크와 사례들은 유소년스포츠에서 프로스포츠에 이르는 모든 종류의 스포츠산업 종사자들에게 통찰력과 아이디어를 제공할 것이다. 프로미식축구NFL든 스노보딩이든 고교농구든 간에 모든 스포츠에는 팬과 연결될 수 있는 보편적인 특징이 존재한다. 일상에서의 해방, 즐거움 그리고 팀에 대한 애착 등은 누구나 지닌 보편적인 욕구들이다. 이러한 특징들을 파악하면 특히나 예측이 힘든 스포츠 소비자들의 심리와 행동에 대한 통찰력을 얻게 될 것이다.

오늘날 연중 내내 승자의 위치에 군림하는 스포츠는 그리 많지 않다. 사실 승자들도 자주 패배의 쓴맛을 보기도 한다. 그러나 우리는 체계적인 브랜딩 과정과 팬 커넥션을 통해, 소비자의 시간과 돈을 차지하기 위한 치열한 경쟁 속에서도 스포츠가 팬층을 유지하고 확대할 수 있음을 증명하려고 한다. 새로운 경쟁 시대에는 제품을 재창조하고 변화를 실행하고자 하는 스포츠 의사결정자들의 의지와 능력만이 스포츠브랜드의 성공적인 미래를 보장할 수 있다.

The Elusive Fan

목차

2부 스포츠팬 사로잡기

The Elusive Fan

The Elusive Fan

Reinventing Sports in a crowded marketplace

제1부
스포츠팬
탐색하기

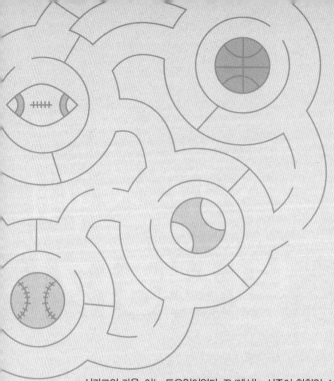

시카고의 가을, 어느 토요일이었다. TV에서는 시즌이 한창인 스포츠 경기들이 중계되고 있었다. 프로야구MLB 플레이오프, 프로농구NBA 시범경기, 14개의 대학미식축구경기, 5개의 골프 토너먼트, 미국아이스하키리그AHL 경기, 국제경마대회, 나스카NASCAR 자동차 경주, 8개의 축구경기……. 같은 시간, 일리노이 대학과 북일리노이 대학의 미식축구경기가 한창 진행되고 있었고, 미국아이스하키리그의 시카고 울브스도 홈경기에 임하고 있었다. 그밖에 미국 전역에서 29개의 고교미식축구경기와 일리노이 주 고교챔피언십 골프 토너먼트의 마지막 라운드가 진행 중이었으며, 시카고 전역에서는 청소년 레크리에이션 리그 경기들이 열리고 있었다. 시카고 불스, 베어스, 블랙호크스와 노스웨스턴 대학교 와일드캣도 예외일 수는 없다. 시카고 불스는 어젯밤 홈경기를 치렀고, 시카고 베어스는 내일 홈경기를 앞두고 있으며, 블랙호크스는 원정경기를 하고 있었다. 물론 지금도 수백 개에 달하는 축구, 럭비, 크리켓 등의 경기가 다양한 스포츠 위성 방송채널을 통해 전 세계에 방영되고 있다. 판타지스포츠1), 스포츠계의 숨겨진 정보, 게임캐스트 등의 콘텐츠를 제공하는 웹사이트만 수백만 개에 달하며 스포츠 비디오게임의 수도 엄청나다.

*본문의 모든 각주는 독자들의 이해를 돕기 위해 옮긴이가 삽입한 내용입니다.

1) 판타지스포츠 fantasy sports
   야구, 축구, 농구 같은 인기 프로스포츠를 무대로 자기가 좋아하는 스타선수를 모아 가상의 드림팀을 만들어 경기를 진행하는 시뮬레이션 인터넷 게임. 판타지스포츠는 팬들이 철저한 자료 분석을 통해 팀과 선수를 선택하므로 그들에 대해 관심을 갖게 하고, 해당 스포츠에 대한 이해를 높이는 기능도 지닌다.

스포츠팬의 진화

오늘날 스포츠팬들은 시간과 돈만 투자하면 언제 어디서든 다양한 스포츠 이벤트를 즐길 수 있다. 심지어는 집 밖으로 나가지 않고서도 스포츠를 즐길 수 있다. 수백 개의 케이블, 위성 TV 채널, 비디오게임, DVD, 쌍방향 웹사이트, 그리고 수많은 엔터테인먼트 옵션 등이 편리한 서비스를 제공하고 있기 때문이다. 이 외에 레스토랑, 영화관, 주변 상점, 커피전문점, 쇼핑몰, 박물관, 콘서트 같은 비즈니스도 소비자들의 관심을 끌기 위해 치열하게 경쟁하고 있다.

이처럼 시장환경이 복잡해지면서 스포츠산업이 팬을 확보하는 일은 생존을 위한 사투가 되었다. 그동안 스포츠산업이 팬들을 유혹하기 위해 활용해 왔던 전략들은 다음과 같다.

1. 일간지 헤드라인 캠페인
   - "초록색 머리의 여성이 웰터급 세계 챔피언을 스토킹하다!"
   - "화이트 삭스, 디스코 경연대회 나이트 개최"
   - "롤러스케이트 선수, 복수를 꿈꾸다"

2. 인구사회학적인 전략으로 목표시장 겨냥
   - 가족 패키지 상품 : 4인 가족 입장권 구매시 핫도그 4개, 음료수 4병, 기념 컵 4개 증정
   - 야구장에 애완견을 데려올 수 있는 경기 진행
   - 뷔페가 제공되는 최고급 좌석 판매

3. 경기장 프로모션
   - 경기 전·하프타임·경기 후 음악 공연
   - 치어리더 공연 및 마스코트 티셔츠 건슬링거[2]
   - 키스 캠[3]

이처럼 다양한 프로모션 중 크게 성공한 것도 있지만 반응이 시원치 않거나 팬들의 참여를 유도하는 데 실패한 것도 있다. 어쨌든 이 모든 프로모션의 목적은 팬들이 경기장을 찾도록 만드는 것이다. 나아가 스포츠 미디어나 스포츠 상품 및 관련 서비스를 반복적으로 소비하도록 유도하는 것도 중요한 목적이다. 프로모션이 다양해질수록 경쟁은 더 치열해지고 있다. 그러나 스포츠산업은 확실한 목적이

---

[2] 마스코트 티셔츠 건슬링거mascot T-shirt gunslingers
프로농구나 대학농구장에서 경기 중간중간 치어리더 공연이 펼쳐지는데 이때 마스코트 인형을 쓴 팀 프로모터들이 포장된 티셔츠를 장난감 총에 넣어 관중석을 향해 쏜다.

[3] 키스 캠kiss cam
관중석 연인들의 키스 장면을 카메라로 포착해 경기장의 대형 스크린으로 보여 주는 프로모션.

나 방향성 없는 성장만을 지속해 왔으며 그 결과 전략의 성과는 미미한 수준에 그치고 있다.

사실 고등학교나 대학교 같은 아마추어스포츠 그리고 프로스포츠에 투입되는 투자 자본과 그것이 거둬들이는 수익의 규모는 어마어마하다. 우리는 신문이나 TV 등 여러 매체를 통해 운동선수나 스포츠가 만들어 내는 경제 규모를 어느 정도 알고 있다.

2004년 세계 최고 연봉 계약 선수 50명이 벌어들인 수입 총액은 11억 달러에 달하며 부수적인 광고 수입은 4억 달러를 넘었다. 한편 FIFA는 2006년 한 해 동안 1억 4,400만 달러의 순이익을 목표로 16억 4,000달러의 매출을 기대했다. 그해 워싱턴 레드스킨스는 2억 8,700만 달러를 벌어들였고, 뉴욕 양키스는 2억 6,400만 달러, 맨체스터 유나이티드는 3억 1,500만 달러의 수익을 올렸다. 익스트림 스포츠인 엑스 게임[4]만 보더라도 7,000만 달러의 매출과 1,500만 달러의 수익을 기록했다.

미국 전체 스포츠산업에서 유니폼과 모자 같은 리그와 팀 공식 스포츠 용품 판매로 인한 매출액 규모는 126억 달러에 이르며, 미국 스포츠 관련 상품 제조업자들은 연간 521억 달러의 매출액을 기록하고 있다.

이상의 수치들은 스포츠산업이라는 거대한 경제 규모의 빙산의 일각에 불과하다. 게다가 수천 개에 달하는 고교스포츠와 대학스포츠의 수익과 비용 그리고 점차 늘어나고 있는 마이너 리그팀들의 매출액은 제외한 것이다. TV 중계권료, 각종 스폰서, 비디오게임, 뉴미

---

4) 엑스 게임 X Games
매년 여름(LA)과 겨울(콜로라도의 아스펜)에 열리는 익스트림 스포츠 대회이다. 대회 기간 동안 엑스 페스트 스포츠 앤 뮤직 페스티발(X Fest sports and music festival)을 개최하여 라이브 음악, 선수 사인회 등과 같은 다채로운 행사를 제공하기도 한다. 주요 경기들은 ESPN과 ABC를 통해 생중계된다.

디어 중계권, 합법 또는 불법적인 도박, 스포츠 관광에서 의료비에 이르는 산업의 운영비용 또한 포함되지 않았다.

대신 이처럼 경제적인 보상이 큰 만큼 투자비용도 점점 치솟고 있다. 2004년 미국 고등학교의 경우 새로운 스포츠 시설을 건설하는 데만 4억 4,000만 달러가 투자되었다. 또한 NFL은 해마다 시즌 첫 개막 축하 콘서트 준비에만 1,000만 달러의 돈을 쏟아붓고 있으며, 상대적으로 작은 스포츠 조직인 국내경마협회조차 전체 수익 6,700만 달러의 30% 가량을 팬 확보를 위한 마케팅 비용으로 지출하고 있다.

최근 몇 시즌 동안 NBA의 클리블랜드 캐벌리어스는 마케팅 예산을 20%까지 늘렸으며, 메이저 리그 야구팀인 애리조나 다이아몬드백스는 예산의 60% 이상을 팀 광고비용으로 사용하고 있다. 그밖에 스타선수, 이벤트, 스포츠 관련 제품, 뉴미디어 스포츠 개발에 투자되는 비용도 막대하다.

문제는 스포츠 소비자들을 유치하기 위해 천문학적인 비용과 자원이 투자됨에도 불구하고 원하는 시장점유율과 이익률을 달성하기 위해 해야 할 일은 끝이 없다는 것이다. 미국프로축구리그MLS의 경우, 구단 전용구장을 건설해 운영비용의 상당 부분을 해결할 수 있을 거라고 믿고 있으며 이러한 시설의 브랜드화를 통해 스포츠시장의 치열한 경쟁에서 살아남을 길을 강구하고 있다.

한편 미국프로야구와 미국프로농구의 프로팀들조차도 같은 도시 내에 있는 타 프로스포츠, 대학 및 고교스포츠팀들과 세분화된 시장을 놓고 치열하게 경쟁하고 있다. 대학미식축구의 경우에도 빅 텐Big 10과 빅 트웰브Big 12, 사우스 이스턴 컨퍼런스를 제외한 빅 이스트Big East, 컨퍼런스 USAConference USA, 미드−아메리칸Mid-American, 웨스턴 애슬레틱Western Athletic, 선 벨트Sun Belt와 같은 주요 컨퍼런스 리그들은 지난 10여 년간 흑자를 내지 못하고 있는 실정이다. 따라서 NCAA 디비전 I 대학들은 상대적으로 많은 돈을 벌어들이는 미식축구팀에 의존하고 있으며, 매 시즌마다 열두 번째 경기는 자기 대학 내 다른 스포츠팀의 운영 자금을 마련하기 위한 자선 경기로 운영하고 있다. 심지어 고교스포츠도 대학 및 프로스포츠 팀과 경쟁해야 되는 처지로 몰려 팬 확보와 이익창출을 위해 더욱 정교한 방안들을 마련하고 있다.

떨어질 몫이 큰 만큼 승자들도 많지만 문제는 팬이다. 팬들을 확보하고 그 관계를 지속적으로 유지하는 과정이 힘들어지면서 성공적인 전략의 개발과 실행은 매우 중요한 사안이 되었다.

이 책에서 우리는 '변화'와 '브랜딩'이라는 대전제에 기반하여 시장 분석과 최신 커뮤니케이션 전략의 통합 그리고 팬과의 커넥션을 강화시키는 체계적인 접근 방식들을 제안하고자 한다.

● 모든 팬은 흔들린다

전 세계적으로 스포츠가 팬들로부터 상당한 관심을 받고 있긴 하지만, 치열한 시장점유율 다툼과 신생 스포츠들의 출현으로 인해, 시장은 더욱 세분화되고 있고 수익을 창출하기도 어려워지고 있다. 만약 열네 살이 되는 청소년들이 전통 스포츠인 야구가 아닌 라크로스를 선택한다고 가정해 보자. 그로 인해 파생되는 경제적 효과는 매우 크다.

부모는 자녀를 위해 라크로스 장비를 구매할 것이고 아이의 경기를 관람하기 위해 시간을 내고 타 지역에서 열리는 특별훈련 캠프에 참가할 수 있도록 도울 것이다. 또한 라크로스가 유명한 학교에 진학시키는 것도 고려할 것이다. 우연히 라크로스를 알게 되었더라도 오랫동안 그 운동을 즐길 경우 온 가족이 라크로스 프로 리그, 프로팀, 유명선수의 팬이 되어 그들을 적극적으로 응원하게 될 것이다.

결국 스포츠팬들의 이러한 의사결정은 자신이 선택한 스포츠에 흥미와 관심을 촉발시키며 해당 스포츠의 발전에 필요한 전문 미디어 채널의 생성을 촉진시킨다.

그러나 스포츠 의사결정자5)들은 수많은 옵션이 존재하는 스포츠와 엔터테인먼트 시장에서 '관계 형성connect – 관계 철회disconnect – 관계 재형성reconnect' 이라는 팬들의 의사결정 과정을 간과해 왔다. 스포츠팬들은 신기루처럼 갑자기 나타났다가 사라지는 것이라고 착각했던 것이나 마찬가지다. 이는 중대한 실수다. 스포츠 소비자들의 관심사는 언제든 다른 곳으로 옮겨 갈 수 있다.

예를 들어, 라크로스를 하기로 마음먹은 열네 살 소년이 실내 등반과 같은 활동에 매력을 느낄 수도 있고, 라크로스로는 크게 성공하기 힘든 것을 깨닫고 조정으로 종목을 전환할 수도 있다. 이 소년이 성인이 되었을 때 어떻게 스포츠 엔터테인먼트에 돈을 지출할 것인가도 상당히 중요한 문제다. 계속해서 라크로스를 즐기며 라크로스 프로 경기들을 볼 것인가? 아니면 브랜드를 전환하여 자녀들과 함께 마이너 혹은 메이저 리그 야구경기를 보러 갈 것인가?

또는 추운 북부 지역으로 이사하는 바람에 아이스하키 팬으로 전향할 수도 있다. 아예 스포츠를 멀리하고 비디오게임이나 영화감상

---

5) 스포츠 의사결정자

　　스포츠 의사결정자란 스포츠 연맹이나 리그, 팀과 같이 조직의 제반 결정에 관해 의사결정권을 가지고 있는 기관이 될 수도 있고, 혹은 이러한 기관 내에서 결정권을 가지고 있는 구성원을 의미하기도 한다. 스포츠 리그의 경우, 리그 운영위원장, 심판위원장, 리그 마케팅 담당자, 구단주 등이 이에 해당하며 팀의 경우, 구단주, 구단 경영진, 감독 등을 의미한다.

또는 카리브 해에서 보트 여행을 즐기는 데 시간과 돈을 소비할 수도 있다. 이 같은 팬들의 선택은 토요일 밤 경기장 좌석을 꽉 메우거나 스포츠 중계 프로그램의 TV 시청률을 높이는 데 결정적 역할을 할 수도 있고 그 반대일 수도 있다.

스포츠 관계자들이 팬들의 의사결정 과정을 이해하고 그들을 스포츠에 연결시킬 방법을 연구하는 것은 성공을 위한 필수적인 작업이다. 물론 금요일 밤에 펼쳐지는 고교농구 경기를 절대 포기할 수 없다고 말하는 광적인 팬들도 분명히 존재한다. 하지만 스포츠란 식당의 메뉴와 같다. 새로운 경쟁 업체가 등장해서 더 훌륭한 메뉴를 제공한다면 팬들은 10년 단골 식당을 포기하고 새로운 메뉴를 즐기고 싶어 할 것이다.

모든 스포츠 소비자는 끊임없이 흔들리는 존재다. 시장에서 성공하기 위해서는 스포츠 의사결정자가 조직의 변화 과정을 관리하고 경쟁자보다 나은 전략을 수립하는 방법밖에 없다.

여기에서 고려해야 할 또 다른 문제는 오늘날 스포츠팬들의 의사결정에 중대한 영향을 미치는 요인이 시간과 돈이라는 것이다. 대부분의 팬들은 특정 레크리에이션 활동에 예산을 정해 놓는다. 프로아이스하키의 골수팬이거나 고교농구팀 경기는 반드시 경기장에서 봐야 한다고 믿는 사람들은 언제든지 많은 돈을 투자할 것이다. 이처럼 어떤 스포츠의 팬이 된다는 것은 재정적인 문제와 관련이 있다.

미국 4대 메이저 프로스포츠를 관람하기 위해 투자되는 4인 가족의 평균 비용은 MLB 한 경기당 164달러, NHL은 247달러, NBA는 263달러이며 NFL은 330달러나 된다. 물론 모든 스포츠가 이처럼 비싼 것은 아니지만 일반 팬들 기준으로 따지면 입장료, 교통비, 숙박비, 쇼핑 그리고 편의시설 사용료에 대한 부담은 스포츠 참여에 걸림돌이 되고 있다.

　오늘날 우리는 학교에서든 직장에서든 끊임없이 시간에 쫓기고 있다. 여기에 스포츠산업은 일주일 만에 갖는 하루 정도의 여가시간을 차지하기 위해 서로 경쟁하고 있다. 2004년 통계에 따르면 미국인들은 평균적으로 주당 19시간을 여가시간으로 할애하는데 주로 휴식, TV 시청, 독서, 영화감상, 가족이나 친구와 시간 보내기 그리고 스포츠와 같은 활동을 한다고 한다. 주당 26시간을 여가활동으로 보냈던 1973년과 비교해 보면 상당히 감소한 수치다. 결과적으로 스포츠, 리그, 팀 그리고 선수들은 팬들의 한정된 시간과 돈을 얻기 위해 경쟁해야 하는 처지에 놓이게 되었다.

　이러한 경쟁적인 환경 속에서 가격 할인, 목표시장 분석, 단체 할인, 지역사회 마케팅, DM^{direct mailing} 등 팬들을 끌어들이고 유지하기 위한 수많은 전략들이 생겨나는 것은 놀랄 일이 아니다. 이러한 마케팅 전략들은 이미 전 세계적으로 활용되고 있다.

　문제는 이처럼 평범한 전략들은 대부분 단기적인 처방에 그친다는 것이다. 보다 거시적인 관점에서 전략을 수정할 필요가 있다. 계속해서 말하지만 시장 경쟁이 치열해지고 있는 만큼 시행착오의 여유가 없다. 이처럼 새로운 경쟁 환경에서 스포츠산업의 생산과 판매 활동이 최대 효과를 거두기 위해서는 풍부한 시장 지식, 정밀한 분석과 평가 그리고 미래를 내다보는 비전이 있어야 한다. 이제 과거의 전통적인 전략들은 비효율적인 퇴물이 되었을 뿐 아니라 엉뚱한 곳에 엉뚱한 이유로 돈을 낭비하게 만든다. 또한 오늘날의 스포츠팬들은 과거에 비해 충성적이지 않으며 더 흥미 있는 여가활동을 발견하면 쉽게 떠나 버린다.

　오늘날의 팬들은 끊임없이 흔들리는 갈대 같은 존재다. 경쟁자들은 팬들의 돈, 시간, 관심을 끌기 위해 전력을 다해 경쟁에 임하고 있으며, 스포츠산업의 의사결정자들 역시 지금까지와는 다른 경쟁관계에 놓여 있다. 복잡한 시장에서 생존하기 위해 잡힐 듯 잡히지 않는 팬들의 특성을 파악하고 그들을 팬으로 유지시키기 위한 경주에 전력을 다하고 있다.

물론 헌신적인 팬들에 대해서도 안심할 수 없다. 열성적인 대학미식축구 팬들을 보유하고 있는 오하이오 주립대의 예를 살펴보자. 열혈팬들은 대개 오하이오 주립대 출신이며 콜럼버스 시에서 가족과 함께 살고 있다. 그들은 오하이오 주립대의 모든 미식축구 경기에 참여하고 아이들을 위해 팀 유니폼, 모자, 장비를 구매하며 동문 클럽도 후원한다. 그러나 결국 그들조차도 여전히 붙들기 힘든 갈대와 같은 팬의 속성을 지니고 있음을 간과해서는 안 된다. 오하이오 주립대 미식축구팀은 한 시즌에 보통 볼 게임bowl game을 포함해 12~13경기만 진행한다. 또한 기나긴 비시즌 기간 동안 잠깐 진행되는 봄철 공개훈련만으로는 열광적인 오하이오 미식축구팬들의 열정을 만족시키기 힘들 것이다.

문제는 여기서 시작된다. 팬들은 기나긴 비시즌 기간을 어떻게 보내야 할까? 신시내티 레즈의 TV 경기를 시청할까? 아니면 겨울 몇 달 동안 오하이오 레슬링팀을 응원하며 5년마다 한 번씩 열리는 NCAA의 레슬링 결승전을 기다릴 것인가? 멀리 사는 동생네 가족이 방문하면 함께 클리블랜드의 경마장에 가거나 로큰롤 명예의 전당이나 박물관에 놀러 갈 수도 있다.

우리가 주지해야 할 사실은 연령, 기후, 경기 결과가 좋은 시즌, 가족의 수, 직업, 문화 트렌드, 자녀의 성장, 고등교육비, 이혼, 신생 스포츠의 등장과 같은 수많은 변수들이 누군가 헌신적인 오하이오 미식축구 팬이 되는 과정에 걸림돌이 된다는 것이다.

아울러 콜럼버스 시에 사는 가족들도 대부분 다른 지역의 스포츠 팬들처럼 돈과 시간이라는 변수를 지니고 있다. 클리블랜드 인디언스의 챔피언십이 매년 꾸준하게 레슬링 시즌을 관람해 오던 습관에 심각하게 영향을 미칠 수도 있다. 또는 막내아들이 갑자기 스노보드에 푹 빠져 버려서 매년 가을 오하이오 미식축구를 관람하던 가족의 전통적인 여가활동이 뒷전으로 밀려날 수도 있다. 이처럼 새로운 경쟁시장에서 변화하고 있는 환경요인을 간파한 스포츠만이 시장점유율을 높이는 데 성공할 것이다.

● 갈대 같은 스포츠팬, 그들은 누구인가

스포츠 경기 관람, TV 시청, 유니폼 구입 등 스포츠 소비활동에 영향을 미치는 요인들은 많다. 갈대 같은 스포츠팬들은 다음과 같은 7가지 특성을 지닌 역동적인 시장에서 살고 있다.

1. 치열해지는 경쟁 환경
2. 높아진 팬들의 기대감
3. 상업성 논란
4. 신기술
5. 개인주의
6. 가족구조와 의사결정의 변화
7. 부족한 여가 시간

치열해지는 경쟁 환경

오늘날 경쟁시장은 다음과 같은 6가지 영역으로 설명할 수 있다.

첫 번째 영역은 메이저스포츠다. 프로미식축구, 유럽축구, 프로야구 메이저 리그, 프로아이스하키, F1, NCAA 대학 디비전 I 미식축구와 농구, 프로농구 등이 이에 해당된다. 이러한 스포츠는 경쟁이 치열한 시장에서 여러 도전거리들을 안고 있지만 여전히 높은 점유율을 차지하고 있다. 그렇지만 경쟁이 점차 심화됨에 따라 전통적인 팬들의 충성도를 유지하기 위해 많은 노력을 하고 있다.

두 번째 영역은 메이저스포츠 중에서 그 규모를 확장하여 다시 경쟁에 뛰어들고 있는 스포츠다. 크리켓, 럭비, 프로레슬링, 골프, 나스카, 축구 등 오랜 역사를 지닌 스포츠들이 전 세계를 무대로 새롭게 시장을 확장하며 팬층을 늘려 나가고 있다. 현재 나스카의 팬 규모는 약 7,500만 명에 이르며 프로골프는 주요 TV스포츠로 자리 잡았다. 특히 확장일로에 있는 이 영역의 스포츠는 팬 저변의 확대를 위해 다양한 유통채널들을 활용하고 있으며, 첫 번째 영역의 메이저스포츠와 새롭게 등장하고 있는 신생 스포츠와의 피할 수 없는 싸움에 임하고 있다.

세 번째 영역은 고등학교, 클럽스포츠, 청소년팀, 커뮤니티칼리지, 디비전 II와 III 소속 대학스포츠다. 이 영역의 스포츠는 지난 수십 년 동안 광적인 팬들을 확보해 왔으며 새롭게 재편되는 경쟁 환경에 놓여 있다. 일례로, 전통적으로 미국의 금요일 저녁은 고교미식축구를 위한 밤이었다. 메이저스포츠인 대학 및 프로스포츠조차도 이 같은 지역사회 단위의 고등학교를 중심으로 한 가족 관람이라는 전통을 방해한다는 것은 상상할 수도 없는 일이었다. 또한 자녀들이 고등학교에 진학할 나이가 되면 학부모와 친구들 그리고 지역사회 팬들은 반드시 경기에 참여할 뿐 아니라 응원 집회, 지역사회 단위의 저녁식사 모임, 팀 후원 모금 등과 같은 활동들을 당연하게 여겼다. 이처럼 고교스포츠는 해당 지역사회의 헌신적인 지원 아래 성장했다.

그러나 대학 디비전 I 미식축구가 지역 고교스포츠의 독점 시간대였던 금요일 밤에 TV 전파를 타기 시작하면서 전쟁의 신호탄이 쏘아 올려졌다. 상황이 이렇다 보니 전통적인 고교스포츠시장의 쇠퇴를 우려한 고교스포츠 교육자들은 대학 및 프로스포츠와의 불공평한 경쟁을 강력하게 성토하고 있다. 이에 따라 고교스포츠는 대학 및 프로스포츠의 위협과 경쟁에 대항하기 위해 그들만의 경기를 중계하기 위해 스폰서를 모집하고 있으며, 새로운 미디어 채널 개발과 첨단 시설에 대한 투자를 늘리고 있다.

네 번째 영역은 신생 스포츠다. 이들은 세분화된 미디어 중심 시장에서 급속한 성장을 보이고 있으며 젊은 층과 중장년 층에게 어필하고 있다. 스케이트보딩이나 스노보딩과 같은 익스트림 또는 액션 스포츠가 좋은 예다. 익스트림 스포츠 참여 인구는 미국에서만 적어도 7,500만 명에 이르고 있으며 Y세대[6]가 그중 상당 부분을 차지한다. 그밖에 빈백 토싱beanbag tossing, 페인트볼, 파쿠르, 롤러하키, 슬램볼 등도 신생 스포츠로서 시장경쟁에 돌입하고 있다.

다섯 번째 영역은 복싱, 육상, 경마와 같이 이미 쇠락의 길을 걷고 있는 스포츠다. 이들 또한 상품성을 되찾기 위해 공격적인 마케팅 전략을 구사하고 있다. 20세기 초부터 1950년대까지 최고의 전성기

---

6) Y세대 generation Y

X세대 이후의 세대를 칭한다. 전후 베이비붐 세대가 낳은 2세들로서 일반적으로 1978년부터 2000년 사이에 태어난 세대를 가리킨다. 인터넷 등 첨단 기술에 익숙하며 기업들의 마케팅 타깃으로서 중요하게 인식되는 계층이다.

를 누렸던 복싱은 최근 옛 명성을 되찾기 위해 각고의 노력을 하고 있다.

ESPN은 2004년 새로운 복싱 시리즈를 소개했고 다른 미디어 네트워크들도 복싱 관련 리얼리티 쇼를 선보였다. 그밖에 17세기 미국의 대중 스포츠였던 경마는 도박의 합법성 문제로 쇠퇴한 경우다. 가끔 퍼니 사이드와 스마티 존스 같은 인기 경주마가 팬들의 호기심을 자극하면 관람자 수가 반짝 상승하는 경우도 있지만 여전히 과거의 경쟁력을 되찾지 못하고 고전하는 중이다.

마지막 영역은 팀 관련 제품, 스포츠 장비, 스포츠 의류와 같은 스포츠 용품 산업이다. 스포츠 용품 산업은 이상에서 언급한 5가지 스포츠 영역들과 밀접하게 관련된다. 자동차 경주의 일종인 F1을 위해 특수 자동차를 개발하고 있는 페라리, 러닝화 생산라인 확대를 결정한 아디다스, 그리고 여성시장 공략을 위해 새로운 스노보드를 선보인 버튼의 사례에서 볼 수 있듯이 스포츠 용품 산업에서의 경쟁 또한 치열해지고 있고 수익성은 상당히 낙관적이다.

새로운 경쟁시대에서는 안전한 위치를 유지하기란 불가능하다. 지금까지 언급한 각 영역의 스포츠시장은 경계가 무너지거나 혼탁해질 수도 있다. 또한 인기 스포츠는 다른 스포츠의 등을 짚고 추월할 것이다. 어쩌면 몇몇 스포츠는 우리의 예상보다 더 빨리 시장에서 사라질 수도 있다. 나스카는 지난 몇십 년 동안 주류 스포츠 대열에 올랐지만 지금은 카우보이 로데오 경기와 같은 스포츠가 그 자리를 위협하고 있다.

그밖에 몇몇 사례들은 메이저스포츠와 마이너스포츠 간의 경계마저도 급속도로 붕괴되고 있음을 보여 주고 있다. NHL의 경우 지난 십여 년간의 관중 점유율과 이익은 급속도로 하락했다. 더욱이

2004-2005 시즌이 취소되는 등 일련의 사태로 심각성을 인식한 NHL은 현재 규칙 변경, 가격 조정, 미디어 전략 수정을 통해 메이저 스포츠로서 재도약하기 위한 노력을 기울이고 있다.

사실 과거에는 이러한 변화들이 위기나 긴급한 사태로 인식되지 않았다. 그러나 오늘날 스포츠팬들은 자신의 시간과 돈을 소비할 수 있는 다양한 기회들을 누리고 있고 아이스하키의 경우 메이저스포츠로서의 역사적 명성에도 불구하고 지나친 지역 중심 시장으로 인해 상품성이 취약해졌다.

NHL을 위협하는 새로운 경쟁자는 신생 스포츠인 페인트볼이다. 사실 페인트볼이 NHL 소비시장에 직접적인 위협을 가하지는 않을 것이다. 중요한 것은 페인트볼이 스포츠팬들을 새롭게 끌어들일 수 있는 잠재력을 지니고 있으며 보다 탄탄한 스포츠로서 경쟁적인 위치에 올라서며 도전장을 내밀고 있다는 사실이다.

페인트볼이 아이스하키보다 인기를 끌 수 있을까?

대부분의 사람들에게 페인트볼 경기는 남성 호르몬이 넘치는 터프한 남자들을 위한 스포츠로 알려져 있지만 아직 체계적으로 조직화되어 있지는 않다. 우리는 도시를 벗어나 고속도로를 달리다 보면 허름한 페인트볼 광고를 볼 수 있는데 이처럼 요즘 몇몇 스포츠는 숲이 우거지고 과수원이 인접한 시골에서 번창하고 있다. 이러한 스포츠에 대한 정보가 없는 일반인들은 소규모로 은밀하게 번성하고 있는 이런 류의 스포츠 활동에는 접근할 기회가 드물다. 따라서 이런 스포츠는 조직적인 전통 메이저스포츠에 위협을 가하기는 힘들 것처럼 보이기도 한다. 하지만 과연 그럴까? 그러한 판단은 완전히 틀린 생각이다.

현재 페인트볼은 미국에서 약 1,000만 명이 즐기고 있으며 미국을 제외한 전 세계의 페인트볼 인구는 200만 명에 이른다. 또한 SGMA인터내셔널에 따르면 매년 장비 판매업의 매출 규모가 4억 1,700만 달러에 이를 정도로 급성장하고 있다. 페인트볼은 미식축구, 농구, 야구, 아이스하키와 같은 메이저스포츠 선수들과 팬들을 빼앗을 만한 또 다른 경쟁 스포츠로 부상하고 있는 것이다.

이러한 급성장이 가능할 수 있었던 요인은 무엇일까? 이는 페인트볼이 군사문화에 남다른 흥미를 지닌, 공격성과 개인주의적 특성이 뿌리 깊은 미국 사회의 성격과 완벽하게 조화를 이루기 때문이다. 다른 신생 스포츠처럼 페인트볼은 모든 참가자들을 자연과 함께 속도를 즐길 수 있는 환경으로 이끈다. 이곳에는 잔소리를 늘어놓는 어머니나 빡빡한 학교생활이나 징징대는 아이도 없다. Y세대는 페인트볼을 통해 집에서 탈출할 수 있고 경기 시간 7분 동안만은 상쾌한 공기를 마시며 실제 전투처럼 교전하는 짜릿함을 온몸으로 느낄 수 있다.

또한 페인트볼은 거실과 같은 안전한 공간에서 즐기는 전투 비디오게임으로 활용될 수도 있다. 스탈린그라드 전투처럼 실제 전투를 가정한 실내식 테마 페인트볼 이벤트가 좋은 예다. 이 전투에서는 실제로 143에이커의 부지에 두 개의 조그만 도시와 추락한 항공기, 탱크 연료 주유소, 귀가 찢어질 듯한 총성과 같은 음향 효과와 함께 페인트볼 선수가 전복시켜야 할 수많은 목표물들이 재현된다.

이처럼 실감나는 특성들은 페인트볼을 미디어, 역사, 전쟁 그리고 다양한 흥미 요인과 결합시킴으로써 매력을 더욱 발산시킨다. 현재 페인트볼은 프로페인트볼 리그를 통해 보다 전문적인 스포츠로 성장하고 있다. 또한 관련 장비와 제품들이 스포츠 매장에까지 진출했고 잡지와 웹사이트www.splatmagazine.com에도 등장하는 등 스포츠산업에서 강력한 힘을 지닌 스포츠로 성장하고 있다.

높아진 팬들의 기대감

50년 전 야구팬들은 세인트루이스 카디널스의 경기가 있는 날이면 경기장을 찾아가 점수기록카드에 직접 점수를 기록하면서 관전했다. 핫도그나 땅콩과 함께 맥주를 마시며 '페고 마이 하트Peg o' My Heart'와 '레이디 오브 스페인Lady of Spain'을 연주하는 오르간 소리를 배경으로 구장 아나운서가 전하는 중요한 경기 정보에 귀를 기울이기도 했다. 당시 경기장에는 홈런 장면을 다시 보여 주는 대형 스크린도 없었고, 이닝마다 울려 퍼지는 웅장한 음악, 화려한 조명시설, 각종 컴퓨터 정보 등도 전혀 없었다. 매점에도 몇 가지 간단한 음식뿐이었다.

1980년대에 들어서면서부터는 상황이 바뀌었다. 팬들을 경기장에 끌어들이기 위한 노력의 일환으로 모든 스포츠 경기장 시설들이 그동안의 모습에 변화를 주기 시작했으며 새로운 엔터테인먼트를 구상하고 신기술을 도입한 것이다.

특히 TV는 팬들의 기대치를 높이는 데 일조했다. 초창기 스포츠 방송은 전 장면이 한번에 보이는 카메라 앵글만 이용했고 간단한 수치와 몇 개의 리플레이 장면만 제공했다. 그러나 오늘날 많은 팬들은 MTV처럼 빠른 장면 전환과 사운드 효과, 실제 경기를 보는 듯한 카메라 앵글, 경기 중 선수나 감독의 인터뷰 등을 기대하고 있다.

이에 따라 TV 스포츠는 보다 많은 것들을 요구하는 스포츠팬들을 유혹하기 위해 더 탄탄한 구성으로 질을 높이고 와이드 스크린에 어울리는 방송 기술을 도입했다. 이제 팬들은 직접 경기장을 가지 않아도 생생한 중계를 즐길 수 있게 되었고 그 때문에 경기장 이용에 따른 부가가치의 생산성은 위협을 받고 있기도 하다. 이처럼 경쟁이 치열한 스포츠시장에서 팬들을 위한 가치를 발굴하는 것은 매일 도전해야 할 과제다.

이러한 도전은 비단 스포츠만 해당되는 것은 아닐 것이다. 소비자들은 다른 비즈니스에 대해서도 높은 기대치를 갖고 있으며 각각의 산업들은 그들을 만족시키기 위해 더욱 노력하고 있다.

스포츠 외에 다른 모든 비즈니스 영역에서도 소비자들의 기대는 점점 높아지고 있으며 각각의 산업들은 이러한 기대치를 충족시키기 위해 노력하고 있다. 제임스 트위첼James Twitchell은 그의 저서 『삶의 질을 높이자! Living it up!』에서 사람들이 점차 고가 사치 상품들을 쉽게 구할 수 있게 되고 중산층의 소비가 급증하면서 과거보다 고가품 소비가 급증했다고 말한다. 그에 따라 벤츠, 샤넬 향수, 코치 가방 같은 액세서리들이 대중시장의 고정품목이 되었다고 한다. 마쯔다3 같은 경차조차도 가열좌석과 제논 헤드라이트를 장착하고 있으며 작은 지방 병원에서도 주방장이 직접 요리한 음식, 정원이 보이는 병실, 인터넷 서비스, 평면 HDTV 등의 고급 서비스를 제공하며 환자들의 기대에 부응하고 있다.

소비자 기대수준의 변화는 스포츠산업이 가야 할 방향을 결정하는 요인이라 할 수 있다. 소비자들이 스포츠 말고 별로 할 일이 없거나 스포츠에 중독된 사람들이기 때문에 등받이 없는 좌석과 불친절한 매표소 직원의 태도에도 개의치 않고 경기장을 지속적으로 찾아줄 것이라고 안이하게 생각해서는 안 된다. 만약 어떤 스포츠가 시장의 변화와 요구에 반응하지 않는다면 변화하는 소비자의 욕구에 보다 유연하게 대처하는 다른 스포츠가 그 자리를 차지하게 될 것이다.

상업성 논란

스포츠가 상업화됨에 따라 경기 고유의 특징과 부딪혀 발생하는 갈등이 점차 심화되고 있다. 오늘날은 스포츠가 상품이고, 팬이 곧 소비자다. 이러한 관점에서 스포츠산업은 이미 수백억 달러가 거래되는 시장으로 몸집이 커졌다. 또 한편으로 스포츠는 청소년들의 순수함, 공정한 경기 그리고 정직함을 대표한다. 이처럼 비즈니스와 순수 경기 간의 갈등은 경기 시간을 TV 방송에 적합한 시간으로 정해야 하는가부터 경기장에서 상업 광고를 해야만 하는가에 이르기까지 다양한 논쟁을 불러일으켰다.

이러한 스포츠의 상업주의는 팬과 선수의 관계에도 영향을 미쳤다. 수많은 팬들은 선수와 팀은 기본적으로 성실하게 기본에 임해야 한다고 생각한다. 물질적 보상은 그에 따른 부차적인 것일 뿐 우선이 되어서는 안 된다고 믿는다. 스포츠가 점점 복잡해지고 관중 수의 증가나 TV 중계료 수입 덕분에 선수들은 경제적으로 더 많은 보상을 받게 되었지만 팬들과의 거리는 점점 멀어지는 듯하다.

오늘날 팬들은 각종 매체를 통해 선수들의 약물남용, 팬들에 대한 무례한 행동, 터무니없이 높은 연봉, 지역사회 정서에 맞지 않는 화려한 은둔생활 등에 대해 잘 알고 있다. 심지어 대중 앞에서조차 선수들은 마지못해 나타나고 팬을 위한 행사에도 계약에 따라 겨우 움직이는 듯한 인상을 주곤 한다. 종종 프로선수들은 올스타 경기 참가를 거부하기도 하고 대학스포츠 프로그램들은 범죄행위를 방지한다는 명목으로 경기장 출입구에서 팬들의 가방을 샅샅이 검사한다. 이는 그 스포츠에 종사하는 사람들의 태도와 헌신에 대한 부정적인 인상을 심어 주게 된다.

하지만 아이러니하게도 이러한 부정적 편견과 스포츠의 상업적·경쟁적 특성에 대한 논란에도 불구하고 팬들은 선수들의 상식에 어긋나는 행동과 스포츠산업 안에서 일어나는 분쟁들을 흥미롭게 여긴다. 이제 스포츠 의사결정자들이 해야 할 일은 영웅심, 정직성, 게임의 진정성이라는 스포츠 고유의 정신과 팬들의 참여를 유도하는 인기스타 중심의 문화산업 사이에서 균형을 유지하는 것이다. 순수함과 상업성 사이에서 일어나는 갈등은 다른 엔터테인먼트산업도 마찬가지다. 하지만 이러한 갈등은 기술과 노력에 의해 그 정당성을 부여받는 스포츠 영역에서 더욱 민감하게 받아들여지기 마련이다.

신기술

오늘날 팬들은 수많은 스포츠 정보와 경기를 관람할 기회를 갖고있다. 돈과 시간만 있으면 스포츠 관련 정보와 게임을 무제한으로 즐길 수도 있다. 수많은 미디어 채널들은 대중에게 수많은 정보원을 제공하고 있고 모바일 기술은 삶과 비즈니스 방식을 바꿔 놓았다. 이러한 기술의 발전은 더욱 소비자의 취향에 맞추어 엔터테인먼트를 제공하도록 만들었다.

신기술은 스포츠에도 중요한 영향을 미쳤다. 니콜라스 네그로폰테Nicholas Negroponte는 「데일리 미 *Daily Me*」처럼 개인의 취향에 맞춰 편집된 뉴스를 제공하는 미디어는 결국 사람들의 흥미를 국한시키고나아가 세상과 단절시킨다고 주장했다. 이러한 현상이 현실에서는일어날 것 같지 않지만 실제로 댈러스 카우보이 팬들은 자신들만의취향에 맞는 스포츠 정보를 생산하고 있다.

예를 들어, 선수 부상에 대한 소식을 알리는 카우보이 팬 전용 휴대폰 메시지, 지난 수요일에 있었던 소식을 공지하는 이메일, 이번주 일요일 상대팀의 게임 전략에 대한 웹사이트 논평 등은 고객화된미디어 커뮤니케이션의 경향을 잘 보여 준다. 이에 따라 팬들은 이전에는 상상할 수 없었던 방식으로 자신들만의 공간을 창조할 수 있게 되었고, 이러한 커뮤니케이션 프로그램은 팬들을 개별화된 댈러스 카우보이의 세계에 완전히 몰입하게 만드는 강점을 지니게 되었다. 물론 이러한 일차원적인 커뮤니케이션 장벽으로 인해 다른 스포츠와 미디어가 팬들에게 접근하기 어렵다는 단점도 있다.

스포츠의 미래를 논한다는 것은 기술혁명이 스포츠팬들의 경험에 어떤 영향을 미칠지 연구하는 것이라고 할 수 있다. 스포츠팬들은 언제든지 다양한 스포츠에 접근할 수 있으며 과거에는 생각지도 못했던 전문가적 시각과 견해들을 접할 수 있다. 거실에 앉아 명장면을 반복해서 보거나 각종 스포츠 하이라이트를 시청할 수도 있고 코치와 선수들 간의 대화를 엿들을 수도 있다.

또한 골프 팬들은 고화질 평면 TV를 통해 어니 엘스의 티샷에 흔들리는 잔디 결까지도 생생하게 확인할 수 있다. 세르비아 몬테네그로에 있는 새크라멘토 킹스의 팬들은 위성중계를 통해 시즌 동안 열리는 82경기를 1분도 빠뜨리지 않고 시청할 수 있다. 또한 애니카 소렌스탐 팬들은 인터넷을 통해 그녀의 국제 토너먼트 투어와 경기 소식을 접할 수 있다.

그밖에 자동차 경주 팬들은 판타지 나스카를 즐길 수도 있으며 세계 도처의 인터넷 비디오게임 사용자들은 자신이 직접 유벤투스 축구팀이 되어 상대팀과 경기를 할 수도 있다. 이러한 신기술들은 새로운 규칙과 새로운 시청자 그리고 예측할 수 없는 성과들을 통해 스포츠산업의 범위를 세계화 수준으로 넓히고 있다.

한편 스포츠 이벤트가 점차 무대 배경이 설치된 TV 속 드라마와 같은 스튜디오 프로그램이 되어감에 따라 팬들이 더 이상 경기장을 찾지 않고 집에서 스포츠를 즐기는 현상이 발생하고 있다. 이는 스포츠산업의 또 다른 불안 요소다.

NFL의 경우 연간 1억 2,000만 명에 이르는 사람들이 TV를 통해 경기를 시청하는 반면 실제 경기장을 찾는 사람은 경기장 수용 가능 인원의 90%에 이르는 1,700만 명에 그치고 있다. 이는 TV 시청 인구의 14%에 불과하다. 이와 관련하여 스포츠는 실제 경기 관람이라는 고결한 가치와 확장일로에 있는 미디어시장의 기대를 충족시키는 것 사이에서 균형을 유지하는 데 세심한 주의를 기울여야 한다. 그러나 이러한 경쟁은 경기장 관중 유치만의 어려움은 아니다. 주요 TV 방송 매체조차도 새롭게 떠오르고 있는 뉴미디어에 의해 기존의 시청률을 잠식당하고 있다.

돈을 보여줘 봐

「제리 맥과이어」라는 영화를 보면 애리조나 카디널스의 와이드 리시버 로드 티드웰이 자신의 에이전트에게 "돈을 보여줘 봐. 아니면 당장 떠나든지!"라고 냉정하게 최후의 통첩을 하는 장면이 나온다. 현재 스포츠산업도 이와 비슷한 최후의 제안을 받고 있다고 할 수 있다. 극단적으로 말하면 스포츠산업은 '어떻게 하면 뜻대로 되지 않는 갈대 같은 팬들의 지갑과 영혼을 사로잡을 것인가?'에 미친 듯이 골몰하고 있다. "돈이 저기 보이는데 어떻게 해야 차지할 수 있을까?"

전통 미디어 세계에서 TV 네트워크는 잭팟과 같았고 라디오 또한 연간 수익에 중대한 영향을 끼쳤다. 스폰서는 기꺼이 돈을 지불했고 TV 네트워크는 이익을 챙겼으며 스포츠는 경기라는 콘텐츠를 제공한 수수료를 받았다. 하지만 스포츠 미디어 채널과 혁신적인 스포츠 정보량이 폭발적으로 증가함에 따라 안정적이면서도 단순했던 스포츠 방송권 구조에 지각변동이 일고 있다.

주요 방송 네트워크, 스포츠 조직, 24시간 케이블 방송, 위성 TV, 라디오, 휴대폰, 비디오게임, 무수히 많은 웹사이트와 블로그 그리고 여러 형태의 뉴미디어들 간의 복잡한 경쟁관계가 과거 안정적이던 스포츠 미디어의 전통적인 수익 구조를 복잡하게 어지럽히고 있는 것이다. 요즘 TV 네트워크 이사회 임원들은 직원들을 향해 너그럽게 웃으며 다음과 같이 말할 것이다.

"사람들은 산업 구조가 하나로 통합될 것이라고 말하지만 글쎄, 과연 그럴까?"

스포츠산업의 모든 구성원들은 폭발적인 정보 채널들을 조정할 수 있도록 현 위치를 재평가하고 재구성해야 할 것이다. 이 모든 것들이 스포츠 의사결정자들에게 의미하는 것은 무엇일까? 이와 관련하여 살펴봐야 할 두 가지 이슈가 있다.

첫째, 미디어시장은 여전히 돈을 지불할 것이다. 그러나 다른 방식으로 지불할 것이다. 시청자와 청취자는 원한다면 언제든 엔터테인먼트 프로그램들을 다운로드받을 수 있다. 이러한 미디어 세계에서 스포츠의 실시간 중계라는 장점은 숨겨진 보물과도 같다. 실제 경기가 펼쳐지는 시간대와 장소는 노출효과가 매우 크기 때문에 경쟁시장의 광고주들에게 이러한 실시간 스포츠는 여전히 매력적인 가치를 지닌다. 그러나 그럼에도 불구하고 끊임없이 시청자를 찾고 있는 오늘날 광고주들은 보다 폭넓은 광고 매체에 자원들을 분산시키기 시작하고 있다.

특히 번잡한 미디어시장에 영향력 있는 커뮤니케이션 시스템으로 등장한 승자는 다름 아닌 ESPN이다. 광고주에 대한 의존도를 낮추면서 케이블 가입 신청에 역점을 둔 스포츠 케이블 미디어인 ESPN은 9개의 TV 채널과 700개의 제휴 라디오 방송국, 잡지, 웹사이트, 레스토랑, 휴대폰과 비디오게임을 통해 전 세계 180개국에 ESPN이라는 브랜드를 각인시켰다.

ESPN은 강력한 구매력을 기반으로 특별한 조건 없이 메이저스포츠, 신생 스포츠 그리고 틈새 스포츠와 계약을 체결했다. 그러나 선별적으로 스포츠 프로그램을 제작하는 방송 네트워크나 새롭게 등장한 컴캐스트Comcast와 같은 케이블 서비스 업체들은 현재 ESPN을 위협하고 있다. 뿐만 아니라 스스로 팬들을 위한 첫 번째 채널이 되고자 하는 스포츠 조직들과도 경쟁이 불가피하게 되었다.

이처럼 스포츠 소비자를 확보하려는 골드러시와 함께 스포츠산업 도처에서 미디어 세력 간의 전쟁이 한층 치열해지고 있다. 이 과정에서 스포츠의 고유한 가치가 퇴색되는 위험에 처하기도 한다. 예를 들어, XM 위성 라디오는 현재 MLB에 소속된 30개 야구팀을 위해 경기를 중계하고 있는데 이로써 현 MLB TV와 기존 라디오 중계권자들은 XM과 경쟁 관계에 놓이게 되었다.

인피니티 방송국 사장이자 CEO인 조엘 홀랜더는 이러한 흐름에 대한 문제점을 지적하면서 "인피니티는 스포츠산업을 사랑한다. 그러나 우리는 지난 10년간 지불해 온 방송권료에 대해 불만이 많다. 콘텐츠 사용이 과거만큼 독점적이지 않다."라고 불평했다.

혹자는 미디어에 노출될수록 시장이 확장되고 더 많은 시청자들을 만들어 내어 결과적으로 모두에게 이익이 될 것이라 주장하기도 하지만 이러한 견해는 논리에 맞지 않다. 결국 슈퍼볼이나 FIFA 월드컵 같은 메이저 이벤트를 제외하고는 미디어 중계권의 가치는 하락할 것이며 스포츠 조직들은 생존을 위해 또 다른 수입원을 찾아야 할 것이다.

둘째, 스포츠 조직들은 스스로를 콘텐츠 제공자이자 미디어 센터로 인식해야 한다. 스포츠 의사결정자들은 미디어산업처럼 자신들의 콘텐츠를 스스로 디자인하고 포장하고 전달하는 전 과정을 통제해야 할 필요가 있다. 이는 스포츠가 자신의 영역을 인식하는 방식에 있어 주된 변화라고 할 수 있다. 스포츠가 미디어 센터에 정보를 제공하고 미디어 센터는 스토리를 만들고 광고를 제작하며 대중 캠페인을 조율하고 대중과 소통하는 중계자 역할을 한다. 이런 측면에서 보면 스포츠 생산 모델은 자동차 조립라인과 다를 바 없다. 지금까지 대부분의 스포츠는 커뮤니케이션과 미디어 콘텐츠에 그리 큰돈을 투자하지 않았고 기본적으로 이러한 일들은 급속하게 성장하고 있는 커뮤니케이션산업에 하청을 주었다.

초창기 뉴 스포츠 미디어의 든든한 후원자는 틈새 스포츠였다. 역사적으로 틈새 스포츠는 TV와 라디오의 주목을 거의 받지 못했지만 신기술과 낮은 기술 비용 덕분에 몇 년 전만 해도 상상조차 할 수 없었던 기회를 얻게 되었다. 이러한 상황은 그동안 수십억 달러에 이르는 미디어 계약금을 받고 미디어 간의 중계권 입찰 경쟁에 미소를 지었던 고가의 스포츠에게도 영향을 미치고 있다.

이를테면 오늘날 고가의 메이저스포츠 조직들도 미디어시장이 더 이상 수익을 충족시키지 못할 것에 대비해 나름의 계획을 수립해야 할 형편이다. 또한 이들 고가의 메이저스포츠 조직들은 비디오 자료와 경기 중계를 제공하는 웹사이트, 판타지스포츠, 휴대폰과 비디오게임 등과 같은 그들 스스로 콘텐츠를 제공하는 자체 네트워크를 구축하기 시작했다.

그동안 사랑을 받아 온 영화 관련 산업조차도 영화팬들을 찾아내는 데 값비싼 노력을 기울이고 있다. 이러한 영화산업의 애로사항은 스포츠산업의 문제와도 비슷한 점이 있다. 2004년 영화 스튜디오들은 총제작비의 절반에 이르는 3,400만 달러를 국내 영화 마케팅에 투자했다. 하지만 기대에 못 미치는 매출 때문에 영화산업은 영화팬들을 끌어들이고 손익분기점을 넘기기 위해 이만한 돈을 투자해야 하는가에 대해 심각한 고민에 빠져 있다. 워너브라더스픽처스의 국내 마케팅 담당자인 다운 터빈은 "마케팅 비용이 하늘로 치솟고 있다."고 불만을 토로한다.

스포츠산업도 이와 비슷한 처지다. 소비자들에게 접근하는 비용은 갈수록 치솟는데 수입은 불확실해지고 있다. 늘 새로워지고 때로는 논리에 맞지 않는 미디어 소비행동을 보이는 팬들을 어떻게 전략적으로 단번에 사로잡을 것인가는 생사가 달린 문제. 이에 대해 대부분의 스포츠산업이 내놓는 답은 같다. 현 미디어 중계권 계약에서 취할 수 있는 이익은 최대한 이용하고 콘텐츠 생산자이자 미디어 유통자로서 변화해야 한다는 것이다. 하지만 이러한 두 가지 해결 방안은 기존 미디어 중계권 가치가 낮아지고 콘텐츠 제공자가 되는 경쟁이 치열해짐에 따라 단기적인 효과밖에 낼 수 없다.

개인주의

목요일 밤, 우리가 하는 활동들은 다양하다. 중국의 외교정책에 관한 인터넷 채팅, TNT에서 중계되는 NBA 경기 시청, 영화 관람, 외국에 있는 친구와의 통화, 다음날을 위해 집에서 휴식을 취하기 등. 사람들은 점점 집단 중심에서 벗어나 전문화된 흥밋거리들을 개발하고 있다. 로버트 퍼트넘Robert putnam은 그의 저서 『나 홀로 볼링 *Bowling Alone*』에서 제2차 세계대전 이후 미국인들은 지역사회와의 상호작용이 눈에 띄게 줄어들었고 가족이나 친한 친구와 같은 작고 안전한 집단과 교제하는 데 보다 많은 시간을 할애하고 있다고 말한다. 사실 이웃과 티타임 갖기, 우유 빌리기, 돌아가며 아이 돌봐주기 같은 전통들은 점차 사라지고 있다.

스포츠산업에서 팀 스포츠의 명성이 퇴색해 가는 것만 봐도 개인주의의 현상이 두드러짐을 엿볼 수 있다. 퍼트넘은 또한 그의 연구를 통해 지역사회와의 상호작용 둔화와 함께 팀 스포츠의 참여도 일제히 감소하고 있음을 발견했다. 실제로 1990년부터 2000년까지 가장 크게 성장한 스포츠는 인라인스케이팅, 스노보드, 스케이트보드와 같은 개인 스포츠였다. 만약 내가 지금 마라톤, 철인 3종 경기 그리고 수영과 같은 스포츠를 즐기고 있다면 이는 팀 스포츠에서 벗어나 개인주의 성향의 스포츠 활동 트렌드 속에 있음을 시사한다. 개인주의의 확대는 계속해서 전통적인 팀 스포츠팬들을 분산시킬 것이며 이처럼 강력한 개인주의적 문화는 메이저스포츠 영역에 끊임없이 영향을 미칠 것이다.

가족구조와 의사결정의 변화

가족구조 또한 많은 변화를 겪었으며 이러한 변화는 스포츠 참여와 관람에 중대한 영향을 미쳤다. 미국 가정의 절반 이상이 이혼으로 인한 편부모 가정이거나 다세대 또는 혈통적으로 무관한 자녀들로 구성된 '혼합된' 가족의 구조를 가지고 있다. 결과적으로 아버지와 어머니를 중심으로 하는 전통적인 가족의 의사결정구조가 더 이상 전제되기 힘든 것이다.

이와 함께 스포츠 참여와 소비에 관한 의사결정 또한 복잡해지고 있다. 가족들의 야구 참여에 대한 결정은 누가 내릴 것인가? 만약 한다면 어떤 수준으로 참여할 것인가? 야구를 계속할 것인가 아니면 크로스컨트리를 시작할 것인가? 이에 대한 결정권은 가족구성원 중 누구에게 있는가? 많은 연구 보고에 따르면 과거에는 아이들이 자발적이고 제도화되지 않은 놀이를 통해 메이저스포츠를 배웠지만 현재는 그러한 놀이가 눈에 띄게 줄어들고 있다고 한다. 이러한 경향은 저소득 층보다 중 · 고소득 층에서 확연히 드러나고 있다.

『과중한 스케줄에 시달리는 아이들 *The Over Scheduled Child*』의 저자인 앨빈 로젠펠트 Alvin Rosenfeld 박사에 따르면 지난 20여 년 동안 사전에 계획되고 제도화된 스포츠에 참여하는 시간은 두 배가 증가한 반면 자유롭게 참여하는 놀이 시간은 절반으로 줄었다고 한다.

이러한 감소 현상에는 수많은 요인들이 작용한다. 첫째, 아이들은 아주 어릴 때부터 체육시간, 발레 수업, 축구, 방과 후 활동, 캠프 등 지나칠 정도로 계획된 일정에 따라 통제된다. 따라서 요즘에는 방과 후 편한 옷으로 갈아입고 친구들과 놀이터에서 놀기 위해 뛰어나가는 아이들은 거의 찾아보기가 힘들다. 이러한 현실은 과도하게 제도화되고 프로그램화된 교육환경에 따라 과거 스포츠 참여의 주요 입문 과정이었던 이른바 '놀이터 스포츠playground sports'가 급속하게 사라지고 있음을 보여 준다.

이와 관련해 버지니아 주립대의 심리학자인 메이비스 헤더링턴Mavis Hetherington은 기본적으로 부모가 자녀의 모든 활동을 관리한다고 지적하면서 부모를 주요 의사결정자로 정의했다.

둘째, 아이들은 여유 시간이 있을 때 비디오게임이나 인터넷서핑을 하거나 TV를 본다. 이제는 아이들을 애써 문밖으로 나가게 하는 것이 일이 되었다.

셋째, 어떤 신체활동이 교육적 측면을 지니고 있지 않으면 부모들은 이를 시간낭비라고 생각한다. "아이를 아이들답게 키우자."고 주장하는 부모는 이상한 사람으로 취급되며 "스포츠가 자녀를 대학에 보내는 데 도움이 될 수 있을까?"라는 고민이 더 호소력을 지니게 되었다.

이러한 트렌드가 스포츠 참여와 소비에 미치는 효과는 가히 주목할 만하다. 아이들 중 50%가 열두 살쯤 되면 조직화되고 체계화된 스포츠 참여를 그만두고 고등학교 2학년에 이르면 학생 중 75%가 스포츠 활동을 중단한다. 국내 학부모·교사 협회에 따르면 더욱 큰 문제는 75%에 이르는 아이들이 스포츠를 그만두는 이유가 부모와 코치들의 승리에 대한 지나친 집착 때문이라는 것이다.

현재 많은 아이들이 정작 본인은 흥미도 없고 그만두고 싶은 스포츠 활동을 억지로 하고 있다. 오늘날 우리는 자식 세대들을 그들의 의지가 전혀 반영되지 않은 스포츠 활동에 참여하도록 양육하고 있으며 그들은 스스로 결정할 수 있는 성인이 되었을 때 비로소 다른 활동을 즐긴다. 스포츠의 생존을 위해 청소년의 마음을 사로잡는 것은 필수적이지만 끊임없이 변화하고 진화하는 오늘날의 가족 구조는 이러한 목표 달성을 더욱 복잡하게 만드는 걸림돌이 되고 있다.

무스탕 어린이 미식축구팀

1947년 무스탕 미식축구팀은 프란세스 윌라드 초등학교에 다니는 5학년 학생 26명으로 만들어졌다. 이들은 모두 한동네에 살았는데 장비와 유니폼은 개인이 알아서 준비하여 경기에 참여해야 했다. 붉은 플라스틱 어깨 보호 장비, 가지각색의 헬멧, 펑퍼짐한 땀복 바지, 목이 긴 미식축구 신발 등 외관으로만 봐서는 팀의 일체감이라곤 없었다.

이처럼 다양한 장비와 헬멧들을 들고 온 어린 학생들을 하나로 묶어주는 것은 크레파스로 '무스탕'이라고 쓴 커다란 회색 상의였다. 무스탕팀은 잔디가 무성하게 자란 노스 커먼이라는 커다란 공원에 모여 일주일에 서너 차례씩 연습을 했다. 초창기에는 한 고등학생이 자원하여 팀을 조직하는 것을 도와주었고 연습 기술에 관한 조언도 해주었다. 그러나 점차 팀 규모가 커짐에 따라 구성원 스스로가 코치 역할을 했고 민주적인 방법으로 라인업을 짜고 옆 동네 팀과의 경기 일정도 잡곤 했다.

무스탕의 주된 플레이 전략은 쿼터백이 풀백에게 볼을 넘기면 풀백은

라이트 가드와 라이트 태클이 상대 수비를 막고 있는 틈을 타 그 사이로 뛰는 것이었다. 라이트 가드와 태클은 주로 팀에서 가장 덩치가 큰 아이들이 맡았다. 옆 동네팀도 대부분 열 살 정도의 큰 아이들이 이 포지션을 맡았다. 무스탕팀은 다른 선수들의 동의 하에 실력에 따라 이 포지션을 결정하곤 했으나 그 과정이 늘 순조로웠던 것은 아니다.

"나는 항상 중앙이 아닌 라인 근처 구석에서만 뛰어. 터치다운을 하고 싶단 말이야."

"너는 키가 너무 작아. 그리고 조엘이 더 볼을 잘 잡잖아."

"좋아. 이번 주에는 라인에서 뛰지만 만약 이번에 조엘이 못하면 내가 그 자리로 간다."

무스탕팀은 어린 선수들이 미식축구팀의 주전이 될 정도의 연령대인 고등학교 진학 전까지 다섯 시즌(5년)을 경쟁하며 경기를 한다. 반세기가 지난 오늘날 당시 무스탕의 어린 선수들은 스포츠와 함께 성장했던 자신의 유년시절을 회상할 것이다.

당시 무스탕팀과 오늘날 유소년 스포츠 환경을 비교해 보자. 실제 동네 아이들이 스스로 팀을 꾸리고 감독도 없이 5년 동안이나 거친 경기를 소화하고 스스로 의사결정을 하는 일은 요즘에는 상상하기 힘들다. 게다가 무스탕은 겨울철에 날씨가 추워지면 실내에서 농구를 했고 땅이 녹으면 야구를 즐겼다. 오늘날 아이들이 할 수 있는 놀이는 훨씬 더 다양하다. 과거에 비하면 더 전문적으로 경기를 준비하고 체계적인 훈련을 받을 수도 있다.

스포츠 참여와 행동에 관한 제반 결정권들은 아이들의 손에서 코치, 부모 그리고 학교로 넘어갔다. 오늘날 스포츠는 더 이상 무스탕 시절처럼 매 시즌이 명확하게 구분되지도 않는다. 시즌이 중복되는 경기 일정과 수준 높은 전문성의 요구는 아이들을 더욱 녹초로 만든다.

과거의 스포츠산업에서는 무스탕의 어린 선수들이 성인이 되었을 때 어떤 스포츠를 할 것인지 쉽게 예측할 수 있었다. 하지만 오늘날에는 시장이 복잡해지면서 그러한 예측은 더욱 불확실해지고 있다. 왜냐하면 아이들이 성인이 되면서 경험이 보다 다양해지고 자기행동을 절제할 수 있게 되기 때문이다. 불확실성이란 문제는 '잡힐 듯 잡히지 않는 갈대 같은 스포츠팬'들에게 다가가기 위해 가장 먼저 해결해야 할 문제다.

부족한 여가 시간

미국의 평범한 회사원들의 일과를 살펴보자. 그들은 하루 중 업무 활동 9.2시간, 수면 7.5시간, 가사 0.9시간, 레저 또는 스포츠 활동 3시간, 식사, 음주, 쇼핑 등 기타 활동에 3.4시간을 보낸다. 이제 스포츠 소비자들은 한정된 여가시간을 알차게 보내기 위해 현명한 선택을 해야 한다. 프로스포츠 경기를 보러 가든 지역 야구대회에 참가하든 80km를 운전해 아들의 테니스 경기를 관전하러 가든지 간에 시간은 소비자들의 의사결정에 매우 중요한 변수가 되었다.

소비자의 입장에서는 스포츠 활동을 하는 그 자체뿐 아니라 거기에 투입되는 시간 또한 매우 신경 쓰이는 부분이다. 한 직장인이 LA 다저스 저녁 경기 티켓을 구매했다고 가정해 보자. 그는 7시 30분에 시작되는 경기를 보기 위해 5시 30분에 퇴근해 직장 동료와 경기장으로 향한다. 만약 지금이 1950년대이고 그가 다저스 홈경기장이 있는 차베스 라빈에서 불과 20km 거리에 있는 은행에서 근무할 경우에는 경기장까지 가는 시간은 30분이면 충분하다. 그러나 오늘날에는 교통 체증 때문에 1시간 30분은 예상해야 한다. 운이 좋으면 경기 시작 15분 전인 7시 15분까지 도착할 수도 있을 것이다.

3시간가량 경기를 관람한 후 주차장을 빠져나오는 데 30분, 그리고 집으로 돌아오는 데 45분 정도가 소요된다. 결국 그는 밤 11시 45분에 집 주차장에 도착할 것이다. 물론 여기에 티켓을 구매하기 위해 들인 시간, 동료와 함께 약속을 잡기 위해 이야기한 시간, 귀가가 늦는다고 말하기 위해 집에 전화한 시간 등은 포함되지 않았다. 결국 이런 시간까지 모두 포함한다면 그는 야구 경기를 관람하기 위해 6시간 이상을 소비했다고 할 수 있다. 주중 사용할 수 있는 여가활동 시간의 상당 부분을 하룻밤 야구 경기를 위해 써 버린 셈이다. 교통체증을 피하기 위해 사람들이 2이닝에 도착해 7이닝 도중에 경기장을 빠져나가는 현상은 더 이상 놀라운 일도 아니다.

경쟁, 팬들의 높아진 기대 수준, 자본주의의 모순, 신기술, 개인주의, 가족 의사결정 과정, 시간과 경제적 사정 등과 같은 요인들은 스포츠산업과 팬과의 연결을 한층 어렵게 만들고 있다. 이 책에서 우리는 이처럼 사로잡기 힘든 갈대 같은 팬들로 구성된 시장에서 모든 형태의 스포츠 관련 상품, 즉 선수, 팀, 구단, 연맹, 이벤트, 스포츠용품 등이 어떻게 경쟁하여 살아남을 수 있는지에 대해 실험할 것이다. 우리의 목적은 팬들을 매료시키고 유지하여 궁극적으로 그들의 관심도와 소비수준을 높일 수 있는 체계적인 접근방법을 제시하는 것이다.

● 강력한 스포츠브랜드가 필요하다

스포츠마케팅은 여타의 엔터테인먼트 영역과는 다른 차원의 어려움에 직면해 있다. 역사적으로 선수들의 경기 능력은 팬들의 관심과 유대감을 형성해 내는 가장 중요한 요인이었다. 각종 기록 갱신을 눈앞에 둔 선수, 플레이오프 진출을 노리는 팀, 한 치 앞도 예측할 수 없는 경쟁이 치열한 리그 등은 팬들을 끌어모으는 보증수표였다.

반면 슬럼프에 빠진 스타선수, 승률이 5할도 안 되는 팀, 유명 선수가 없는 리그, 별로 중요하지 않은 평범한 시즌 경기는 그만큼 팬들의 관심을 받지 못했다. 스포츠가 경기 능력 중심의 상품이라는 측면에서 봤을 때 최고의 마케팅 효과를 거두려면 항상 승리하고 최상의 경기 능력을 보여 주어야 한다. 하지만 스포츠 세계에서 누군가가 승리하면 누군가는 반드시 패배해야 한다. 그렇다고 스포츠 의사결정자들이 경기 결과를 조작할 수도 없는 노릇이다. 따라서 발상의 전환이 필요하다.

이상적인 스포츠팬 커넥션은 장기적이며 단 한 번 경기 능력이 낮아졌다고 해서 쉽게 영향을 받지는 않는다. 전쟁과도 같은 스포츠시장에서 튼튼한 팬 커넥션을 형성하기 위해서는 스포츠가 시장의 반응에 민감한 브랜드라는 사실을 인식해야 한다. 강한 스포츠브랜드란 소비자와 맺는 약속의 한 형태다. 또한 신뢰감, 인간성, 편안함, 접근성, 경기수준 등과 같은 그 제품의 특성을 소비자의 머릿속에 떠오르도록 만든다. 강한 스포츠브랜드란 스포츠를 팬 중심적인 브랜드로 다시 정의하고 창조하는 체계적인 변화를 통해 형성된다. 변화를 통한 이러한 스포츠브랜딩 과정은 시장이 얼마나 경쟁적인지에 대해 반응하며 변화하는 팬들의 기대와 요구에 꾸준하게 대처하도록 돕는다. 브랜드로의 변화는 팬 커넥션의 잠재력을 높여 주고 해당 스포츠를 차별화시키며 나아가 제품의 수명을 연장시킨다.

브랜드 변화의 중요한 요인은 '스타파워'다. 스포츠 역사를 보면 스타선수들은 언제나 팬들의 관심을 끌고 유지시켜 주는 주요한 매력 포인트였다. 최강의 복서 존 설리번, '아이스맨' 미식축구스타 레드 그레인지, 올림픽 만능선수 밀드레드, '베이브' 디드릭슨 자하리아스, '장대' 체임벌린과 같은 선수들은 당장이라도 팬들에게 어필할 수 있다. 사실 야구 홈런타자 베이브 루스와 테니스 스타 빌리 킹은 자신이 임하는 스포츠를 스포츠 엔터테인먼트의 중요한 형태로 끌어올림으로써 명성을 얻었다. 그러나 딜레마는 스타파워가 브랜드믹스의 일부분에 불과하다는 것이다.

이러한 문제를 해결하는 방법은 선수 개개인에 국한시켰던 스타파워에 대한 고정관념을 깨는 것이다. 성공적인 스포츠브랜드는 스타선수뿐 아니라 스포츠시설, 음식, 팀, 이벤트, 심지어 구단 소유주까지 포함되는 광범위한 스타파워믹스를 갖춰야 한다. 스타파워는 보다 많은 팬들과 관계를 형성하도록 재정의되어야 하며 나아가 스포츠가 제공해야 할 모든 특성들도 극대화되어야 한다. 이를 통해 스포츠브랜드 구성요소들을 스타 반열로까지 끌어올려야 한다.

사실 스포츠를 브랜딩하는 것은 새로운 현상이 아니다. 이미 경쟁자들과 차별을 꾀하며 스포츠 소비자들과의 관계를 견고하게 다진 강력한 스포츠브랜드들도 존재한다. 맨체스터 유나이티드, 데이비드 베컴, 뉴욕 양키스, 안나 쿠르니코바, 타이거 우즈, 워싱턴 레드스킨스, 리글리 필드, FIFA 월드컵, 나이키, 아디다스 등이 그 예다. 특히 영국축구 클럽인 맨체스터 유나이티드는 지역 클럽팀이 제너럴 모터스나 소니와 같은 글로벌 브랜드로 도약할 수 있음을 보여 준 모범 사례다.

맨체스터 유나이티드와 비즈니스

맨체스터 유나이티드(이하 맨유)는 한때 단지 지역의 인기 축구팀에 불과했지만 지난 15년 동안 브랜딩 과정을 통해 고수익을 창출하는, 누구나 알 수 있는 글로벌 스포츠브랜드로 탈바꿈했다. 2005년 맨유의 자산가치는 12억 5,100만 달러에 이르렀으며 전 세계에 걸쳐 7,500만 명 이상의 팬들을 거느린 글로벌 스포츠브랜드로서의 입지를 굳혔다. 이러한 측면에서 두 번째로 가치 있는 스포츠 프랜차이즈는 9억 2,000만 달러의 가치를 지닌 레알 마드리드이며 8억 9,000만 달러의 가치를 지닌 AC 밀란이 그 뒤를 잇고 있다.

어떻게 이러한 변화가 일어났을까? 첫째, 맨유는 최고의 잠재력을 지닌 전 세계 유소년 선수들을 모아 청소년 아카데미를 운영했다. 1986년 초 맨유의 감독이었던 알렉스 퍼거슨은 데이비드 베컴을 비롯한 많은 유명한 스타선수들이 어렸을 때부터 축구 기술을 연마하도록 훈련시켰던 것이다.

둘째, 맨유는 제품의 품질을 강화시킨 후 비즈니스 전략에 변화를 주었다. CEO 데이비드 길은 새로운 형태의 경영진을 꾸렸는데, 이들은 '대차대조표'와 '주가'라는 용어들을 사용했다. 클럽들을 '브랜드'로, 선수들을 '자산'으로, 팬을 '소비자'로, 홈팀 도시와 멀리 떨어진 세계 곳곳을 '시장'이라고 인식하는 경영마인드를 지니고 있었다.

셋째, 맨유의 브랜드는 팀 테마 레스토랑, 스포츠 용품점, 팀 소유의 케이블 TV 네트워크, 새로 단장된 경기장과 박물관 등 다양한 채널들을 통해 유통되었다. 이러한 브랜드 마케팅 전략들을 통해 최고 스타 군단으로서 맨유 브랜드는 전 세계의 폭넓은 팬들에게 반향을 일으킬 수 있었다.

그러나 우리는 앞으로도 맨유가 승승장구할 것이라고 장담할 수는 없다. 경쟁관계에 있는 AC 밀란, 유벤투스, 첼시, 레알 마드리드 같은 다른 축구팀들과 농구, 야구와 같은 경쟁 스포츠들이 맨유의 전형적인 마케팅 전략들을 모방하고 있기 때문이다. 이러한 상황은 맨유가 지속적으로 팀 브랜드를 향상 및 확장시키도록 자극하고 있다.

이를테면 맨유 모바일이라는 팀 브랜드의 무선 서비스를 통해 팬들의 휴대폰으로 비디오 클립, 뉴스정보, 모바일 비디오게임 등이 전송되고 있으며, 맨유 판타지 축구 게임도 새롭게 출시되었다. 그밖에 아시아와 미국과 같은 새로운 시장 개척을 위해 뉴미디어에도 적극 투자하고 있다. 또한 맨유는 이미 수차례에 걸쳐 아시아와 미국 투어 게임을 치렀고 미국에서는 뉴욕 양키스와 마케팅 파트너십 계약을 맺었으며 한국, 일본, 중국에서는 레스토랑, 클럽 용품점, 축구 교실과 같은 상품들을 꾸준히 개발하고 있다.

과거에는 맨유의 성공은 의심의 여지가 없었다. 그러나 21세기 새로운 스포츠 환경은 불패의 성공신화를 창조하는 브랜드는 존재할 수 없음을 여실히 보여 주고 있다. 2005년 6월 미국 기업가 말콤 글레이저가 맨유의 경영권을 인수하자 보수적인 맨유팬들은 분노했다. 이들은 특히 외국 기업가의 무단 침입에 분개했고 맨유 브랜드의 쇠락을 우려하기에 이르렀다. 때마침 첼시를 비롯해 세계시장을 노리고 있는 다른 축구클럽들은 과거 맨유가 독점했던 영역들에 침투했다.

맨유가 계속해서 성공적인 브랜드로 남고 싶다면 주력시장을 만족시킬 수 있도록 경기와 비즈니스 측면을 통합하여 운영해야 할 것이다. 또한 치열해지는 경쟁시장에 저항하기 위해 세계화 노력을 꾸준히 전개해야 할 것이다. 맨유의 성공 비결은 이미 노출되었고 오직 보다 나은 변화를 위한 실행력만이 집요한 경쟁자들을 따돌릴 유일한 방안이 될 것이다.

스포츠브랜딩[7]은 경쟁이 치열하거나 잘 알려진 스포츠에만 적용

---

7) **스포츠브랜딩**sports branding
목표로 한 브랜드 콘셉트에 맞게 스포츠 관련 상품(리그, 팀, 선수, 감독, 구단주, 경기장 시설, 음식, 경기 자체 등)을 체계적인 브랜드 개발 과정을 통해 세련되게 다듬고 이를 해당 스포츠 상품에 실현시키는 일련의 과정.

되는 것은 아니다. 고교스포츠에서 클럽 스포츠, 그리고 대학스포츠에서 마이너 리그에 이르기까지 모든 스포츠가 브랜딩을 통해 수익을 높일 수 있다. 브랜딩 과정을 통한 변화는 스포츠를 차별화시켜 주고 나아가 어떤 시장에서도 팬들을 확보할 수 있도록 돕는다. 세인트존스 대학교의 사례를 살펴보자.

가톨릭 대학인 세인트존스 대학의 미식축구팀은 미국 북부 미네소타 주의 작은 도시인 칼리지빌에 위치해 있으며 디비전 III 소속이지만 영향력 있는 스포츠브랜드다. 연중 가동되는 발전소처럼 강한 팀이었던 세인트존스 미식축구 프로그램은 코치와 관련하여 쉽게 연상되는 이미지로 인지도가 높았다. 세인트존스는 매우 독특하고 매력적인 철학을 지닌 존 게그리아디John Gagliardi라는 유명한 미식축구 감독을 브랜드 아이콘으로 보유하고 있었다. 게그리아디는 오직 태클링을 중요하게 생각했고 팀 자체 연습 경기는 중요하게 생각하지 않았다. 또한 그는 100명이 넘는 선수군단을 이끌고 궂은 날씨에도 아랑곳하지 않고 경기에 임하는 감독이었다. 결국 가톨릭의 지적인 학풍과 원칙 있는 감독, 그리고 반문화적이지만 성공한 팀에서 뛰기를 원했던 고교 선수들은 규모가 큰 대학에서 제안한 장학금까지 포기하고 게그리아디를 선택했다.

세인트존스 미식축구팀의 사례를 보고 사람들은 이렇게 반응할지도 모른다.

"작은 도시에서 제법인데! 근데 이게 내 럭비팀과 무슨 상관이 있다는 거야?"

오늘날처럼 복잡하고 경쟁적인 시장에서는 시골 방앗간처럼 운영되는 대학미식축구 프로그램과 개성 없는 럭비팀은 더 이상 팬들에게 용납되지 않는다. 스타파워를 지닌 스포츠브랜드는 어떤 시장에서든 분명히 드러나기 마련인 것이다.

● 결론

스포츠팬은 매우 가치 있는 상품과 같다. 팬들은 스포츠를 시청하든 직접 경기에 참여하든 간에 시간과 돈의 제약을 받을 수밖에 없다. 물론 모든 프로농구팀의 유니폼을 수집하는 팬들도 있다. 하지만 그들 또한 수많은 스포츠 중 한두 가지만을 선택할 것이다. 결국 팬들은 자신의 돈과 시간을 어떻게 사용할 것인가에 대한 선택을 해야 한다.

옛 스포츠의 재기 노력, 수많은 신생 스포츠의 등장, 미디어 파워 등이 복잡하게 얽히면서 경쟁적이고 변덕스런 환경을 더욱 부채질하고 있다. 이러한 문제를 인식하고 문화와 신기술들이 어떻게 팬들의 의사결정에 영향을 미칠 것인지를 이해하는 스포츠 의사결정자들은 변화하는 역학관계에 적응하기 위해 민첩하게 움직일 것이며 결국 성공에 이를 것이다.

이 책은 총 3부로 구성된다. 제1장에서 제3장에 이르는 제1부에서는 현 스포츠산업의 문제점들을 확인하고 스포츠에 관한 팬들의 의사결정 과정을 분석할 것이다. 제4장에서 제7장까지 구성된 제2부에서는 브랜드 콘셉트 개발, 브랜드 테스트, 브랜드 고급화, 브랜드 실행 등을 다루는 변화 과정을 소개할 것이다. 제8장에서 제10장으로 이루어진 마지막 제3부에서는 끊임없이 변화하는 스포츠시장에서 스포츠브랜드가 쇠퇴하지 않고 성공을 거둘 수 있는 전략을 제안할 것이다.

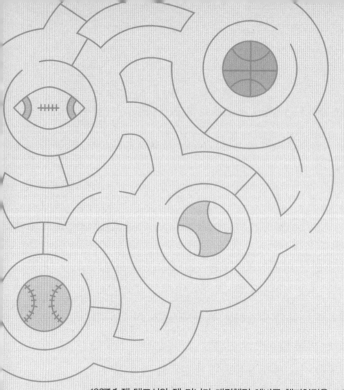

1927년 잭 뎀프시와 젠 터니가 대결했던 헤비급 챔피언전은 그야말로 국가적인 이벤트였다. 14만 5,000명이 넘는 팬들이 좌석을 가득 메웠고 간이 좌석과 계단까지 북새통을 이루었다. 5,000만 청취자들은 두 영웅 간의 역사적인 전투를 생생하게 전달하는 해설자의 목소리를 듣기 위해 라디오 주변으로 몰려들었다. 수백 명의 신문기자들은 링 주변에서 더 빨리 경기 결과를 보낼 수 있도록 만반의 준비를 해놓았다. 마치 미국 전체가 이 기념비적인 복싱 경기를 축하하기 위해 모든 일손을 놓은 듯했다.

이 경기는 드라마틱한 '롱 카운트' 논쟁으로 더욱 유명해졌다. 7라운드에서 뎀프시는 카운터 펀치로 터니를 쓰러뜨려 승리를 눈앞에 두고 있었다. 당시 타임키퍼인 폴 빌러는 녹아웃 카운터를 시작했고 주심 데이브 배리가 카운터를 시작할 때쯤에는 벌써 다섯까지 세고 있었다. 그러나 주심은 뎀프시가 잠시 의식을 잃고 링 위에 드러누운 터니 주변에서 즉각 물러서지 않았다는 이유로 카운터를 지연시키고 있었다.

당시 일리노이 주 스포츠 위원회 규정에 따르면 주심은 다운을 시킨 상대가 링 반대편 코너로 물러설 때까지 카운트를 할 수 없었다. 결국 시간을 재는 타임키퍼와 주심 간의 카운트는 5초까지 벌어졌고 터니는 약 14초 동안 링에 누워 쉴 수 있었다. 마침내 터니는 주심이 아홉까지 카운트했을 때 겨우 일어났다. 터니가 다시 일어난 것이 믿기지 않았던 뎀프시는 가차 없이 다시 터니를 공격했으나 재충전한 터니에 비해 그는 이미 지친 상태였다. 터니는 점차 경기력을 회복했고 결국 10라운드에서 미국의 우상이었던 뎀프시를 누르고 승리를 거머쥐었다.

02 Sports In Trouble

곤경에 처한 스포츠

이 경기에서는 '롱 카운트'가 스포츠 역사상 가장 큰 논란거리가 되었지만 사실 더 놀라운 것은 운집한 팬들의 규모였다. 뎀프시와 터니의 복싱 대결은 미국인 대다수의 관심을 이끌어 냈을 뿐 아니라 스포츠 비즈니스에 새 시대가 왔음을 알리는 신호탄과도 같았다.

1920년대 스포츠 의사결정자들은 스타의 명성과 이벤트가 어우러지면 어마어마한 규모의 대중들을 유혹할 수 있고 그만큼 막대한 이익을 거둘 수 있다는 사실을 간파하고 있었다. 라디오와 함께 신문의 스포츠란도 비중이 커지면서 이른바 근대 스포츠산업의 형성과 유통이 점차 활기를 띄었다. 물론 지금처럼 다양한 채널과 세련된 인터넷 기술은 없었지만 당시 스포츠산업은 경쟁이 치열하지 않은 시장이라는 장점 그리고 스포츠스타와 팀의 우상화라는 기발한 아이디어를 가지고 있었다.

그러나 1920년대 이후 스포츠산업은 많은 변화를 겪었다. 그동안 스포츠가 수십억 달러의 산업으로 성장한 것은 사실이지만 오늘날 스포츠는 곤경에 처해 있다. 얼핏 보기에 과거 어느 때보다 다양한 스포츠와 훨씬 더 많은 팬이 존재하고 어마어마한 수익을 거두고 있기 때문에 곤경에 처해 있다는 말을 선뜻 납득하기는 어려울 것이다. 그러나 급속한 산업 성장은 보다 치열한 경쟁을 초래했고 갈대 같은 팬들의 등장을 더욱 부추겼다. 오늘날 스포츠 세계는 매일매일 위협을 받고 있으며 생존은 끊임없는 도전과제가 되고 있다.

스포츠산업의 초창기 시절과 비교해 보면 그동안의 환경변화들이 어떻게 스포츠를 위험에 빠뜨렸는지 알 수 있다.

- 스포츠를 이용한 수익의 폭발적인 증가와 그에 따른 스포츠 확장 기회의 급속한 증가
- 스포츠 미디어의 확대와 집중
- 스포츠 영웅의 우상화와 쇠락
- 터무니없이 높은 연봉, 리그, 팀, 스타선수들의 부적절한 행동에 따른 냉소주의의 확대
- 불공평한 연봉 구조, 약물 복용, 스포츠 도박, 담합 등과 같은 불공정 경쟁에 대한 의혹
- 개인주의적 기호의 확산으로 인해 세분화된 소비자 층
- 팬 참여의 형태로 인정되는 스포츠 도박의 제도화

이러한 변화 중 스포츠산업의 성장에 핵심적인 역할을 했던 TV의 수익은 시청자가 줄어듦에 따라 점차 감소하고 있다. 1988년 이후 TV 스포츠의 시청률은 지속적으로 감소하고 있다. NBA 결승전의 시청률은 56%, 월드시리즈는 21%, 그리고 먼데이 나이트 미식축구

시청률은 22%로 감소했다. 이러한 시청률 하락에도 불구하고 여전히 대부분의 스포츠는 미디어 네트워크야말로 적절하게 돈만 투자하면 엄청난 소비자들을 확보할 수 있는 최적의 수단으로 여기고 있다.

결국 시간이 지나면 많은 스포츠 조직들과 미디어, 광고주들은 시청자의 감소가 TV 수익의 감소로 이어지는 것을 목격하게 될 것이다. 그래도 실시간으로 많은 시청자들을 끌어들일 수 있는 슈퍼볼, 월드시리즈, FIFA 월드컵, NCAA 대학농구 4강전과 같은 주요 경기들은 여전히 방송사와 광고주에게 매력적인 상품일 것이다.

특별히 대중적 관심을 끌 수 있는 스포츠 TV 이벤트들은 제외하더라도 한때 안정적이었던 TV 수익창출 구조도 새로운 시청자의 움직임을 반영하도록 변화될 필요가 있다. 또한 점차 미디어 소비와 팬들의 참여가 세분화되고 예측 불가능한 방향으로 움직임에 따라 고액연봉이나 수많은 경쟁자와 같은 요인은 스포츠시장을 더욱 불확실하게 만들고 있다.

물론 이러한 문제들이 하룻밤 사이에 발생한 것은 아니다. 시장이 급속하게 변하고 침식될 때마다 스포츠산업은 더 많은 프로모션, 더 많은 마케팅 활동, 더 많은 광고라는 상투적인 반응을 보였을 뿐이다. 창의적이지 못한 전략은 비용 부담만 늘리고 어려워진 상황을 전혀 회복시키지 못한다는 사실은 이미 다 알고 있다. 스포츠산업이 전문화되고 미디어 파트너십이 형성되면서 시장에서 새로운 움직임이 포착되었고 이는 오늘날 스포츠산업이 반드시 극복해야 할 커다란 딜레마다.

이 장의 목적은 스포츠산업이 어떻게 발전해 왔는지를 살펴보면서 미래의 명확한 청사진을 제시하는 데 있다. 지금부터 독점세대, TV 세대 그리고 하이라이트 세대로 정의되는 스포츠산업 세대들이 이끈 주요 변화들을 점검해 보고 이러한 변화들이 갈대 같은 팬들의 출현에 어떤 영향을 미쳤는지 알아보고자 한다. 각각의 산업 세대들은 다음에 제기된 영역들을 중심으로 평가될 것이며 그들이 오늘날 스포츠시장의 문제에 어떻게 기여했는지도 조명할 것이다.

- **문화** : 스포츠산업의 성장에 영향을 끼쳤던 문화적 변화의 흐름
- **상품** : 시장을 주도했던 스포츠 종목
- **유통** : 스포츠 정보가 소비자에게 전달되는 경로와 채널
- **권력 구조** : 주요 의사결정자와 그들의 영향력
- **인프라** : 스포츠산업의 경제적 · 구조적 · 물리적 요소
- **팬 유입** : 팬들을 끌어들이는 의사결정자들의 전략

● 스포츠산업의 세대별 변천사

독점세대 1900~1950

스포츠가 정식으로 경쟁을 시작했던 때를 따지자면 고대 그리스 시대까지 거슬러 올라가야 할 것이다. 하지만 우리는 스포츠 이벤트가 이익을 목적으로 대량 생산되던 시기, 즉 스포츠가 산업화된 기간에 중점을 두고자 한다. 19세기에도 프로야구, 경마, 복싱 등이 존재하긴 했지만 여전히 당시 스포츠 조직은 체계가 잡히지 않아 산업이라고 하기는 어렵다. 아메리칸 리그와 내셔널 리그가 최초로 월드시리즈에 합의했던 1903년과 7개국 중심으로 FIFA가 창설된 1904년 직후, 바로 20세기로 넘어오는 시점에서야 비로소 독점세대가 탄력을 받기 시작했다. 이 기간에는 스포츠의 생산 방식과 팬들의 스포츠 이해 방식에 있어 많은 주요한 변화들이 발생했다.

독점세대의 문화는 급속한 인구 증가, 두 차례의 세계대전, 1920년대 소비주의, 대중문화의 범람 그리고 경제 대공항의 영향을 받았다. 대도시로의 인구이동으로 사람들은 주요 스포츠 이벤트에 접근할 수 있는 기회가 더 많아지기도 했다. 켄터키의 루이빌에서 열리는 미국 3대 경마대회 중 하나인 켄터키 경마대회를 보기 위해 먼 거리를 운전하고 가는 일에도 점차 익숙해졌다. 또한 필라델피아의 프랭클린 경기장에서 열리는 육군과 해군 간의 경기를 보기 위해 기차를 타고 가는 것이 그리 낯설지 않던 시기이기도 했다.

이후 팬 저변이 점차 확대되고 스포츠가 이익을 창출함에 따라 스포츠산업은 프로모션, 미디어, 경기 관람 여행을 위한 유통구조 그리고 팬들이 구매할 수 있는 관련 상품 개발에 전념하기 시작했다. 이 시기 팬들은 대부분 남성이었는데 이들은 그동안 간과되었던 잠재력을 지닌 세분화된 중요 집단으로 부상했다.

독점 시기에 산업을 지배했던 스포츠 종목은 야구, 경마, 복싱, 국제 축구, 하키, 대학미식축구, 프로미식축구 그리고 올림픽 정도였다. 오늘날 크게 성공한 대학농구와 프로농구도 독점세대가 끝나는 시기에야 비로소 시장에 등장할 수 있었다.

결과적으로 스포츠팬들은 선택의 여지가 별로 없었고 그만큼 각 스포츠는 시장에서 자기 위치를 지켜 나갔다. 종목이 다양하지 않으니 독점이 가능했던 것이다. 또한 이 당시 대부분의 스포츠는 충성심 높은 소비자들이 포진해 있는 대도시를 중심으로 번성했다. 반면 작은 도시에서는 마이너 리그 야구, 미식축구, 농구, 회사가 후원하는 아마추어팀들 그리고 대학스포츠팀들의 경기가 주를 이루었다. 당시에는 캐나다 프로아이스하키팀인 토론토 메이플 리프스와 핀란드 또는 노르웨이 스키 선수와 같이 그 지역에서 명성이 있는 팀이나 선수들은 누구나 아는 명사로서 큰 인기를 누렸다.

스포츠 엔터테인먼트의 첫 주자 글로브트로터스

미국의 묘기농구단 할렘 글로브트로터스Harlem Globetrotters가 우연히 그 원리를 발견하기 전까지 스포츠에서 엔터테인먼트라는 아이디어는 생소한 개념이었다. 시카고 출신의 아베 세이퍼스타인이라는 프로모터가 소유하고 경영했던, 흑인으로 구성된 독자적인 농구팀 글로브트로터스는 스포츠 역사를 다시 썼다. 1920년대 중반 세이퍼스타인은 루이 암스트롱이나 마 레이니 같은 스타들이 주로 출연했던 유명한 시카고 사우스사이드 극장의 이름을 따서 새보이 빅 파이브Savoy Big Five라는 공연팀을 구성했다. 미국인들의 삶이 그렇듯 스포츠 또한 독립된 객체로 이해되었고 세이퍼스타인은 농구 실력뿐 아니라 '재미있는 농구팀'이라는 이미지로 팀을 브랜드화할 수 있다고 믿었다.

독점세대 시절 스포츠팀에 대한 구단주와 감독의 영향력은 막강했다. 선수들 또한 권위적인 구단주와 감독의 감시와 통제뿐 아니라 엄격한 규정으로 인해 활동 영역이 상당 부분 제한되어 있었다. 그래서 당시 감독과 선수와의 관계는 고용인과 비고용인의 그것과 같았다.

뉴욕 자이언츠의 감독 존 맥그로와 미네소타 대학미식축구 코치 버니 비어만은 매우 엄격한 역할 지상주의자로 악명 높았다. 뉴욕 자이언츠 선수들은 경기 중에 수시로 자신의 역할과 업무를 점검받아야 했고 배트에 초크를 바르고 반드시 살아서 나가야 했다. 또한 비어만의 감독 하에 있는 미네소타 미식축구팀의 공격 라인은 몸을 사리지 않고 상대팀의 덩치 큰 수비 선수들에게 뛰어들어야만 했다.

그러나 글로브트로터스는 달랐다. 농구의 모든 룰을 무시해 버렸던 글로브트로터스의 재능 있는 선수들만큼이나 세이퍼스타인 자신도 세리머니의 달인이었다. 글로브트로터스팀의 첫 세대는 정직한 농구에 열심이었지만 1930년대 후반에 들어서면서 코믹한 요소가 팬들의 관심을 끈다는 사실을 발견하게 되었다. 진지한 농구와 유머가 어우러진 이상적인 아이디어를 강점으로 팀은 점차 여러 지역과 도시를 돌며 경기하는 헌신적인 공연팀으로 자리 잡았다.

제2차 세계대전까지 글로브트로터스는 전 세계에 센세이션을 일으킬 정도로 스타파워를 브랜딩했다. 팬들에게 즐거움과 기대감을 줄 수 있는 흥미롭고 재미있는 그들만의 세리머니를 개발하기도 했다. 결국 글로브트로터스는 가족 엔터테인먼트를 대표하게 되었고 당시 최초로 수많은 젊은이들을 농구장으로 몰려들게 만들었다.

그밖에 세이퍼스타인은 스타 원리를 발견했다. 코믹의 달인 구스 타툼과 대머리 드리블링으로 센세이션을 일으킨 커리 닐과 같은 선수들을 전면에 내세웠고 그들은 1951년 베를린 올림픽 경기장에서 무려 7만 5,000여 명의 관중들 앞에서 경기를 펼쳤다.

글로브트로터스는 쇼맨십을 과시하는 측면이 있긴 했지만 세계적인 농구팀이었음에는 틀림없다. 1948년 NBA 챔피언 미니애폴리스 레이커스를 이긴 사건은 주요 일간지의 헤드라인을 장식했고 농구 실력을 인정받은 중요 사건으로 꼽혔다. NBA 초창기 몇 년 동안은 글로브트로터스가 종종 더블헤더 경기의 오프닝 경기에 참가했고 NBA팀은 글로브트로터스의 시범 경기가 끝난 뒤 텅빈 경기장에서 게임을 하기도 했다.

당시 글로브트로터스는 프로스포츠가 늘 바라던 바로 그 엔터테인먼트 패키지였다. 그들은 매일 밤 펼쳐지는 농구 경기의 하이라이트 영화와 같았고 일방적인 경기로 식상함을 느꼈던 팬들의 얼굴에 웃음과 대리만족을 가져다주었다. 그러나 프로농구가 유색인종에 대한 차별을 없애고 흑인 스타들을 고용하기 시작하면서 글로브트로터스는 급격하게 쇠락의 길을 걷기 시작했다. 1993년 기업가 매니 잭슨이 글로브트로터스를 인수한 사건과 이어 2005년 로이 디즈니에게 매각되는 과정을 통해 글로브트로터스는 팀 관련 상품과 허가권의 잠재력을 촉진시키는 전략적인 변화를 단행했다. 현재 팀은 수많은 마케팅 과제들을 안고 있지만 근대 농구 역사의 한 페이지를 화려하게 장식했고 영원히 함께할 스포츠팬 층을 확장시킨 위대한 역할을 했다.

독점세대의 주요 유통채널은 라디오, 신문, 혹은 영화 상영 전 짧게 방영되는 뉴스 그리고 잡지가 고작이었다. 만약 경기를 관람하거나 선수들을 보고 싶다면 직접 경기장까지 여행해야만 했다. 또한 당시에는 경기 내용과 결과를 알리는 대변인이자 해설자로서 선수들보다도 훨씬 유명한 인물이 있었는데 바로 유명 스포츠 캐스터 그레이엄 맥나미와 그랜틀랜드 라이스였다. 이러한 스포츠 전문 기자들을 보유하고 있던 라디오와 신문은 스포츠 미디어를 지배했다.

독점세대 시기의 스포츠는 가끔 팬들에게 기발한 서비스를 제공하기도 했다. 라디오 야구가 한창 인기를 끌던 초창기 몇 년 동안은 경기장에 있지도 않은 해설자가 텔레타이퍼가 보낸 내용을 보고 상상력을 동원하여 중계했던 것이다.

로널드 레이건 전 대통령은 한때 아이오와의 스튜디오에서 시카고 커브스의 경기를 중계했던 야구 해설자였다. 배우이기도 했던 그는 타자가 투수의 공을 기다리는 몇 초 동안 지루해할 청취자들을 위해 텔레타이퍼가 전송해 준 경기 정보도 없이 경기를 중계하기도 했다. 그는 당시를 이렇게 회상했다.

"나는 썰렁한 몇 초간의 적막을 깨고 싶었어요. '아우기 투수가 볼을 던졌습니다. 타자가 친 공이 좌측 관중석으로 올라가 파울이 되었군요.'라며 일어나지도 않은 내용을 말해 버리곤 했죠. 그리고 얼마 후 당시 텔레타이퍼였던 컬리 씨가 실제 경기 내용을 전송했을 때는 내심 뜨끔해서 바로 말을 바꿨습니다. '아, 파울이 아니었군요. 갤런이 안타를 치고 1루까지 살아 나갔습니다.' 라는 식으로 중계하곤 했습니다."

당시에는 중계실에 있는 미식축구 아나운서들까지도 자주 이색적인 경기 해설을 곁들였다. 특히 해리 위스머와 빌 스턴 같은 아나운서들은 러닝백이 5야드밖에 전진하지 못하고 넘어지면 이를 5분간 엉덩이를 흔들고 발레를 추며 조롱하는 것으로 악명이 높았다. 토요일 밤 캐나다의 아이스하키를 중계했던 아나운서 포스터 휴잇은 "슛! 골이군요He shoots, he scores."라는 표현을 자주 사용했는데 그의 이러한 중계 멘트는 유명한 캐치프레이즈가 되었고, 그의 중계 방송은 캐나다 전역에서 가장 유명한 프로그램으로 명성을 떨쳤다. 경기 입장권을 사지 않았던 독점세대들은 어떤 측면에서는 장내 아나운서들을 통해 스포츠를 경험했으며 TV 세대가 돼서야 실제 스포츠 현장을 목격할 수 있었다.

독점세대는 운동선수들이 광고에 등장하기 시작한 상업화된 스타 문화의 태동 시기였다. 스타들은 지방의 자동차 판매점에 홍보대사로 고용되거나 리조트 호텔 로비에서 담배 광고를 위해 일하기도 했다. 베이브 루스(굿이어, 레드락 보트러스, 프로-조이 아이스크림, 베이브 루스 언더웨어)와 레드 그란지(레드 그란지 인형, 스웨터, 캔디 바, 신발, 미트로프)와 같은 선수들은 당시 광고 기회가 많았던 최상급 스타들이었는데 특히 레드 그란지는 자신의 명성을 이용한 최초의 프로 스포츠 스타였다.

일리노이 대학 미식축구팀의 하프백이었던 그는 '현찰 판매cash and carry' 라는 닉네임을 가지고 있었던 매니저 파일의 지도 아래 시카고 베어스팀의 지방순회 경기 일정에 맞추어 자신의 첫 번째 프로 시즌을 시작했다. 그란지는 당시 보기 드문 매력적인 선수였으며 스포츠 팬뿐만 아니라 일반인들에게서도 인기를 누렸다.

이 시기 대중들은 스포츠스타들의 경기력뿐 아니라 그들을 보는 것만으로도 기꺼이 돈을 지불하고자 했기 때문에 스타 이미지의 유통이 확장되기 시작했다. 레드 그란지처럼 인정받은 스타들이 영화에 출현하는 것은 공공연한 일이었다. 레드 그란지가 출현한 「갤로핑 고스트 *Galloping Ghost*」와 「레이싱 로미오 *A Racing Romeo*」, 야구스타 루 게릭의 「로하이드 *Rawhide*」, 복싱 챔피언 조 루이스의 「스피릿 오브 유스 *Spirit of Youth*」, 경마의 상징이었던 시비스킷이 출현한 「시비스킷 스토리 *The Story of Seabiscuit*」 등이 좋은 예다.

사람들은 자신의 스포츠 영웅에 대해 더 많은 것을 알고 싶어 했고 이에 부응해 신문이나 잡지들도 스포츠 경기와 스포츠스타에 관한 기사에 더 많은 지면을 할애했다. 또한 독점세대에는 풍선껌과 담배회사를 비롯한 몇몇 비즈니스 업체들이 스포츠스타의 사진을 제품에 이용하면서 '스포츠 트레이딩 카드'의 황금기를 열었다.

'챔피언의 아침 식사'라는 카피를 내세운 휘티스는 시리얼 박스에 스포츠스타들의 사진을 넣었고 이를 오려 보내면 유명한 코치가 직접 쓴 스포츠 기술 소책자를 보내 주는 이벤트를 진행하기도 했다. 이를 통해 많은 청소년 스포츠팀들은 싱글윙single wing, 투핸드 셋 샷two handed set shot 등과 같은 미식축구와 농구 기술들을 배울 수 있었다. 독점세대의 권력 구조는 수직적이었다. 당시 가장 영향력 있는 의사결정자들은 구단주, 자문위원회, 코치, 프로모터, 리그 직원 그리고 스폰서들이었다. 이들은 스포츠산업 대부분을 통제했고 경영진과 선수 간의 관계에 있어서도 지배권은 늘 경영진쪽으로 기울어져 있었다. 사실 독점세대의 선수들은 돈 근처에는 얼씬도 못했다. 당시 프로 선수들은 일반적으로 임금이 낮았고 권한도 제한되었으며 비시즌 기간에는 의례적으로 보험 판매나 부동산 중개업 등의 부업을 해야 했다.

선수들도 스스로를 생계를 위해 애쓰는 평범한 시민으로 인식하던 시기였다. 당시에도 신화적인 선수를 만들어 내는 것이 스포츠의 필수 요소이자 팬들을 유혹할 수 있는 중요한 요소이긴 했지만 선수들 자체는 독립적인 계약자가 아닌 고용인에 불과했다. 선수들은 스포츠를 관리하는 매니저(고용주)의 자비를 바라며 비위를 맞추는 노동자였던 셈이다. 당시에는 또한 에이전트라는 개념이 없었기 때문에 선수들은 부상을 당해도 구단주나 프로모터와 직접 협상해야만 했다.

스포츠 종목 간의 시즌이 중복되는 경우도 드물었다. 여름에는 프로야구와 경마가 주요 스포츠였고, 토요일의 대학미식축구와 일요일의 프로미식축구는 가을에 진행되었으며, 겨울에는 아이스하키와 농구 경기가 열렸다. 복싱과 육상 종목들은 연중 계속되었지만 빅 매치와 스페셜 이벤트들은 다른 스포츠를 방해하지 않는 시기에 행해졌다. 실내 사이클, 롤러스케이팅, 프로레슬링 등은 대도시 중심의 스포츠이긴 했지만 메이저스포츠보다는 인기가 낮았다.

또한 이 시기부터 경기장을 중요시하게 되었다. 1910~1920년대에 걸쳐 많은 대학에서 미식축구 경기장을 지었고 프로미식축구팀들은 가을이면 야구장을 미식축구 경기장으로 이용했다. 예를 들어, 포브스 필드 경기장은 프로야구팀인 피츠버그 파이어리츠와 프로미식축구팀인 피츠버그 스틸러스 양쪽 모두에게 사용권을 주었고, 시카고의 리글리 구장도 시카고 커브스(프로야구)와 시카고 베어스(프로미식축구)에게 시설 사용권을 주었다.

독점세대 시기에는 대도시를 중심으로 스포츠 시설들이 들어서기 시작했고, 미국의 여러 주와 도시도 아마추어와 프로스포츠 시설 건설에 재정적으로 지원하기 시작했다. 특히 당시 경기장은 다목적 용도로 설계되는 경우가 많았다. 미니애폴리스 대강당에서는 롤러스케이팅, 농구, 아이스쇼, 자동차쇼 등 그 도시의 거의 모든 스포츠 행사가 펼쳐졌다. 영국의 웸블리 구장 역시 주요 전시 장소였고 축구, 럭비, 육상, 그레이하운드, 모토사이클 경주 등이 열리는 다기능 시설 중 하나였다.

미시간 대학의 빅 하우스는 거대한 규모를 자랑했지만 후세대들을 충족시키기에는 편의시설이 부족했다. 물론 당시 독점세대팬들이 넓은 연회장이나 고급 요리, 특별 관중석, 고층의 주차빌딩 같은 것을 요구했던 것은 아니다. 오늘날 우리가 그처럼 호화스러운 시설을 경험하지 않았다면 그러한 것들이 빠졌는지도 알기 어려웠을 것이다. 더구나 당시는 이러한 혁신적인 건축을 위한 기술들이 미처 개발되지도 않았던 시절이었다.

독점세대 당시 팬들을 끌어 모으기 위한 전략들은 20세기 말 마케팅 전략의 전조가 되었다. 당시 스포츠 마케팅 활동으로는 신문과 라디오 광고, 경기장 입구 할인, 비시즌 이벤트, 어린이팬들을 위한 특별 프로모션 등이 있었는데, 이 시기에 유행했던 전략은 대부분 동네 건물 벽이나 가게 앞 창문에 포스터를 붙이거나 집집마다 다니며 전단지를 놓고 가는 것이 전부였다. 이 시기에 제공된 프리미엄 이벤트는 대개 비싼 관람료를 부과할 수 있었던 헤비급 챔피언전과 10월 초 미국 전체를 들썩이게 만드는 월드시리즈 정도였다. 또한 이 시기에는 1930년에 시작된 FIFA 월드컵이 국제적인 관심을 끌었고 올림픽도 진정한 국제 스포츠 이벤트로 합류했다.

독점세대 시기에는 스포츠 종목이 많지 않았고 경기를 즐기기 위해서는 직접 경기장을 찾아야 했다. 유명한 스포츠팀과 스타들이 미디어에 출현하기 시작한 시기이기도 하다. 또한 스포츠가 급속하게 성장한 것에 비해 보다 많은 대중들에게 접근할 수 있는 경로가 부족하여 특정시장에 국한되었다는 특징을 지닌다. TV 세대의 등장과 함께 이러한 이슈들이 어떻게 진행되었는지를 살펴보는 것도 매우 흥미로울 것이다.

독점 세대 1900~1950

1. **문화** : 급속한 인구 성장, 제1차 및 제2차 세계대전, 1920년대 유물론, 경제 대공황이라는 특징을 갖고 있다. 스포츠가 처음으로 산업화되었고 팬의 대부분은 남성이었다.

2. **상품** : 야구, 경마, 복싱, 아이스하키, 대학미식축구, 프로미식축구와 같은 제한된 수의 스포츠가 산업을 지배함에 따라 스포츠 경기 수와 팬들의 옵션도 제한되었다.

3. **매체** : 커뮤니케이션의 주요 수단은 경기 관람, 라디오, 신문과 잡지였다. 팬들은 경기를 관람하기 위해서 직접 경기장을 찾아야 했고, 종종 신문 기자나 라디오 중계자들의 관찰을 통해 간접적으로 스포츠를 경험했다.

4. **권력 구조** : 매니저와 선수 간의 관계에서 권력은 구단주, 관리위원

회, 코치, 프로모터, 리그 임원 그리고 스폰서에게 있었다.

5. **인프라** : 시즌이 각각 명확하게 구분되어 있었고 거대한 미식축구 경기장과 다목적 스포츠 시설들이 최초로 건설되었다.

6. **팬 유치** : 접근성과 가격에 중점을 둔 기본적인 프로모션과 광고 전략을 기반으로 하여 스포츠스타 문화가 팬들을 끌어들이는 주요 매력 요인으로 등장했다.

TV 세대 1950~1990

1940년대 후반에서 1950년대 초반 TV의 급속한 보급은 TV 세대의 시작을 알렸다. 초창기에 사람들은 TV를 보기 위해 근처 술집이나 전자상가, TV가 있는 이웃집으로 몰려들었다. 1959년에 이르러 미국 가정의 90%가 TV를 소유하게 되었는데 당시 대중적인 프로그램은 버라이어티쇼, 드라마, 시트콤, 게임 쇼, 뉴스, TV영화, 다큐멘터리, 스포츠 중계 프로그램 등이었다. 이들 프로그램들은 이 새로운 미디어의 보급으로 인해 큰 혜택을 누리게 되었다. 한편 각 가정에 보급된 TV는 사람들이 여가시간을 보내는 방식에 커다란 변화를 가져왔다. 집이라는 공간에서도 개인의 엔터테인먼트 경험을 즐길 수 있었고 소비자들은 난생처음으로 실제 경기와 똑같은 장면들을 거실에서도 볼 수 있게 되었다.

TV뿐 아니라 제2차 세계대전의 종식도 미국 가정을 변화시키는 계기가 되었다. 전쟁 이후 일어난 경제적 붐은 소비 패턴에 큰 영향을 미쳤다. 당시 미국 가정은 보다 많은 소득을 올렸고 자녀들 역시

이 혜택을 누렸다. 이 같은 경제적 풍요로 인해 청소년시장은 번영을 누렸고 기업은 곧 이를 마케팅 전략에 적용했다.

당시 청소년들은 엘비스 프레슬리, 맥도날드, 리바이스, 코카콜라, 훌라후프 등에 용돈을 지출했다. 오로지 미식축구밖에 할 것이 없었던 독점세대와는 달리 아이들은 놀이에 대한 선택의 폭이 넓어졌고 스포츠 활동에 투자할 시간은 부족하게 되었다. 결과적으로 TV의 보급과 TV 세대 소비자의 변화는 여러 면에서 복잡한 경쟁관계에 있는 오늘날 스포츠산업의 전조가 되었다.

이 시기 스포츠는 TV 덕분에 더욱 번영했다. TV 카메라를 통한 노출과 수익성 높은 중계권 협상으로 인해 미식축구가 확장되었고, 올림픽 스포츠는 글로벌 소비자들에게 활강스키, 루지, 100m 자유형, 체조 등을 소개했다. 야구 또한 TV 중계가 늘어남에 따라 시청자와 팬들을 확보하고 성장할 수 있었다. 일례로 TV 세대 첫 25년 동안 월드시리즈 중계는 눈부신 성공을 거두었다.

TV 세대에는 또한 독점세대의 주요 스포츠였던 복싱과 경마가 큰 성장을 거두었다. 이처럼 스포츠 종목끼리 경쟁하는 동안 팬들의 관심과 참여는 낮아졌다. 심지어 올림픽이 열리는 기간을 제외하고는 육상과 같은 스포츠는 다른 경쟁 스포츠들의 압박에 무너질 정도였다. 한편 신생 스포츠들이 TV에 등장하기도 했다. 농구, 롤러스케이팅, 대학복싱, 테니스, 골프가 그러했듯이 이 시기에는 프로레슬링이 대중적인 TV 스포츠가 되었다.

전체적인 시장의 규모가 커지기는 했지만 스포츠시장의 경우는 팽팽해지는 현상이 두드러지고 있었다. 주와 도시라는 매력적인 지역시장에서만은 스포츠가 영원히 지속되고 헌신적인 팬들이 남아 있을 것이라는 낡은 사고들도 점차 사라져 갔다.

스포츠 TV 중계는 팬들에게 직접적인 영향을 미쳤다. 이전 세대들은 라디오 중계나 신문을 보더라도 제3자(캐스터나 중계자)가 전해 주는 해설에 의존해야 했다. 메이저 리그의 타격왕 타이 콥이 스파이크를 세운 채 홈으로 슬라이딩하는 모습이나 브론코 나그스키가 터치다운을 한 후 관중석의 콘크리트 벽에 부딪히며 "이 마지막 수비 녀석 상당히 센데!"라고 외치는 모습들을 해설을 들으며 상상할 수밖에 없었다. 하지만 TV 세대 사람들은 경기장에 가지 않고서도 경기를 볼 수 있었기 때문에 일단 TV만 사면 공짜 시즌 입장권이 생긴 것이나 다름없었다.

한편 TV는 독점세대 스포츠의 지속적인 성장과 새롭게 형성된 신생 스포츠의 발전에 새로운 기회를 제공했다. 예를 들면, TV 방송이 시작된 처음 몇 년 동안 스포츠는 모든 TV 프로그램의 60%를 차지했다. 스포츠는 다른 프로그램에 비해 방영하기도 쉽고 미디어 네트워크에게는 고수익을 가져다주는 프로그램 옵션이었다. 이러한 스포츠 프로그램의 이점을 간파한 ABC 방송은 1961년 「스포츠 세계 *Wide World of Sports*」라는 프로그램을 일요일마다 방영했는데 주로 그동안 세상에 알려지지 않은 다양한 스포츠를 소개했다.

예를 들면, 스키 점프, 절벽 다이빙, 소방관들의 화재 진압 그리고 스턴트맨 이블 크니블이 열네 대의 고속버스를 놓고 오토바이로 넘는 묘기와 같은 진귀한 장면을 보여 주었다. ABC 스포츠 방송의 개척자였던 룬 알리지의 프로그램을 통해 시청자들은 처음으로 '대체 스포츠alternative sports' 라는 것을 알게 되었다. 이처럼 전 세계에 숨어 있던 대체 스포츠는 비전통 스포츠의 인지도를 높여 주었고 익스트림 스포츠가 발전하는 밑바탕이 되었다.

스포츠 TV의 또 다른 혁신은 에드 사볼과 그의 아들 스티브가

1962년 설립한 NFL 영화였다. NFL 영화는 스포츠와 할리우드 영화를 결합한 형태로 미식축구 하이라이트 경기를 다큐멘터리 영화로 전환시킨 것이다. 슬로모션, 틀에 박히지 않은 자유로운 형식의 카메라 앵글, 경기 중 선수와 코치 간의 대화 내용, 클래식과 팝을 혼합한 배경 음악, 전설적인 스포츠 해설자 존 파센다의 음유시인 같은 음성을 가미하여 미식축구 경기를 흥미롭게 재구성했다. 스포츠와 담화 그리고 영화적 요소의 결합은 엔터테인먼트로서의 가치를 높였고 과거 슈퍼볼 챔피언들에 대한 신화적인 흥미를 끌어냈다. NFL 영화는 스포츠 이벤트를 이야기로 재구성한 첫 번째 시도였고 TV 매체가 기념비적인 스포츠 역사를 재조명하는 산업에 기념비적인 역할을 했다.

TV 세대에는 미디어 네트워크, 스폰서, 그리고 스포츠산업을 위한 수익성 있는 시장이 생성되면서 스포츠 프로그램이 급성장했고 시청자 층도 크게 확대되었다. 라디오를 대신하여 TV 네트워크가 주요 스포츠 중계매체가 되었고 스폰서들은 급증한 스포츠 시청자들을 향한 광고 경쟁에 돌입했다. 이에 따라 스포츠산업의 수익은 거대해졌고 구단주와 선수 모두에게 큰 이익을 가져다주었다. 또한 3개에 불과했던 TV 채널 수가 1989년에는 케이블 채널까지 포함해 74개로 확장되었으며 TV에서 스포츠가 차지하는 비중은 점차 커져갔다.

수익 규모가 커지면서 스포츠산업의 권력구조도 이동하고 변화하기 시작했다. 스폰서와 미디어 네트워크는 스포츠에 투자를 늘리며 스포츠산업에 적극적으로 참여했다. 그러나 TV 세대에는 스포츠와 리그가 훨씬 우월한 입장에 있었다. 스포츠 중계권을 놓고 방송사 간에 치열한 경쟁이 벌어지기도 했다. 중계권 경매시장에서 리그는 언제나 가장 비싼 경매품이었다. ESPN과 같이 참신하고 전문화된 스포츠 채널 또한 경쟁에 뛰어들면서 메이저스포츠의 중계권료도 덩달아 뛰기 시작했다. 스포츠는 시카고의 WGN, 뉴욕의 WOR, 애틀랜타의 TBS와 같은 전국의 미디어 네트워크의 주요 프로그램이 되었다.

폭발적인 TV 수익은 선수들에게 더 많은 영향력을 부여했고 그에 따라 권력 구조에도 변화가 생겼다. 구단주와 리그는 점차 선수에게 통제권을 양도하기 시작했다. 게다가 1976년 야구에서 자유계약선수제도가 실행됨에 따라 선수들의 연봉이 치솟았다. 이제 선수들은 풀타임으로 운동만 해도 될 만큼 충분한 돈을 벌었다. 이에 따라 에이전트라는 새로운 전문가 계층이 등장했다. 에이전트는 선수를 대변하는 역할을 하며 연봉협상에서부터 광고계약, 라이센스 협약, 다른 엔터테인먼트 영역 진출 등과 관련된 제반 업무들을 협상했다. 독점세대와는 달리 막대한 자본이 투자된 스포츠 관련 비즈니스들이 성업을 하면서 선수들은 경기 외적인 활동을 통해 부가가치를 창출하게 되었다.

예를 들어, 무하마드 알리, 아놀드 파머, 펠레, 조 너매스, 크리스 에버트는 여러 영역을 넘나들며 스타로서 명성을 날린 몇 안 되는 스포츠브랜드였다. 이렇듯 대부분의 스포츠가 새롭게 부상한 스타선수와 거래를 하게 되면서 에이전트는 점차 TV 세대의 핵심 계층으로 편입했다.

TV 세대에는 팬, 스포츠스타, 팀 간의 관계도 변하기 시작했다. 미디어와 프로모션을 통해 팬들은 더 쉽게 스포츠스타를 접할 수 있었고 스타의 가족, 취미 그리고 스캔들에 관한 정보까지 얻었다. 이때 선수들의 생활이 상세하게 폭로되는 '오픈 북'이라는 새로운 개념이 생겨났다. 하지만 팀과 선수들의 생활에서의 활동들이 질적으로 향상됨에 따라 독점세대에 존재했던 선수와 팬들 간의 직접적인 관계는 사라졌다. 선수들은 주로 공개되지 않은 곳에서 식사를 하고 이동할 때는 전용 비행기를 이용했다. 그들의 고급 승용차는 특별 주차장에 주차되고 보안 카메라가 작동하는 출입문이 설치된 지역에 거주하는 것도 일상이 되었다. 여하튼 익명성을 이용해 의혹적이고 불법적인 행동을 하곤 했던 스포츠스타들의 독점세대가 종식되었고, 경기장 바깥에서도 이미지를 관리하는 것이 중요한 사안으로 대두되었다.

독점세대 시기에 명확하게 구분되었던 스포츠 시즌 간의 경계도 무너졌다. 다양하고 새로운 스포츠가 시장에 진입하고 메이저스포츠가 보다 많은 이익을 내기 위해 시즌을 확장함에 따라 시즌들이 겹치기 시작한 것이다. NFL은 겨울철이 돼서야 끝났고 겨울에 시작되는 NBA 챔피언전은 이듬해 한여름에 펼쳐졌다. MLB의 시즌도 이른 봄부터 초겨울까지 이어졌다. 이와 같이 각각의 스포츠가 움직이지 않은 거대한 목석이 됨에 따라 시즌의 경계는 빠르게 흐트러졌다. 게다가 골프와 테니스 같은 TV 중심의 스포츠도 연중 일정을 확장함으로써 시즌 중복 현상을 더욱 가중시켰다.

이 시기의 경기장 시설들은 놀랍게도 그저 그런 수준이었다. 마치 TV의 압력으로 경기장 설계자와 건축가들이 패닉상태에 빠진 것처럼 그들은 건축미학적 판단을 상실했고 비생산적이고 매력적이지도 않은 시설들을 건설하였다. 휴스턴의 애스트로돔, 미니애폴리스의 메트로돔, 시애틀의 킹돔, 뉴욕의 세아 스타디움, 필라델피아의 베테랑 스타디움이 그 예다. 아마 직접 보면 커다란 콘크리트와 대리석으로 둘러싸인 생명력 없고 팬 친화적이지도 않은 딱딱한 건축물을 목격하게 될 것이다.

사실 TV의 등장은 스포츠산업의 리더들을 두려움에 떨게 했다. 그들은 TV가 경기장 관중들을 빼앗아 가고 있다고 생각했고 그에 대한 조치로 경기와 이벤트의 수를 제한하여 TV 중계를 배당하기도 했다. 초창기 TV 중계는 거대한 시청자들을 보장할 수 있는 롤러스케이팅, 프로 레슬링 그리고 복싱이 주를 이루었다. 이들 스포츠는 또한 재빠르게 TV의 가치를 인식했고 위대한 레슬러 '고지어스 조지 Gorgeous George', 미시간 주의 웰터급 복싱 영웅 척 데이비, 롤러스케이트의 '작은 요정' 로레타 베렌스와 같은 스포츠스타들을 발굴해 육성하기 시작했다. 점점 증가하는 다양한 팬들을 포섭하려면 경기만 잘하는 것으로는 부족했다. 팬들의 거실에 모습을 보일 수 있고 연극적인 개성과 이야깃거리를 가진 스타가 필요했다. 독점세대와의 차이점은 보다 많은 사람들이 경기를 볼 수 있게 되었다는 점과 경기장 퍼포먼스로부터 최대의 가치를 끌어내려는 비즈니스 모델이 발전하기 시작했다는 점이다.

TV는 최대한 시장 기회를 확대했고 커뮤니케이션 전문가들은 효과적으로 팬들에게 다가가기 위한 방법을 개발했다. 한때 남성 중심이었던 스포츠시장도 여성을 비롯한 다양한 그룹들을 포함하도록 확장되었다. 이밖에 흑인, 히스패닉과 동양인들이 경기장에서 뛰기 시작했고 이들은 점차 중요한 시장이 되었다.

1958년 뉴욕 자이언츠와 볼티모어 콜츠 간의 NFL챔피언십, 1973년 바비 릭스와 빌리 진 킹의 성 대결 테니스 승부를 중계했던 TV는 이들 스포츠의 명성을 더욱 드높이는 계기가 되었다. 이처럼 TV는 마차를 끄는 말과 같았다. TV를 통한 노출이 없었다면 스포츠가 이처럼 많은 팬과 엄청난 수익을 확보하지 못했을 것임은 분명하다. 그러나 TV 노출이 증가하면서 TV 세대는 스포츠시장을 재정비하고 복잡하게 만들었으며 하이라이트 세대에 완성되는 스포츠 이벤트의 활성화에 일조했다.

TV 세대1950~1990

1. **문화** : TV는 스포츠시장을 포화 상태로 만들었다. 새로운 계층의
   스포츠 소비자가 등장했고 산업의 관례들을 재정립했다.

2. **상품** : 미식축구와 농구가 주요 프로스포츠로 성장했다. 경마와 복
   싱과 같은 전통 스포츠가 쇠퇴했고 TV 세대 초창기 몇 년 동안 프
   로레슬링, 롤러스케이팅, 스키와 같은 TV 스포츠가 대중들의 관심
   을 끌었다.

3. **매체** : 라디오 중계의 영향력이 감소했고, TV가 실시간 경기 중계
   시장을 이끌었다. 신문과 잡지가 TV와 경쟁하기 위해 스타일에 변
   화를 주었고 경기 내용뿐 아니라 선수들 개인에 대한 이야기를 강
   조하기 시작했다.

4. **권력 구조** : 선수 노조, 에이전트, TV 수익 등이 계약에 영향을
   미치게 되면서 경영진과 선수 간의 관계가 균형을 이루게 되었다.

5. **인프라** : 여러 스포츠의 시즌이 중복되면서 팬 충성도를 위협했
   다. 돔 구장이 유행했고 소비자 친화적이지 않은 시설들이 보편화
   되었다.

6. **팬 유치** : 마케팅, PR, 커뮤니케이션, 광고 전문가들이 산업에 투입
   됨에 따라 스포츠 프로그램이 더욱 전문화되었다. 스포츠산업이 지
   나치게 통계 데이터와 구매 성향 자료에 의존하면서 양적인 성격을
   띠게 되었다.

하이라이트 세대 1990~현재

하이라이트 세대는 뉴미디어 기술의 확장으로 정의할 수 있다. 이세대의 커뮤니케이션시장은 정보로 포화되었고 팬들의 관심을 끌고 유지하는 일은 훨씬 더 어려워졌다. 이러한 커뮤니케이션 환경의 변화로 인해 미디어는 경기의 주요 장면과 결과만 편집하여 보여 주는 하이라이트 캡슐 제작으로 눈길을 돌렸다. 소비자들이 빠른 전개와 명확한 콘텐츠에 익숙해짐에 따라 하이라이트 캡슐 형식은 보편화되었고 결과적으로 속도와 시각적인 이미지는 프리미엄을 지니게 되었다.

스포츠 세계에서 하이라이트는 팬들이 스포츠 정보를 수용하고 이를 처리하는 방식에 혁명을 일으켰다. 하이라이트는 늘 시청자의 기억에 남는다. 예를 들어, ESPN의 크리스 버먼이 진행하는 「최고속 3분 *Fastest 3 Minutes*」이라는 프로그램은 13개의 NFL 경기 하이라이트를 3분 동안 빽빽이 채워 넣은 것인데 이후 시간효율적인 엔터테인먼트 스포츠 뉴스의 형식이 되었다. 이처럼 압축된 하이라이트에서 팬들이 보는 모든 것은 제작자가 전달하고자 하는 메시지이자 경기에 영향을 미친 중요한 순간들이다. 팀이 어떤 플레이 과정을 통해 그런 결과를 이끌었는지는 상관없다. 전날 하이라이트를 시청한 직장인은 다음날 아침, 회사 동료들에게 "어제 경기에서 인디애나가 볼티모어를 꺾었는데, 마지막 순간에 쿼터백 매닝이 6야드 패스를 성공시켜서 4점 차로 간신히 이겼어."라고 자신 있게 말할 수 있게 되었다.

하이라이트 세대에는 상반된 두 가지의 강력한 커뮤니케이션 흐름이 존재한다. 첫 번째 미디어산업은 팬들의 관심 범위를 고려하고 보다 높은 수익 창출에 대한 욕구에 따라 시간을 절약시켜 주는 압축 전략으로 이동하고 있다. 예를 들어, TV 세대에 60초였던 광고가 지금은 5초에 불과하며, 대부분의 커뮤니케이션을 구성하는 강력한 스토리 구성도 놀랄 만큼 짧아졌다. 미디어에 박식한 시청자들은 최소의 시간 동안 최대의 정보를 요구하고 있는 것이다.

이에 반해 블로그와 팟캐스트 같은 뉴미디어는 '끝없는 대화' 라는 특징을 지닌다. 모든 스포츠 중계를 다 보기에는 너무 바빠서 요약된 정보를 원하는 팬들은 또한 아이러니하게도 깊이 있는 스포츠 자료를 찾기 위해 몇 시간이나 인터넷을 헤맨다. 이러한 모순적인 커뮤니케이션 행동의 상당 부분은 다양한 정보원과 포맷들을 동시에 관리할 수 있는 팬들의 능력으로 설명될 수 있을 것이다. 이는 다양한 채널을 통해 메시지를 개발하고 있는 스포츠산업이 관심을 가져야 할 중요한 이슈다.

하이라이트의 인기는 하이라이트 세대 문화의 중요한 특징이다. 청소년시장을 집중 공략하고 청소년과 연결고리를 형성하는 것은 스포츠산업에게 생명줄이나 다름없다. 그러나 미디어 중심의 환경이 형성되면서 청소년들에게 접근하는 길은 훨씬 더 복잡하고 어려워졌다. 이 같은 어려움의 상당 부분은 청소년들이 다양한 매체, 이를테면 비디오게임, TV, 인터넷, 휴대폰, 기타 다른 뉴미디어 커뮤니케이션 매체 및 미디어 테크놀로지와 동시에 상호작용하는 이른바 '미디어 다중행동'에서 비롯된다. 이는 단지 경기장 참여와 TV 시청률에서의 성공을 측정하는 것만으로는 청소년 세계에서 무슨 일이 일어나고 있는지 파악하는 데 한계가 있다는 점을 명확히 알려 주고 있다.

청소년 세대가 어떻게 시간을 보내고 어떤 활동을 좋아하는지를 추적하고 이해하는 것은 매우 중요한 일이다. 스포츠산업은 이러한 문제의식과 관련하여 급속하게 변하고 있는 청소년 문화에 더 적극적으로 적응해야 한다. 닐슨 미디어 리서치는 비디오게임 콘솔 사용률 조사 결과, 콘솔 사용률이 주요 케이블 네트워크의 시청률을 계속해서 앞서고 있다고 발표했다. 물론 젊은 세대들이 비디오게임을 좋아하긴 하지만 침대 밑에 놓인 케이블 TV를 완전히 멀리하기는 힘들 것이다.

결과적으로 젊은 세대들의 TV 시청 행동은 과거 어느 때보다 개인적이고 독특한 경험이 되고 있다. 앞서 언급했듯이 신기술이 시장에 진입함에 따라 청소년의 미디어 소비 패턴은 변화를 거듭하게 될 것이다. 때로는 제도화된 청소년 커뮤니케이션과 마케팅 전략들을 거부할 것이다. 분명한 점은 수수께끼 같고 테크놀로지에 해박하며 높은 구매력을 지닌 청소년 세대들이 등장하기 시작했다는 것이며 이들의 등장은 앞으로 스포츠산업이 어떻게 생각하고 계획하며 실행해야 하는지에 대한 제반 사항에 영향을 미칠 것이다.

한편 장년세대의 스포츠팬 또한 확보하고자 하는 하이라이트 세대에서 청소년시장에 대해 지나치게 집중하는 일은 딜레마가 되고 있다. 사실 베이붐 세대들은 서서히 신기술에 적응하고 있으며 스포츠 이벤트에도 많은 돈을 쓸 수 있는 경제력을 지니고 있다. 이처럼 중요한 소비자인 50대들이 농구에 대한 흥미를 잃고 배스 낚시나 행글라이딩 같은 스포츠에 대부분의 시간을 투자하는 것은 상상만으로도 끔찍하다.

전통적인 스포츠 참여 경로, 예를 들어, 어릴 적엔 놀이터에서 뛰어놀고 청소년 시절에는 스타를 우상화하며 성인이 되었을 때는 경기를 보러 가거나 TV 중계를 보던 전통적인 패턴은 위기에 처해 있다. 결국 스포츠산업이 당면한 과제는 헌신적인 팬들을 양성할 수 있는 다른 방안과 경로들을 모색하는 데 있을 것이다.

하이라이트 세대에는 유통 채널 수가 증가함에 따라 그만큼 다양한 스포츠에 노출될 기회가 많아졌다. 아울러 독점세대와 TV 세대 당시의 메이저스포츠들이 여전히 활동적이긴 하지만 신생 스포츠의 유입은 시장을 더욱 복잡하게 만들고 있다. 가장 영향력 있는 신생 스포츠는 스케이트보드, 서핑, 스노보드, 모토크로스, BMX 같은 익스트림 스포츠일 것이다. 포커, 배스 낚시, 로데오 등과 같이 요즘 새롭게 등장하고 있는 스포츠 또한 영향력이 커지고 있고 기존 스포츠 시장을 잠식하면서 정기적으로 경기가 중계되고 있다. 이와 함께 실내미식축구 리그, 메이저축구 리그, K-1도 확장된 유통 채널을 통해 반사 이익을 얻고 있다.

또한 프로스포츠 및 디비전 I 대학스포츠와의 경쟁에 직면한 고교스포츠 및 디비전 II와 III에 속한 대학들 또한 TV 노출을 이용하기 위해 노력하고 있다. 오직 주 토너먼트만 중계했던 미디어가 태도를 바꾸기 시작하면서 고교농구와 고교미식축구 경기가 더 자주 중계되고 있고 그들만의 시장점유율을 보호하는 데 이익을 얻었다. 고교농구 선수로서 그 당시 이미 NBA 스타 못지않은 인기를 누렸던 르브론 제임스의 고교농구 기사와 금요일 밤 고교미식축구 라이벌전에 관한 보도는 미국 전역에서 고교농구와 미식축구에 대한 관심을 고조시켰다. 즉 경기장 매표소에서 구입한 입장권으로 경기를 관람하도록 제한함으로써 청소년 스포츠시장을 보호하려고 했던 고교스포츠의 전통적인 개념이 TV 노출이라는 현실 앞에 무릎을 꿇은 셈이 되었다. 하이라이트 세대의 표어는 "우리가 너를 볼 수 없으면 너는 존재하지 않는 것이나 다름없다."라고 할 수 있다.

하이라이트 세대에서의 유통 채널 수단은 팬들이 스포츠를 경험하는 방식에 혁신적인 변화를 가져다주었다. 이전 세대들은 홈팀의 경기를 다룬 지역 신문을 정기적으로 읽거나 토요일 미국 전역에 방영되는 경기들을 보는 것이 전부였다. 이에 반해 하이라이트 세대의 팬들은 제품의 수와 유통 채널이 증가함에 따라 과거에는 상상할 수 없는 수많은 스포츠 옵션과 선택을 누릴 수 있게 되었다. 위성 라디오와 TV, 인터넷, 휴대폰, 비디오게임 등과 같은 채널들은 팬들의 스포츠 경험을 보다 개별화시켰다. 이처럼 신기술은 스포츠팬이 될 수 있는 범주를 확대시켰으며 독점 세대와 TV 세대들과는 달리 폭넓은 스포츠 경험을 가능케 했다.

한편 기술 중심의 시장에서는 다양한 의사결정자들이 이익과 미디어 노출을 위해 갈등관계에 놓임에 따라 권력구조는 과거보다 그 파워가 점차 분산되었다. 결과적으로 미디어, 스폰서, 스포츠 조직들은 과거 전통적인 권력 배열에서 벗어나 관련된 모든 집단들의 이익을 극대화시킬 수 있는 새로운 방법들을 모색하고 있다.

일례로 TV 계약을 들 수 있다. 실내미식축구 리그와 내셔널라크로스 리그는 TV 파트너와 한 경기당 혹은 시즌당 보장된 중계권료를 받는 전통적인 계약 방식 대신 TV 파트너와 순이익을 나눠 갖는 계약, 즉 공동수입분배제도[8]를 추구하고 있다. 이러한 새로운 형태의 수익분배는 스포츠 프로그램에 막대한 돈을 지불하고자 했던 TV 네트워크의 의지가 철회되고 있음을 시사하며 나아가 파워 관계에 있어서도 오직 몇몇 선수와 무한한 자원을 지녔던 시장 구조에서 다양한 선수 층과 제한된 자원에 대한 경쟁이라는 특성을 지

---

8) 공동수입분배제도 pure revenue-sharing plan

팀, 리그, 미디어가 수익창출을 목표로 서로 협력하기 위해 순이익을 적절한 비율로 나누는 방식. TV 중계와 같은 미디어로부터 발생되는 수입을 프로 리그에 속한 팀들이 성적에 관계없이 공평하게 나눠 가지는 방법도 공동수입분배의 일환이다. 특히 NFL리그가 다른 프로 리그에 비해 수입분배 구조가 잘되어 있다. 반면 유럽에서는 각 팀의 성적에 따라서 미디어를 통한 수입이 분배된다.

닌 시장 구조로의 중요한 변화를 의미한다.

미디어의 폭발적인 증가로 인해 스포츠 내부에서 벌어지는 여러 가지 일은 대부분 세상에 알려지게 되었다. 결과적으로 스포츠산업 전체가 미디어 커뮤니케이션과 노출에 크게 의존하는 현상이 나타났다. 미디어가 치밀하게 스포츠 정보를 캐냄에 따라 선수에서 구단주에 이르기까지 스포츠산업의 모든 구성원들의 활동이 스포츠 미디어라는 확대경 아래 놓이게 된 것이다. 분명한 것은 이전 세대와 달리 경기장 밖에서의 행동들이 점차 적나라하게 드러나고 있으며 가끔은 이러한 행동들이 경기에서 보여 주는 퍼포먼스보다 중요하게 여겨진다는 것이다.

때로는 미디어의 스토리라인이 실제 경기 자체의 효과를 가려 버리기도 한다. 하이라이트 세대에서는 "이야깃거리가 없으면 시청자들도 없다."는 말이 자명한 이치가 되어 버렸다. 이는 경기장 안이든 경기장 밖이든 간에 스포츠산업 종사자들은 그대로 대중에게 전시되고 있음을 알리는 주의사항과도 같다.

미디어의 추적과 감시

초창기 TV 세대의 코치와 구단 경영진들은 대중의 면밀한 관찰대상이 아니었다. 1950년대 오클라호마 수너스의 유명한 미식축구 감독이었던 버드 윌킨슨이 세운 미국 대학 디비전 I에서의 47게임 연승 기록은 지금까지도 깨지지 않은 신화적인 기록이다. 윌킨슨은 굉장히 도덕적이고 정치 성향은 보수적일 것 같은, 금발에 파란 눈을 가진 전형적인 백인으로 연합사령관 같은 이미지였다. 당시 그는 오클라호마 주를 대표하는 상원의원쯤으로 여겨졌다. 미식축구 경기장 코치석에서 그는 마치 제너럴 모터스의 사장처럼 깔끔한 정장에 페도라 모자를 쓰고 경기를 지휘했다. 그런 윌킨슨이 컨트리클럽에서 인사불성이 되도록 술을 마시고 가끔은 여자를 밝힌다는 사실은 수십 년이 지난 후에야 대중에게 알려졌다.

TV 세대에 속했던 윌킨슨이 자신의 사생활을 포장할 수 있었던 것과 대조적으로, 하이라이트 세대의 많은 감독들은 말썽 많은 사생활이 입방아에 오르곤 한다. 그 예로 전 인디애나 감독 바비 나이트, 전 앨라배마 미식축구 감독 마이크 프라이스, 전 워싱턴 주립대 미식축구 감독 릭 뉴하이셀, 전 아이오와 주립대 농구 감독 래리 유스테이시, 지금은 영원히 코트를 떠난 신시내티 농구 감독 밥 허긴스, 4일간 애리조나 다이아몬드백스 매니저였던 월리 베크만, 5일간 노트르담 미식축구 감독을 맡고 해임되었던 조지 올리어리 등을 들 수 있다. 만약 이들이 독점세대 시절에 일했다면 일자리를 유지했을 것이고 미디어와 네티즌들은 키보드에서 손을 떼고 입을 닫았을 것이다.

독점·TV·하이라이트 세대 사이에 무슨 일이 일어난 걸까? 수익, 미디어 채널, 선수들의 고액연봉은 스포츠 역사상 유례없는 면밀한 조사와 폭로를 가능케 했다. 오늘날은 블로그, 「스포츠 일러스트레이티드 Sports Illustrated」의 커버스토리, ESPN 스포츠센터 속보 등이 있다.

하이라이트 세대와 대중의 면밀한 관찰과 조사가 제한되었던 독점세대를 대조해 보자. 노트르담 미식축구 코치 누트 로큰의 위대한 삶은 1941년 「누트 로큰 올 아메리칸 Knute Rockne All American」이라는 영화로 제작되었다. 사실 많은 장면에서 이 영화는 로큰의 사생활과 전문 코치로서의 삶을 왜곡했다. 예를 들면, 영화 속에서는 로큰을 미식축구 감독으로서 전념하느라 노벨상까지 단념했던 위대한 화학자로 다루고 있다. 그밖에 올아메리칸 수상자 All-American Player 이자 노트르담의 하프백이

었던 조지 깁이 "나를 위해 꼭 승리해 달라."고 부탁했다는 로큰의 주장
은 또 다른 픽션이다.

이러한 것들이 사실이었는지에 대해서는 아무런 증거도 없다. 만약
20세기 초중반에 활동했던 감독들이 오늘날과 같은 환경에 있었다면
어떻게 이들이 직장을 잃게 될 것인지에 관해서 이야기할 필요도 없다.
오늘날 스포츠산업의 교훈은 감독이건 선수건 간에 경기장에서의 행동
과 경기장 바깥 행동이 더 이상 분리되지 않는다는 것이다.

또 다른 특징은 고객을 위해 수백만 달러의 계약 거래와 기준들을
지속적으로 설정하고 있는 에이전트들의 활동이 점차 명확하게 눈으
로 확인되고 있으며 하이라이트 세대의 권력 구조에 편입되고 있다
는 데 있다. 미국의 스콧 보라스, 드류 로전하우스, 안 텔렘, 마크 샤
피로, 유럽의 피니 자하비, 조지 멘데스와 같은 에이전트들은 그들이
담당하고 있는 수많은 선수들과 함께 시장에 영향을 미쳤을 뿐 아니
라 구단주에게 요구한 계약에도 영향을 미쳤다. 에이전트들은 선수
회전율을 높이고 스타선수들을 보유하기 위해 필요한 몸값을 올리며
나아가 비즈니스 파트너들보다 더 큰 부담스런 존재가 된다는 점에
서 비난을 받기도 한다. 거래 조건의 하한선을 높임으로써 압력을 가
하기도 하고 가끔은 선수, 구단주, 스폰서 간의 갈등을 해결하는 중
재자 역할도 한다.

에이전트는 스포츠에서 성장일로에 있는 다양한 지원서비스로 구
성되는 하위 산업 영역의 일부분이다. 스포츠 관련 지원서비스에는
개인 트레이너, 의사, 영양사뿐 아니라 선수들의 신체적·정신적 활
동을 돕는 의료 관련 전문가들이 있다. 예를 들어, 스포츠 심리학 영

역에서는 프로팀의 50%에서 65%가 선수들의 집중력 향상과 슬럼프 탈피를 돕는 스포츠 심리학자들을 고용하고 있다고 추정하고 있다. 또한 라이프 코치, 재정 상담자, 스타일리스트, PR 에이전트 등과 같이 경기력과 관계없이 선수들의 생활 관리를 돕는 서비스들도 있다.

「오버타임 매거진 *OverTime Magazine*」의 인기는 이러한 지원 서비스의 수요 증가를 보여 주는 좋은 예다. 「오버타임 매거진」은 프로선수들을 겨냥하여 비즈니스와 라이프스타일과 관련된 주제들을 다루는 잡지로, 목표는 '선수들을 재정과 라이프스타일 그리고 현재와 미래를 더욱 안정적으로 설계하는 데 유용한 정보들로 무장' 시키는 것이다. 이상의 스포츠 지원 서비스와 비관련 지원 서비스의 증가는 얼마나 산업이 세련화되고 전문화되고 있는지 그리고 그러한 산업을 구성하는 다양한 영역들을 보여 주는 사례다.

복잡한 지원 서비스는 스포츠산업의 전략이 강화되고 있다는 것을 증명하는 것이기도 하다. 재능 있는 선수를 재생산하기 위해 유망 선수들을 육성하고 개발할 필요성이 제기됨에 따라 오늘날 스포츠는 예측 가능한 과학적 형태로 전향하고 있다. 미래의 슈퍼스타를 찾기 위해 서머캠프, 특수훈련센터 그리고 외국 경기 등을 찾아다니고 스카우팅 프로그램의 자료를 분석하는 데 스포츠산업 재정의 상당 부분을 투자하고 있다. 대학과 프로 리그의 스카우터들도 미래의 웨인 그레츠키와 같은 선수들을 찾기 위해 전국을 누비곤 한다.

전국 고교 올아메리칸 수상자이자 플로리다 대학의 쿼터백이었던 크리스 릭은 이미 중학교 때 웨이크 포레스트 대학에 진학하는 조건으로 선수 장학금을 제안받기도 했으며, 수영 스타인 마이클 펠프스와 이안 소프는 유명한 농구 선수들처럼 대학을 거치지 않고 개인 코치, 매니저, 광고 계약권을 지닌 프로수영 선수가 되었다.

카를로스 체라는 체중 35kg에 137cm의 신장을 지닌 아홉 살 난 브라질 축구 신동이다. 대부분의 또래 아이들은 기초 산수나 바깥세상에서 벌어지는 일들을 배우고 있을 것이다. 남부 브라질에 위치한 파라나에서 축구를 하고 있는 체라는 세계에서 가장 주목받는 유망주 중 한 명이다. 이미 맨유와 포르투갈의 FC 포르토와 같은 8개의 유럽축구 클럽들이 체라의 경기장면이 담긴 비디오테이프를 요청했다. 체라가 축구장에 모습을 드러낼 시기를 예측하는 것은 아직 무리일 것이다. 스포츠팀들은, 주디 갈랜드와 미키 루니와 같은 어린 재능꾼들에게 걷는 법, 대중화법, 사회화 과정, 언어, 어른스럽게 행동하는 방법들을 학습시켜 어린 유명인을 제조해 냈던 옛 할리우드 스튜디오 방식을 따르고 있다.

하이라이트 세대에도 스포츠 시즌들이 계속해서 확대되고 있고 마찬가지로 수많은 새로운 경쟁자(신생 스포츠)들이 기존 시즌 간의 경계를 무너뜨리고 있다. 하이라이트 세대에서 스포츠 시즌의 가장 큰 변화는 일 년 내내 스포츠를 즐길 수 있게 되었다는 점이다. 4월에 있을 NFL 드래프트가 내부인들 사이에서 그 전 해 12월쯤부터 이미 화젯거리가 되는 것은 늘 있는 일이다. 또는 월드시리즈가 끝난 다음날부터 바로 또 다시 달궈지는 메이저 리그 야구의 열기는 봄철 트레이닝 기간까지 식을 줄을 모른다.

몇몇 스포츠의 경우 비시즌 기간 동안 리그 내 선수 이동이 잦아지면서 시즌 기간 못지않게 언론의 주목을 받는다. 또한 나스카와 테니스의 비시즌 기간은 2개월에 불과하며 골프는 1월부터 12월까지 이벤트를 제공한다. 게다가 미디어와 스포츠 조직은 팀 자체 TV 채널, 웹사이트, 비시즌 기간 동안의 여러 행사들로 연중 내내 스포츠 시장은 열기가 뜨겁다. NBA의 밀워키 벅스 프로모터들과 스폰서들이 계속 팬들을 유지하고 확보하기 위해 365일 이벤트를 개발하기 때문에 오늘날 밀워키 벅스 팬이 된다는 것은 또 다른 풀타임 직장을 얻는 것과 같다.

하이라이트 세대에는 소비자 친화적인 시설들이 빠르게 들어서면서 TV 세대에 지어진 딱딱한 시설들은 자취를 감추고 있다. 하이라이트 세대의 스포츠 시설들은 이제 팬들을 유혹하기 위한 음식 서비스, 고객 서비스, 각종 최신 기술들을 모아 놓은 종합 센터가 되고 있다. 몇몇 경기장 개발자들은 신기술에 과거의 향수를 접목시키기 위해 독점세대 초창기 때로 다시 회귀하기도 한다. 메이저 리그 야구만 보더라도 1990년 이후, 과거의 향수전략을 이용하여 18개의 새로운 볼파크가 지어졌다.

볼티모어의 캠덴 야드, 클리블랜드의 제이콥 필드, 샌프란시스코의 AT&T 파크와 같은 구장들은 추억을 되살리면서 오늘날의 모습도 유지하려는 시도를 하고 있다. AT&T 파크는 팬들이 야구 경기장에 있는 동안에도 바깥세상과 연결될 수 있도록 노스탤지어 베이 구역에 무선 인터넷 서비스를 설치했다. 일본의 요코하마 스타디움과 중국의 상하이 국제 서킷 레이스웨이, 독일의 AOL 아레나와 같은 시설들도 새롭게 건설되었으며 신기술과 각종 편의시설들을 도입하여 경기장 직접 참여를 유도하기 위해 단장에 나섰다. 이처럼 팬들의 스포츠 경험을 중시하는 경기장들은 팬들에게 매력적인 각종 편의시설들을 꾸준히 향상시킴으로써 거실에서 스포츠를 즐길 수 있는 매력적인 미디어의 위협에 대응하고 있다.

하이라이트 세대의 전략은 스타와 이벤트로 집약된다. 스포츠 스타들은 다른 엔터테인먼트 분야까지 넘나들며 이 세대를 지배하고 있다. 프로 운동선수의 브랜드화라는 혁신적인 변화를 시도했던 마이클 조던이 대표적인 사례다. 그는 뛰어난 농구 실력을 농구화, 의복, 향수, 영화 등에 결합시키며 자신과 관련된 상품의 프로모션 캠페인도 성공적으로 이끌었다. 또 다른 사례로는 자신이 활동하는 스포츠 자체를 성장시킨 스케이트보더 토니 호크를 들 수 있다. 그는 엑스게임인 스케이트보드의 스타선수로 여러 종류의 비디오게임과, 맥도날드에서 퀵실버에 이르기까지 여러 광고를 통해 자신의 이름과 엑스게임을 알렸다. 마이클 조던과 토니 호크라는 브랜드 모두 신중하게 선정한 유통채널과 목표를 수반한 명확한 전략적 계획에 따라 실행되었다.

또한 스타선수 마케팅은 시너지 효과를 일으킨다. 선수의 매력적인 요소들을 형성하고 유통시키는 과정이 성공의 관건이라 할 수 있다. 동일한 원리가 하이라이트 세대의 스포츠 경기에도 적용된다. 스포츠 경기는 여러 서비스들이 연계된 하나의 종합 상품의 형태로 생산되고 있고 다양한 경로를 통해 유통되고 있다. 대학미식축구 경기나 NBA 올스타 게임 등은 마케팅, 광고 캠페인, 스폰서십, 상품 판매에 영향을 미치는 매우 중요한 이벤트 역할을 한다.

오늘날 마케터들은 이벤트를 통한 이익을 극대화하기 위해서 3시간 동안 펼쳐지는 경기가 4일 동안의 엔터테인먼트 경험이 될 수 있도록 노력하고 있다. 이는 팬들의 관심을 끄는 것은 물론이고 또한 스폰서들과도 이러한 경험을 나누고자 하는 것이다. 이와 관련하여 근본적인 전략적 토대는 '팬들 스스로 느끼기에 중요하지 않거나 놓칠 수 없는 평생 한 번뿐인 이벤트가 아니라면 결코 시청하거나 관람하지 않는다'는 분석 결과에 있다. 아울러 근본적인 스타파워와 이벤트 시너지는 변화에 착수하고자 하는 의지와 팬과의 관계 형성을 시도하고자 하는 도전의식에 달려 있다.

하이라이트 세대는 가장 중요한 새로운 조항이며 모든 사람들에게 무언가를 제공한다. 스포츠팬이 스포츠 정보를 얻기 위해 하루 8개 정도의 채널을 들락거리는 것은 이제 더 이상 특이한 일이 아니다. 한편 미디어는 엔터테인먼트산업에게 위협이 됨과 동시에 새로운 기회다. 언뜻 보기에 서로 분리된 형태의 매우 빠른 스포츠 커뮤니케이션 양식을 생산해 내기도 했다. '당혹스러운 풍요로움'으로 묘사될 수 있는 것들을 분류하고 분석하는 작업들은 갈대 같은 팬들로 인한 또 다른 도전과제들을 만들어 내고 있다.

하이라이트 세대 1990~현재

1. **문화** : 새로운 정보 사회가 발전했다. 스포츠 이벤트는 하이라이트 형식과 쌍방향 인터넷 커뮤니케이션으로 재구성되었고 청소년시장에 대한 관심이 점차 높아지고 있다.

2. **상품** : 익스트림 스포츠와 청소년 중심의 스포츠가 주류를 이룬다. 개인주의의 심화와 기술 혁신으로 인해 팀 스포츠시장이 불안해지고 있다.

3. **매체** : 뉴미디어가 주를 이루게 되었다. 거의 매일 변화를 거듭하는 스포츠 기술은 스포츠시장을 더욱 세분화시키고 팬들에게 더 많은 옵션을 제공한다.

4. **권력 구조** : 수익과 미디어 노출 문제로 미디어, 에이전트, 선수,

구단주, 스폰서 간에 갈등이 잦아졌다. 하이라이트 세대의 힘의 역학 구도는 불확실해졌다. 재정적인 수입원이 확대되고 미디어 중계권과 관련된 경쟁이 가중됨에 따라 이익분배권과 소유권을 지닌 선수와 에이전트들의 대담한 요구들이 수용되는 사례들이 늘어나고 있다.

5. **인프라** : 스포츠 시즌의 개념이 점차 무색해지고 있고 팬들은 연중 어느 때나 원하는 스포츠 정보와 하이라이트에 접근할 수 있게 되었다. 그밖에 스포츠 시설들은 테마를 강조한 종합 엔터테인먼트 센터로 변모했다.

6. **팬 유치** : 스포츠산업은 뉴미디어 자원으로부터 이익을 추구하면서도 동시에 기존의 미디어 네트워크로부터의 수익도 유지하려는 이중 전략을 취하고 있다. 팬들은 스포츠와의 상호작용에 익숙해지고 있으며 스포츠 콘텐츠 제작에 참여하고자 하는 의지와 능력을 보유하고 있다.

●갈대 같은 팬의 출현과 도전

세 가지 스포츠 세대 즉, 독점세대, TV 세대 그리고 하이라이트 세대는 결과적으로 갈대 같은 팬들을 출현시켰다. 독점세대는 스포츠가 산업화된 시작점이며 일정 수의 스포츠, 구단주의 파워, 스포츠 미디어의 영향이 시작된 시기라고 할 수 있다. 이와 대조적으로 TV 세대에는 TV 프로그램에 적합한 새로운 스포츠들이 소개되었다. 몇몇 전통 스포츠는 상호 간의 경쟁에 대한 압박을 느끼기 시작했으며 결국 그 때문에 쇠락의 위기로 몰리게 되었다. 하이라이트 세대는 청소년에 대한 중요성, 신기술의 범람, 독특한 장르를 개척하여 스포츠 채널을 만들어 낸 뉴미디어로 정의된다.

이상의 세대들을 걸쳐, 산업의 발전과 더불어 커뮤니케이션, 마케팅 전략들이 복잡해지고 현란해지면서 점차 팬들이 스포츠산업의 관심사가 되고 있다. 오늘날 갈대 같은 스포츠팬들은 수많은 선택권을 지니게 되었고 그에 따라 과거처럼 높은 충성도와 장기적인 몰입을 끌어내는 일은 더 어려워지고 있다. 결과적으로 오늘날 스포츠산업은 중대한 도전에 직면해 있다.

오늘날 스포츠시장은 과거 어느 때보다도 불확실한 세계에 놓여 있다. 스포츠산업은 마치 끊임없이 전개되는 문제들의 해답을 찾으려 하는 풀기 어려운 퍼즐과 같은 곳이 되었다. 여기서 문제의 핵심은 갈대 같은 팬들을 끌어들이는 데 있다.

물론 과거에는 팬들을 확보하기가 쉬웠다는 말은 아니다. 단지 오늘날이 그때에 비해 더욱 복잡해졌다는 것이다. 신기술의 출현, 가족 구조의 변화, 치열해진 경쟁, 팬들의 높아진 기대감 등. 이 모든 것들이 팬들을 신중하게 다루어야 할 까다로운 고객으로 만들어 놓았다.

● 결론

1920년대 프로미식축구는 조직화되지 않은 상태에 있었고 구단주들은 대학에서 선수들을 거의 훔쳐 오다시피 했다. 그러면서도 걷잡을 수 없이 치솟는 연봉과 잦은 이적에 대해 불평하곤 했다. 뿔이

난 구단주들은 오하이오 캔턴에서 서로 만나 NFL의 설립 과정에 착수했다. 구단과 리그 통제에 대한 주제도 다루었다. 당시 미식축구는 이웃 도시끼리 경기를 치르는 허술한 방식이었기 때문에 결국 1922년 구단주들은 대학스포츠 브랜드에 대항할 수 있는 프로 리그를 만들기로 했다. 결국 구단주들의 꾸준한 노력과 비전 덕분에 NFL은 57억 달러의 규모의 수익사업으로 성장했다.

스포츠는 항상 시장점유율, 미디어의 관심, 품위와 관련된 도전에 직면해 왔고 스포츠 역사상 이러한 세 가지 요인들을 두루 만족시켰던 시기는 없었다. 오늘날 스포츠산업이 안고 있는 문제들은 과거 1920년대 미식축구 구단주들이 모여 논의하는 방식으로는 해결되지 않을 것이다. 하지만 이러한 문제들은 과거 미식축구 개척자들이 고민했던 시장 중심의 상품 생산, TV 스포츠 프로그램을 시청하는 팬들의 욕구 충족, 팬 중심적인 방식의 스포츠 유통 등과 같은 본질적인 이슈들과 크게 다르지 않다. 다음 제3장에서는 팬들을 스포츠에 연결시키는 중요한 단계들을 이야기하고자 한다.

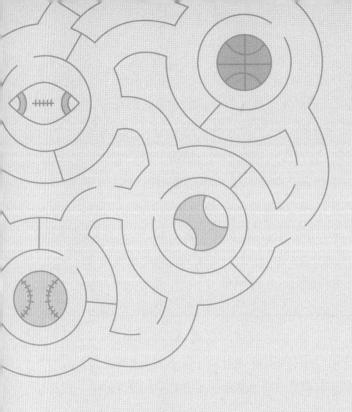

톰은 올해 결정해야 할 사안이 있다. 작년에 그는 스포츠 활동에 투자할 돈으로 2,000달러를 책정했는데 영국 스탠퍼드 브리지에서 열린 첼시 축구 클럽의 경기를 보기 위해 마이애미에서 런던까지 가는 경비로 모두 써버렸다. 톰은 런던에서 즐거운 시간을 보냈지만 그해 나머지 기간 동안 스포츠에 쓸 돈은 바닥이 났다. 그는 집에 앉아 TV 중계만 보는 수밖에 없었다. 올해는 스포츠 여가 활동의 가치를 극대화하기 위해 주머니에 있는 돈을 잘 사용하려고 노력 중이다.

플로리다 말린스의 외야 2층석 시즌 입장권이나 마이애미 히트의 20경기 입장권 패키지를 구입하는 것도 방법이다. 최근에 그는 마이애미 허리케인으로부터 대학미식축구 시즌 입장권을 싸게 구매할 수 있는 조건과 졸업생 자격으로 특별 행사에 초대될 수 있는 특혜에 대해 설명한 홍보용 책자를 받았다. 그는 또한 최근 나스카에 매료되어 정기 시즌뿐 아니라 홈스테드 스피드웨이에서 펼쳐지는 넥스텔컵 챔피언십에도 가고 싶어졌다. 톰은 나스카 경기장 패스를 구입할 경우 여자친구도 데려갈 수도 있을 것이다. 주머니 사정이 빠듯한 오늘날 스포츠팬들의 의사결정 과정은 점점 어려워지고 있다.

03 How Fans Connect

스포츠팬 커넥션

톰이 가지고 있는 딜레마는 대부분의 스포츠팬들이 직면한 현실이다. 예산은 제한되어 있는데 선택할 수 있는 스포츠 옵션은 매우 다양해진 것이다. 물론 예외도 있다. 예를 들어, 자신의 생활 전체가 선수와 팀의 지배를 받고 있는 몇몇 그린베이 패커스의 골수 팬들은 다른 어떤 것에도 거의 관심을 보이지 않을 것이다. 매우 열정적이고 헌신적인 패커스팬들은 구단의 주식을 사고 모든 경기를 놓치지 않고 관람하며 팬들을 위한 이벤트에 참석하고 팀의 유니폼을 수집하는가 하면 레스토랑에서 패커스 선수를 만나면 감격해할 것이다.

  하지만 현실적으로 팬들은 단 하나의 대상에만 몰입하지는 않는다. 늘 무언가를 선택을 해야 하며 그들의 주머니 사정은 제한되어 있으며 적당한 동기에 설득되어 구매를 결정한다. 스포츠 의사결정자들은 팬들과 다른 관점을 가지고 있다. 그들은 팬들의 몰입수준을 높이는 방법을 고민하고 그들의 스포츠 소비를 증진시키는 데 관심을 보인다.

팬들에게 접근하여 그들을 매료시키고 관계를 유지하는 첫 번째 단계는 그들이 누구이고 어떻게 스포츠와 관계를 형성하는지 이해하는 것이다. 이번 장은 스포츠팬과의 관계 형성, 관계 형성의 경로, 팬들의 의사결정 방법, 팬들의 소비 수준이라는 네 부분으로 구성되어 있다. 각 부분은 스포츠산업의 생명줄인 팬들을 보다 깊게 이해하는 방식을 개발하는 데 초점을 맞추고 있다.

● 스포츠팬 분석을 위한 연구

소비자를 분석하는 전통적인 방법은 그들을 인구사회학적인 특성 demographics과 가치values라는 두 가지 범주로 분류하는 것이다.

- 인구사회학적인 분석은 고객의 연령, 성별, 인종, 민족, 직업, 교육 수준, 거주지 등을 광범위하게 살펴보는 것을 말한다. 미국 스포츠에서는 서로 다른 시장들, 예를 들어, 히스패닉시장 또는 18~34세 사이의 남성과 같은 시장들을 정하고 각각의 시장에 어필하기 위해 통계학적인 분석 결과를 사용할 것을 강조하고 있다. 이러한 데이터는 신뢰할 만한 수많은 정보원을 통해 수집되므로 보다 쉽게 구할 수 있으며 스포츠 마케팅에도 적용할수도 있다. 현재 미국에서 18~34세 남성집단은 다른 어떤 집단보다 더 이상적이다. 왜냐하면 18~34세 남성들은 다른 연령 집단만큼 접근도 용이하지 않고 예측이 힘들긴 하지만 수익성이 높기 때문이다.
- 가치 분석이란 목표시장의 토대를 형성하는 라이프스타일을 조사하는 것이다. 가치란 종교, 애국심, 충성심, 윤리관, 전통적 관습을 의미하며, 스포

츠에는 이를 만들어 낼 수 있는 수많은 연결고리들이 존재한다. 예를 들어, 나스카는 흥분과 위험이라는 전율을 제공할 뿐만 아니라 애국심과 전통적인 일상 가치들에 어필하고 있다. 이와는 대조적으로 프로농구는 대도시 환경에 적합하게 형성되어 있으며 개인주의적이고 현대적이다. 현재 나스카와 프로농구는 자신들만의 가치를 발산할 방식을 연구 중이며 시장 확대를 위해 대안이 될 만한 다른 환경을 시도하고 있다. 이를테면 나스카는 도시로 진출하고 있는 데 반해 농구는 전문성과 세계화를 강조하고 있다.

갈대 같은 팬들이 만연한 오늘날 끊임없이 변하고 있는 시장과의 유대관계를 형성하기 위해서 스포츠시장을 정확한 범주로 분류하고 세분화할 필요가 있다. 그동안 팬들이 스포츠와 관계를 맺게 되는 동기나 정서적 요인은 무시되어 왔지만 이는 상당한 영향력을 지니므로 이 지점을 정확히 이해해야 한다. 다음은 어떻게 팬들이 스포츠와 관계를 맺게 되는지에 대해 연구한 결과들이다.

팬과의 유대관계 형성을 위한 연구법

• 사회과학자 웬Danel L. Wann은 스포츠팬이 되는 과정에는 8개의 주요 동기가 있는데, 긍정적 스트레스, 일상으로부터의 탈피, 엔터테인먼트, 경제적 실리, 미학적 즐거움, 팬들 간의 동료애, 자아존중감 그리고 가족이라고 보았다. '스포츠팬 동기 척도'라는 이 연구는 스포츠 마케터들이 팀과 제품의 판매증진을 위해서 팬들이 지닌 이러한 동기와 관련된 것에 집중해야 한다고 제안하고 있다.

- 마케팅 컨설팅 회사인 GSD&M은 특정 브랜드가 지닌 의미를 밝혀 내기 위해 설계된 '목적 중심의 브랜딩'이라는 리서치 프로그램을 고안했다. 이 프로그램 목적은 소비자의 가치와 기대에 보다 효율적으로 접근하기 위해서 브랜드의 본질적인 모습과 소비자가 실제 느끼는 모습 간의 상관관계를 보여 주는 데 있다.

- 스포츠 마케팅 회사인 옥타곤은 팬들을 스포츠에 몰입하게 하는 12개의 핵심 동인들을 테스트한 '열정의 동인'을 개발했다. 이는 과거에 대한 향수, 선수의 친근성, 팀에 대한 집착, 스포츠에 대한 사랑, 활동에 대한 가치 등이다. 연구 목적은 소비자의 구매결정에 영향을 미치는 감성적 근거나 원인들을 밝혀 내는 데 있다.

- 시장조사 회사인 브랜드 키즈는 스포츠팀과 팬들과의 관계에 관한 설문조사를 통해 '스포츠 충성도 지수'를 고안했다. 이 지수는 팬들의 충성도를 결정하는 4가지 범주들을 보여 주고 있는데, 그중 진정성, 팬 결속, 역사, 전통을 설명하는 순수 엔터테인먼트 가치가 팬들의 충성도를 결정하는 요소로 꼽혔다. 본 조사의 목적은 프로스포츠 팀들이 자신의 시장을 보다 효과적으로 겨냥할 수 있도록 팬들의 충성도를 높이고 수익을 향상시킬 수 있도록 돕는 데 있다.

- 프록터앤갬블의 CEO인 앨런 래플리는 사장단 회의실에서 뛰쳐나와 구매자의 집을 직접 방문하는 전략을 통해 소비자 관계 연구에 혁신을 불러일으켰다. 래플리는 실제 고객들이 자신들의 옷을 세탁하고 식사를 준비를 하는 동안 제품을 어떻게 사용하는지 직접 눈으로 확인하기 위해 집까지 찾아간 것이다. 스포츠브랜딩 개발자들의 경우 실제로 관중석에 앉아 보고, 경기장 매점을 이용해 보고, 선수들의 사인을 받기 위해 줄을 서서 기다려 보면 고객들의 심리를 이해할 수 있게 될 것이다.

● 팬과 스포츠의 연결고리

팬들이 스포츠와 연결되는 고리를 찾아내면 사람들이 왜 특정 스포츠에 빠져드는지 이해할 수 있다. 스포츠와 연결되는 고리는 하나 혹은 그 이상이 될 수도 있다. 스포츠 자체가 한 나라의 역사를 설명한다거나 민족을 하나로 묶을 수 있는 끈끈한 유대감을 지녔다거나 문화적 변화의 흐름을 보여 주는 것 모두가 바로 연결고리가 될 수 있다. 예를 들어 미국 스포츠의 초반부터 그 뿌리를 이어온 야구는 가족주의 및 역사적 측면과 관계가 깊다. 유럽 축구의 경우 도시나 국가에 대한 강한 소속감에 기반하고 있어 종종 정서적인 측면이 연결고리로 작용한다.

필수 연결고리

여기서 말하는 연결고리란 팬과 스포츠를 묶어 주는 지점을 말한다. 이 연결고리들이 늘 같은 방식으로 작용하는 것은 아니다. 이들은 각각 다른 특성을 지니고 있는 데다가 팬들 또한 각각의 다양한 이유로 이 연결고리들과 접촉하기 때문이다. 예를 들어, 거의 모든 스포츠산업이 중요하게 여기는 2가지 필수요소는 '스타'와 '지역'이다. 여기서 스타는 팬들의 관심을 직접적으로 끌어모으며 상호작용을 통해 감정을 더 증폭시킬 수 있는 계기가 된다. 이는 '스포츠의 인간적인 콘텐츠'라고 할 수 있다. 그리고 지역은 스포츠가 뿌리를 내린 장소를 말하는데 그 지역의 정체성과 지속적인 정서적 교감이 이루어지는 곳이다.

| 스타

스타 연결고리란 선수, 매니저, 팀, 리그, 스포츠 시설 그리고 판매를 촉진시킬 잠재력을 지닌 모든 스포츠 관련 요소들을 말한다. 결국 스타란 팬들과의 관계를 형성시킬 수 있는 매력이나 명성을 지닌 사람 혹은 사물을 뜻한다. 우리가 쉽게 접하는 스타 연결고리는 여러 방면의 활동, 개성, 뛰어난 운동 기술 등으로 매력을 발산하는 운동 선수들일 것이다. 한편으로는 LA 레이커스와 같은 팀이나 리글리 필드와 같은 스포츠 시설도 스타가 될 수 있고, 나아가 번잡한 스포츠 시장에서 경쟁자와의 차별성을 부각시켜 주는 브랜드 네임도 스타 연결고리로서의 가치를 지니게 되었다.

스타 연결고리는 가장 효과가 강력하다. 따라서 스타 연결고리를 꾸준히 개발하고 확보해야 한다. 또한 팬들의 관심을 받은 스타 연결고리는 지속적으로 그 매력을 유지시켜야 하며 팬들이 접근하기 쉽도록 만들어야 한다. 하지만 끊임없이 변화가 요구되는 미디어 시대에 스타 연결고리를 확보하고 재충전시키는 일은 말처럼 쉽지 않다. 그렇다고 스타 연결고리가 없다면 치명적인 약점이 될 수도 있다. 이러한 환경은 스타 문화에 대한 새로운 관점을 확보하고 가능한 스타 믹스 마케팅을 확장시킬 것을 요구하고 있다.

특히 스타선수가 이적하거나 실망스럽게 경기를 운영하는 경우나 스타일이 갑자기 바뀌어 영속적인 브랜드 지위를 손상시키는 경우에는 부정적인 결과를 가져올 수 있다.

- 장　점 : 스타파워는 실제 모든시장에서 명확하게 인식될 수 있는 연결고리다. 의류, 신발, 기념품, 원정경기 여행과 같은 스포츠 상품의 주요 디자인으로 활용될 수도 있다.

- **단 점** : 그동안 스타파워는 불안정하고 일시적이며 체계화되기 어려운 연결고리로 인식되어 왔다. 또한 선수들의 잦은 이적 행위는 선수에 대한 투자를 망설이게 하는 요소가 되었고 팬들은 이곳저곳을 떠도는 선수들에게 실망감을 느끼기도 했다. 그밖에 역사가 오래된 경기장도 낡기 마련이며 팬 커넥션을 약화시키는 환경이나 신기술 혹은 건축기술 등의 변화로 인해 위기에 처할 수 있다.

- **시사점** : 스포츠 의사결정자들은 다른 엔터테인먼트 채널들을 오갈 수 있는 유명한 스타선수를 선발하는 데 더 노력을 기울여야 한다. 판타지스포츠와 비디오게임을 마케팅 캠페인에 포함하여 호응을 유도하는 것도 필요하다. 더 장기적이고 넓은 안목으로 이벤트 기획, 시설 설계, 코치와 경영진 채용 등 모든 사안에 대해 스타 연결고리를 염두에 두고 결정을 내려야 한다.

| 지역

지역 연결고리는 지역의 홈팀, 선수, 경기장 등을 이용하는 것을 말한다. 팬들에게 지역사회를 대표하는 스포츠팀에 대한 충성심을 주입시키는 것이다. 이 연결고리는 팬들의 지역사회와의 상호작용 욕구, 지역적인 연대 욕구, 과거 또는 현재 거주 지역에 대한 애착심을 바탕으로 하며 대부분 지역 정체성은 곧 그 지역을 대표하는 스포츠팀과 연결된다. 스포츠 시설 건축을 위한 지역 후원금을 둘러싸고 발생하는 대부분의 논쟁은 새로 생기는 시설이 지역주민에게 가져다줄 이익과 해당 시설을 사용하는 스포츠 조직이 얻게 될 이익에 관한 것이다.

그밖에 지역이나 장소를 통해 스포츠에 관여하는 또 다른 집단은 학교 졸업생들이다. 학교는 한 사람의 일생 중 수년 동안 영향을 끼치며 관심을 독점하고 문화를 형성하게 한다. 졸업생들은 출신 학교에 대한 추억 때문에 해당 학교에 소속된 팀에 애착을 갖게 마련이다. 모교 스포츠팀을 지원하면서 과거의 경험을 되새길 수도 있고 모교와의 관계를 유지할 수도 있다. 또한 해당 지역과 장소에 지속적으로 연결되는 수단이 되기도 한다.

다른 측면에서 그 학교 출신은 아니지만 마치 졸업생처럼 특정 학교를 응원하는 집단, 이른바 '입양 졸업생'들도 있다. 예를 들어, 노트르담과 듀크 같은 대학들은 전국적으로 입양 졸업생 팬들이 상당하며 매우 헌신적이다. 그밖에 고등학교 스포츠를 보면 캘리포니아 콩코드에 있는 데라 살레 고등학교, 앨라배마 후버에 있는 후버 고등학교와 같은 전국적으로 명성을 지닌 고등학교들도 있다. 이들 학교 출신의 충성스런 졸업생들은 경기 관람뿐 아니라 팀을 위한 기금 마련 등에도 앞장서며 출신 고교에 대해 정서적인 지원을 아끼지 않는다.

- **장 점** : 지역 연결고리는 지역적 연대감과 상호작용을 바라는 헌신적인 팬을 확보하는 방법이다. 또한 팬들에게 스포츠팀으로 인해 형성되는 정체성과 지역사회에 대한 투자 심리를 불러일으킨다.

- **단 점** : 지역 연결고리를 지닌 팬들은 팀의 운영활동과 결정에 대해 쉽게 소외감을 느낄 수도 있다. 예를 들면, 경기장 입장시 지역팬들의 소지품 검사, 세금 문제 그리고 연고팀의 타 지역으로의 이동에 대한 정치적인 결정, 학교 스포츠팀의 제도적인 변화 등으로 인해 실망감을 느낄 수 있다는 말이다. 그밖에 지역, 도시, 시설 또는 학교가 매력을 잃을 위험은 늘 존재한다. 혁신성이 사리지거나 경쟁팀이 더 새로운 시설들을 확보하거나 교통체증과 범죄증

가와 같은 예기치 않은 상황들도 매력을 잃게 하는 요인이 되기 때문이다. 극단적인 예로, NFL의 LA 램스가 연고지인 LA를 떠나 버리자 지역 주민들도 더 이상 램스를 그리워하지 않았다.

- **시사점** : 스포츠팀과 지역사회는 계획, 개발, 실행단계에 이르기까지 전반적인 과정에서 서로 밀접하게 협조해야 한다. 브랜딩, 이미지 향상 그리고 경제적인 부분에서 팀과 지역사회는 서로 도움을 준다. 이는 지역과 스포츠 사이에 더 강한 유대감을 형성시켜 줄 뿐 아니라 상호이익까지 고려한 수익 모델을 창출할 수도 있다. 많은 측면에서 지역 정체성은 가장 강력한 연결고리 중 하나다. 특히 인구 이동이 잦은 현대 사회에서 '지역'을 정서적인 연결고리로 활용하는 전략은 뛰어난 커뮤니케이션 기술을 요구한다. 또한 여기저기 이동하는 팬들과 유대관계를 형성하게 해주는 뉴미디어의 활용 능력을 필요로 한다.

커뮤니케이션 연결고리

두 번째 연결고리는 정보화 시대에 모든 스포츠에 요구되는 '사회적 정보 교류social currency와 가족'이다. 이러한 연결고리들은 스포츠의 강력한 결속력을 이용하며 사회 정서적인 스포츠 경험을 통해 팬들에게 일체감을 심어 준다.

| 사회적 정보 교류

스포츠는 보편적인 대화의 주제다. 처음 본 택시 기사와의 잡담거리도 되고 대기업 사장단 회의를 시작하기 전 환담의 소재가 되기도 한다. 스포츠는 친구뿐 아니라 지역사회, 비즈니스 그리고 경제적 지위가 다른 사람들을 서로 연결시켜 주는 역할도 한다. 스포츠는 사회적 상호작용을 유지하고 강화시키는 정보 교환과 같은 '사회적 정보 교류'의 한 형태라고 볼 수 있다. 가벼운 잡담이 될 수도 있고 일면 식도 없는 사람들 사이에 친분을 가져다주기도 하며 따분한 화학수업의 분위기를 환기시키기도 한다. 이처럼 사회적 정보 교류 연결고리는 사회적인 상호작용이며 부분적으로 판타지스포츠나 쌍방향 스포츠 게임이 인기 있는 이유를 잘 설명해 준다.

사회적 정보 교류 연결고리의 중요한 구성요소는 스포츠를 통해 강화되는 사회적인 약속과 헌신에 있다. 종종 스포츠 이벤트는 사교의 장이 되며 경기 외에 여러 가지 기능을 수행한다. 이러한 분위기 역시 실제 경기만큼은 아니지만 팬 커넥션에 영향을 끼친다. 사회적 정보 교류의 중요한 장점 중 하나는 군중의 일부가 되고자 하는 팬들의 욕구를 충족시킨다는 것이다.

친구들끼리 모여 TV 중계 보기, 슈퍼볼 파티, 경기 전후 경기장 입구에서 펼쳐지는 파티, 원정경기 관람 여행, 플레이오프 축하 이벤트 등이 그 예다. 이러한 교류 경험은 사회적 정보 교류를 생산할 뿐 아니라 팬 커넥션이 형성되도록 자극한다. 하키를 소재로 한 코미디 영화 「슬랩 샷 *Slap Shot*」에서 팬들이 찰스타운 치프스를 부활시키기 위해 힘을 합치던 모습이 감동을 준 이유도 바로 이 때문일 것이다.

- **장　점 :** 스포츠는 그날의 토픽이다. 때때로 스포츠 이벤트에 관한 정보들은 다양한 사회적인 혹은 기업의 조직에서 대화와 관계를 촉진시키는 수단이 되기도 한다. 사회적 정보 교류 연결고리를 가진 팬들은 사회적 관계 형성을 위한 정보를 원하기 때문에 쉽게 접근할 수 있다.

- **단　점** : 사회적 정보 교류 연결고리만 강조하다 보면 실제 스포츠보다는 사회적 친교와 상호작용에만 더 흥미를 갖는 팬들을 양산할 수 있다. 이러한 팬들은 관심사가 바뀌거나 다른 스포츠를 더 좋아하게 되면 쉽게 배신한다. 이들은 또한 입장권을 사서 경기를 관람하는 것보다 스포츠에 대해 이야기하는 것에만 더 많은 시간을 투자할 수도 있다. 이러한 팬들은 종종 퍼레이드의 맨 앞줄에서 마차를 타고 흥겨운 음악을 연주하며 행진하는 '밴드 웨건' 또는 '선두주자'로 불리지만 장기적인 관계를 형성하기는 가장 어려운 집단이다.

- **시사점** : 스포츠팀들은 팬들이 사회적 경험을 함께할 수 있는 이벤트들을 개발해야 하며, 아울러 웹사이트나 뉴미디어를 통해 쉽게 내부 정보에 접근할 수 있도록 해야 한다. 나아가 논쟁과 토론을 촉진시킬 수 있는 공간을 만들어 주어야 한다. 스포츠가 사회적 정보 교류 연결고리를 강화하기 위해서는 일정한 규칙과 전략을 바탕으로 하여 팬들에게 접근할 필요가 있다. 사회적 정보 교류 연결고리를 지닌 팬들은 무엇에 관해 이야기하는 것을 좋아하는지 그리고 그들이 선택한 화제의 가치를 분석해야 하기 때문이다. 그밖에 사회의 법인 단체와의 연결고리는 스포츠팬이 아닌 사람들을 스포츠로 끌어들일 수 있는 기회를 제공한다는 점에서 사회적 정보 교류에 중요한 연결통로가 될 것이다.

| 가족

스포츠는 가족 구성원들을 결속시키는 역할을 하기도 한다. 가족의 전통과 가치를 유지하는 데 도움을 주며 먼 친척들과도 금세 친해지는 수단이 된다. 전해 내려오는 전통이나 관습은 가족의 핵심 연결고리로서, 가족의 각 세대를 특정 스포츠나 스포츠 경험에 연결시켜 준다. 아버지와 아들이 캐치볼을 하는 모습은 미국 가족들의 전통의 식과 같은 관습이 되었다. 이와 비슷한 사례로 어렸을 때 부모와 함께 야구장에 간 경험이 있는 남자는 자녀가 태어나면 역시 야구장에 데려가겠다는 계획을 세우게 될 것이다.

사람들은 종종 가족을 통해 스포츠를 처음 경험하기 때문에 가족이라는 연결고리는 새로운 팬들을 양산해 내는 계기가 된다. 워싱턴 허스키스 미식축구팀에 열광적인 가족들은 아기가 태어나면 할아버지와 할머니가 손자에게 아기 침대가 그려진 보라색 허스키스 티셔츠를 입혀 경기장에 데려오는데 이를 통해 새로운 팬이 생기는 셈이다. 이 어린 손자의 기억 속에는 워싱턴 허스키스가 남아 있을 것이며 이는 지속적인 팬 커넥션을 형성할 수 있는 잠재력을 높여 준다. 이런저런 사례들에서 볼 수 있듯이 스포츠 제품은 가족 구성원들 간의 커뮤니케이션 연결고리 역할을 수행하며 팬들이 스포츠와 가족을 함께 떠올릴 수 있는 추억을 만들어 낸다.

- **장 점** : 가족 연결고리는 스포츠에 대한 팬들의 관계를 강화시키며 보다 오랫동안 지속될 수 있는 경험들을 만들어 낸다. 특히 스포츠가 세대를 걸쳐 형성되는 관습이라는 점에서 이 연결고리는 다양한 세대 간의 관계형성에 효과적이며 세대에 걸쳐 가족 구성원들을 결속시킬 수 있다.

- **단 점** : 스포츠팀의 비윤리적인 행동이나 좋지 못한 역할 모델은 가족 연결고리를 약화시킬 수 있다. 가족끼리 스포츠에 참여하거나 시청하는 경험이 형편없었다면 이는 고스란히 스포츠에 영향을 끼치게 되며 당연히 그 스포츠를 후원할 가능성도 낮아진다.

- **시사점** : 가족은 가장 영향력 있고 의미 있는 연결고리다. 스포츠 경험을 가족의 관습으로 포지셔닝하는 것은 가치 있는 수단이다. 오늘날 스포츠는 테마공원과 엔터테인먼트 센터 같은 체험 중심 이벤트와 경쟁하고 있다. 따라서 가족 중심의 이벤트를 기획하고 야구장에 놀이터와 같은 가족 편의시설들을 마련할 필요가 있다.

탐구 연결고리

탐구 연결고리는 대리경험, 불확실성, 유토피아로 구성된다. 이러한 연결고리들은 팬들의 근본적인 욕구를 충족시켜 자신만의 스포츠 세상을 경험하게 만든다. 또한 팬들이 높은 수준의 정서적 · 건축적 · 기술적 경험들을 추구함에 따라 스포츠산업에서 더욱 가치를 지니게 되었다. 그밖에 게임 이론의 발전은 팬들과 스포츠 간의 상호작용을 더욱 활성화시키고 있다.

| 대리경험

팬들은 선수와 팀의 기술과 퍼포먼스를 존중하고 이를 모방하면서 스포츠와 관계를 맺을 수 있다. 대리경험은 일정 수준의 스포츠에 참여하거나 비디오게임, 판타지스포츠 또는 스포츠를 흉내 낸 여타 기술적인 경험들을 통해 스포츠에 친숙해진 사람들을 가장 효과적으로 끌어들이는 방법이다. 운동을 잘하게 되고 선수들과 가까워지고 싶다는 팬들의 욕구는 이러한 연결고리를 더욱 자극한다. 더구나 열정적인 팬들은 수영 선수들이 200m 접영시 팔 젓는 동작 하나하나를 살피고 400m 계주에서 바통을 연결하는 기술 등도 놓치지 않고 분석한다. 한편 대리경험을 추구하는 팬들은 스포츠가 지닌 위험과 부상에도 스릴을 느낀다. 자동차 경주에서는 충돌 사고를 기대하기도 하고 미식축구 경기에서는 선수들의 부상을 바라기도 할 것이다. 다만 양심 때문에 이 같은 욕구를 억누르고 있는 것이다.

그밖에 신기술의 급속한 성장으로 팬들이 스포츠에 접근하기가 쉬워졌으며 그에 따라 대리경험의 연결고리도 더욱 강해졌다. 일례로 경주차 안에 설치된 소형카메라를 통해 마치 실제로 운전하는 것처럼 차량의 내부와 레이서의 빠른 손놀림, 그리고 빠른 기아 변동들을 실감나게 볼 수 있고 실시간으로 발생하는 각종 사고들을 볼 수 있다. F1과 다른 프로 카레이싱 스포츠들만큼 대리경험 연결고리로 이득을 보는 스포츠는 드물 것이다.

그밖에도 대리경험을 추구하는 팬들은 최신 버전의 매든과 NBA 라이브를 손에 넣기 위해 제일 먼저 줄을 설 것이다. 또한 타자나 불펜 투수들의 동작 하나하나를 면밀히 살피는 것은 물론, 아내의 눈총에도 아랑곳하지 않고 투수의 볼이 홈플레이트에 도달하기 전까지 한 순간도 놓치지 않으면서, 메이저 리그 야구 플레이오프 경기를 시청하는 데 보다 많은 시간을 보낼 것이다.

- **장 점** : 대개 이런 팬들은 가장 열정적이며 집안에 최고의 관람환경을 꾸미는 데 돈을 아끼지 않는다. 명품 음향 스피커와 가장 큰 TV 스크린도 구매한다.

- **단 점** : 팀의 행동이나 경기능력이 팬들의 대리경험에 적합하지 않을 경우 이에 실망하고 쉽게 소비를 중단할 수도 있다. 만약 스포츠가 팬들의 이러한 헌신에 도움이 되지 않는 변화를 감행한다면 팬들은 곧 다른 곳으로 관심을 돌릴 것이다.

- **시사점** : 대리경험 연결고리는 팬들이 스포츠의 내부에서 바깥까지 들여다

볼 수 있는 TV, 웹사이트, 비디오게임의 발전으로 강화되어 왔다. 팬들의 경험을 업그레이드시켜 줄 수 있는 기술과 보다 적극적인 정보 제공 방법을 통해 장기적인 관계를 형성할 수 있다. 비디오 게임과 판타지스포츠는 대리경험 연결고리에 기반하고 있으며, 스포츠 이벤트 현장에서는 이러한 쌍방향 기술을 접목시킬 필요가 있다.

| 불확실성

결과를 예측할 수 없다는 것은 스포츠의 가장 중요한 매력 중 하나일 것이다. 경기 결과를 예측해 보려는 시도는 팬들의 흥미를 유발하며 무미건조한 일상에서 탈피할 수 있게 해준다. 불확실성을 추구하는 팬들은 스포츠의 극적인 결과에 매력을 느끼고 돈과 시간과 열정을 쏟을 만한 충분한 이유가 있다고 생각한다.

불확실성에 대한 팬들의 욕구는 일정 부분 스포츠 도박의 인기로도 설명된다. 스포츠 도박은 자신의 재정적·정서적인 흥미를 자극하며 경기 결과에 투자하도록 만든다. 예를 들면 이렇다. "시러큐스 대학농구팀이 7점 차로 이길 수 있을까?" "올해 LA 다저스가 디비전 1위에 오를 가능성이 있을까?" "타이거 우즈의 마스터즈 우승에 베팅할 가치가 있는 것일까?" "판타지스포츠의 미식축구 리그에서 라다이니언 톰린슨을 숀 알렉산더와 드래프트해야 할까?"

그동안 윤리적인 문제로 스포츠와 도박 사이를 오랫동안 가로막고 있던 장벽에 구멍이 생기기 시작했다. 예를 들면, 나스카와 NBA는 표면적으로는 도박을 지양하지만 각종 복권 사업과 리그가 후원하는 판타지스포츠에 공식 명칭 사용권을 준 것은 도박에 간접적으로 연결되어 있다는 것을 의미한다. 공식적 혹은 비공식적으로 스포츠에 걸린

판돈도 수십억 달러에 이른다.

2004년 온라인 도박 산업은 스포츠북닷컴sportsbook.com과 NCAA 주최 전미대학농구선수권 토너먼트와 관련된 수많은 베팅 사이트에서만 150억~200억 달러를 벌어들였다. 이 금액은 개인적인 내기나 라스베이거스에서 벌어지는 스포츠 도박, 이벤트 현장에서 벌어지는 베팅, 미국 밖에서 벌어지는 글로벌 스포츠 도박 규모는 포함되지 않은 수치다.

- **장　점** : 불확실성을 연결고리로 지닌 팬들은 스포츠 이벤트의 드라마틱한 결과를 만들어 내는 변화에 큰 관심을 보일 것이다. 이처럼 스포츠 도박을 즐기며 불확실성을 추구하는 팬들은 재정적으로나 정서적으로 스포츠에 몰입하게 되고 자신의 투자를 모니터링하기 위해 경기에 참여하거나 이를 시청할 가능성이 높다.

- **단　점** : 이러한 팬들은 일회성 이벤트와 대중의 관심을 끄는 이벤트에 높은 관심을 가지며 여러 종류의 스포츠를 넘나들기 때문에 다른 연결고리를 지닌 팬에 비해 영속적이지 못하다. 특히 도박을 즐기는 팬들을 붙들기는 매우 힘들다. 이들은 단지 자신이 이겼는지 졌는지만 확인하기 위해 하이라이트만 시청하는 것으로 만족할 수도 있다.

- **시사점** : 역사적으로 도박은 비윤리적인 행동을 연상시키기 때문에 불확실성 연결고리를 강조하는 것은 민감한 사안이다. 뉴미디어의 투명한 감시와 점차 늘어나는 수익성을 통제하는 도박산업의 노력은 윤리적인 문제를 관리하는 데 도움이 될 것이다. 한편 포커가 급속하게 시장을 잠식하고 있는 상황에서 스포츠산업 종사자들은 포커역시 분명히 거대한 시장과 맞물려 있다는 사실을 깨달아야 한다.

이는 점차 도박에 대해 관대해지는 분위기와 도박의 불확실성에 대한 거부할 수 없는 유혹을 관리하고 있다는 뜻이기도 하다.

| 유토피아

유토피아 연결고리는 추억을 되살려 주는 스포츠 경험으로 팬들을 유혹한다. 어릴 적 기억들이 때론 스포츠의 이상적인 레크리에이션이 되기도 한다. 전형적으로 유토피아 연결고리를 지닌 팬들은 프로 선수들의 높은 연봉과 선수와 구단주 간의 노사 문제, 부적절한 스캔들, 신기술의 도입, 새로운 스타일의 플레이를 거부한다.

대신 산업화된 스포츠 세계의 호들갑에 방해받지 않은 채 정직하게 경쟁하고 승부를 가르는 경기를 꿈꾼다. 음향과 멀티미디어 전시를 강조한 대학 및 프로스포츠의 전략은 유토피아를 오히려 방해한다. 유토피아 연결고리를 지닌 팬들은 거창하지 않고 자극적이지 않은 경험을 추구하기 때문이다. 진정한 스포츠 경기를 보기 위해서라면 마이너 리그 야구 경기나 아마추어 여자 테니스 토너먼트에도 갈 것이다. 아마추어 경기야말로 '진정한 스포츠'라고 믿기 때문이다.

유토피아는 단지 옛날 세대들에게만 적용되는 것은 아니다. 일부 젊은 팬들은 '순수한' 스포츠 정신에 대해 가족들로부터 전해 들었거나 스포츠가 초심으로 돌아가기를 바라고 있을 수도 있다. 어느 집단과 계층이든지 유토피아 연결고리에 영향을 미치는 것은 모래성 쌓기 게임과 동네거리에서 즐겼던 3대3 농구처럼 어렸을 때 경험한 것들이다. 발야구, 피구 등 어린 시절 즐겼던 놀이들이 성인들의 스포츠 참여에 부흥을 가져오는 것은 우연한 일이 아니다. 유토피아 연결고리는 과거의 스포츠 경험과 추억을 불러일으켜 팬들을 오늘날의 스포츠에 연결시켜 준다.

- **장 점** : 유토피아 연결고리를 지닌 팬들의 욕구를 만족시킬 수만 있다면 그들은 기꺼이 기념품을 구매할 것이고 은퇴한 선수들과 함께하는 유람선 여행 상품 구매는 물론이고 과거의 향수를 풍기는 스포츠 시설들에 대해서도 열광적인 지지를 보낼 것이다. 스포츠 의사 결정자가 향수를 이용한 마케팅이 매우 효과적이란 사실을 인식함에 따라 유토피아 연결고리를 지닌 팬들은 매우 명확한 목표시장이 되었다.

- **단 점** : 스포츠 제품의 변화는 유토피아 팬들이 스포츠에 소원해지는 원인이 될 수 있다. 그들은 화려한 볼거리는 없지만 덜 상업적이고 친근한 경험을 제공하는 보다 개인주의적인 틈새 스포츠를 찾아 떠날 가능성도 높다. 최악의 경우 ESPN 클래식[9]만 보게 될 수도 있다.

- **시사점** : 스포츠팀들이 세분화하기가 가장 복잡한 팬은 아마도 유토피아 연결고리를 지닌 팬일 것이다. 대부분의 스포츠에서 변화는 불가피하기 때문에 그들을 이러한 변화에 적응시켜야만 한다. 그 과정에서 그들이 불쾌하게 여길 수 있는 변화로 분명히 문제가 발생할 것이다.
    단기적인 해결방법은 스포츠의 고결한 본질을 그대로 유지하고 신뢰를 좌우하는 중요한 기본 규칙에는 가급적 변화를 주지 않는 것이다. 추억을 되살릴 수 있는 이벤트들을 선보이는 것도 좋은 방법이다. 장기적인 관점에서 기술의 발전이 유토피아 연결고리에 적합한 제품을 고안하고 개별화하는 데 기여할 수도 있다. 예를 들면, 신기술의 등장은 게임과 상품의 전송, 시기별로 스포츠 역사정보를 제공을 가능케 하며, 또한 팬들이 직접 피드백을 제공하며 스포츠와 관계를 형성하도록 도울 것이다.

---

9) ESPN 클래식
과거의 유명한 경기나 스포츠 다큐멘터리·영화를 보여 주는 채널.

스포츠 의사결정자들은 스포츠라는 제품에 어떤 연결고리를 강조해야 할지 고민하며 수많은 가능성들을 염두에 둔다. 스타와 지역이라는 연결고리는 성공한 스포츠 제품의 필수 연결고리이며, 커뮤니케이션과 탐구 연결고리는 팬들과의 관계를 심화시키는 데 도움이 된다. 스포츠 의사결정자 입장에서 자신의 스포츠 상품(구단, 선수, 이벤트, 용품 등)을 경쟁 상품과 차별화시킬 수 있는 연결고리들을 추구하는 것은 중요한 일이다. 그러한 연결고리가 없을 경우 갈대 같은 팬들은 다른 엔터테인먼트로 옮겨 갈 것이다. 실내미식축구 리그는 연결고리의 힘으로 이득을 보고 있는 신생 스포츠브랜드의 좋은 예이며 현재 상당한 팬 저변을 형성하고 있다.

실내미식축구 리그의 성장과 시사점

실내미식축구AFL 리그는 NFL에 진출하지 못했지만 이들을 따라 가고자 하는 선수들이 50야드 경기장에서 펼치는 경기다. 이에 대해 자세히 살펴보자. AFL이 대학과 프로미식축구와의 경쟁, 그리고 NBA, NHL, MLB와의 경쟁에서 이길 확률은 없어 보인다. 하지만 이 리그의 인기는 그들 못지않다.

1987년 4개 팀으로 시작하여 2006년에는 19개 팀으로 확장되었으며 2005년 시즌 동안에만 경기당 1만 2,872명이 참석했고, 전체적으로 1,800만 명이 참석하는 등 2001년 대비 관람률이 50%나 증가했다. AFL은 또한 현재 Fox, NBC와 TV 중계 계약을 체결했고, EA 스포츠와도 비디오게임 라이센싱 계약을 진행했으며 AF2라는 마이너 리그도 보유하고 있다.

무엇이 AFL을 성공으로 이끌었을까? AFL은 전통적인 미식축구 경기에서 파생된 새로운 미식축구 브랜드를 제공한다는 장점을 지니고 있다. AFL은 다양한 색깔의 공을 이용한 아이스하키 스타일로 진행되기 때문에 경기 흐름이 매우 빠르고 득점률이 높다. 또한 AFL은 롤러스케이트, 프로레슬링, 록 콘서트, 미식축구가 혼합된 형태의 리그다. 그동안 다른 스포츠의 특성과 고상한 스포츠 경험을 결합한 수많은 신생 스포츠들이 등장했지만 AFL의 성공을 이끈 것은 잠재 고객들에게 다음과 같은 3가지 연결고리들을 이용했던 데 있다.

1. 스타

초창기 AFL의 스타 연결고리는 리그였다. 리그가 성장함에 따라 존 본 조비, 마이크 디트카, 존 엘웨이와 같은 유명한 구단주들을 통해 스타 연결고리를 개발했다.

2. 가족

팬들의 재정적 부담을 간파했던 AFL은 '팬들의 권리장전'을 채택했다. 주요 골자는 "우리는 모든 팬들이 그들의 구매력을 고려한 미식축구 경기, 엔터테인먼트, 제품, 음식, 음료 등의 영역에서 최상의 서비스를 받아야 한다고 생각한다."이다. 이러한 약속을 지키는 일환으로 책정된 22달러라는 평균 입장료는 수많은 가족들이 지불할 수 있는 금액이었고, 가격이 비싼 다른 메이저 스포츠의 매력적인 대안이 될 수 있었다. 결과적으로 AFL 입장권의 60%는 가족팬들을 통해 구매되고 있다.

3. 유토피아

실내미식축구는 대중 스포츠 문화와는 차별되는 반문화적인 특징을 지닌다. 또한 많은 에너지를 쏟는 스포츠지만 상대적으로 선수들의 낮은 연봉, 접근이 용이한 실내 구장, 적절한 입장료도 특징으로 들 수 있다. 이와 함께 AFL은 본질상 동네 공터에서 아이들이 편을 갈라 하는 경기 같은 느낌을 주며 산업화된 대학·프로스포츠와 대조적이기 때문에 유토피아 연결고리를 추구하는 팬에게 어필할 수 있는 잠재력을 지니게 되었다.

오늘날 미식축구가 지닌 대중적인 인기의 반사이익을 얻고 있는 AFL은 NFL과 NCAA 대학미식축구가 쉬는 비시즌 기간 동안에 팬들을 유혹하는 믿을 만한 브랜드를 창출했고 이상의 3가지 연결고리를 통해 지속적으로 팬들에게 어필하고 있다.

● 스포츠팬 입문 경로

궁극적으로 스포츠 상품은 접근이 쉬운 경로를 통해 팬들을 확보해야 한다. 스포츠팬들은 주로 5가지 경로를 통해 스포츠를 접한다.

직접적인 운동 참여

가장 역사적이고 전통적인 연결 경로는 운동 참여다. 운동 참여는 어떤 경로보다 강력한 연결고리이자, 팬과 스포츠가 만나는 가장 기본적인 경로다. 팬들은 실제로 각종 스포츠를 체험하는 동안 경기규칙과 각 스포츠가 지닌 미묘한 차이를 이해하게 될 수도 있다. 동료 참가자들과 사회적인 관계를 형성하는 기회를 얻기도 하며 운동 참여를 통해 높은 경기력을 지닌 선수들의 기술과 운동수행 능력을 음미하고 감상할 수 있는 식견을 지니게 될 수도 있다. 운동 참여는 팬들에게 스포츠를 학습시키고 친근하게 만드는 가장 효과적인 도구

중 하나인 셈이다.

이 경로는 운동을 할 시간이 많고 신체능력이 뛰어난 어린이팬들에게 특히 효과적이다. 어린 시절은 여러 가지 다른 스포츠를 시도해 보고 자신이 좋아하는 것과 좋아하지 않는 스포츠를 발견하는 실험 기간이기도 하다. 또한 리그로 이뤄지는 피구 경기와 같이 전에 결코 관심을 갖지 않았던 스포츠를 받아들이는 데는 운동 참여 경험이 중요한 동기가 된다. 실제로 어떤 연령대의 사람들도 즐길 수 있는 골프, 테니스, 라켓볼 등은 평생 스포츠다. 또한 이러한 스포츠는 비즈니스와 사회적 관계를 중심으로 모이는 의미 있는 집단들로 구성된다. 운동 참여라는 연결 경로는 사람들에게 스포츠를 교육시킬 뿐만 아니라 그들을 수익성 있는 팬으로 전환시키는 장점을 지닌다.

물론 참여의 방식은 신체활동에만 국한되지 않는다. 비디오게임의 인기가 치솟으면서 이는 실제 운동 참여의 대안으로 등장했다. 또한 스포츠 비디오게임의 그래픽과 경기 방식은 매우 현실적이며 조이스틱 조작을 통한 쌍방향 소통만으로도 실제 헬멧과 패드를 착용하고 미식축구 훈련을 받는 듯한 환경을 만들 수 있다.

물론 비디오게임이 신체의 움직임, 땀 그리고 신체적 접촉이 지닌 매력을 대체할 수 있다는 것은 아니지만, 많은 경우에서 비디오게임의 교육적인 질이 전통적인 신체활동 세계를 대신하고 있다. 이러한 트렌드의 예로, 오늘날 비디오게임 선수들은 매년 열리는 월드 사이버 게임에서 자신만의 올림픽 버전을 가지고 있으며, 비디오게임을 즐기는 4,000명 이상의 사람들을 끌어들이고 있다.

반면 운동 참여가 항상 팬들과의 관계형성을 위한 연결고리로 작용하는 것은 아니다. 유소년 시절 높은 참여율을 보이는 축구의 경우, 축구 참여자들을 실제 축구팬으로 전환시키는 데 어려움을 겪고 있다. 이와 대조적으로 미식축구처럼 상대적으로 직접적인 운동 참여가 적은 스포츠가 훨씬 더 많은 팬 저변을 확보하고 있다. 이러한 차이는 수많은 요인들에 의해 설명될 수 있다.

기술과 가족의 참여 및 관심, 혹은 프로 · 대학 · 고교스포츠에서 팬들을 끌어들이는 전략적인 이슈에 그 원인이 있기도 하다. 이러한 모든 현상들은 거의 모든 스포츠 활동 전반에 걸쳐 참여를 중단하는 트렌드와 무관하지 않을 것이다.

이러한 추세는 지속적으로 상승하고 있는 TV 스포츠 시청률과는 특별한 상관관계가 없어 보인다. 그러나 장기적으로 저조한 운동 참여는 스포츠 흥미를 떨어뜨릴 수 있다. 예측하기 힘든 효과와 참여율 감소에도 불구하고, 여전히 운동 참여는 스포츠팬에게 접근하고 연결고리를 형성할 수 있는 중요한 스포츠 입문 경로임에 틀림없다.

스포츠 현장 경험

두 번째 팬들의 연결 경로는 스포츠 현장 경험이다. 대부분의 스포츠 이벤트는 각종 스포츠 시설에서 이뤄지는데 이곳에는 경기규칙이 있고 관중을 위한 좌석과 이벤트를 즐길 수 있는 다양한 시각적인 자극들이 존재한다. 사람들은 다양한 환경과 조건들을 통해 스포츠를 접하게 된다. NFL 경기장에서는 넓은 주차장, 완벽한 식사 메뉴, 쇼핑, 대형 스크린, 훌륭한 음향 시설과 더불어 이제는 NFL의 재미있는 의식이 된 선수들의 화려한 입장 장면도 볼 수 있다.

크로스컨트리나 마라톤과 같은 작은 규모의 관람을 즐길 수도 있다. 마라톤에서 관중들은 길가에 한 줄로 길게 늘어서서 훨씬 적은 사람들 속에서 경기를 구경하고 있는 자신을 발견하게 된다. 통상적으로 마라톤팬들은 NFL 미식축구의 거대한 경기장 분위기를 기대할 수는 없다. 하지만 그들은 마라톤에서 팬으로서의 보다 개별적인 역할을 경험하며 선수들과의 친밀함을 얻을 수 있다.

스포츠와 팬을 연결하는 또 다른 중요한 요소는 기대를 만족시키는 것이다. 팬들은 자기만족, 자신의 욕구를 뛰어넘는 그 무엇 그리고 그 욕구에 응하는 것에 대한 기본적인 생각을 가지고 있다. 이벤트 현장에서 팬들이 갖고 있는 이러한 기대감은 이른바 '게임의 진면목'을 말한다. 이는 팬들이 생각하는 규칙, 스포츠가 넘지 말아야 할 경계선 그리고 기대에 대한 만족 수준으로 이해될 수 있다. 게임의 진면목은 팬들의 폭넓은 기대감을 반영하는데 치어리더, 경기 결과 기록자, 장내 아나운서, 스코어보드, 야구화의 흙을 털어 내는 타자의 행동 등이 모두 팬들의 기대감에 견주어 평가된다.

따라서 이러한 요소 중 몇 가지가 빠지면 팬들의 만족도도 확실히 낮아질 것이다. 이로 인한 갈등을 보여 주는 좋은 예가 바로 세계남자테니스협회다. 협회에서는 한때 덜 중요한 복식 경기를 줄이고 싱글 경기에 초점을 맞추는 방안을 제안했었다. 어드밴티지 포인트와 게임 6에서 타이브레이커가 있는 전통적인 경기 방식을 진정한 테니스라고 여기는 팬들이 있긴 하지만 협회는 복식 경기 수를 줄이면 훨씬 큰 시장이 생길 것이라고 믿었다. 이러한 제안은 복식 선수들과 협회 사이에 공정하고 매력적인 복식 경기를 구성하는 것이 무엇인지에 대한 논쟁을 불러일으켰다.

미디어

미디어는 팬들이 스포츠와 접촉할 수 있는 가장 쉬운 경로다. 미디어의 효과는 매우 거대해서 TV에 중계되지 않는 스포츠는 쉽게 실패하거나 팬과의 관계를 형성할 능력이 부족한 것으로 취급되기도 한다. 미디어를 통해 스포츠를 친근하게 전달하는 방법, 중계자의 해설 능력, 스포츠가 미디어에서 매력적으로 보이는 방법, 시청자를 사로잡기 위한 미디어의 욕구에 스포츠가 과연 어떻게 적응할 것인가 등 미디어와 팬의 연결고리와 관련된 수많은 이슈들이 있다.

미디어와 팬 사이의 연결고리의 좋은 예는 포커다. 포커는 1998년 상영된 영화 「라운더스 *Rounders*」와 TV 중계를 통해 메이저스포츠가 되었다. ESPN은 「포커 월드시리즈 *World Series of Poker*」라는 프로그램 시리즈를 제작하면서 담배 연기가 자욱한 밀폐된 장소에서 행해지는 게임을 수백만 미국 가정의 거실로 옮겨 놓았다.

포커 스포츠는 테이블에 립스틱처럼 작은 소형 카메라를 설치하여 시청자들이 선수들의 카드를 훔쳐 볼 수 있도록 했고, 이는 예기치 않은 행운, 교활하게 허세를 부리는 참가자들을 둘러싼 갖가지 재미있는 이야깃거리들을 선사했다. 긴장감을 조성하는 TV의 능력으로 인해, 포커는 별다른 운동 능력을 필요로 하지 않거나 흥미와 보상에 연관되어 자극받을 필요가 없는 폭넓은 시청자들까지 포섭하는 데 성공했다. TV가 없었다면 포커는 국가적인 스포츠가 될 수 없었을 것이다.

역사적으로 TV는 스포츠를 위한 대중적인 노출 채널이었다. 그동안 라디오 방송 역시 주요한 스포츠 미디어로 이용되어 왔다. 운전을 할 때나 다른 일들을 하면서도 스포츠와 접촉할 수 있는 채널이기도 하다. 그밖에 사람들은 신문의 스포츠 섹션을 많이 보는데, 스포츠 잡지와 함께 광범위하고도 심도 있는 스포츠 소식을 다루고 있기 때문이다. 한편 뉴미디어는 젊은 팬들과 소통하는 최전방에 서 있는 매체가 되었다. 이를테면, 웹사이트와 휴대폰은 스포츠를 팬들에게 연결시켜 줄 뿐 아니라 불과 몇 분 전에 일어난 최신 정보들을 제공하며 TV보다 자세하고 개별화된 스포츠 소식들을 전한다.

스포츠 의사결정자들은 점차 자기모순에 직면하고 있다. 미디어는 팬들이 스포츠 세계에 들어서는 영향력 있는 경로다. 그러나 미디어가 정보를 샅샅이 뒤져 찾아내고자 하는 정보 조사자가 됨에 따라 스포츠 경영진들에게는 커뮤니케이션 책임이 점차 부담이 되고 있다. 애틀랜타 브레이브스의 구단장이자 야구계에서 존경받는 인물인 존 슈어홀츠는 과거에는 분기별로 몇 번의 기자회견과 시즌당 서너 번 정도만 취재에 응하면 되었다고 회고했다. 그는 오늘날을 '미디어 홍수media crush' 라고 표현하며 "우리 중 가장 유능한 미디어 담당자들에게 조차도 미디어의 지나친 호기심과 정보 탐색은 큰 어려움이 되고 있다."고 말했다.

팬과의 미디어 커넥션은 한층 전문화된 소비자들을 포섭하기 위한 강력한 무기지만 커뮤니케이션 책임의 재분배와 업무과중으로 인해 기존의 미디어 담당자들은 녹초가 되어 가고 있다. 어쨌든 오늘날 '미디어 홍수'는 그동안 스포츠가 누려 온 가장 큰 축복일 것이다. 한편 이익창출 제품들을 꾸준하게 추구하고 관리하는 것과 이를 위한 팀의 미디어 전문가들을 관리하는 일은 가장 어려운 도전이 되고 있다.

입소문 효과

입소문 효과는 스포츠팬과 커넥션을 형성할 수 있는 매우 강력한 도구다. 추천이라는 행위는 사람들 간의 관계를 기반으로 형성되는 만큼 신뢰성을 동반한다. 우리는 곳곳에서 입소문 효과를 통해 스포츠에 입문하는 경우를 보곤 한다. 이를테면 과거에는 프로농구를 직접 관람하고 온 가족이 친척에게 이야기를 전하면 그 친척 역시 경기에 참여하여 팬이 되었다. 또한 지역 고교농구팀의 연승 소식은 학교에서 화제가 되고 이는 경기 참여를 유도할 수 있다.

이처럼 입소문 효과는 언제나 스포츠를 팬과 연결시켜 주는 접착제 역할을 해왔다. 이는 쇼핑몰 직원과 고객의 대화, 스포츠 클리닉, 팬미팅과 홍보물, 선수 사인회 등을 통해 촉진된다. 대부분의 스포츠 조직이 두려워하는 것은 스타선수들이 점점 접근하기 어려워지고 팬과의 만남 가능성이 드물어짐에 따라 팬들의 스포츠 경험이 빈약해지는 것이다.

뉴미디어는 생생한 입소문 효과를 가능하게 했고 오늘날 팬들은 기술적으로 스포츠와 서로 소통할 수 있는 전례 없는 기회를 누리게 되었다. 가장 우선되는 경로는 인터넷, 채팅 프로그램, 블로그, 모임 등을 통해 급속하게 스포츠 경험을 퍼뜨리는 각종 메시지들이다. 사람들 간의 실제 의사소통이 아니고 그 내용이 여전히 상대적으로 여과되지 않은 경향이 있긴 하지만, 이러한 경로는 민주적 참여를 허용하고 스포츠와 팬 간의 관계를 더욱 돈독하게 만든다. 프로모터들은 이른바 게릴라 마케팅이라는 전략을 활용하기도 하는데, 이는 전문가들의 추천평이 인터넷을 통해 퍼지도록 하여 브랜드에 대한 커뮤니케이션이 활발히 이뤄지도록 유도하는 기법이다.

또한 이에 대한 응용 형태로 바이러스 마케팅은 팬들이 자신의 사회적 네트워크 전반에 걸쳐 해당 스포츠 제품에 대한 정보를 보내도록 자극함으로써 입소문이 퍼지게 만드는 것이다. 이상의 전략들은 윤리적인 문제들을 야기하기는 하지만 핵심은 입소문이 팬 저변 형성에 얼마나 중요한 역할을 하는지 그리고 어떻게 인터넷이 그러한 개념을 발전시켜 왔는지를 이해하는 데 있다.

멘토링

　사람들이 스포츠를 접하는 또 다른 경로는 멘토링이다. 특히 멘토가 누군가를 스포츠에 꾸준히 흥미를 갖도록 하는 일에 관심을 가지고 있다면, 스포츠와의 관계 형성은 매우 힘을 얻을 수 있다. 이때 멘토는 아들이 미식축구를 경험하기 원하는 아버지가 될 수도 있고, 테니스 코트에서 시간을 보내며 딸이 테니스 여름 캠프 참여에 흥미를 갖도록 자극하는 부모가 될 수도 있다. 여학생들이 농구에 참여하도록 동기를 부여하고 나아가 전문적인 기술을 습득하도록 돕는 체육교사도 멘토가 될 수도 있다.

　입소문 효과에서의 변화처럼, 멘토의 형태도 훨씬 더 세련되고 복잡해지고 있다. 동네 아이들의 놀이와 비공식적인 훈육은 체계적이고 목표시장이 뚜렷한 스포츠 캠프로 대체되고 있다. 오늘날 미국은 재능 있는 어린 아이들을 발굴하여 코치에게 연결시켜, 최종적으로는 대학과 프로스포츠 세계로까지 입문하게 만드는 선수 양성 중심의 캠프들이 많다.

　멘토를 매개로 한 연결고리들은 상황에 따라 그 형태가 다양하며 때로는 멘토와 학생이라는 일대일의 관계에 기반하고, 강한 정서적인 교감이 작용하기 때문에, 오늘날 스포츠가 이를 관리하기란 매우 복잡할 것이다. 그러나 이러한 멘토의 관계들은 관찰하거나 정량화하기가 힘들기 때문에 그만큼 스포츠팬들에게 접근하기 위한 가장 중요한 연결 경로 중 하나다.

　멘토링을 통한 교육은 다양한 형태로 구현된다. '파이브 스타 농구 캠프'처럼 스타선수가 직접 5학년 학급에 방문하여 노력의 가치와 훈련에 대해 들려 주는 세미나 형식의 이벤트가 될 수도 있고 또는 TV나 스포츠 영화를 통해 전달되는 형식일 수도 있다. 영화「리멤버 타이탄 *Remember the Titans*」에서 덴젤 워싱턴은 미식축구 코치 허먼 분으로 등장했다. 그는 공존 가치의 결핍으로 각기 분리된 지역 사회에 스포츠라는 매개를 통해 함께 살아가는 것이 어떤 의미가 있는지를 담은 메시지를 전달하는 스포츠 지도자 역할을 열연했다. 그의 언어, 행동, 가치들이 접근하기 힘든 지역의 청소년들에게까지 영향을 미치게 된다는 줄거리다.

스포츠 프로모션과 마케팅 초창기의 커뮤니케이션 경로들은 직선적인 인과관계로 다소 수동적으로 표현되었다. 예를 들어, 초창기 커뮤니케이션 경로는 멘토링에 의한 관계가 입소문 효과를 이끌고 이러한 입소문 효과는 TV 시청을 촉진시키며 최종적으로 스포츠 참여나 다른 변수들에 영향을 미칠 것이라는 직선모델에 근거하고 있다. 커뮤니케이션의 경로는 독립적이었으며 서로 영향을 미치는 관계가 명확하게 드러나기 전까지는 그다지 중요하지 않았다.

하지만 오늘날 커뮤니케이션 환경에서는 이러한 스포츠 입문 경로들은 다차원적이 되고 있다. 예를 들어, 물리적인 거리로 보면 팬들로부터 가장 멀리 떨어져 있는 것 같은 미디어가 실제로는 친근한 채널이 되고 있는 것이다. 이것이 의사결정자들에게 의미하는 바는 팬들과의 연결고리들을 관리하는 일이 점점 더 복잡해지고 있다는 것이다. 어떻게 팬들이 실제로 그러한 채널과 상호작용하는지에 대한 보다 깊은 이해를 요구하고 있음을 시사한다. 오늘날의 복합 다차원적인 성향과 과거의 직선적 회귀모델 간의 결정적인 차이는 이상에서 설명된 5가지 스포츠 입문 경로들이 과거처럼 더 이상 독립적인 것이 아니라 통합되고 있다는 점이다.

오늘날 대부분의 스포츠 제품들은 제품과 팬들 사이의 상호작용을 다중적이며 동시에 발생하는 경로로 통합하고 있다.

펩시콜라와 히트앤런 어린이 이벤트

펩시콜라와 메이저 리그 야구는 7~14세의 어린이들을 대상으로 매년 펩시 피치·히트앤런 대회를 개최하기로 파트너십을 맺었다. 이 대회는 스트라이크를 던지고, '정확하게 멀리 치는 타격'과 빠르게 '주루 플레이'를 하는 아이들의 개개인 능력을 테스트하는 대회. 나이별로 4개의 그룹(7~8, 9~10, 11~12, 13~14)으로 나뉘고, 대회는 지역 클럽에서 시작되어 부분별 토너먼트를 걸쳐 메이저 리그 올스타 경기에 앞서 최종 결승전이 열린다.

2005년에만 전국적으로 56만 4,000명의 어린이들이 3,800개의 토너먼트에서 경쟁했다. 이 대회는 스포츠 단체들과 스폰서들이 어떻게 목표시장에 접근하고 팬들과의 커넥션을 형성하는지 보여 주는 좋은 사례. 목표시장을 겨냥하여 앞서 제시된 5가지 연결 경로들을 하나의 복합적인 다중경험 형태로 통합시키고 있다.

직접적인 운동 참여

이 이벤트는 야구를 즐기는 어린이들에 기반하고 있다. 참가 어린이들이 자신의 기술을 다듬고 경기에 재미를 느끼며, 야구의 룰과 스포츠의 제반 중요한 가치들에 친숙해지도록 격려하고 있다. 아울러 대회가 9이닝은 아니지만 어린이들의 흥미를 유지시켜 주는 짧지만 폭발력 있는 이벤트라는 장점과 야구를 흥미롭고 도전적인 스포츠로 포지셔닝하는 전략적 효과도 지닌다.

스포츠 현장 경험

피치·히트앤런 대회에서 경쟁하는 어린이들이 얻을 수 있는 인센티브 중 하나는 프로선수들이 뛰는 바로 그 야구장에서 뛸 수 있다는 것이다. 참가자들은 상위 라운드로 진출할수록 해당 지역의 프로 구장에서 열리는 대회에 참가하게 되며 결승전까지 진출하게 되면 올스타 경기가 열리는 프로 구장에서 뛸 기회가 주어진다. 이러한 스포츠 현장 경험은 어린 참가자들을 자신이 좋아하는 선수들과 연결시켜 주고 이벤트에 대한 추억을 만들어 줄 것이다. 2005년 대회의 한 참가자는 "스탠드를 가득 채운 사람들과, 커다란 점수판, 모든 것이 매우 좋았다. 우리를 위해 이런 기회를 마련해 준 펩시 덕분에 우리는 여기까지 왔고 소중한 추억을 만들 수 있었다."고 말했다.

미디어

상당한 정도는 아니지만 피치·히트앤런 참가자들은 자신들이 실제 프로야구선수들과 비슷한 방식으로 미디어에 노출되는 경험을 하게 된다. 메이저 리그 야구 웹사이트의 키즈 클럽은 히트앤런에 특별 섹션을 만들어서 승리한 참가자들의 명단과 사진을 전시하기도 한다. 실제로 올스타 게임 중간에 어린이 참가자들을 소개하고 부문별 우승자들에게 상패를 전달하는 프로그램들이 마련된다. 현장 경험에 이어 미디어에 노출되는 인센티브가 주어져 이 어린이들을 자신들만의 스포츠 세계에서 스타로 만들어 준다.

입소문 효과

대회에서의 경쟁은 참가자가 살고 있는 지역사회에서 입소문 효과를 불러일으킨다. 한 어린이의 토너먼트 진출 소식은 학교, 지역사회의 여러 집단, 레크리에이션 야구 리그, 친구와 가족들 사이에 퍼지는 잠재력을 지니고 있다. 열 살짜리 꼬마가 국내 챔피언전에 진출하게 되면, 지역사회는 그의 눈부신 성과를 지원할 것이며, 메이저 리그와 펩시도 그 아이의 성과 덕분에 해당 지역사회의 전반에 걸쳐 노출되는 효과를 얻을 수 있다.

멘토링

MLB와 펩시는 봄철 훈련 기간 동안 참가자들에게 선수, 코치들과 함께할 수 있는 특별 야구 기술캠프를 운영한다. 디트로이트 타이거즈의 스프링 캠프에서는 이반 로드리게즈와 드미트리 영과 같은 스타선수들과 전직 매니저 앨런 트라멜과 다른 선수, 코치들과 함께 피치ㆍ히트앤런 참가자들을 위해 기술 캠프를 운영하기도 했다. 특별 훈련 기간은 어린이들과의 개별화된 상호작용 기회를 만들어 주며 추억이 될 만한 특별한 경험의 가능성을 높여 준다.

피치ㆍ히트앤런 토너먼트는 이상의 5가지 중요한 연결 경로들을 강조하도록 구성되었다. 이 대회의 사례는 어린 참가자들이 경기장에 가고, 이를 친구에게 말하고, TV를 보고 멘토로부터 코치를 받는 것으로 설명될 수 있는 스포츠와 팬 간의 관계 형성의 직선적인 회귀모델이 적용되지 않는다. 그 대신, 이 이벤트 프로그램은 MLB가 참가자들에게 제공하는 선수, 팀, 구장 시설에 대한 접근성과 이상의 5가지 각각의 스포츠 입문 경로들이 하나의 종합적인 형태로 연결된 네트워크에 기반하고 있다. 결과적으로, 피치ㆍ히트앤런 프로그램은 어린이들이 그들의 제품(MLB와 펩시)을 잊을 수 없도록 특별한 경험을 제공한다.

● 팬들의 의사결정 과정

스포츠와 팬들의 관계를 적극적인 참가의 형태로 전환시키기 위해서는 반드시 팬들의 의사결정 과정을 이해해야 한다. 몇몇 스포츠팬들은 시간 단위로 스포츠 의사결정을 하기도 하며 어떤 사람들은 일주일, 한 달 또는 일 년 단위로 결정한다. 아침에 스포츠센터 프로그램을 볼 것인가, 밤에는 TV로 경기를 시청할 것인가 아니면 직접 경기장에 갈 것인가에 관한 결정, 판타지스포츠팀의 라인업 구성에 변화를 줄 것인가, 스프링 캠프에 참가할 것인가, 가족용 하키 장비를 구입할 것인가, 4년마다 열리는 월드컵을 보러 갈 것인가 말 것인가에 대한 결정 등 오늘날 스포츠팬들은 매우 다양한 수준의 의사결정 과정에 놓여 있으며 이러한 결정은 당연히 스포츠산업에 영향을 미친다.

다른 많은 산업들처럼 스포츠산업에서도 최소 단위의 몇몇 결정들이 영향력을 지닌다. 예를 들어, 38세의 한 여성이 어느 날 저녁 TV 채널을 이리저리 돌리다가 우연히 프로볼링 토너먼트에 시선이 머물렀다고 하자. 그녀는 두 아들과 볼링을 소재로 한 「킹핀 *Kingpin*」이라는 영화를 대여했고(가족), 마침 친구 중 한 명이 리그에 소속되어 있었고(사회적 교류), 너무 떠들썩하지 않은 스포츠를 좋아했기 때문에(유토피아) 프로볼링 토너먼트를 보기로 결정했다.

이 볼링 토너먼트는 그녀의 관심을 끄는 데 성공하여, 그녀는 경기 중인 볼링 선수 한 명을 응원하기 시작했고(스타), 볼링에 대해 조금 알게 되었고, 다음에 다시 보기로 했다. 이후 몇 개의 경기를 더 본 후 친구가 다니는 지역 동호인 모임에 참여하고 볼링볼, 신발, 볼링 의류 등을 구매했다. 그리고 프로볼링협회가 주관하는 토너먼트가 그녀의 거주지에서 열리자 토너먼트를 보러 갔다.

우연히 본 TV 프로그램이 여러 가지 연결고리들을 제공했으며 결코 볼링팬이 될 수 없었던 그녀를 구매력을 지닌 참가자로 변화시켰다. 이처럼 매일같이 수천 번의 '스포츠 전환'이 발생한다. 어떤 전환은 우연히 발생하고 어떤 것은 계획적으로 이뤄진다.

스포츠 제품들은 항상 어느 곳에서나 전시되고 있으며, 노출의 순간순간들은 중요하다. 경쟁 시대에서, 매순간 전해지는 인상은 구매자에게 영향을 미치는 잠재력이 된다. 이처럼 새로운 의사결정 환경으로 인해, 문제는 언제 의사결정이 이뤄지며 어떻게 이뤄지느냐에 달려 있다.

의사결정 과정

스포츠 구매 과정은 누군가가 문제와 필요성을 인식하거나 우연한 기회가 주어졌을 때 시작된다. 지금 팬들은 판타지스포츠 리그 중 어떤 리그를 선택해야 할지 고민하고 있을 수도 있고 다양한 미식축구 시즌 입장권 중 어느 하나를 고르고 있을 수도 있다. 또는 여행을 할 건지 아니면 스페인에서 열리는 육상경기를 볼 것인지를 결정하고 있을 수도 있다. 그러나 문제와 필요를 느끼고 기회를 포착한 팬이 반드시 구매결정을 할 필요는 없다.

따라서 다음과 같은 7가지의 구매자 역할들은 서로 바뀔 수도 있고, 한 가지 또는 여러 역할들을 동시에 수행할 수도 있다.

- **첫 제안자**

  첫 제안자는 문제와 필요 그리고 기회를 감지하고 스포츠 활동에 관한 아이디어를 제안할 정보를 가지고 있다.

  "야구 경기 보러 가는 게 재미있지 않을까? 오늘 화요일 경기는 입장료가 절반이라는데……."

- **영향력자**

  영향자는 좀 더 많은 정보를 찾고 스포츠 활동에 관한 첫 제안자의 아이디어에 가치를 부여해 준다.

  "전에 야구 보러 경기장에 갔었는데, 정말 재미있어."

- **의사결정자**

  의사결정자는 대안들을 평가하고 결정하는 격을 갖춘 권위를 지닌다.

  "화요일 밤? 절반 가격? 그럼, 가자!"

- **승인자**

  승인자는 결정을 승인하거나 바꾸는 사람이다.

  "우리 주머니 사정을 감안하면 좋은 생각인데!"

- **실구매자**

  실구매자는 최종 결정을 하고 구매해야 한다.

  "나는 신용카드로 티켓을 구입할 거야!"

- **이용자**

  이용자는 구매의 목적이 되는 사람이다. 가족, 고객, 친구, 또는 직장 동료가 될 수 있다.

  "티켓 고마워!"

- **평가자**

  평가자는 경험의 질에 대해 돌아보고 만족 또는 불만족 수준에 따라 차후 행동을 결정한다.

  "난 매우 재미있었어. 다음에 또 보러 가자."

스포츠 의사결정자들은 어떤 사람들이 구매결정 과정에 관여하는지와 그들의 역할에 대해 고민할 필요가 있다. 나아가 구매결정 행동의 패턴들을 조사함으로써 구매자들이 적용하는 기준은 무엇이고 누가 제안자이고 영향력자인지를 찾아내는 것이 중요하다. 다음에 소개될 농구 경기관람 의사결정에 관한 가상 사례는 7명의 구매자 역할 간의 상호관계 사이에 존재하는 미묘한 차이를 설명해 주고 있다.

파티에 갈까, 아니면 농구 경기를 보러 갈까?

지금 4명의 대학생들이 금요일 밤에 무엇을 할까를 놓고 고민 중이다. 그중 가능한 활동들에 대한 정보를 가지고 있는 사람은 2명이다. 첫 제안자인 피터는 공짜 술, 음식, 여학생들이 있고, 자신들의 아파트에서 걸어서 갈 수 있는 캠퍼스 주변의 파티에 가는 것이 어떠냐고 제안한다. 두 번째 제안자인 앤디는 전국 최고의 유망주 중 한 명이 출전하는 지역 고교 농구 경기를 보러 가자고 제안한다. 농구 경기는 운전을 해야 하고 입장료 5달러, 가는 길에 먹을 간식비가 들고 여학생들과의 만남이 제한된다.

세 번째 멤버인 데이브는 영향력자 중 한 명이다. 그는 이미 TV에서 금요일에 출전할 고교 유망주의 플레이를 보았고, 인터넷에서 그에 관한 스카우트 기사들을 읽었다. 그는 그 유망주의 플레이 능력과 '멋진 덩크'를 강조하고 친구들에게 그가 앞으로 스타가 될 것이라는 사실을 알려 준다. 아울러 '경기당 30득점, 13리바운드, 8어시스트, 5스틸, 3블록슛'이라는 기록을 인용하면서, 일생에 한 번뿐인 경험이 될 수 있을 것이라는 코멘트도 잊지 않는다. 네 번째 친구인 앨런은 피터와 데이브에게 그들의 여자친구들이 그 파티에 올 것이라는 사실을 상기시켜 주는 또 다른 영향력자다.

하지만 오늘밤 의사결정자는 피터다. 왜냐하면 지난 금요일 이 4명의 친구들은 영화를 보러 갔는데, 이때 피터는 영화를 보고 싶어 하지 않았지만 양보하여 함께 영화를 보았기 때문이다. 피터는 당시 다음번에는 내가 하고 싶은 것을 할 수 있을 거라는 기대를 가지고 마지못해 따라갔던 것이다. 현재 피터는 두 영향력자들의 견해를 저울질하고 있다. 그리고 늘 있는 캠퍼스 인근 파티에서 여자친구와 저녁시간을 보내는 것보다는 머지않아 유명한 프로 선수가 될 고교 유망주의 플레이를 볼 기회에 더욱 흥미를 느꼈다.

그러나 의사결정자인 피터의 역할은 나머지 3명 모두가 경기를 보러 갈 것인가를 보증하지는 못했다. 승인자들이 경기 관람을 수락해야만 했던 것이다. 이날 밤 승인자는 앤디와 앨런이었다. 이 아이디어를 처음 제안한 앤디는 이 제안을 전적으로 받아들였다. 그러나 친구들에게 여자친구들이 파티에 온다고 설득했던 앨런은 파티에 가는 것이 더 끌렸다. 그러나 앨런은 자신의 의견이 소수 의견임을 눈치채고, 농구를 보러 가는 대신 경기장에서 자기가 좋아하는 멕시칸 패스트푸드를 꼭 먹어야 한다는 점을 강조했다.

드디어 농구 경기를 보기로 결정하자 데이브와 앤디는 친구들에게 "우리는 돈이 하나도 없는데."라고 말했다. 따라서 실구매자는 피터와 앨런이 되었다. 다행히도 피터와 앨런은 데이브와 앤디의 저녁식사, 경기 입장료, 자동차 기름값을 지불할 만한 돈이 있었던 것이다. 그들은 마침내 차에 올랐고 이날 밤 고교농구 경기 이용자가 되었다.

그러나 농구장에 도착했을 때 예상치 않게 주차료로 10달러나 지불해야 했다. 주차 안내원은 불친절했고 돈을 받고 차를 몰아넣는 것에만 몰두했다. 또한 입장권을 구입하려는 긴 행렬 때문에, 경기장에 들어가는 데만 35분이나 걸렸다. 결국 전반전이 절반쯤 지난 게임 중간에 입장하게 되었고, 자리가 없어서 맨 위층 뒷줄에 서서 봐야 했다. 하프타임 때 피터와 앨런(돈을 가지고 있는 실구매자)은 근사한 교내 카페테리아를 상상하며 구내 매점으로 향했다. 하지만 음료수는 김이 빠져 있었고, 나초 치즈는 차갑게 식어 있었으며, 핫도그 빵은 눅눅했다. 그러나 경기장에서의 불쾌한 경험에도 불구하고, 고교 스타선수의 플레이는 기대 이상이었다. 가끔 무분별한 슛으로 코치와 갈등 장면을 연출하기도 했지만, 35득점, 9리바운드, 12어시스트, 1스틸, 1블록슛으로 화려한 플레이를 보여 주었고, 링이 흔들리는 시원한 덩크로 관중들을 즐겁게 했다.

평가자들의 경기 후 반응은 다양했다. 피터는 불친절한 주차 안내원과 경기 내내 서 있어야 했던 것은 짜증이 났지만 게임은 재미있었다고 생각했다. 앤디는 경기장에서 어떤 문제도 발견하지 못했다. 그는 볼 만한 경기는 늘 그런 불편이 있기 마련이라고 생각했고 경기 내용에 만족했다. 좀 더 뛰어난 수비를 기대하고 11차례나 볼을 빼앗겼던 것에 실망했던 데이브는 경기장에는 만족했지만 경기 내용이나 선수들에 대해서는 강한 인상을 받지 못했다. 원래 파티에 가고 싶었던 앨런의 평가는 차가웠다. 멕시칸 음식 전문가인 앨런은 구내 매점의 나초 치즈가 형편없다고 생각했다.

이상의 스포츠 의사결정 상황에서 구매자들의 역할은 유동적이었다. 상황과 욕구가 변함에 따라, 다른 구매자들이 발생했고 일정 정도 책임을 지게 되었다. 게다가 이 4명의 친구들은 게임에 대한 기대도 제각기 달랐고 이러한 기대의 차이는 그들의 구매 행동과 경기 후 느낌에 영향을 미쳤다. 여기서 이해해야 할 중요한 점은 구매결정 모델은 최종 결정에 영향을 미치는 정황과 상호작용을 고려하여 검토되어야 한다는 데 있다. 새 차를 구입한다든지 또는 슈퍼볼을 보러 가는 것과 같은 보다 중요한 의사결정을 요구하는 상황에서의 구매자 역할은 전형적인 농구나 육상 경기 관람과 관련된 일반적인 의사결정 과정에서보다 더욱 명확하게 그 역할이 고정되는 경향이 있다.

팬 의사결정 요인

오늘날 팬들이 하루 단위로 할 수 있는 스포츠 의사결정들은 수없이 많다. 이번 장에서 우리는 스포츠 이벤트 참여, TV 시청, 라디오 청취, 비디오게임, 판타지스포츠 등 스포츠 제품의 직접적인 수입과 스포츠 조직들이 팬들에게 제공하는 여타 제품이 수익에 영향을 미치는 의사결정 요인을 조명하고자 한다. 각각의 소비활동에서, 팬들은 의사결정을 하기 전에 스포츠 제품과 그것의 특성이 지닌 수많은 독특한 요인들을 고려한다.

분야별 팬 의사결정 요인

스포츠 의사결정자들은 다양한 의사결정 과정을 평가할 수 있는 FDF 도구를 사용할 수 있다. 각각의 결정 요인들은 스포츠 조직과 스포츠 종류에 따라 다양할 것이다. 다음 내용들은 각기 다른 스포츠 제품 영역에서 팬들의 의사결정을 평가하는 데 관련되는 핵심 요인들이다.

TV	비디오게임
화질	화질
카메라 각도	선수 특징
아나운서	그래픽
그래픽	뮤직
경기 통계자료	경기 통계자료
분석	현실감
사운드	사운드

유니폼	판타지스포츠
색상	정보
선수	이메일 업데이트
재질	리그 환경
브랜드	웹사이트 디자인
숫자	이용자 친밀성
역사적 배경	경제성

FDF^{Fan Decision Factor}란 어떻게 팬들이 스포츠를 선택하게 되는지를 보여 주는 효과적인 평가 도구로서, 스포츠 소비 의사결정시 어떠한 요인들이 팬들에게 영향을 미치는지를 이해하는 데 그 목적이 있다. FDF는 또한 스포츠 조직들이 팬 커넥션을 위한 그들의 목표를 결정하고 과정들을 평가하는 데 도움을 주는 진단 및 평가 도구다.

의사결정에 영향을 미치는 요인들이 어떻게 검토될 수 있는지를 알아보기 위해, 전년도 대비 5% 관중 증가를 기대하는 팀이 있다고 가정해 보자. 이 팀이 우선적으로 해야 될 일은 팬들이 게임 참여를 결정하는 데 있어서 고려하는 주요 요인들이 무엇인지 확인하는 것이다. 스포츠팀은 경험, 직관, 설문조사, 피드백, 그리고 팬 유입에 관한 합리적인 근사치를 제공해 줄 수 있는 데이터들을 토대로 이러한 요인들을 결정할 수 있을 것이다. [표 3-1]처럼 주차, 경제력, 음식, 좌석, 경기력, 가족 등이 스포츠 의사결정의 요인으로 분류될 수 있다.

스포츠 조직들은 이상의 요인들을 확인한 후, 팬들의 게임 참여결정에 영향을 미치는 중요도에 따라 각각의 요인들에 포인트를 부여할 수 있다. 중요도 포인트의 백분율은 스포츠 조직의 판단에 따라 다양하며, 팬들의 피드백과 기타 다른 데이터들에 의해 다시 조정될 수도 있다.

다음 [표 3-1]에 있는 중요도를 보자. 팬들의 경기 참여 결정에 있어서, 경제력과 경기력의 중요도가 각각 25%와 35%를 차지하고 있으며, 이에 비해 다른 요인들은 덜 중요하게 인식되고 있음을 알 수 있다.

다음 과제는 어떻게 팀들이 각 요인들을 잘 관리하느냐 하는 서비스 품질의 문제다. 팀이 가장 이상적으로 잘 관리하고 성취해 온 요인에 '1'이라는 점수를 준다고 가정하자. [표 3-1]을 보면 주차 요인

요인	중요도	서비스 품질	점수
주차	0.10	0.8	0.080
경제력	0.25	0.5	0.125
음식	0.05	0.9	0.045
좌석	0.15	0.8	0.120
경기력	0.35	0.6	0.210
시설	0.10	0.7	0.070
합계	1.00		0.650

| 표 3-1 | 팬 의사결정 요인 평가

은 0.8로 비교적 잘 관리되었음을 알 수 있다. 경제력 요인의 경우 0.5로 상당수 팬들이 게임 관람 비용을 비싸다고 느끼고 있으며, 이는 보다 많은 경기 관람을 유도하는 데 장애 요인으로 작용하고 있음을 암시한다. 반면 0.9를 받은 음식 분야는 우수한 평가를 받고 있음을 알 수 있다.

중요도와 서비스의 질을 곱하면 맨 오른쪽의 점수를 구할 수 있다. 표의 총점은 0.650까지 나왔다. 만약 각각의 요인들이 이상적인 수준이라면 그 총합 점수는 1.00이 될 것이다. 결론적으로 [표 3-1]은 해당 팀이 팬들의 경제력을 고려해 가격 요인을 개선함으로써 팬들에게 더욱 매력적인 팀이 될 수 있는 방안들을 모색할 수 있음을 보여 준다.

앞서 살펴보았듯이 이상의 평가 도구는 스포츠 구단들이 어떤 요인들을 향상시킬 때 팀의 매력도에 가장 큰 효과를 지니는지를 결정하는 데 도움을 준다. 예를 들어, 팀 성적을 0.6에서 0.9까지 끌어올리는 것이 음식 서비스의 질을 0.9에서 1.0까지 끌어올리는 것보다 팬들의 경기 참여에 훨씬 더 큰 효과를 지닐 것이다. 왜냐하면 음식 분야는 이미 팬들의 기대 수준을 웃돌고 있고 그 중요성도 낮기 때문이다.

총점이 높을수록 팀이 더욱 효과적으로 팬들을 매료시키고 있음을 의미한다. FDF를 통한 평가는 팀의 취약한 영역을 찾아내고, 경기장 참여를 늘리기 위해서 투자 영역을 발견할 수 있으므로 팀의 경영에 유용하다.

그러나 요인, 중요도, 상대적인 서비스의 질은 단지 FDF의 판단 근거에 불과하며, 정확하지 않거나 잘못된 평가일 수도 있다. 게다가 뛰어난 시설이나 유구한 역사적 배경을 지닌 팀은 시장에서 특별한 힘을 지니기 때문에 다른 특정 요인들의 약점을 극복할 수 있다. FDF는 팬의 의사결정에 중요하게 영향을 미치는 스포츠 자산들의 전체적인 그림을 보여 준다는 데 그 의의가 있다.

●팬 관여 사다리

팬들이 입장권과 스포츠 의류를 구매하도록 자극하거나 비시즌 이벤트에 참여하도록 자극하는 것은 모두 궁극적으로 스포츠 비즈니스의 유지를 위한 것이다. 오늘날 다채널 스포츠시장에서 열정적인 팬들이 줄어들기 시작하면서 스포츠 비즈니스의 과업은 중대한 도전에 직면해 있다. 과거보다는 많은 스포츠팬들이 존재하긴 하지만 대부분 특정 스포츠에 대한 충성도는 높지 않다.

결과적으로 오늘날 스포츠 의사 결정자들은 팬 충성도와 흥미를 지속적으로 강화하는 일이 가장 도전적인 과제 중 하나가 되었다. '팬 관여 사다리'는 팬들의 스포츠에 대한 흥미와 관심 정도를 단계적으로 보여 주며 스포츠 의사결정자들에게 팬들의 스포츠 흥미를 높일 수 있는 방법을 찾는 도구라고 할 수 있다.

사다리는 팬들의 흥미 범위를 보여 주는데 가장 극단적인 탐닉 집단은 사다리 가장 높은 곳에 있다. 반면, 스포츠에 가장 흥미가 없는 무관심 집단은 가장 아래에 위치한다. 맨 꼭대기와 바닥에 있는 두 집단이 스포츠 조직에게 중요하긴 하지만, 중간에 위치한 다섯 집단에 속한 팬들 또한 스포츠 의사결정자들의 큰 관심이 요구된다. 이 사다리는 팬들의 현재 모습을 보여 주는 완벽한 기대 모델이라기보다는 스포츠팬들의 세계와 그들의 흥미가 어떻게 조명되고 보상되는지를 보여 주는 스냅사진과 같다고 할 수 있다.

| 그림 3-1 | 팬 관여 사다리

탐닉 집단
내부 집단
상호작용 집단
수집가 집단
실구매 집단
관찰자 집단
무관심 집단

＊Rein, Kother, Hamlin, Stoller, *High Visibility*, 3rd ed. (New York : McGraw-Hill, 2006), P.95

탐닉 집단

탐닉 집단은 스포츠에 대한 흥미가 가장 높다. 자녀를 필 미켈슨의 자녀들과 어울리게 하는 데 관심을 두는 '내부 집단'과 대조적으로, 탐닉 집단은 자신들의 정체성을 특정 스포츠 자체에 더욱 결합시키려고 한다. 관계를 고려해 볼 때 탐닉집단은 전적으로 특정 스포츠 제품을 후원하는 충성스런 팬 저변이 될 수 있다. 열정적이고 완전히 몰입한 팬들만큼 스포츠에 열기를 불어넣는 것은 없다. 탐닉 집단은 스포츠 프로그램들이 자산으로 생각하면서도 가끔은 문젯거리로 인식하기도 하는 무조건적인 지지자들이다.

또한 자신의 정체성의 중심에 자신들이 지지하는 팀이나 선수가 자리 잡고 있다. 워싱턴 레드스킨스의 '호그스'와 오클랜드 레이더스의 '실버 앤 블랙'은 팀의 극성스러운 지지자로서 탐닉적인 팬들이라 할 수 있다. 이들의 욕구는 경기 분위기에 매우 중요한 역할을 하며 보다 산업화되고 있다. 대학농구에서 멤피스 대학은 '블루 크루'라 불리는 150여 명의 학생들을 지지자 명단에 올렸다. 블루 크루에 소속된 팬들은 농구 경기장 맨 앞줄에 앉아 응원하며 학교 구호를 목청껏 외친다. 이들은 특별 연습 경기에 참여할 수도 있고 원정 경기를 따라가거나 심지어 고교 선수 선발을 위한 경기에도 참여할 것이다.

종종 탐닉자들은 팀 정체성의 일부가 되고자 하고 팀에 영향을 미치는 동료의식을 자극하며, 이러한 과정에서 팬들을 끌어들이는 매력요인이 될 수도 있다. 탐닉 집단에 속한 많은 팬들은 할로윈 복장을 하거나 외모와 행동에서 대리경험 연결고리를 나타내면서 팀을 대표하는 색깔로 얼굴과 몸을 치장하기도 한다. 이들은 심리적으로 스포츠 이벤트와 얽혀 있다. 마치 자기 스스로를 선수, 팀 경영인, 구단주라고 생각하고 승리 또는 패배, 선수 트레이닝, 팀의 의사결정 과정을 지켜본다. 한편, 특히 농구에서, 이처럼 과도한 관심을 보이는 팬들은 저급한 언어와 행동으로 선수나 다른 팬들의 게임 분위기를 망칠 수 있는 가능성이 있다는 점에서 지속적인 관심이 필요하다. 따라서 스포츠 조직들은 열정과 부작용을 분리시키는 일에 주의를 기울여야 한다.

이와 비슷한 경우로, 특정 팀의 팬들은 그들이 지켜보는 경기 상황에 따라 다른 팀의 팬들에게 적대적으로 행동할 것이다. 흔히 축구에서는 이를 '훌리거니즘'이라고 하는데, 이러한 행동은 경기 결과에 따라 폭력과 부상을 불러온다. 탐닉적인 팬들 중 일부는 국가대표 축구팀 팬들일 것이다.

일례로, 콜롬비아 축구 국가대표였던 안드레스 에스코바는 1994년 월드컵 미국과의 경기에서 자살골을 넣은 며칠 후 살해되었다. 테니스 스타 스테피 그라프를 스토킹하던 한 남성은 모니카 셀레스가 세계 랭킹에서 그라프를 추월하지 못하도록 라이벌이었던 셀레스에게 흉기를 휘둘러 상처를 입혔다. 여자 테니스에서 셀레스의 178주 연속 랭킹 1위 기록을 깼던 마르티나 힝기스도 고향인 호주를 떠나 그녀에게 구애하고 로맨스를 추구했던 한 남성팬의 스토킹에 시달려야 했다. 1996년 영화 「더 팬 *The Fan*」에서, 웨슬리 스나입스는 탐닉적인 팬의 스토킹을 받는 샌프란시스코 자이언츠의 스타선수를 연기했다. 처음에는 스나입스는 로버트 드니로의 광신적인 지원에 동정을 느꼈지만 결국 그가 무언가에 광신적으로 사로잡혀 있고 위험할 정도로 집착하고 있다는 것을 알게 된다. 탐닉이라는 주제는 스포츠뿐만 아니라 팬들의 애착을 추구하는 모든 대중문화 이벤트에 적용될 수 있다.

내부 집단

관여 사다리의 두 번째 높은 계단은 스포츠 세계 내부 속으로 들어오고 때론 참여하는 내부 집단이다. 이는 팬 몰입 수준으로 보면 상위 계급으로 간주된다. 이들은 종종 코트 바로 앞자리 좌석을 구매하고 팀에 투자하기도 하며 대학스포츠에 돈을 기부하기도 한다.

그들의 스포츠에 대한 투자는 특별석, 팀 집행부와 선수들과의 개인적인 친분 형성, 특별 이벤트 초청 등으로 보상받기도 한다.

LA 레이커스의 경기는 가장 좋은 좌석을 구매하고 팀과의 친분에 가치를 두는 내부자 집단인 영화인이나 스타들로 북적거린다. 이러한 내부자 관계는 TV 시트콤 「열정을 억제해 *Curb Your Enthusiasm*」의 에피소드에서 풍자적으로 묘사되었다. 스타인 래리 데이비드가 샤킬 오닐이 벤치로 들어오는 사이 발을 걸어 넘어뜨렸고, 이로 인해 오닐은 며칠 동안 병원 신세를 지게 되었던 것이다. 이로 인해 팬들의 야유를 받은 래리는 사킬 오닐과의 친분을 과시하기 위해 문병을 가기도 했다.

또 다른 내부 집단은 스포츠산업에 종사하는 사람들이다. 스포츠 영역에서 경력을 쌓고자 하는 내부 집단에게 스포츠는 매우 매력적인 산업이다. TV와 마케팅 종사자, 언론인, 에이전트, 개인 트레이너, 스타일리스트 등이 이러한 내부자 집단으로 분류되며, 이들은 다른 팬들과는 다른 방식으로 스포츠에 접근한다.

상호작용 집단

다음 단계는 상호작용 집단이다. 이들은 팀이나 스포츠 영웅과 소통하기를 원하고, 서로 인사를 하거나 다른 형태의 눈에 보이는 상호작용 경험을 갖기를 희망하는 집단이다. 군중의 일부가 되거나, 단순한 경기 시청, 경기 참여, 사인볼을 구매하는 것으로는 만족하지 못하는 이들은 스타와 상호작용을 원한다. 이에 따라, 팀들은 비시즌 리그, 판타지 캠프, 커뮤니티 참여 캠페인, 전설적인 선수들과의 유람선 관광, 팬 미팅, 사인회 같은 이벤트들을 제공해 왔다. 하지만 신기술의 발달로 이러한 전략들의 중요성은 점차 퇴색하고 있다.

언제나 상호작용 연결고리의 중심에는 스타나 팀과 더욱 가까워지고픈 팬클럽들이 있다. 오늘날은 뉴미디어의 영향으로 팬클럽 참여를 위해 온라인 포럼을 개발함으로써, 그러한 팬클럽 전통을 재충전하고 있다. 일정 정도 팬들의 애착에 기반하고 있는 수많은 스포츠 웹사이트, 판타지스포츠, 비디오게임은 이러한 상호작용 경험들을 더욱 강화하고 있다.

스포츠 조직들은 이처럼 정서적인 유대를 추구하는 팬들은 온라인 채팅 프로그램, 블로그, 메시지 게시판을 통해 상대적으로 저렴한 가격으로 접근할 수 있음을 깨닫기 시작했다. 스포츠 의사결정자들에게 이상의 신기술을 매개로 한 연결 통로들은 상호작용 팬들의 저변을 확대할 수 있는 좋은 기회이며, 이전에는 생각하지 못했던 관계들을 만들어 준다. 뉴미디어는 과거에는 결코 생각할 수 없었던 욕망들을 불러일으키고 있다.

수집가 집단

수집가 집단은 스포츠팬 중 가장 수익성이 높으며 스포츠 제품을 구매하기 위해 기꺼이 돈을 지불한다. 10만 5,000여 명의 수집가들이 모인 내셔널 스포츠 수집가 협회의 사례에서 볼 수 있듯이 수집가 집단은 거대한 스포츠 기념품 시장을 형성하고 있다. 스포츠 기념품은 평범한 기념품이나 역사적인 순간을 기념하는 것에 이르기까지 거의 모든 상품을 선택하여 수집하는 것을 의미한다.

수집가들이 스포츠 기념품에 투자하는 데는 수많은 이유와 동기가 있다. 이러한 동기들은 자동차나 예술품 수집의 그것들과 유사한데, 이를테면, 가치 있는 것에 대한 도박 심리, 가족과 함께했던 기억이나 개인적인 추억, 또는 진귀품들을 자랑하고 싶은 욕구 등이 있을 것이다. 또 다른 차원은 그러한 수집 활동을 통해 비슷한 취향을 가진 팬들과 커뮤니케이션 세계를 형성한다는 것이다.

스포츠 수집가들을 위한 기념품 매장을 돌아보면 역사적인 유적지를 발굴한 고고학자의 심정을 느끼게 될 것이다. 개인적인 혹은 투자적인 욕구를 만족시킬 누군가를 기다리면서 스포츠의 모든 역사를 담고 있는 제품들이 정성스럽게 포장되어 전시된다. 예쁘게 컵에 포장된 사인볼, 다양한 트레이딩 카드와 사진, 스포츠 유니폼 상의와 같은 상품들을 매장에서 만날 수 있다. 시장을 이해하고 있는 수집가들은 엔터테인먼트 활동에 관여할 수 있을 뿐 아니라 수집활동으로 돈을 벌 수도 있다. 다음은 스포츠 기념품을 얻기 위한 경쟁과 그것의 수요를 보여 준다.

- 한 신발 수집가는 나이키 에어 조던 모델들을 사들이는 데 약 2만 3,000달러를 투자했다.
- 배리 본즈의 700회 홈런볼은 80만 4,129달러에 경매되었다.
- 래리 버드가 사인한 농구 유니폼 상의 한 벌은 202달러 50센트이며, 운송비는 19달러 75센트이다.
- 호너스 와그너의 1910년 베이스볼 카드는 이베이에서 110만 달러에 팔렸다.
- 베이브 루스가 1932년 월드시리즈에서 입었던 흙 묻은 유니폼은 94만 달러에 거래되었다.

실구매 집단

실구매 집단은 스포츠를 경험하기 위해 돈을 쓰는 사람들이다. 이들은 경기에 참여하며 크리켓 월드컵을 보기 위해 기꺼이 비행기를 타고 여행을 하기도 한다. 이들은 또한 매년 새로운 버전의 스포츠 비디오게임 프로그램이나 위성중계 시즌 패키지를 구매하기도 한다. 이들은 실제 스포츠 현장에 가는 것을 좋아하며 중요한 경기 입장권을 구하기 위해서는 길게 줄을 서는 것도 마다하지 않는다. 경기가 끝난 후 차로 북적이는 주차장에서 차분하게 기다리는 인내심도 있으며, 경기 후 근처 술집을 거쳐 가기도 한다. 따라서 실구매 집단은 가장 탐나는 스포츠팬 중 하나이며 결과적으로 스포츠산업은 이들 집단을 가장 소중하게 여긴다. 많은 경우에, 스포츠 구단은 수익과 확실한 지원을 올릴 수 있고 실구매자 집단은 팀의 따뜻한 관심과 일상으로부터의 해방감, 팬으로서의 만족감을 얻을 수 있다는 측면에서 스포츠와 실구매 집단은 사업상 이상적인 만남이다.

그밖에 실구매 집단은 현장에서 바로 이뤄지는 즉각적인 스포츠 소비 이상의 것들로 인해 가치를 인정받는다. 이들은 엔터테인먼트 소비 결정에도 적극적으로 돈을 쓸 것이기 때문이다. 예를 들어, 최신형 TV세트를 사들이는 등 스포츠 경기와 보다 가까워질 수 있는 각종 기술 제품들에 투자할 것이다. 나아가 주변 사람들도 함께 스포츠를 즐기도록 적극 초대한다. 실구매 집단의 이와 같은 헌신은 보상받을 것이다. 여기서 스포츠 의사결정자의 중요한 과제는 이들의 투자가 존중받고 있다는 사실을 보장하고 이들이 다른 스포츠나 엔터테인먼트로 방황하지 않도록 하는 것이다.

관찰자 집단

가장 많이 연구되어 온 대상으로서, 가장 많은 비율을 차지하는 스포츠 소비자 집단이지만 상대적으로 돈을 쓰는 데 인색한 팬들은 누구일까? 바로 관찰자 집단이다. 관찰자 집단은 마스터즈 골프의 마지막 라운드까지 지켜보기도 하고 「스포츠 일러스트레이티드」를 구독하기도 한다. 특히 관찰자 집단과 스포츠와의 관계는 대부분 미디어 스포츠 경험을 통해 이루어진다. 이들은 관찰자이며 실제 경기를 보기 위해 자신의 거실을 떠나는 일도 거의 없다. 하지만 아이러니하게도 이들은 스포츠시장에서 가장 수익성 있는 영역이다. 왜냐하면 이들은 미디어 중계를 시청해 주는 중요한 소비자로서, 미시적으로 연구되어야 할 대상이기 때문이다.

이들은 아주 가끔 경기장을 찾기도 하지만 대개는 TV로 스포츠를 시청하거나 휴대폰으로 하이라이트 프로그램을 받아 본다. 또한 광고 제품들을 구매할 수도 있고 그렇지 않을 수도 있지만 확실한 것은 스포츠 중계를 보기 위해 수백 시간을 투자하여 시청률을 올려 주며 이러한 방식으로 스포츠 활동들을 후원한다는 점이다. 따라서 TV 수익이 경기의 성공을 좌우하는 NFL에게 관찰자 집단은 매우 중요할 것이다. 그러나 대부분 스포츠의 관점에서 보면, 관찰자 집단에게 접근하여 이들을 실제 경기장으로 유도하고, 핫도그와 음료수를 사 먹을 수 있도록 유인하는 노력은 중요하며, 이러한 문제는 적극적으로 제기될 필요가 있을 것이다. 관찰자 집단은 지갑을 열지 않는 '슈퍼팬'이라고 할 수 있다.

무관심 집단

사실 스포츠에 그리 신경 쓰지 않는 사람들도 많다. 이들은 오페라, TV 드라마, 정원 가꾸는 일, 단순히 허공을 바라보는 것이 야구 시즌을 시청하는 것보다 낫다고 생각한다. 이처럼 스포츠에 무관심한 사람들도 어떤 식으로든 스포츠를 접하기는 하지만 만족을 얻지 못하며 심지어 불편하게 느끼기도 한다. 때로는 이들은 회사의 자판기 주변에서 동료들이 전날 경기를 분석하고 토론하며 이야기에 빠져 있는 동안에도 침묵으로 일관한다.

그러나 스포츠 의사결정자들이 이들을 희망이 없는 집단으로 인식하는 것은 생산적이지 못한 사고방식이다. 사실 이들조차도 스포츠 세계를 완전히 무시하기는 불가능하다. 모교의 대학미식축구팀의 점수가 갑자기 궁금해 신문을 뒤적이는 가정주부, 20세기 미국 레저 활동의 역사에 관심 있는 사람, 몸매 관리를 위해 체육관 트랙을 뛰는 대학생, 지역 고등학교 라크로스팀을 위해 샌드위치를 만들고 있는 식당 주인들도 모두 잠재적으로 스포츠 소비자라고 할 수 있다. 이들은 결코 스포츠팬으로 전환될 수 없을지 모르고, 스포츠에 관한 소비 패턴을 유지할 수 있는 방법이 없어 보일 수도 있다. 하지만 우리가 만약 그들의 무관심 이유나 원인을 발견한다면 이들 또한 헌신적인 팬이 될 가능성은 배제할 수 없다.

그밖에 레이더 바로 아래에서 명확하게 포착되지는 않지만, 여전히 스포츠 세계에 연결되어 있는 또 다른 무관심 집단이 있다. 어쩌면 이들은 보스턴 레스삭스의 월드시리즈 경기와 같은 역사적인 스포츠 이벤트에 참가하기 위해 입장권을 구매할 의사가 있거나 그들 지역사회의 학교들이 경쟁하는 것을 보기 위해 지역 고교축구팀의 내셔널 챔피언전에 갈 의사가 있는 특별한 경우의 팬들일 것이다. 혹은 럭비 스타 조지 그레건에 대한 어릴 적 동경으로 그가 뛰었던 호주의 랜드윅의 럭비 클럽팀에 관심을 갖기 시작할 수도 있다. 이들은 메이저스포츠의 슈퍼스타들을 싫어할지도 모른다.

하지만 역사적으로 메이저스포츠가 아니었던 로데오 같은 틈새 스포츠에 매료될 수도 있다. 이들은 스포츠에 어느 정도 흥미는 가지고 있지만, 이들의 스포츠와의 유대 관계는 강하지도 않고 지속적이지도 않으며 측정하기도 어렵다는 측면이 있다. 어떤 면에서 이들은 스포츠에 적대적이지 않고 단지 무관심할 뿐이다. 또한 이들은 사실 규모가 큰 집단이며 스포츠에 대해 충성심을 가져 본 적이 없기 때문에 오히려 잠재적으로 수익성이 높은 집단이기도 하다. 여기서 스포츠산업에게 실제적인 문제는 이처럼 스포츠 흥미도가 가장 낮은 '무관심 집단'을 유혹하기 위해서 관심을 기울여야 하느냐는 것이다.

프로모션 비용이 절대적으로 부족한 현실에서 스포츠를 좋아하는 사람들이 그들의 시간과 돈을 스포츠에 더욱 투자하도록 만드는 것이 더 바람직하지 않을까? 이러한 결정은 해당 스포츠산업이 어떤 사이클에 있는지에 따라 달라지며 무관심한 팬들을 스포츠팬으로 전환시켜야만 하는 절실한 상황적 요구가 존재하는지에 따라서도 달라진다.

관여 수준 끌어올리기

스포츠 의사결정자들의 과제는 팬들의 관여도를 높은 수준으로 끌어올리는 것이다. 스포츠산업의 주요 도전은 무관심 집단과 관찰자 집단을 실구매 집단 수준의 팬으로 양성하고 지속적으로 스포츠 관여 사다리의 높은 곳까지 올라가게 하는 데 있다. 실제로 그렇게 되기까지는 많은 어려움이 있지만 현재 새로운 관여도 전략들이 실행되고 있다.

- 판타지스포츠의 주요 매력은 베네딕트 수도승과 탈무드 학자들을 흉내 내는 유사 학풍quasi-scholarship에 있다. 판타지스포츠는 팬들이 스스로 대학과 프로선수들을 운영하도록 한다. 판타지스포츠는 팬들이 꼼꼼한 자료 분석을 통해 팀과 선수들의 상세한 정보들까지 이해하게 돕고 팬들로 하여금 팀과 선수들에 대해 더욱 많은 것들을 배울 수 있도록 자극한다. 국제적으로 판타지 크리켓, 럭비, 프리미어리그 축구는 대중적인 인기가 날로 상승

하고 있으며, 오늘날 판타지스포츠는 메이저프로 리그뿐만 아니라 배스 낚시와 로데오와 같은 니치스포츠에 이르기까지 다양한 형태로 발전하고 있다. 또한 판타지스포츠는 더 많은 스포츠 종목을 늘리고 있으며 이에 따라 참여자 수도 끊임없이 증가하고 그들의 관여 수준도 강화되고 있다.

- 스포츠스타들이 여러 산업영역을 넘나들며 활동하는 것은 무관심한 팬들에게 자연스럽게 다가가려는 전략이다. 에이전트와 매니저들은 특정 스포츠와 해당 스타선수들의 인지도를 형성하기 위해서 선수들에게 뉴미디어 채널에 출연할 것을 권장한다. 자서전을 출간하고 대영제국의 관료가 되기도 했던 럭비스타 조니 윌킨슨의 예와 나이키와 같은 스포츠 디자이너 패션분야와 언니 비너스와 리얼리티 TV쇼를 넘나들며 자신의 테니스 명성을 확장시켰던 세레나 윌리엄스의 예를 통해 이러한 교차 프로모션 전략들이 성공적이었음을 알 수 있다.

- 학교에서 독서와 여타 교육 프로그램도 스포츠스타와 팀들이 어린이 소비자들에게 노출될 수 있는 기회를 제공할 뿐만 아니라 아울러 교육과 학습에 대한 스포츠산업의 노력에 대해 좋은 이미지를 창출하는 효과도 지닌다. 학교 교육 프로그램들은 독서능력이 뛰어나거나 좋은 성적을 거둔 어린 학생들에게 무료 입장권을 제공하기도 한다. 결과적으로 학교시장에 접근하여 아이들을 교육시키고 학부모들에게 접근하며 잠재적으로 팬 저변을 형성하는 기회를 얻게 된다.

- 스포츠 참여 클리닉을 개발하는 것은 무관심한 팬과 관찰자 집단의 관심을 끌어내는 데 특히 효과적이다. 보통 이러한 클리닉은 스포츠가 지닌 미묘한 특징들을 설명해 주는 기초 수준의 세미나 형식인데 쇼핑몰, 지역사회 센터, 공원, 또는 팬들에게 편리한 공공장소 등에서 이뤄진다. 특히 NFL은 어린이, 여성, 비주류 계층들을 목표로 다양한 프로그램들을 제공해 온 이 분야의 개척자였다. 프리스비 단체인 얼티메이트플레이어협회는

여성 클리닉 운영 방법에 관한 지도서와 중고교 체육교사들을 위한 프리스비 커리큘럼 운영 방법을 설명하는 교육용 책자들을 제공하는 등 다양한 프로그램들을 마련하고 있다.

- 테크놀로지와 주식시장의 예측 가능성이 결합되면서 '프로트레이드'와 '트레이드 스포츠'와 같은 게임에서 선수와 이벤트가 거래 가능한 상품이 되었다. 프로트레이드는 이용자들이 선수들을 마치 주식처럼 거래하는 판타지스포츠의 변형물이다. 트레이드 스포츠는 스포츠 도박의 또 다른 버전으로 베팅을 한 사람들이 경기결과에 따라 미래를 사고 팔 수 있다. 이를 위해 경기 당일 10명의 스포츠팬들이 서로 다른 경기들을 중계하고 있는 6개의 TV와 동시에 선수 주식판매와 팀의 계약상황을 추적할 수 있는 무선 컴퓨터, 다음 경기를 예측하려는 세계 각국의 다른 거래인들과 즉석에서 주고받는 전화나 메시지를 확인하면서 중계를 볼 수도 있다. 트레이드 스포츠와 프로트레이드는 사회적 교류와 스포츠와 재정적 위험의 대리만족을 원하는 열정적인 탐닉 집단의 팬들과 단일 경기보다는 전체 리그나 큰 이벤트에 관심이 있는 팬들에게 어필하는 데 가장 적합하다. 이러한 스타일의 스포츠 제품은 팬 관여도의 다양한 차원들을 자극하기 때문에 다양한 관심 수준에 걸쳐 팬들을 끌어들이는 잠재력 또한 지닌다.

이상에서 제시된 스포츠 관심도를 높일 수 있는 제안들은 팬들의 관여수준을 끌어올리고 스포츠시장의 매력을 확대하는 데 그 목적이 있다. 역사적으로 리그와 선수들은 경기장 바깥의 영역에 참여하는 것을 꺼려 왔지만 시장 경쟁이 점차 치열해지고 스포츠가 보다 넓은 분야의 사업에서 이익을 추구함에 따라 이러한 벽들이 급속히 무너지고 있다. 경쟁 환경에서 스포츠 의사결정자들은 스포츠팬들이 '관여 사다리'를 높이 오를 수 있기를 기대하고 있다. 헌신적이고 높은 소비율을 보이는 팬들을 개발하는 일은 점차 힘들어지고 있으며, 팬들을 좀 더 높은 관여수준으로 꾸준히 올릴 수 있는 체계적이고 광범위한 프로그램을 요구하고 있다.

● 결론

기쁜 소식은 우리가 역사적으로 그 어느 때보다 스포츠팬들에 대해 잘 알 수 있게 되었다는 것이다. 현재 우리는 설문조사, 포커스 그룹, 정보수집 기관, TV와 인터넷을 통한 상호작용, 세련된 판매장치, 그리고 팬들의 습성과 스포츠 매체 소비행동을 추적할 수 있는 수많은 기술적 방법들을 가지고 있다. 이러한 조사 기술들은 이전 세대에서 상상했던 것보다 팬들에 대한 훨씬 더 많은 정보와 소비행동의 상세한 부분까지 제공해 왔다.

오늘날 우리는 팬과의 연결고리와 보다 정교해진 커뮤니케이션 경로에 기반을 두어 특정 목표집단을 위한 세분화 작업을 할 수 있게 되었다. 반면, 나쁜 소식은 이러한 모든 정보를 가지고도 날로 증가하고 있는 갈대 같은 스포츠 소비자들을 확실한 울타리에 붙들어 놓기 위해 고전 중이라는 사실이다.

사실 의사결정에 필요한 정보가 넘쳐 나고 있음에도 불구하고 대부분 스포츠의 팬 저변이 침식되고 있다. 본 장에서는 이처럼 어려운 스포츠 소비시장의 새로운 현실에 접근할 수 있는 실마리가 되는 팬 연결고리와 스포츠 입문 및 소통 경로, 의사결정 전략, 팬 관여수준들을 설명했다. 제4장에서는 지금까지 개별적으로 설명된 개념과 아이디어들을 조합하여 스포츠브랜드를 재창조하는 방법에 대해 살펴보도록 하자.

The Elusive Fan

Reinventing Sports in a crowded marketplace

제2부

스포츠팬 사로잡기

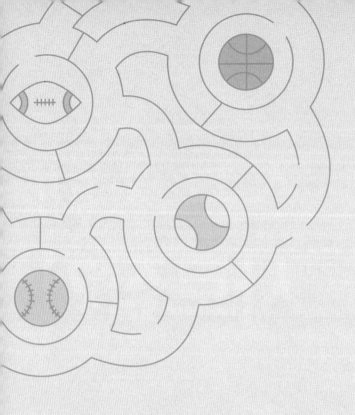

존과 샐리 부부가 이제 막 애틀랜타로 이사를 왔으며 애틀랜타 브레이브스의 경기를 보고 싶어 한다고 가정해 보자. 이들은 시즌 티켓 구매자가 아니며 애틀랜타 브레이브스로부터 특별한 혜택을 받을 수도 없다. 그래서 요즘 상승세인 뉴욕 양키스 대 애틀랜타 브레이브스의 7월 18일 싱글 게임 입장권을 구입했다. 두 사람은 특별 세일 가격으로 250달러를 지불하고 특별석 입장권 두 장과 애틀랜타 브레이브스 기념 배지, 사전 제작된 DVD(2주 전에 집으로 배달되며 두 팀 간의 과거 전적과 스타선수들을 소개한다), 가장 빠르고 교통체증이 없는 길을 안내해 주는 내비게이터, 편리한 자동차 출입이 보장되는 주차권 등을 받았다. 이밖에도 게임 당일에는 야구장에 도착하자마자 '오늘의 게스트'인 스카우트, 구단주 그리고 마케팅 디렉터와 점심을 먹게 되어 있었다. 물론 이것도 싱글 게임 입장권에 포함된 서비스였다. 그밖에 존과 샐리는 8월 말에 있을 샌프란시스코 자이언츠와의 경기 입장권과 구단 경영진과 함께하는 경기 후 파티 입장권까지 포함된 모든 서비스를 받기 위해 180달러를 추가 지불했다.

04 Reinventing The Sports Brand

스포츠브랜드의 재창조

다양한 입장권 서비스는 스포츠시장에서 이미 보편화된 전략으로 자리 잡았다. 물론 모든 스포츠팀들이 사전 제작된 DVD나 내비게이터 등을 제공하는 것은 아니지만 팬과의 관계를 심화시킨다는 장점 때문에 대부분 이러한 전략을 시도하려고 노력하는 중이다. 시카고 화이트삭스의 경우 '야구 판타지 체험 프로그램'을 통해 팬들에게 여러 가지 유료 서비스를 제공하고 있다. '4회 말이 끝난 후 트랙터를 몰며 경기장 내야 흙 다듬기', '감독 대신 심판에게 라인업 카드 전해 주기', '타격 연습 때 경기장에 들어오기'와 같은 150달러짜리 상품부터 구단주가 들러리로 초대되는 1만 달러짜리 '홈 플레이트 결혼식' 상품까지 다양하다.

사실 다음 시즌 때까지 화이트삭스 경기를 보러 오지 않을 수도 있는 한두 명의 팬들을 위해 이 모든 서비스를 준비한다는 건 무척

피곤한 일이다. 그러나 그만큼 새로운 팬들을 확보하려는 경쟁이 치열해진 오늘날 시장은 소비자들을 끌어들일 수 있는 차별화된 상품을 끊임없이 만들어 내고 있다. 그리고 이렇게 치열하고 복잡다단해진 엔터테인먼트시장에서 스포츠 상품이 팬들의 관심을 끌고 지속적인 관계를 유지하려면 강하게 인식될 수 있는 브랜드로 변해야 한다. 이번 장에서는 스포츠에서 브랜드 형성이 지닌 특성과 성공한 브랜드가 갖춰야 할 기본 요소, 즉 세분화segmentation, 관여도involvement, 윤리성ethos, 그리고 마지막으로 변화transformation에 관해 설명할 것이다.

그에 앞서 스포츠에서 브랜딩이 지닌 딜레마에 대해 살펴보자.

● 딜레마 : 성적과 흥행 사이

스포츠에는 다른 엔터테인먼트 활동에서는 찾아볼 수 없는 한 가지 딜레마가 있다. 스포츠의 목표는 게임에서 승리를 거두거나 짜릿하고 흥미진진한 경기를 보여 주는 것이다. 실제로 스포츠마케팅의 역사를 돌이켜 보면 이 두 요소 중 최소 하나를 갖출 때 최고의 마케팅 조건을 형성하게 된다. 스포츠 의사결정자들에게 왜 그들 팀이나 리그가 팬들의 관심을 받지 못하고 있는지에 대해 추궁한다면 여러 가지 변명 뒤에 "우리는 상대팀을 이겨야만 한다." 혹은 "우리에겐 팽팽한 경기가 필요하다."라고 답할 것이다.

하지만 요즘처럼 치열한 시장에서 이런 대답은 확실히 패배자들이나 하는 소리다. 물론 승리가 목표라는 식의 대답이 엄밀히 말해서 이치에 어긋나지는 않지만 성취하기는 쉽지 않다. 늘 승리를 거두고 항상 박진감 넘치는 경기를 펼치는 것은 현실적으로 불가능할 것이다. 그러나 스포츠 의사결정자들이 상품의 현 상태를 평가하고 재포 지셔닝 전략과 팬과의 관계형성에 효율적인 방안들을 모색하기 위해서 브랜딩의 원칙들을 활용하는 것은 가능하다. 예를 들어, 대부분의 스포츠 상품은 승리와 관련해 현재 위치를 진단해 보면 다음 조건 중 하나에 포함된다.

1. 승률이 매우 높은 상품
2. 어느 정도 경쟁력 있는 승률을 유지하는 상품
3. 팬 기반을 위협할 정도로 승률이 낮고 승리할 가능성도 거의 없는 상품

1번과 2번에 해당되는 스포츠 상품의 원동력은 지속적으로 승리를 거두는 강력한 경기능력이라고 할 수 있다. 여기에 해당되는 팀으로는 레알 마드리드, 뉴욕 양키스, USC(서던캘리포니아 대학교) 미식축구팀, 코네티컷 대학교 여자농구팀, 타이거 우즈, 미셸 콴, 요미우리 자이언츠, 버지니아의 오크 힐 고등학교 농구 아카데미, 뉴질랜드의 올 블랙스 정도가 있다. 하지만 이런 강력한 스포츠브랜드들도 우승에만 의존해서는 팬들과의 지속적이고 오랜 관계를 유지하기 힘들다.

예를 들어, 뉴욕 양키스는 1980년대부터 1990년대까지 15년 동안이나 월드시리즈에 진출하지 못했으며, 애틀랜타 브레이브스는 14년 동안 매년 지역 리그 시즌 타이틀을 거머쥐었지만 대중들의 관심을 끌지는 못했다. 팬과의 관계가 느슨한 원인은 새로운 스포츠에 친숙하지 않은 시장, 과잉 노출 또는 지나친 신비주의 마케팅, 팀의 선수나 경영진의 탐탁찮은 행동 그리고 침체된 지역 경제 등이 될 수 있다. 이러한 변수는 승률과는 상관없는 것들이지만 더 고민하고 쟁점화되어야 할 부분이다.

결국 중요한 점은 우승 전적과는 별도로 스포츠 상품 각각의 고유한 속성이나 특징을 브랜드화하는 것이다. 스포츠 상품의 특징을 높은 승률에만 국한시키지 않은 사례는 쉽게 찾을 수 있다. 예를 들어, 스탠퍼드 대학교의 스포츠팀들은 지성, 팀워크, 풍부한 자원을 상징하는 브랜드 이미지를 지니고 있으며 이는 승패와 상관없이 유지된다. 시카고 커브스도 마찬가지다. 이들은 과거에 대한 향수와 더불어 계속되는 패배를 오히려 브랜드화하는 데 성공했다. 실제로 이들은 야구의 역사와 향수를 만끽하고자 하는 수많은 충성스러운 팬들을 포도 넝쿨로 뒤덮인 오래된 시카고의 명소 리글리 구장으로 유혹하고 있다.

또한 프로미식축구팀인 덴버 브롱코스는 좋은 성적을 거두기까지 무려 14년의 시간이 걸렸지만 관중 동원에는 늘 성공했다. 이는 강한 '지역 연결고리'가 힘든 시즌을 견대 낼 수 있는 중요한 요인으로 작용했음을 시사한다. 그밖에 안나 쿠르니코바, 빈스 카터, 밥 웨커도 인상적인 승리 없이도 성공한 케이스다. 그들은 개성 있는 외모, 슬램덩크 그리고 기이한 인터뷰와 같은 다른 특성을 가지고 자신의 브랜드를 만드는 데 성공했다.

대학스포츠에서 농구 강팀들이 많이 속해 있는 애틀랜틱 코스트 컨퍼런스의 경우도 경기 결과의 불확실성과 긴장감 그리고 리그의 독특함을 기반으로 브랜드를 발전시켰다. 또한 나스카와 프로레슬링 같은 스포츠 조직들도 위험, 라이벌 의식, 적대감, 통제하기 힘든 싸움과 지저분한 플레이 등으로 자신을 브랜딩했고 결국 뜨거운 열기와 함께 경쟁심과 통제 불가능한 감정 폭발이 결합되면서 이에 반응하는 팬들을 확보할 수 있었다.

스포츠산업에서 승리와 패배는 피할 수 없는 운명과 같다. 승률이 높은 스포츠 상품들도 있고 가끔 지기도 하고 항상 성적은 바닥이지만 건강하고 튼튼한 팬 저변을 유지하고 있는 상품들도 있다. 결국 행운은 언젠가 찾아오고 시장은 변하기 마련이듯 승패 기록과는 상관없이 효과적인 브랜딩 전략을 수립하면 모든 스포츠 상품들이 다양한 성과와 이익을 거둘 수 있다.

모두의 승리 = 모두의 기회?

1937년 조지와 아이라 거슈인스George and Ira Gershwin's의 '모든 말들을 잊어버려요Let's call the whole thing off!'라는 곡이 히트를 기록했다. 포테이토, 파자마 같은 단어를 서로 다르게 발음하는 모습을 풍자적으로 묘사한 이 노래는 많은 사람들을 웃게 했고 자기도 모르게 흥얼거리게 만드는 중독성이 있었다. 왜냐하면 '포테이토'를 '포타토'로, 혹은 '토메이토'를 '토마토'로 발음하는 사소한 차이가 지역 감정을 조장하여 심각한 싸움의 원인이 되기도 한다는 사실을 익히 잘 알고 있기 때문이다.

스포츠에서 승리winning라는 단어는 포테이토처럼 잘못 발음되는 경우가 거의 없다. 그동안 승리라는 단어는 많은 스포츠 의사결정자들에게 가장 논쟁적인 용어이며 분열과 갈등의 씨앗이 되기도 했다.

시카고 베어스는 1958-1959 시즌에 두 개의 지역 리그로 구성된 NFL 리그에서 2위를 차지할 정도로 훌륭한 미식축구팀이었다. 그러나 그 시즌은 이들에게 큰 실망을 안겨 주었다. 왜냐하면 오직 지역리그 1위 팀만 NFL 챔피언전(오늘날의 슈퍼볼)에 출전했기 때문이었다. 요즘처럼 지역 리그끼리도 서로 왕래하는 체계라면 시카고 베어스도 플레이오프에 진출할 수 있었을 것이다. 그랬다면 당시 팬들도 베어스의 시즌이 성공적이었다고 말했을 것이다. 그러나 스포츠가 모든 경쟁자들에게 기회를 주며 포용하는 '포괄의 원칙'을 발견하기 전만 해도 팀이 컨퍼런스, 디비전 또는 리그에서 승리하지 못할 경우 이는 코치와 선수들에게 그 시즌은 실패로 끝난 것을 의미했고 이듬해 시즌 입장권 판매도 끝장났음을 뜻했다.

오늘날 시장에서는 팀이 간신히 5할의 승률만 유지해도 승자로 대접받는다. 오늘날 모든 지역별 리그들은 포스트 시즌 보상의 형태로 몇 번 진 팀들도 챔피언전에 진출할 수 있다. 결과적으로 디비전 I에 소속되어 있는 대학미식축구에서는 팀의 성적이 최소한 6승 6패이면 볼 게임^{bowl game}에 진출할 수 있는 자격이 주어지며 이는 팀에게 성공적인 시즌이었음을 의미한다.

심지어 몇몇 고교스포츠의 경우는 주 챔피언전^{state championship}에서 경쟁하는 팀들이 8개 정도에서 수백 개까지 늘어나기도 했고, 때론 주 소속 고등학교의 절반 이상이 해당되기도 한다. 이처럼 요즘은 승리에 대한 개념이 새롭게 정의됨으로써 심지어 초등학교와 중학교의 성적에도 영향을 미치고 있다. 요즘에는 초등학교와 중학교 스포츠에서도 모든 아이들이 트로피를 받으며 결국 패자가 존재하지 않기 때문이다.

우리는 이러한 현상에 대해 어떻게 생각해야 할까? 이것이 진정한 승리를 의미하는 걸까? 아니면 참가자들 모두에게 돌고 도는 기회라고 봐야 할까? 단기적인 관점으로 보면 이러한 전략은 팬들의 욕구를 만족시킬 수 있고 참가자들에게 성공에 대한 희망을 주입시킬 수 있다. 결국 스포츠 상품의 수익을 확대할 수 있다는 측면에서 승리에 대한 기대와 개념들이 재조정될 수 있음을 보여 주고 있다.

하지만 이러한 전략은 승리를 단순한 포상으로 전락시키고 스포츠 자체가 지닌 승리에 대한 고귀한 정신을 훼손시킬 수 있는 위험성을 지니고 있다. 또한 승리 개념의 확대는 결과적으로 스포츠의 잠재력과 힘을 약화시킬 수 있다는 주장과 승리라는 요인이 더 이상 팬 동원을 보장하지 못하는 현실에서 '모두가 승자'라는 지금의 확장 전략을 철회해야 할 시기가 다가오고 있다는 주장이 설득력을 지니게 되었다. 어떤 경우든 간에 스포츠 의사결정자들은 팬들을 끌어들이기 위해 승리보다는 매력적인 어떤 것들을 활용해야 할 필요가 있다. 심지어 매우 드문 승리마저도 매력적인 상품화의 요인이 될 수 있다.

● 스포츠와 브랜드

브랜드란 스포츠 상품을 구성하는 실체facts와 이미지images의 합성체다. 슬로건, 주제, 포지션, 상징, 상품의 특성 그리고 수많은 유·무형적인 속성으로 정의될 수 있다. 아울러 브랜드 아이덴티티란 우리가 어떤 브랜드를 생각했을 때 마음속에 바로 떠오르는 속성이라 할 수 있으며 브랜드는 소비자에게 경쟁 브랜드로부터 자신의 상품을 차별화시키는 데 도움이 된다.

브랜드라는 용어는 가축의 식별을 위해 귀나 머리에 주인의 불도장을 찍는 데서 유래되었다. 따라서 브랜드란 소유권이나 자산권을 의미한다. 이후 브랜드는 독특한 정체성과 속성을 나타내는 조직화된 원리로 이해되기 시작했다.

오늘날 브랜드는 그것이 지닌 이미지를 연상시킨다. 19세기 들어 사진 기술이 발전하면서 시간과 장소의 이미지가 우리의 눈에 포착될 수 있었고, 현실 세계를 시각적으로 재생산해 내는 일이 가능하게 되었다. 사람들은 더 이상 독특한 어떤 것을 이해하기 위해서 상상력이나 실제 경험에 의존할 필요가 없게 되었고 곧 사진은 대중을 설득하는 도구로 사용되기 시작됐다.

예를 들어, 1890년 뉴욕의 한 신문사의 기자였던 제이콥 리스는 『나머지 절반은 어떻게 살아가는가 *How the Other Half Lives*』라는 책에서 도시의 가장 궁핍한 지역의 현실을 보여 주는 사진을 통해 도시 빈민가에 대한 구호 조치 문제에 대한 이슈를 형성했다. 즉, 그는 자신의 주장을 뒷받침할 증거로 사진을 제출했고 그러한 과정에서 이미지를 설득의 수단으로 포지셔닝했다. 결과적으로 그가 공개한 사진들은 슬램 가의 상황을 모르거나 무시했던 대중들에게 현실을 알리고 해결책을 호소하는 역할을 했다.

이후 이미지는 사회운동가들의 전유물을 벗어나 엔터테인먼트 세계에까지 영향을 미치게 되었다. 20세기 초반에 가장 성공한 테마 파크인 코니 아일랜드는 이미지의 파워에 힘입어 무려 100만 명이 넘는 방문객을 끌어들였다. 이곳이 개장한 지 20년 정도 된 1920년에는 뉴욕의 빈민층을 위한 지하철이 없었고, 따라서 코니 아일랜드에 간다는 것은 보통 사람들에게는 불가능한 일이었다. 빈곤층 주민들은 사진 이미지를 통해서 판타지 랜드라고 불리는 코니 아일랜드의 롤러코스터, 바닷가, 박람회장 등을 즐겨야만 했다. 마침내 대중교통이 들어서면서 가난한 시민들도 코니 아일랜드를 방문할 수 있게 되었고 1920년대에 걸쳐 코니 아일랜드는 역사상 가장 바쁜 나날들을 보내게 되었다. 자유, 여가, 탈출의 이미지를 대표하는 이곳은 수많은 가족들이 여름 주말을 보내고 싶어 하는 명소로 자리 잡았다.

일단 기업들이 소비자들을 끌어들일 수 있는 이미지의 힘을 이해하기 시작하면 그 시장은 이미지로 넘치기 마련이다. 또한 회사는 계속해서 이미지를 활용할 것이며, 관심을 끌기 위해 심지어 서로 일관성 없이 서로 어울리지 않는 이미지를 이용할 수도 있다. 그러나 곧 몇몇 회사들은 일정한 힘을 지닌 메시지를 전달해 주는 일관성 있는 이미지를 결정하고 선택해야 한다는 사실을 깨닫게 되었다.

한 광고회사의 임원인 로저 리브스는 상품들은 회사의 메시지를 담고 있는 '독특한 판매 제안ª unique selling proposition'을 가지고 시장에 선보여야 한다고 역설한다. 이후 몇몇 사람들은 이러한 설득과 제안을 '포지셔닝', '가치 제안' 혹은 '브랜드 본질'이라고 불렀는데, 결국 브랜드는 이미지 조합 이상의 의미를 지녔고 모든 메시지를 한데 묶는 구심점이 되었다.

그밖에도 강한 브랜드는 소비자에게 이익과 성능을 보장한다. 예를 들어, 어떤 소비자가 돌Dole 주스 대신 델몬트Del-Monte 주스를 선택하면서 "나는 델몬트 주스의 질이 더 좋다고 생각하며 기꺼이 돈을 더 지불할 의향도 있다."고 말한다면 강력한 브랜드가 가지는 파워를 입증하는 사례가 될 수 있다. 또한 브랜드는 소비자에게 믿음, 모험, 신뢰, 또는 젊음과 같은 강한 이미지를 불어넣을 수도 있다. 소비자가 트로피카나 오렌지 주스와 같은 특정 브랜드에 친숙해지면 아침식사에 등장하는 트로피카나 오렌지 주스는 그 소비자에게 가족 구성원이나 다름없게 된다. 즉, 다른 브랜드의 주스는 안중에도 없게 되는 것이다.

사실 스포츠에서 브랜드라는 아이디어는 우연하게 형성되었다. 피츠버그 스틸러스는 거칠고 용감하며 상대를 힘들게 하는 팀이라는 이미지가 강하다. 그에 걸맞게 사우스 파크에 있는 그들의 연습 구장 또한 놀라울 정도로 원시적이다. 일부러 터프가이 유형의 선수들을 드래프트하기 위해서 노력했거나 그러한 선수들이 먼저 관심을 보였을지도 모른다. 하지만 피츠버그 스틸러스의 이미지가 마케팅 전략으로 형성된 것이라고 보기는 힘들다. 오히려 추운 북부 지역의 날씨에는 그러한 거친 경기 스타일이 더 효과적이었기 때문이었을 가능성이 높다.

또 다른 예로, 1930년대에 그들의 거친 경기 스타일 때문에 '가스하우스 갱'이라는 유명한 별명을 지니고 있었던 메이저 리그 야구팀인 세인트루이스 카디널스를 들 수 있다. 당시 카디널스 선수들은 경기 전에 모두 모여 서로 공을 던지며 몸을 풀고 번트 연습과 송구와 같은 반사 신경을 테스트하는 준비운동을 했다. 그리고 진짜 게임에서도 실제로 번트를 하고 도루를 해서 결국 팀을 승리로 이끌었다.

카디널스는 이처럼 치고 달리는 광속 같은 히트앤런 스타일로 전국의 팬들에게 강한 인상을 심어 주었다. 또한 이들은 머드캣이라는 재즈 밴드로도 유명했는데 경기 시작 전후에 선수대기실에 함께 모여 재즈를 연주했다. 머드캣은 3루수 페퍼 마틴을 주축으로 한 팀 선수들로 구성된 재즈 밴드였다.

지금 생각할 때 그러한 스타일은 브랜드화될 수 있는 최적의 조건이었지만 아쉽게도 당시에는 체계적인 브랜드로 발전시키지 못했다. 은퇴한 선수들의 자리를 같은 스타일의 선수들로 채우지 못했기 때문에 특성이 유지되지 못한 것이다. 사실 카디널스는 그들의 가스하우스 갱 스타일이라는 브랜드 잠재력을 팀이 보호하고 강화해야 할 자산으로 인식하지 못했다. 만약 그 스타일을 지속적으로 팀의 정체성으로 추구했다면 그 이미지와 비슷한 선수들을 선발하고 계약을 맺었을 것이다.

오늘날 많은 스포츠 조직들은 브랜드 개발과 관리의 중요성을 잘 알고 있다. 치열한 경쟁과 차별화의 요구가 그러한 현실을 인식하게 만든 것이다. 브랜드는 마케팅 메시지의 초점을 잠재 소비자들에게 맞출 수 있고 그들의 목표시장과도 장기적인 관계를 형성할 수 있다. 스포츠산업에서 승패에만 의존하지 않고 팬들에게 독특한 경험을 제공하는 브랜드로 변화할 수 있는 팀들은 시장에서 경쟁력을 유지할 수 있을 것이다. 아울러 이처럼 변화하는 스포츠 상품들은 영속성, 커넥션, 프리미엄이라는 3가지 장점을 극대화할 수 있게 된다.

- **성공적인 스포츠브랜드는 영속성을 만들어 준다**

  스포츠 상품들은 브랜드 형성을 통해 그들이 직면하는 단기적인 많은 과제들을 해결할 수 있다. 예를 들어, 스포츠팀이나 선수는 언제든지 연패의 늪에 빠질 가능성이 있으며 다른 팀에게 스타선수를 빼앗길 수도 있다. 또한 연승하는 시즌과 화려한 성적이 영원하리라는 보장도 없다. 하지만 이러한 상황에 직면하더라도 스포츠브랜드가 형성되어 있다면 팬들에게 보다 영속적인 커넥션을 제공할 수 있으며 팀은 흔들림 없이 운영될 수 있다.

- **성공적인 스포츠브랜드는 팬들과의 유대관계를 보장한다**

  스포츠브랜딩을 위해서는 팬들을 스포츠 상품에 연결시켜 주는 수많은 채널과 경로들을 개발해야 한다. 스포츠브랜딩은 보다 넓은 팬 저변에 유대관계를 형성할 수 있게 만들며 팬 관계 형성의 잠재력 또한 극대화한다. 수많은 채널과 경로는 브랜드가 다양한 주변 실체들과 관계를 형성케 하는 장점을 지니며 브랜딩 과정에도 탄력을 부여한다. 반대로 브랜드 개발을 통해 스포츠 상품을 팬들에게 유통시킬 수 있는 다양한 채널과 경로가 확보되기도 한다. 스포츠브랜드는 선수와 시설을 개별적인 것으로 인식하기보다는 모든 자산들을 조직화하고 미디어나 다른 채널들의 장점을 활용하여 팬들에게 통합된 형태의 자산을 제공해야 한다.

- **성공적인 스포츠브랜드는 프리미엄을 보장한다**

  프리미엄이란 팬들의 관심과 가격 측면에서 잘 정비된 브랜드가 경쟁 브랜드를 뛰어넘을 수 있는 차별성을 의미한다. 예를 들어, 형편이 어려워진 헤비급 챔피언 조 루이스가 아무리 약한 상대와 게임을 해도 프리미엄을 요구할 수 있다. 다음은 브랜드 프리미엄을 구축하는 데 도움을 주는 요인이다.

• **가시성**

시장에서 잘 알려진 브랜드는 더 많은 관심을 끌어내고 더 높은 가격을 형성할 수 있다. 즉, 시장에 잘 알려져 있고 브랜드화된 테니스 선수는 비슷한 기량을 가진 상대 선수보다 프리미엄을 받을 가능성이 높다.

• **영역**

브랜드 프리미엄은 유명도, 경쟁 수준, 그리고 특정 스포츠 영역의 흥미 정도에 따라 다르다. 예를 들어, 미국시장에서는 탁구보다는 미식축구나 농구 같은 스포츠 종목에서 프리미엄이 훨씬 크다. 하지만 노르웨이나 네덜란드에서는 크로스컨트리 스키나 스피드스케이팅 같은 겨울 스포츠 종목이 프리미엄을 가진다.

• **문화적 특징**

경쟁적이고 중요한 문화적인 트렌드를 이용한 스포츠브랜드도 프리미엄을 얻을 수 있다. 이를테면 포커는 참가자의 증가, TV 중계, 온라인 게임, 스타파워 그리고 최신 유행 게임이라는 명성에 힘입어 프리미엄을 누려왔다.

시장에서의 몫이 매우 커짐에 따라 결국 브랜딩은 스포츠 상품의 성패를 가르는 척도가 될 것이다. 일례로 노트르담 대학의 미식축구팀은 스포츠산업에서 브랜딩이 미치는 엄청난 파워와 함께 포지셔닝과 브랜딩이 지속적이면서도 끊임없이 변하는 과정도 보여 주었다.

대학스포츠 : 학문과 스포츠 사이에서

"푸른 10월 하늘을 배경으로 4명의 전사들이 말을 타고 질주한다."

이 문구는 1924년 당시 강팀이었던 육군사관학교팀을 13대7로 격파하는 데 큰 공헌을 한 노트르담 대학교 선수 4명을 극찬한, 전설적인 스포츠 저널리스트 그랜틀랜드 라이스가 스포츠 저널에 기고한 글의 제목이다. 학교로 돌아온 4명의 영웅들은 가죽으로 된 미식축구 헬멧과 유니폼을 입고 말 위에서 포즈를 취했다. 이 유명한 사진은 대중 홍보를 위해 심혈을 기울였던 노트르담 대학의 상징물이었다. 이는 당시 노트르담 대학미식축구의 위상을 높여 주었고 덕분에 선수들의 스타파워도 더욱 강력해졌다.

사실 노트르담 미식축구팀은 늘 강한 팀은 아니었다. 1842년 설립된 노트르담 대학은 초창기에는 인디애나 중앙에 위치한 눈에 띄지 않는 작은 가톨릭 학교에 지나지 않았다. 하지만 1910년대와 1920년대에 걸쳐 미국 정상의 대학미식축구팀으로 알리기 위한 수단뿐만 아니라 팀의 성공을 톡톡한 특성으로 브랜딩하기 위해서 미식축구를 이용하기 시작했다. 그리고 계획대로 노트르담의 행운은 팀의 뛰어난 경기력과 대중적인 홍보효과와 연결되면서 탄탄한 팬 저변을 확보했다.

그렇다면 노트르담 대학의 성공 요인은 과연 무엇이었을까? 노트르담은 독립적인 미식축구팀을 위한 틈새시장을 발견했고 결국 피츠버그, 미시간, 네브래스카와 USC와 같은 미국 전역에 잘 알려진 대학들과 경기 일정을 잡을 수 있었다. 노트르담 대학처럼 조그만 가톨릭 학교인 디폴, 마퀘트, 포드햄, 조지타운과 같은 학교들도 미식축구가 대학 이름을 알리는 좋은 수단이라는 것을 알았지만 결국 실패하면서 미국 전역의 명성 있는 미식축구팀이 되겠다는 야망을 접어야 했다. 그러나 노트르담 대학은 다른 가톨릭 대학보다 훨씬 더 큰 야망과 브랜드 중심적인 사고를 가지고 있었다.

당시 노트르담 대학의 미식축구팀이 브랜드를 정립하는 동안 유명세를 떨치던 1918년부터 1930년까지 누트 로큰이 감독을 맡았는데, 가톨릭 지역사회 전반에 걸쳐 형성된 로큰의 리더십 그리고 노트르담 대학과 지역의 고교 스타선수들의 선발은 뛰어난 실력의 팀을 꾸리는 데 기여했다. 노트르담은 이러한 요소들을 PR 노력과 결합시켰고 라인맨이었던 조지 깁, 1940년대 전설적인 감독 프랭크 레이, 쿼터백이었던 안젤로 베르텔리와 조니 루잭과 같은 스타선수들을 활용할 수 있었다. 그러나 '감독을 통한 브랜딩'이라는 새로운 전략의 밑바탕이 되었던 것은 바로 로큰이었다.

노트르담은 또한 미식축구팀을 대중에게 알리는 데 신화라는 요소와 스토리라인을 사용했던 최초의 스포츠팀이었다. 노트르담의 '빅토리'라는 파이트 송(fight song; 경기전후 연주되는 학교팀을 대표하는 노래나 음악-옮긴이)은 도처에서 울려 퍼졌고 당시 유명한 영화에서 노트르담 미식축구팀이 언급되기도 했으며 시카고 미디어와의 유대관계를 통해 그 도시의 미디어 힘을 이용할 수 있었다. 이밖에 노트르담은 미식축구 관람과 시청과 관련된 새로운 현장 참여와 라이프스타일을 만들어 냈다.

예를 들면, 경기에 앞서 행해지는 종교 의식, 신성한 가톨릭 상징물에 손을 얹는 행위, 경기 전 졸업생들의 모임과 같은 수많은 축제와 같은 의식들이 행해졌다. 이러한 모든 의식들은 노트르담 미식축구 경기장 관중석에서 볼 수 있도록 대학 도서관 벽에 그려진 '터치다운 예수^{Touchdown Jesus}'라는 모자이크 작품을 중심으로 행해졌다. 노트르담은 졸업생뿐 아니라 노트르담 대학과는 무관한 수많은 팬들을 위한 미식축구팀이 되었다. 노트르담 미식축구 브랜드의 효과는 무시할 수 없었다. 우수한 학생들의 입학이 줄을 이었으며 저명한 대학 교수들을 확보했고 나아가 기금 조성이 잘된 스포츠팀 프로그램을 성공적으로 육성할 수 있었다.

그러나 미식축구로 인해 얻은 눈부신 이득에도 불구하고 그동안 노트르담 대학은 미식축구 브랜드가 학문기관에 미치는 부정적인 이미지 즉, 학문적 성과보다 스포츠가 더 부각되는 경향으로 인해 고민해 왔고 이러한 문제를 우수한 학문적 성과와 미식축구팀의 성공이라는 두 마리 토끼를 번갈아 잡는 방법으로 해결해 보려고 노력했다.

1930년대 후반과 1950년대 중반에는 학문적 성과를 우선시하느라 미식축구의 중요성을 무시하기도 했다. 그러나 미식축구를 강조하지 않았던 이 시기에는 그저 그런 성적을 거두었고 이는 노트르담 미식축구팀의 신비감을 떨어뜨리는 위협 요소가 되었다. 이에 대한 대책으로 대학은 로큰이 이끌었던 당시 노트르담 대학의 브랜드를 회복하기 위해서 그리고 미식축구가 대학의 브랜드에 미치는 중요성을 다시 인정하면서 1940년대에는 프랭크 레이를, 1960년대에는 애라 파스기안을 감독으로 고용했다.

하지만 25년의 세월이 흐르는 사이에 실력 있는 젊은 선수들을 끌어모았던 노트르담 대학의 네트워크는 완전히 무너졌다. 점차 대학미식축구는 국내 미디어에게 중요한 상품이 되었다. 물론 노트르담 대학이 1990년 NBC와 독점중계 계약을 성사시키긴 했지만 플로리다 주립대, 네브래스카 대학, 마이애미 대학과 같은 미식축구팀들이 경쟁력 있는 스토리라인으로 자신의 팀을 브랜딩하기 시작했고, 이전 같으면 노트르담 대학으로 갔을 법한 우수한 선수들이 모두 이곳으로 몰렸다. 이러한 경쟁 속에서, 노트르담은 로 홀츠 감독 재임기간(1988~1996)동안 선수 모집에 있어서 입학 성적 기준을 완화시키거나 좋은 점수를 줌으로써 이에 대응했다.

결국 1988년 팀은 국내 챔피언 타이틀 자리에 올랐으며 일시적으로 미식축구의 명성을 되찾았다. 그러나 그간의 사이클에서 예상할 수 있듯이 1990년대 중반과 21세기 초반에 노트르담 미식축구의 경기력은 다시 쇠퇴했고 학문적 위상과 스포츠팀의 성과 간의 균형이라는 문제가 또 다시 도마 위에 올랐다.

2005년 노트르담 대학은, 세 번이나 슈퍼볼반지를 차지한 전직 뉴잉글랜드 패트리어츠의 공격 전담 코치 찰리 웨이스를 감독으로 고용하면서 또 다시 학문과 미식축구라는 딜레마를 풀어야만 했다. 웨이스가 빠르게 노트르담 미식축구 브랜드를 복구하기 시작하자 이는 또 다른 변화의 신호탄이 되었다. 이러한 과정에서 의도하지 않게 학교의 이미지를 책임지는 것이 학문적인 위상인지 아니면 스포츠인지에 대한 이야기들이 다시 불거졌다.

노트르담 대학은 제너럴 모터스나 코카콜라, 그밖에 장수한 브랜드들이 경험하고 있는 문제들과 다를 바 없는 브랜딩 딜레마에 직면해 있다. 과거의 뛰어났던 명성에 비해 노트르담 대학의 명성은 침체되기 시작했으며, 새로운 경쟁자들이 시장에 진입함에 따라 노트르담 브랜드는 다시 포지셔닝될 필요가 있었다. 장기적인 시각에서 노트르담 대학은 저명한 교수들과 우수한 학생들의 확보를 위해 그리고 열렬한 졸업생들의 지원과 헌신을 끌어내기 위해서 더 이상 미식축구 이미지를 필요로 하지 않기를 바라고 있을지도 모른다. 그러나 현실적으로 미식축구는 여전히 최선의 브랜딩 카드. 미식축구는 노트르담 대학을 변화시켰던 수단이었을 뿐 아니라 현재는 모든 것을 함께 움켜쥐고 있는 동력인 셈이다.

그동안 노트르담 대학은 실패한 시즌, 그저 그런 감독들, 졸업생들의 분노와 아이비리그 학교들을 따라가기를 원하는 끊임없는 주위의 요구 속에서 국가적인 미식축구 브랜드를 창출했다. 노트르담 브랜드는 계속해서 수익을 창출하고 있으며 졸업생의 헌신과 거절하기 힘든 미디어의 호감을 얻어 내고 있다. 경쟁이 치열해지고 비용이 증가함에 따라 그리고 대학 행정부들이 학문세계에 스포츠가 과연 적합한지를 논쟁함에 따라 학문과 스포츠 사이에서 브랜딩이라는 개념은 21세기 많은 대학들이 직면하고 있는 과제가 되고 있다.

● 스포츠브랜딩의 4가지 요소

스포츠브랜드 개발에는 필수적인 4가지 요소, 즉 세분화, 관여도, 윤리성, 변화가 있다. 이 각각의 요소들은 브랜드화 과정에서 매우 중요한 역할을 수행한다.

세분화

시장 세분화는 비교적 새로운 사고방식이긴 하지만 사실 이 개념은 3,000년 전 그리스의 수사학rhetoric의 황금시대에 존재했던 개념이다. 당시 커뮤니케이션을 연구했던 학자들은 대중을 분석하는 방법을 잘 알고 있었고 시민에게 주장을 호소하기 위한 치밀한 전략을 가지고 있었다. 그중 가장 영향력이 있고 두드러졌던 학자는 수사학의 논쟁적 영역을 발전시킨 아리스토텔레스였다. 그에 따르면 수사학이란 설득을 위해 활용 가능한 수단을 발견해 나가는 행위를 뜻했다.

특히 아리스토텔레스의 수사학 개념은 웅변가와 청중 간의 궤변적 관계의 중요성을 잘 보여 주고 있다. 그는 청중들이 각각 서로 다르다는 사실을 바탕으로 웅변가가 청중의 가치, 의향, 성격 등을 잘 파악한다면 이성적이고 감정적인 호소가 곁들어진 전략이 보다 효과적이라는 점을 인지한 첫 번째 학자이기도 했다. 또한 그는 대중 연설에서 청중들을 '의도된 생각의 틀 속으로 끌어들이는 것'이 중요하다고 강조했다. 이처럼 그의 청중에 대한 이해는 오늘날의 커뮤니케이션과 연결되는 부분이 있긴 하지만 세분화 개념과는 상당한 차이가 있다.

일반적으로 그리스인들은 서민에서 입법부 의원에 이르기까지 다양한 청중에게 대중적인 메시지를 전달했고 그러한 메시지는 시민의 참여와 청중의 설득에 중점을 두고 있었다. 이후 로마 시대에서도 키케로와 같은 수사학자들 또한 청중에 대한 호소력을 언급하며 "웅변술에서 청중의 호감을 얻는 것보다 더 중요한 것은 없다."고 주장했다. 비록 로마 시대에는 청중들의 상황과 이슈가 그리스 시대보다 훨씬 다양하긴 했지만 그들의 상황과 이슈도 정치적이고 군국적인 영역에 머물렀다. 오늘날과 비교하면 당시 가능성들은 상대적으로 제한적이지만 그리스 시대의 수사학자들처럼 로마의 웅변가들도 청중들에게 적응한다는 의미를 이해하고 있었고 지금의 청중 이론의 토대를 제공했다.

이후 계몽운동·자본주의·산업혁명 시대가 이어지면서 수사학과 청중 분석이 다시 중요한 소통의 수단으로 부각되었다. 사회가 점점 더 조직화된 시장 형태로 변화하면서 현대인들은 상품과 서비스의 구매에 대해서는 특히 더 많은 설득을 당하고 있다. 자본주의 경제의 초창기에 기업은 사람들이 자신의 성공을 위해서 필요로 여기는 것이 무엇인지 찾아야 했다. 또한 동일한 상품군을 구매하는 사람이라 해도 개인마다 원하는 바가 다르다는 점과 소비자들의 특정한 욕구를 반영한 맞춤형 메시지의 필요성을 깨달음으로써 비로소 소비자 분석은 세분화와 동일한 의미를 지니게 되었다.

초기의 시장 세분화는 소득, 교육 수준, 종교, 지역, 인종 등 인구사회학적 분석에 기반을 두고 소비자를 구분했다. 이는 동일한 인구사회학적 집단에 있는 사람은 비슷한 욕구를 가지며 이를 만족시키려 노력한다는 가정이 전제된 것이다. 하지만 동일한 배경으로 분류된 집단 내에서도 인식, 욕구, 취향은 크게 차이를 보일 수 있다는 견해가 대두되기 시작했다. 이에 따라 오늘날의 시장 세분화는 보다 정교해지고 있으며 심리적 변수, 욕구, 라이프스타일까지도 고려하여 소비자를 분류하고 있다.

반면 스포츠산업은 이러한 면에서는 한걸음 뒤쳐져 있었다. 일단 팬을 확보하는 데 굳이 세분화 전략을 적용할 필요가 없었던 것이다. 과거에는 스포츠와 선수들을 구성하는 것이 힘든 일도 아니었으며 시장이 지금처럼 치열하지도 않았기 때문에 시장 세분화는 팬 저변을 활성화하기 위한 선행 전략이라기보다는 자연스럽게 형성된 것이었다.

1910년 당시 대단한 반향을 불러 일으켰던 흑인 헤비급 챔피언 잭 존슨과 무패 행진으로 유명했던 백인의 영웅 짐 제프리스의 경기 사례를 살펴보자. 이 경기는 원래 샌프란시스코에서 치러질 예정이었지만 인종 갈등과 폭력 문제 때문에 네바다 주를 제외한 모든 주에서 개최가 허용되지 않았다. 결국 프로모터 텍스 리카드는 고작 3주 만에 미국 내 이혼과 범죄의 중심지였던 네바다 주 북서쪽의 도시, 리노에 경기장을 설치했다. 예상대로 경기장에 나타난 관중들은 흑인 챔피언 존슨이 쓰러지고 굴욕을 당하는 과정을 보고 싶어 했던 백인들이 대다수를 차지했다.

당시 신문들은 이 경기를 세기의 인종 대결이라고 과대 선전했고, 미디어가 자발적으로 움직여 준 덕분에 리카드는 많은 수익을 거둬들였다. 이 경기는 박스오피스에서 대히트를 기록했지만 관중들은 실망스러움을 감추지 못했다. 존슨이 제프리스를 간단히 때려눕혀 버린 것이다. 넋이 나간 백인 관중들은 경기장 밖으로 걸어 나가면서 미국은 곧 지옥의 나락으로 떨어질 것이라고 중얼댔고 이후 예기치 못한 경기 결과로 자극받은 곳곳의 도시에서 폭동이 일어났다.

복싱 비즈니스가 시장을 찾아냈다기보다는 인종 간의 적대감과 호기심 그리고 별다른 경쟁 스포츠가 없었던 당시 시장이 복싱을 발견했다는 분석이 더 정확할 것이다. 또한 당시에는 마케팅 전문가나 홍보활동도 없었고 그저 미미한 프로모션과 미디어를 통한 광고가 전부였다. 더욱이 팬들을 혹하게 만드는 현대적인 커뮤니케이션 장치들은 상상도 할 수 없었던 시절이었다.

어쨌든 그 경기는 사람들의 감성을 동요시켰고 흑인 챔피언에 대해 매력과 위협을 동시에 느낀 신문들은 충동적인 기사를 작성하여 그러한 심리를 더욱 부추겼다. 당시는 메이저스포츠의 매력이 부족한 때였기 때문에 만약 어떤 리그나 프로모터가 매력적인 것을 찾아내기만 하면 특별한 경쟁 없이 쉽게 이익을 챙길 수 있었다.

시행착오를 거쳤던 20세기 초반의 프로모션 전략들은 결국 소비자를 세분화하여 접근하는 정교한 형태를 갖추게 되었다. 미니애폴리스 밀러스는 1961년까지 미니애폴리스 남쪽 외곽에 있는 니콜 파크에서 경기를 치르던 AAA 마이너 리그 야구팀이었다. 이 팀은 거주지에 따라 명확하게 구분되는 미니애폴리스 주민들로 구성된 매우 독특한 팬 층을 확보하고 있었다. 미니애폴리스 밀러스의 가장 성공적인 프로모션 전략은 11km정도 밖에 떨어져 있지 않은 곳에 경기장을 가지고 있는 인근 도시의 세인트폴 세인츠(독립 리그 소속)와 연중 22경기를 치르는 동안 발휘되었다. 야구 역사 작가 스투 손리는 이기는 팀은 그 도시의 우월성을 상징하게 된다고 부추기며 그 경기를 '두 도시의 전쟁'이라고 불렀다.

이러한 라이벌 구도는 지금으로 치면 뉴욕 양키스 대 보스턴 레드삭스, 인도 대 파키스탄의 크리켓 경기 그리고 텍사스 주 고등학교 미식축구팀인 오데사 퍼미안 대 미드랜드 리와 비슷하다. 메모리얼데이, 독립기념일, 노동절 같은 한여름 공휴일기간 동안 미니애폴리스와 세인트폴 지역에서 가장 많은 사람들을 유혹했던 것은 양쪽 경기장을 오전 오후 번갈아 가면서 치렀던 더블헤더 경기였다. 「미니애폴리스 트리뷴 *Minneapolis Tribune*」은 게임에 앞서 흥미를 자극하는 기사를 썼으며 전략적인 경기 일정은 그들의 주요 세분시장에게 어필할 만한 이벤트를 만들어 냈다.

미니애폴리스와 세인트폴의 경기 사례에서 볼 수 있듯이 세분화라고 해도 이것은 미니애폴리스 주민과 세인트폴 주민을 구분하는 매우 간단하고 쉬운 것이었다. 재밌는 사실은 만약 당신이 미니애폴리스에 거주했다면 세인트폴에 사는 주민들이 싫었을 것이고 반대로 세인트폴의 주민이었다면 미니애폴리스 사람들을 싫어했을 것이라는 점이다. 미니애폴리스 남자아이가 세인트폴 지역의 또래 여자아이와 사귄다는 것은 상상할 수도 없는 일이었다.

더군다나 두 도시의 이미지는 완전히 달랐다. 곡물 중심지이자 스칸디나비아계통의 신교도들이 대부분이었던 미니애폴리스와 달리 동부 해안에서 이주해 온 아일랜드계 가톨릭 신도들로 구성된 세인트폴은 서로 섞일 수 없는 갈등이 있었다. 이곳의 야구시장은 지역뿐만 아니라 종교에 의해서도 구분되었던 것이다. 비록 라디오나 신문이 종교의 차이를 직접적으로 언급하지는 않았지만 종교는 팬들을 완벽하게 구분하는 결정적인 역할을 했다.

앞서 언급했던 잭 존슨과 짐 제프리스의 경기나 미니애폴리스 밀러 대 세인트폴 세인츠의 사례와 달리 이제 스포츠시장이 점점 복잡해짐에 따라 훨씬 더 목적이 분명하고 치밀한 세분화 전략이 요구되고 있다. 커뮤니케이션 채널과 스포츠 옵션이 늘어나면서 소비자들은 다양한 선택권을 누리게 되었으며 선택 행위를 할 때도 더욱 개인 성향이 반영됨에 따라 세분화된 시장과 전문성의 역할이 커졌다.

시장세분화 부분에서 엄청난 발전을 하게 된 것이다. 어떤 측면에서 세분화는 그동안 해온 마케팅 전략들을 확장하는 것을 의미한다. 또 다른 측면에서는 세분화 전략에서의 혁신은 보다 섬세한 소비자 분석이 가능해졌다는 것을 의미한다. 결국 오늘날 소비자 분석 기술은 사람들이 무엇을 하며 어떻게 행동하는지 이해하는 데 보다 정밀한 자료를 제공하고 있다.

- 세계 최대 규모의 카지노 체인, 하라스 엔터테인먼트는 '마케팅에 근거한 의사결정 과학'과 역학 조사를 통해서 고객 세분화 전략을 보다 세련되게 발전시켰다. 하라스는 부유한 상류 층 고객에게 '토탈 리워드 멤버십 카드'를 나눠 주고 이 고객 카드를 통해 카지노 정보를 제공했다. 이 프로그램은 '갬블러들이 어떤 음료를 좋아하며 하루 중 언제 마시는 것을 즐기는지' 등을 기록하여 고객의 욕구와 습성을 토대로 세분화하도록 고안되었다. 하라스는 이 시스템을 통해 카지노 고객에게 개별적인 경험을 제공하며 포인트 제도를 통해 고객이 투자한 돈을 보상해 주고 있다. 그 결과 하라스 토탈 리워드 프로그램은 고객들의 갬블링 예산을 36%에서 50%까지 증가시키는 성과를 거두었다.

- 시카고 외곽에 자리 잡은 앨링턴 경마장은 현재 경마장 고객들을 세분화하기 위해 예측 분석을 활용하고 있다. 예측 분석이란 수백만 개의 영수증을 분석하고 이미 선택된 특성들에 적용시켜 서로 다른 집단들을 확인하고 이들에게 접근하는 분석방법이다. 또한 앨링턴 경마장은 그들의 도박 보상 프로그램인 트윈 스퍼스 클럽을 발전시키는 데 노력을 아끼지 않았고 덕분에 매출은 1년 만에 90만 달러에서 150만 달러로 증가했다. 즉, 이 예측 분석 프로그램이 트윈 스퍼스 클럽의 가장 중요한 고객들을 찾아내는 데 도움을 준 셈이다. 전 세계의 스포츠 조직들도 이러한 세분화 기술

을 이해하기 시작했으며 이를 통해 이익을 얻고 있다.

이처럼 기술력에 힘입어 점점 활성화되고 있는 세분화 전략은 우리에게 3가지 시사점을 제공한다. 첫째, 스포츠산업은 고객을 좀 더 상세한 시장으로 나눠야 한다는 점이다. 이제 더 이상 '18세에서 34세 사이의 백인 남성'을 겨냥하는 것으로는 충분하지 않다. 예를 들어, 단순히 18세에서 34세 사이의 남성, 18세에서 34세 사이의 아시아인들, 또는 18세와 22세 사이의 아시아인 대학생을 겨냥하는 것보다는 범위를 좁혀 불확실성 연결고리로 스포츠와 관계를 형성하고 있는 '18세부터 22세까지의 아시아의 남자 대학생'을 타깃으로 삼는 편이 훨씬 더 생산적이다. 여기서 또 다른 핵심은 바로 다양한 집단들이 지닌 독특한 연결고리를 찾아내는 것이다.

둘째, 스포츠브랜드는 자신의 세분화된 시장에 우선순위를 매겨야 한다. 우선순위 결정은 표적시장 마케팅을 위해 반드시 선행해야 하는 활동이다. 이를 통해 브랜드는 특정한 세분시장이나 비슷한 특성을 지닌 세분집단들에 초점을 맞추고 그들과의 장기적인 관계 형성을 시도한다. 예를 들면, 이런 문제다. 만약 남미 출신의 히스패닉 팬들이 특정 야구팀에 호감을 가지고 반응한다면 우리는 이 정도 수준의 호감에 만족해야 할까? 승패에 관계없이 히스패닉 팬들의 관심을 유지시킬 수 있는 보다 깊은 커넥션을 형성하기 위해서 좀 더 많은 자원을 투자하는 것은 어떨까?

셋째, 스포츠브랜드는 그 성격이 너무 크게 차이가 나지 않는 조화로운 목표시장을 선택해야 한다. 우리는 이를 '시장 조화market orchestration'라고 부른다. 앞서 예로 든 미니애폴리스와 세인트폴처럼 미니애폴리스의 조화로운 시장과 세인트폴의 조화로운 시장은 두 도시 간의 핵심적인 차이를 더욱 두드러지게 했고 두 지역의 시민들이 경기장을 찾도록 만들었다. 상류층을 겨냥하는 포시즌 호텔이 시끄럽거나 복장이 너저분한 고객을 끌어들이려 노력하지 않는 것도 비슷한 경우다.

한편 강한 브랜드를 구축하는 데 있어서 세분화는 꼭 필요한 작업이지만 스포츠 의사결정자들은 이를 어떻게 이용할지에 대해 신중한 태도를 취해야 한다. 특히 다른 시장을 희생하고 특정 세분시장에만 초점을 맞출 경우 몇몇 시장이 소외되는 위험이 뒤따른다. 이미 기반이 다져진 메이저 리그 야구나 NFL 미식축구처럼 팬 저변이 폭넓고 다양한 경우 이러한 문제는 현실이 된다. 그러나 특정 목표시장에 어필하고 있는 틈새 스포츠의 경우는 세분화의 위험이 덜하다고 할 수 있다. 결과적으로 세분화를 통한 이익을 극대화하기 위해서는 수익성 높은 팬들의 요구사항과 다른 일반 세분시장(우선순위가 뒤지는 세분시장)의 욕구와 기대 사이의 균형을 맞추는 노력이 요구된다.

관여

강한 스포츠브랜드를 구축하는 두 번째 핵심 요소는 브랜드가 팬들과 형성하는 관계다. 팬들의 스포츠 상품에 대한 관여도는 5단계로 나눌 수 있다.

1단계 스포츠에 대해서 알아 가고 있다.
2단계 게임 결과를 가끔 확인한다.
3단계 정기적으로 경기를 관람하거나 시청한다.
4단계 모든 유통채널(TV, 신문, 라디오, 잡지, 서적)을 통해서 스포츠를 소비한다.
5단계 스포츠를 삶의 일부로 받아들인다.

이와 같은 관여 단계 사이에는 스포츠 의사결정자가 또 다시 모니터해야 하는 수많은 단계들이 존재한다. 예를 들어, 열정적인 Y세대 팬들은 경기 결과를 정기적으로 확인하고 경기장에 가지만 미디어를 통해 관람하는 경우는 드물다. 반면 베이비붐 세대는 단순히 가끔씩 점수나 경기 관련 수치에만 관심을 보일 뿐이지만 농구나 야구 정기 시즌 티켓은 가지고 있을 것이다. 이처럼 팬들의 관심 정도를 분석하다 보면 추적하고 분석해야 할 일반적인 패턴이나 독특한 소비 습관들이 분명히 존재한다.

또한 이 같은 관여 정도는 여러 가지 형태로 발현되며 어떤 것들은 그 형태가 애매한 경우도 있다. 예를 들어, 경기장 시설에 대해 어떤 팬들은 앞좌석이나 불펜에 가까운 곳을 최우선으로 고려하며 어떤 팬들은 팀의 원정 경기를 보기 위해서 눈 속을 4시간이나 운전했으면서도 추운 좌석에서 덜덜 떨며 보는 경기가 제맛이라고 여긴다. 아쉽게도 오늘날 스포츠산업에서 팬들은 이벤트에 대한 직접적인 친밀감을 체험하기가 어려운 상황이다. 따라서 스포츠는 팬들과의 관계를 발전시키기 위한 다른 관여 전략을 개발해야 할 것이다.

스포츠가 산업화되기 이전, 팬들의 스포츠 관여는 상대적으로 간단한 과제였다. 사실, 당시 스포츠에 대한 관심과 참여라는 것은 관중들에게 많은 것들을 요구하지 않았다. 쉽게 말해 팬들의 관여라는 것은 스포츠팬이 되면 자발적으로 형성되는 것이었다. 어떤 팬이 경기를 관람하고자 한다면 경기장으로 가는 것이 유일한 요구사항이었다.

대부분의 팬들은 25센트짜리 동전 하나를 경기장 입구에 있는 바구니에 넣거나 때로는 돈을 내지 않고 입장했다. 관중들은 입장료에 대한 보답으로 경기 후 선수들과 대화를 하거나 악수를 할 수 있을 거라는 기대도 할 수 있었다. 그러한 경험은 자발적인 분위기에서 형성되었고 아마추어의 열정이 흙탕물이 고인 경기장의 열악함도 압도하던 시절이었다.

사상 첫 대학미식축구 경기는 1869년 11월 6일에 벌어진 프린스턴과 러트거스의 경기였다. 그 경기에는 100여 명의 구경꾼들이 모여들었는데 절반은 러트거스 대학의 학생들이었다. 경기장에는 지붕 있는 관람석이나 접히는 의자 같은 것도 없었으며 사람들은 필드 주위를 따라 둘러쳐진 나무담장에 자리를 잡고 경기를 관람했다. 당시 관여는 중요한 요소가 아니었다. 경기 분위기상, 그리고 우연히 치르게 된 격식 없는 경기에서 공식적인 것들은 필요 없었기 때문이었다. 또한 당시에는 대부분의 관중들이 선수들과 어느 정도 면식이 있었기 때문에 팬들의 관여를 형성하고 끌어올리는 일은 팀의 관심사가 아니었다. 물론 수입, 명성, 점수와 같은 요인들도 주된 관심사가 아니었다. 어쨌든 그 경기는 러트거스가 6대 4로 이겼다.

스포츠산업화가 이루어지면서 팀들에게 새로운 기회가 주어졌지만 문제는 팀과의 친밀함을 원하는 팬들의 기대에서 발생했다. 스포츠 경기에 입장료를 부과하기 시작하면서 스포츠 참여자(선수, 팀, 구단 등)와 팬 간의 관계가 변하기 시작했고 이러한 새로운 형태의 비즈니스는 세계 각 도시로 확대되었다. 스포츠산업화는 팬들을 어떻게 다루어야 하는지에 대한 근본적인 변화를 요구했다. 그들이 더 이상 단순한 구경꾼이 아니라 스포츠 상품을 구매하는 소비자들이 된 것이다. 하지만 오늘날의 팬들은 선수나 팀과의 개인적인 친분에서 점점 소외되고 있다. 더 나아가 증가하는 수익과 치솟는 선수들의 몸값, 테마파크처럼 잘 정비된 경기장, 대규모 이벤트, 텔레비전 중계 그리고 엄청난 팬 층 등과 같은 환경은 팬들로 하여금 과거와는 차원이 다른 관여 수준을 강요하고 있다.

과거의 형식적이지 않은 자연스러운 친근감이라는 미덕은 보다 세련되고 편리한 스포츠 경험의 장으로 대체되었고 팬과 팀 간의 진솔한 접촉은 점차 사라지고 있다. 팬들이 선수나 코치들과는 접촉하기 힘들고 입장료는 터무니없이 비싸졌다고 느낀다면, 구단주가 팀을 다른 도시로 옮기려 들고 팬 스스로도 그저 수많은 팬 중 의미 없는 한 명일 뿐이라고 생각한다면 어떻게 이들이 그 스포츠에 지속적인 관심을 갖고 참여하겠는가?

사실 오늘날 스포츠 조직들도 친근감이나 개인적인 관계를 추구하지만 경제적인 손익 그리고 산업 규모 때문에 여러모로 한계를 지니고 있다. 어찌 보면 프로 · 대학 · 고교스포츠를 응원하는 대부분의 팬들은 개인적인 관계가 없는 팀과 선수들을 따라다니고 있다. 솔직히 팬이라고 하는 사람들 중에는 선수나 코치, 팀에 대해서 잘 모르는 이들도 많으며 그 스포츠를 직접 즐기지도 않는다. 또한 스포츠가 너무 전문화되면서 자신이 따르는 스포츠를 실제로 해보지 않은 팬들도 늘어나고 있다. 나아가 오늘날에는 프로아이스하키 선수를 우연히 만나거나 동네 식당에서 팀의 감독을 마주치는 일이 거의 드물 것이다.

현실적으로 팬들은 스포츠의 고객이고 선수들과의 관계가 인위적이긴 하지만 스포츠 의사결정자들은 이러한 난관을 극복할 수 있는 방법들을 찾아야만 한다. 이와 관련하여 복합적인 문제는 팬들의 기대수준이 점점 더 높아지고 있다는 데 있다. 팬들은 자신의 경제적혹은 정서적 투자에 대한 더 많은 보상을 기대한다. 그런 기대가 충족되지 않거나 선수나 팀이 실망을 안겨 줄 때 느끼는 이질감은 심각한 문제를 야기할 수 있다.

관여와 관련된 과제는 명확하다. 스포츠브랜드는 많은 사람들에게 즐거움을 선사해야 하고 경기장 관람과 스포츠 미디어 시청에 있어서 대중적인 팬들의 소비역학을 다루어야 한다. 예를 들어, 경기장을 찾은 관중 5만 명에 대한 서비스와 니만 마커스 백화점의 화장품 코너 점원이 고객 한 명을 상대하는 서비스는 차원이 완전히 다르다. 따라서 5만 명의 관중을 가능한 빠르게 경기장으로 몰아넣고 팀과 개별적이고 인간적인 관계를 형성한다는 목표가 얼마나 어려운 일인지 충분히 상상할 수 있을 것이다. 이러한 측면에서 일부 스포츠 상품들이 고객을 행복하게 만들기 위해서 사용한 몇 가지 접근법들을 살펴보자.

행복한 팬들

- 보스턴 레드삭스와 그 팬클럽 '레드삭스 네이션'은 떼려야 뗄 수 없는 관계다. 실제로 레드삭스는 지역, 사회적 정보 교류, 가족, 그리고 과거에 대한 향수와 같은 수많은 연결고리들을 통해 팬들과 교감하고 있다. 그밖에 레드삭스는 '레드삭스 네이션'에게 시민권과도 같은 신분증을 발급하고 있으며, 2004년 월드시리즈에서 우승했을 때는 진짜와 유사한 우승 기념반지와 자축용 와인을 생산하기도 했다. 또한 구단주 래리 루치노가 매사추세츠 주 351개 도시에 월드시리즈 트로피가 전시될 것이라고 공표할 때, 레드삭스 경

영진은 월드시리즈 우승을 위해 싸웠던 86년이라는 긴 투쟁의 시간을 활용해 팬들의 관심을 높이고자 하였다.

한 열성 팬은 트로피를 보고 눈물을 글썽이며 수십 년간 팀이 우승하는 걸 한 번도 보지 못하고 죽은 가족들이 감동의 순간을 함께했으면 좋겠다고 흐느꼈다. 또 다른 팬은 "트로피를 처음 보았을 때 도무지 믿기지 않았다. 우리는 드디어 꿈을 이뤘다. 어찌 이런 일이 일어났는지 믿을 수 없다. 내 심장은 뛰고 있고 영원히 이 기적 같은 우승에 관해 이야기할 것이다."라고 소감을 전했다.

명백히 레드삭스와 팬 사이에는 매우 끈끈하고 강렬한 연결고리가 형성되어 있다. 이를 가능케 한 요인은 수십 년 동안 수많은 패배 속에서 키워 온 희망, 리그에서 가장 작고 볼품없는 경기장, 그리고 수익 따위엔 연연하지 않고 팬과의 전통과 친밀함을 유지하려 애썼던 구단주 등이라고 할 수 있다.

• 스포츠 비디오게임의 장점은 게임을 통해 팬들에게 어느 정도 소유권을 부여한다는 데 있다. 스포츠 비디오게임은 대리경험을 통해 팬들에게 연결고리를 제공하기 때문에 매우 개인적이며 전 세계적으로 팬을 확보할 수 있다. 스포츠 비디오게임을 즐기는 팬의 수가 점차 증가함에 따라 2004년에는 미국시장에서만 전체 비디오게임 산업의 20%에 해당하는 12억 달러의 수익을 올렸다. 뿐만 아니라 비디오게임은 팬과 선수들 사이에 새로운 관계를 형성시켰다.

예를 들어, 한 팬이 골프선수 비제이 싱을 응원하면 그는 비디오게임상에서 비제이 싱이 되어 라운딩을 할 수 있고, 만약 F1을 좋아한다면 자신이 원하는 방식대로 팀을 꾸려 다른 팀과 카 레이싱을 펼칠 수 있다. 비록 이 게임들이 완벽한 해결책이 될 수는 없겠지만 오늘날 스포츠산업에서 팬들이 누리기 힘든 독특한 경험들을 일정 부분 회복시켜 주며 실제로는 스포츠를 즐기지 않지만 게임을 통해 즐기는 스포츠팬들을 만들어 낸다. 동시에 간접적으로 역할(감독이나 선수 혹은 팀) 체험을 할 수 있게 되어 대리경험을 통한 연결고리를 강화시켜 준다.

• 참여 친화적인 스포츠는 대개 사회적 정보 교류, 대리경험 그리고 유토피아 연결고리를 이용한다. 익스트림 스포츠의 경우 참여자에게 흥미와 관심을 끌 수 있는 다양한 기회를 제공한다. 익스트림 스포츠는 위험한 길거리 게임에서 출발하여 이전에는 관심 밖에 있었던 청소년시장에 어필하고 있다. 운동신경이 있는 사람이면 누구나 스케이트보드나 자전거 하나만 가지고 매우 좁은 공간에서 익스트림 스포츠를 즐길 수 있다.
물론 사람들은 순수하게 즐기기 위해 참여할 수도 있고 TV에서 본 스타선수들의 플레이를 시도해 볼 수도 있다. 익스트림스포츠를 중계하는 TV 방송은 구조화되지 않은 비주류층의 트렌드를 지니고 있으며 이러한 트렌드는 엄청난 돈을 벌면서도 팬들에게 고마워하지 않는 거만한 메이저 리그 스타들에게 식상한 젊은이들에게 어필하고 있다. TV는 젊은 팬들이 또래 집단과 정체감을 공유하도록 돕고 나아가 젊은 층을 중심으로 강력하게 형성된 개인주의에도 어필하고 있다.

윤리성

스포츠브랜딩에서 고려해야 할 세 번째 요소는 그 상품의 윤리성이다. 여기서 윤리성이란 소비자들이 이해하고 생각하는 브랜드 의사소통자의 품성과 성격을 의미한다. 윤리성은 신뢰의 밑바탕이 되는 것은 물론 팬들과의 관계를 형성하는 데도 필수적이다. 스포츠에서 윤리성은 매우 중요하다. 팬들은 스포츠브랜드란 고귀하며 또한 신뢰할 수 있는 것이라고 믿기 때문이다.

신뢰는 항상 상호작용의 중심에 자리 잡고 있다. 이처럼 중요한 설득의 수단인 윤리성의 개념 또한 고대 그리스 시대에 형성되었다. 아리스토텔레스는 윤리적인 성품을 지닌 화자가 청중으로부터 인정받을 수 있는 3가지 특징으로 도덕적 인품, 지식 그리고 선의를 꼽았다. 궁극적으로 윤리성이란 커뮤니케이터의 명성과 메시지에 대한 청중의 판단과 평가를 말한다. 따라서 커뮤니케이터가 윤리성을 갖추고 있다면 청중들과 효과적으로 소통할 수 있을 것이나 반대로 청중들이 커뮤니케이터를 신뢰하지 않거나 윤리적인 믿음을 갖고 있지 않는다면 커뮤니케이터가 하는 약속, 설득 그리고 선전들은 '소귀에 경 읽기' 가 될 것이다.

이처럼 윤리성이란 결국 소비자가 커뮤니케이터에게 부여하는 것이며, 결국 윤리성을 지닌 커뮤니케이터는 자연스레 지역사회와 소비자의 욕구, 기대, 가치를 이해할 것이고 이에 대한 보답으로 소비자들의 믿음과 관심을 받게 될 것이다. 아울러 윤리성을 지닌 커뮤니케이터는 고객들에게 해를 입히지 않으며 소비자들의 이해를 대변한다는 믿음을 바탕으로 소비자들과 끈끈한 관계를 형성하게 된다.

예를 들어, 스포츠에서 명예의 전당에 올랐을 뿐 아니라 미국 상원의원에 당선되기까지 한 짐 버닝, 윌리 메이스 그리고 미아 햄 같은 선수들은 그들의 실력뿐 아니라 건전한 시민의식 때문에 윤리성을 인정받았다고 할 수 있다. 반면 선수로서는 뛰어났지만 도박꾼이었던 피트 로스, 홀리필드의 귀를 물어뜯은 마이크 타이슨, 약물 사용으로 실격당한 그리스의 단거리 선수 코스타니노스 켄터리스등은 윤리성과 거리가 멀다고 할 수 있다.

스포츠에서 윤리성은 매우 다양한 형태로 발현되며 여전히 근본적인 특성에 기반하고 있고 진화 발전한다. 예를 들어, 스포츠에서 윤리성이란 '전력을 다해 임하는 게임', '공정한 규칙', '균등한 승리의 기회', '약물 복용 금지', '규정에 맞는 보조 도구나 용품의 사용', '스포츠 경험을 통해 팬들이 자신이 지출한 돈의 가치를 얻는 것', '구단주, 팀, 선수들, 그리고 에이전트들이 팬들의 입장에서 정직하게 자신의 역할에 열심히 임하는 태도' 등을 의미할 것이다. 이때 궁극적으로 무엇이 신뢰성을 지니고 있는가를 결정하는 것은 어디까지나 팬들의 몫이다. 신뢰감, 게임의 질, 기대 이상의 게임, 그리고 잘못을 인정하고 그것을 고치려고 하는 바람직한 성품 등으로 팬들의 기대를 충족시킬 때 비로소 팬들과 신뢰 관계가 구축될 수 있다.

오늘날 스포츠 환경에서 윤리성은 다양한 의미를 지닌다. 예를 들어, WWE^{World Wrestling Entertainment}는 비록 사전 계획된 연기를 진짜처럼 연출하는 것이지만 기본적인 약속을 지키며 팬들을 기만하지 않으므로 팬들로부터 윤리성을 부여받는다. 프로레슬링은 오락과 스포츠가 결합된 것이며 대본과 즉흥성이 조화된 스포츠다. 또한 WWE는 이 같은 조직의 재포지셔닝을 팬들에게 알리고 세계야생동물기금협회^{World Wildlife Foundation}의 법적인 고소에 대응하기 위해 WWF^{World Wrestling Federation}에서 WWE로 조직의 이름을 바꾸었다.

WWE 리그는 상대를 들어 매치고 자신과 상대방의 비열함을 떠벌리면서 관중과 시청자들을 즐겁게 해주는 수많은 슈퍼스타들이 들어왔다 나갔다 하는 곳이다. 비록 드라마 같은 연기와 각본이 있는 싸움이 지나치게 과장되어 있긴 하지만 어차피 WWE에 거는 팬들의 기대는 다른 스포츠에 기대하는 것과는 다르다.

WWE는 그러한 팬들의 기대를 꾸준히 만족시키고 있다. 실제로 WWE 팬들은 매치를 결정하는 과정에서 어떤 선수들을 싸우게 할 것인지에 대해 투표로 참여할 수 있으며 자신의 판타지 WWE팀을 꾸려 다른 팬들과 게임을 할 수도 있다. 결과적으로 WWE는 자기들의 스포츠가 연극이라는 것을 팬들에게 솔직히 고백하고 높은 수준의 엔터테인먼트 기준을 설정함으로써 신뢰를 얻었다. 프로레슬링팬들은 의식적으로 이러한 전제를 인정하고 있으며 그에 대한 보답으로 보증된 상품을 제공받고 있는 셈이다.

윤리성에서 신뢰는 매우 중요하다. 스포츠에서 신뢰가 무너진다면 팬들은 즉시 더 믿을 만하고 흥미 있는 스포츠를 찾아 떠날 것이다. 또한 어떤 스포츠가 약물 복용, 선수의 도박 혐의, 비윤리적인 판정, 심지어 지역이나 팀에 대한 충성심 부족 등으로 위기에 빠진다면 그 윤리성은 치명적인 상처를 입게 될 것이다. 2005년 독일 축구연맹이 여러 축구선수들과 심판이 몇몇 경기의 승리 조작에 관여했을 것이라고 발표했을 때, 이에 대한 반응은 격렬했으며 '부패한 축구'라는 팬들의 항의는 FIFA의 신뢰도에 직격탄을 날렸다.

또 다른 예로 학교 대표 농구선수가 동료를 살해했던 베일러 대학의 사건에서는, 감독이 살인사건을 알고 있었으면서도 상부에 보고하지 않았다는 의심을 받았다. 이로 인해 해당 대학의 스포츠 프로그램뿐 아니라 대학의 정직성에 대한 문제가 제기되면서 학교 전체의 신뢰도에 부정적인 영향을 끼쳤다.

신뢰의 문제는 승부조작이나 살인사건과 같은 극단적인 경우에만 발생하는 것은 아니다. 신뢰는 합리적인 입장권 가격, 선수들의 정직한 노력, 팬들의 관심사를 이해하고 배려하는 구단 경영, 생명 보호와 안전을 위한 관중 관리, 경기장 매점의 적절한 가격과 질 그리고 경기장 접근성으로까지 확대될 수 있다.

이밖에 윤리성과 관련하여 미래의 주요 변수는 자체 미디어를 개발하고 이를 직접 팬들에게 유통시키고 있는 스포츠 조직이다. 예를 들어, 스포츠 조직들이 '여과되지 않은 정보'를 생산하기 위해서 팀 웹사이트나 여타 자체 미디어 채널을 통해 팬 중심적인 메시지들을 유통시키는 것은 윤리적 문제를 야기한다.

특히 이런 윤리성 문제는 구단이나 관련 조직들이 신문과 같은 매체를 거치지 않고 이를 우회해서, 자체 미디어 채널을 활용할 때 발생하는데, 결국 스포츠 조직들의 정보와 그것의 의도에 대한 신뢰성에 의문이 제기되곤 한다. 즉, 때때로 스포츠 조직들은 자연스럽고 독립적인 정보보다는 주입적이고 주관적인 정보를 제공한다는 위험 부담을 안게 된다.

대표적인 예로 누가 뉴스를 선점하느냐와 그것이 의미하는 바에 관한 논쟁으로 갈등하고 있는 워싱턴 레드스킨스 미식축구팀과 「워싱턴 포스트 *Washington Post*」 간의 끊임없는 다툼을 들 수 있다. 레드스킨스는 팀 자체의 새로운 커뮤니케이션 기술을 이용할 수 있게 되었고 따라서 예전부터 자신에 대한 나쁜 기사만 작성했던 「워싱턴 포스트」라는 미디어 필터를 거치지 않고 자체 채널을 통해 팀의 소식을 내보냈다.

레드스킨스의 여과되지 않는 뉴스에 대해 「워싱턴 포스트」의 스포츠 편집자인 에밀리오 가르시아 루이즈는 "사실 레드스킨스의 메시지도 어디까지나 걸러지는 기사들이며 팀의 관점에서 만들어진 것이다. 그래서 좋은 뉴스 일색일 것이다. 그들은 결코 자신에 대한 부정적인 이야기들은 올리지 않을 것이다. 이는 단순히 그들의 정보와 뉴스를 통제하려는 시도에 불과하다."라고 경고했다.

이는 사실 해묵은 이슈다. 만약 미디어와 팬들이 스포츠 조직이 전달하는 메시지가 언제나 좋은 소식들로만 가득 차 있고 자기중심적이라고 느낀다면 언제든지 이들의 정보를 무시하고 다른 정보원들을 찾아 떠나 버릴 것이다. 보다 효과적인 윤리성 확보 전략은 미디어와의 관계를 잘 유지하고 가능하다면 미디어와 독점적인 정보를 공유하려는 의지를 가짐으로써, 편중되지 않은 정보 채널을 목표로 하는 데 있다.

물론 스포츠 조직들은 어떤 방해도 받지 않고 팬들과 직접 소통하고 싶겠지만 중간에 정보를 걸러 주는 여과장치는 스포츠 조직에 신뢰를 더하는 아주 중요한 역할을 한다. 더군다나 전통적인 미디어뿐만 아니라 블로그와 팟캐스트, 인터넷의 메시지 보드 등의 채널들을 지닌 오늘날 커뮤니케이션 환경에서 스포츠 조직들은 현실적으로 미디어 콘텐츠를 관리해야 한다는 이유도 있다.

요약하자면 스포츠브랜드는 윤리성을 지니지 않고서는 생존할 가능성이 낮다. 경쟁적인 스포츠시장에서는 작은 실수로도 엄청난 팬들의 이탈을 초래할 수 있다. 만약 스포츠브랜드가 윤리성을 지니고 있다면 아무리 힘든 기간에도 그동안 축적된 신용 덕택에 팬들이 다른 엔터테인먼트를 찾아 떠나는 것을 막을 수 있을 것이다. 윤리성 형성과 유지는 성공적인 브랜드 형성의 마지막 요소이자 스포츠 상품을 브랜드로 실현시키는 변화 과정에서 매우 중요한 요소이다.

변화

앞서 언급했듯이 19세기에 러트거스와 프린스턴이 처음 경기할 때만 해도 "경기를 하고 있으니 보고 싶으면 보고 아니면 말라."는 식이었다. 두 팀의 유니폼조차도 각양각색이었다. 야드 표시도 없었고 게임도 큰 점수 차이 없이 그냥 밀고 당기는 수준이었다. 대부분의 관중들은 선수들이 누구인지 알고 있었고 미식축구 통계 기록도 전무했기 때문에 양 팀의 경기는 그것으로도 충분했다.

세월이 흘러 1925년 예일 대학 미식축구팀이 하버드 대학팀과 치렀던 원정 경기와 비교해 보자. 당시 팬들은 동부 해안에서부터 자동차와 열차를 타고 몰려들었다. 이들은 5만 7,000명을 수용할 수 있는 하버드 스타디움으로 입장했고 수천 명의 다른 팬들과 뒤섞여 해마다 열리는 양 팀의 대결을 지켜보았다. 당시 모여든 대부분의 팬들은 예일 대학이나 하버드 대학의 재학생이었지만 선수들을 개인적으로 아는 사람들은 극히 드물었다.

하프타임이 되면 다들 핫도그와 음료수를 사고 경기 후에 열릴 파티에 대해 친구들과 이야기하면서 실내광장으로 모여들었다. 경기는 유료 입장권과 주차 문제, 유급 직원을 갖춘 하나의 볼 만한 쇼가 되었다. 선수들 역시 경기에 적합한 유니폼을 입고 있었고 양 팀은 거의 프로 수준의 코칭스태프들도 보유하고 있었다. 아울러 지역 라디오 방송에서 경기를 중계했고, 하버드 대학과 미시간 대학의 경기는 전국으로 중계되기도 했다.

이제 2005년 플로리다 주의 잭슨빌에서 열렸던 슈퍼볼 경기를 보자. 이 경기는 10만 명 이상의 관광객을 잭슨빌로 불러들였다. 또한 8,600만 명 이상의 미국인들이 이 경기를 시청했으며 전 세계적으로는 수억 명이 지켜보았다. 일부 팬들은 호화 유람선에서 경기를 시청했고 다양한 팬들에게 뮤직 엔터테인먼트를 제공했던 '브리징 제너레이션'이라는 프리게임 쇼도 있었다. 또한 스폰서들은 30초짜리 TV광고를 위해서 각각 240만 달러를 지불했으며 4시간짜리 슈퍼볼 게임을 위해 경기 당일까지 관련 보도와 기사는 2주 동안 쉬지 않고 내보내졌다. 앞서 어떻게 스포츠 경기가 사회적 교류의 기능을 지니는지에 대해 설명했듯이 경기 다음날 사람들의 대화는 게임 자체보다는 그날 경기 중간에 등장했던 광고에 초점이 맞춰지기도 했다. 80년 전 하버드 대학과 예일 대학의 경기, 아니 10년 전 슈퍼볼과 비교해 보더라도 그 차이는 매우 크다. 이처럼 스포츠산업에서의 변화는 매순간 일어나고 있다.

지난 150년 동안 일어난 스포츠에서의 변화는 점진적인 것이었으며, 인위적이지 않은 시장의 힘에 따른 것이었다. 시장에서의 경쟁이 점차 치열해지고 스포츠가 보다 엔터테인먼트 중심이 되면서 기대도 높아졌다. 이러한 점에서 스포츠산업의 '진화'에서 '변화'는 매우 중요하다. 물론 진화라는 것은 항상 계획된 변화를 의미하지는 않으며 말 그대로 어떤 때는 의도하지 않은 변화를 수반할 수도 있다.

궁극적으로 우리가 말하는 변화란 강점은 부각시키면서 약점은 보완하고 경쟁자의 압력에 대처하기 위해서 목적을 가지고 스포츠 상품을 브랜드화하는 것을 말한다. 시간이 지나면서 소비자의 기대는 변했고 세대도 바뀌었다. 또한 신기술은 우리의 스포츠 소비경험을 새로운 차원으로 이끌고 있다. 이러한 시장의 변화에 따라 스포츠는 소비자에게 상품을 노출시킬 방법을 결정하며 대처해야만 했다.

앞서 언급했듯이 스포츠는 치열해진 경쟁에 적응하기 위해 선수들의 잦은 인터뷰, 경기장 입구에서의 밴드 공연과 관람, 갖가지 의상 파티, 경기 중간중간 제공되는 엔터테인먼트, 수많은 프로모션과 가격 인하, TV와 인터넷의 스포츠 정보 확대 등 여러 가지 새로운 전략을 활용했다. 문제는 팬들의 흥미와 관심을 지속적으로 유지시키려면 앞서 열거한 전략들 또한 개선되어야 한다는 점이다.

한편 변화가 진행되는 동안 팬들이 소외될 수 있다는 점에도 주의를 기울여야 한다. 또한 팬들이 인정하는 게임의 범주를 넘어선 변화라는 것은 있을 수 없다. 익스트림 미식축구 리그는 미식축구와 프로레슬링의 결합이라는 파격적인 시도를 감행했지만 팬들은 지나친 변화에 거부감을 보였다. 그러나 월드레슬링 엔터테인먼트를 창시한 빈스 맥마흔은 마이크로폰을 갖춘 익스트림 미식축구 버전, 관중석의 치어리더, 원래 미식축구에서 변형된 경기 룰 등의 변화들이 NFL 비시즌 동안 미식축구팬들을 이곳으로 끌어모을 수 있을 거라고 확신했다. 하지만 그의 생각은 결국 틀렸다.

관중들이 무엇을 원하고 있는지에 대한 판단이 잘못되었으며 결국 익스트림 미식축구 리그는 한 시즌으로 막을 내렸다. 미식축구팬들이 신뢰할 수 없는 혼합 형태로 무리하게 시도한 변화가 실패의 원인이었던 것이다. 이들의 전략은 너무 앞서갔다. 앞으로 팬들이 '비기스트 루저'나 '도널드 트럼프'와 같은 비디오게임을 몇 번 하고 나면 익스트림 미식축구를 받아들일지도 모르겠다. 흔히 변화를 고려할 때 우리는 다음과 같은 기로에 놓이게 된다.

1. 현재 위치에 만족하며 어떤 것도 변화시키지 않는다.
2. 성공한 상품이라고 생각되는 것에만 약간의 변화를 준다.
3. 아주 큰 변화를 주되 핵심 개념은 유지한다.
4. 철저하게 해체 수리해 처음부터 다시 시작한다.

일본 프로야구

　2004년 MLB 시즌에서 이치로 스즈키가 84년 동안 깨지지 않던 메이저 리그의 최다 안타 기록을 갱신했다. 일본에 있는 팬들은 이치로가 일본을 대표해 기록을 수립하기라도 한 것처럼 환호했다. 도쿄의 팬들은 이치로의 업적을 기념하는 한정판 신문을 사려고 몰려들었고 준이치로 고이즈미 총리까지도 그의 놀라운 성과를 축하했으며, 일본프로야구 NPB 선수들은 그의 실력과 기술에 놀라움을 금치 못했다. 물론 그의 업적은 일본인들에게 국가적인 자긍심을 심어 주었고 일본의 스포츠 역사에 매우 중요한 일이었다. 그러나 엄밀히 말하면 그 기록은 일본에서 세워진 것도 아니었으며 일본프로야구와는 아무 상관도 없다. 사실 이치로 스즈키는 일본에서 7년 동안 선수로 활동하다가 미국으로 건너와 4번째 시즌에 메이저 리그의 시애틀 매리너스의 선수로 뛰면서 기록을 깬 것이었다.

　이치로는 보다 높은 연봉과 나은 경쟁을 위해 메이저 리그로 이적하는 일본 선수들 중 한 명이다. 이러한 우수 선수들의 변절은 현재 일본프로야구의 고질적인 문제가 되고 있다. 일본에서 스모 다음으로 인기가 많은 야구는 사실 지난 10년 동안 힘든 시기를 보냈다. 수익은 줄어들고 TV 시청률은 낮아졌으며 관중 수는 감소했다. 더욱이 사람들의 관심은 일본축구와 메이저 리그 야구로 옮겨 가고 있는 중이다. 설상가상으로 2004년에는 70년 야구 역사상 처음으로 선수들이 파업을 했고 12개 팀 중 2개 팀이 재정상 문제로 합병되었다. 상황이 이러한데도 대부분의 구단주들은 팬과의 관계를 다시 재건하기 위한 변화를 망설였다.

　사실 일본프로야구는 태생적인 한계를 안고 있다. 애초부터 일본프로야구 리그는 기업의 자사 제품 광고 수단으로 이용하기 위해 창립되었다. 구단주들은 팀이 적자를 내도 다른 광고비용에 비교하면 훨씬 적은 규모였기 때문에 크게 신경을 쓰지 않았다. 결과적으로 야구팀들은 마케팅이나 프로모션에 관한 활동들을 거의하지 않았고 팬과의 소통을 위한 미디어 통로는 경기 결과를 알려 주는 박스스코어가 전부였다. 팀들은 자사 제품을 경기장에 전시하는 것만으로도 충분한 광고라고 믿었고 팬들이 알아서 경기장에 찾아올 것이라는 환상을 가지고 있었다. 즉, 일본 야구팀의 구단주들은 제품의 개발과 공학이 자동차나 냉장고를 파는 데 필요한 모든 것이라고 믿었던 20세기 초기의 산업가들과 크게 다를 바가 없었다.

물론 프로야구와 경쟁할 만한 스포츠도 적었고 당시만 해도 스타선수들이 자국에서 활동했기 때문에 오랫동안 이러한 전략이 통했다. 그러나 지금은 위기에 처해 있고 다른 산업처럼 소비자 중심으로 변화될 필요가 있다.

일본프로야구가 시장에서 생존하기 위해서는, 현재의 비즈니스 모델 변화를 고려해야 한다. 이를 위한 첫 단계는 소유 구조를 바꾸는 것이다. 일본의 구단주들은 대부분 케이레츠(은행을 중심으로 한 기업집단)에 가입해 있지 않는 비즈니스와는 거래를 하지 않는, 이른바 '케이레츠 원칙'에 따라 비즈니스를 하는 보수적인 사업가들이다. 서른한 살의 한 젊은 사업가가 킨테츠 버팔로즈를 매입하고 팀을 일반 주주들에게 오픈하겠다고 요청했을 때, 이제 곧 여든에 접어드는 요미우리 자이언츠의 전 구단주 츠네오 와타나베는 "우리가 모르는 사람을 들어오게 할 수 없다."고 못박았다.

현재의 리그 구조상 일본프로야구 위원장은 늘 레임덕 상태에 있다. 이러한 구조적 모순을 없애기 위해서는 경기와 리그를 소생시킬 의지가 있고, 젊고 보다 동기가 부여된 구단주들을 끌어들일 수 있도록 케이레츠 원칙과 같은 소유권 규정을 풀어줄 수 있는 위원장이나 이에 준한 운영조직의 권한을 강화하는 조례나 법안들을 마련해야 한다. 다행히도 일본 리그는 2004년 합병 당시 없어진 팀을 대체할 수 있도록 새로운 야구팀의 거래를 허용하면서 점차 개선된 방향으로 나아가고 있다.

새로운 야구팀의 구단주는 인터넷 사업의 개척자인 히로시 미키타니인데, 그는 팬들의 흥미를 다시 불러일으키기 위해서 자신의 정교한 인터넷 마케팅 계획을 활용하고 있다. 미키타니가 구단주들의 조직에 새롭게 들어가게 된 사건은 리그의 권력 구조에 새로운 생각을 불어넣었다는 점에서 매우 중요한 의미가 있었다. 이밖에 미키타니의 구단주 취임은 다른 글로벌 스포츠나 엔터테인먼트와 경쟁하기 위해서는 뉴미디어 커뮤니케이션 전략을 개발하고 실행해야 한다는 필요성을 인식하게 되었음을 의미한다.

두 번째 단계는 일본 선수들이 미국으로 가는 것을 막거나 그러한 현상에 대비하는 것이다. 미국으로 갈 생각이 없는 잠재력 있는 국내 스타들을 발굴하여 대안을 마련하고 리그의 위상을 높이는 것이다. 오랫동안 일본 야구는 스타파워를 통해 번성해 왔다. 따라서 팬들의 눈에 띌 수 있는 국내 선수들을 일찍부터 발굴하고 이들을 홍보하여 스타성을 계속 유지시켜야 할 것이다.

마지막 단계로 일본프로야구는 글로벌 수준에서의 새로운 유통 기회를 개발해야 한다. 양질의 일본 야구는 한국이나 대만 같은 아시아 강호들과 함께 연합하여, 메이저 리그 수준의 동북아시아 야구 리그를 만들 수도 있다. 정기적인 게임 일정과 나아가 리그 확장을 통해 이웃 나라들끼리 라이벌 구도를 형성하면서 지역적인 이점들을 활용한다면 그 즉시 아시아 야구의 인지도를 높일 수 있고 급성장하는 세계시장에서 아시아 야구를 브랜딩할 수 있을 것이다.

현재 일본 야구는 교차로에 서 있다. 일본 야구는 대규모 시장을 가지고 있고 실력이 뛰어난 많은 선수들과 실질적인 인프라를 구성하고 지원할 수 있는 재정과 산업적 역량 또한 갖추고 있다. 만일 일본프로야구가 글로벌시장에서 경쟁하기를 원한다면 지금 필요한 것은 그들 상품에 대한 '재검토'와 '변화'일 것이다.

지금까지 살펴본 몇 가지 변화에 대한 고려는 갈대 같은 시장에 다가가는 데 매우 유용하다. 스포츠브랜드는 고객, 경쟁, 가격 그리고 기술에 대한 어려운 문제들을 질문하고 해결점을 찾는 과정을 통해 비로소 브랜드파워와 팬들과의 관계를 발전시킬 수 있다. 극도로 경쟁이 치열한 환경에서 스포츠 상품은 생존을 위해 변화를 감행해야 할 것이다.

● 결론

제4장에서 우리는 스포츠브랜드 마케팅과 스포츠브랜딩의 토대를 이루는 4가지 요소, 즉 세분화, 윤리성, 관여, 변화에 대해 살펴보았다. 대부분의 다른 산업과 마찬가지로 현재 스포츠산업도 세분화된 시장에서 경쟁하기 위해서 브랜드를 개발하고 있다. 여기서 경쟁력 있는 브랜드가 중요한 이유는 스포츠 상품의 생존력이 단순히 게임에서 승리하는 것이 아닌 팬들과의 유대관계 형성에 더욱 의존하고 있기 때문이다. 그러나 팬들을 끌어들이고 유지하는 데 있어서 스포츠산업만이 지닌 독특한 몇 가지 이슈들이 있다. 다른 산업 부문과 달리 스포츠 상품은 대규모의 팬들에게 정기적인 서비스를 제공해야 하며 때론 모든 미디어의 보도를 관리해야 하고, 구단주, 에이전트, 선수, 스폰서와 같은 다양한 이해집단들도 관리해야 한다.

나아가 스포츠산업의 핵심 상품인 경기에 대한 평가는 팬들의 관람동기와 태도에 달려 있으며, 이는 스포츠 의사결정자들이 통제할 수 없는 부분이다. 이처럼 스포츠를 브랜딩하는 과정에 장애요인들이 있긴 하지만 예측할 수 없을 정도로 경쟁이 치열한 오늘날 시장에서 팬들과의 관계를 정립, 형성, 유지하는 작업은 변화 과정을 통해서 체계적으로 접근될 수 있다. 제5장에서는 브랜드 콘셉트 개발의 원칙을 살펴보고 제6장에서는 브랜드 테스트, 브랜드 고급화, 브랜드 실행에 대해서 논의해 보기로 하자.

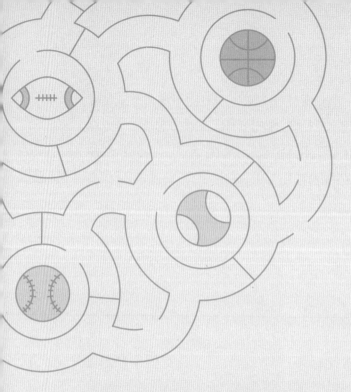

1930년대 육상 스타였던 글랜 커닝햄의 몸값은 '부르는 게 값'이었다. 당시 육상은 중요한 겨울 스포츠였다. 각 도시마다 뉴욕의 매디슨 스퀘어 가든이나 많은 관중이 모일 수 있는 시카고 경기장 같은 유명한 장소에서 실내 육상경기를 개최했고, 주요 신문사의 스폰서를 받았으며 자선단체도 참여했다. 대공황 시절의 영웅이었던 커닝햄은 열두 살 때 자동차 화재로 인하여 다리를 심하게 다치고도 어려움을 극복했고, 아마추어운동연합이 주최하는 육상 대회에 출전하면서 많은 돈을 벌었다. 때론 출전의 대가로 상당한 보너스를 받기도 했다. 커닝햄과 같은 많은 젊은 육상 선수들은 올림픽 출전이라는 최종 목표를 가지고 있었고, 고등학교, 대학교, 클럽 그리고 전 세계의 거대한 육상 지원 시스템이 그들을 후원했다. 게다가 당시의 육상 대회는 엄청난 팬과 강력한 기반시설을 갖춘 매력적인 스포츠 이벤트였다.

하지만 그로부터 70년이 지난 지금 육상은 많은 지역사회에서 실내 스포츠에 대한 흥미를 느끼지 못하면서 점차 설 자리를 잃고 있다. 또한 대부분의 고등교육기관에서도 더 이상 육상을 육성하지 않음에 따라 쇠락의 길로 접어들고 있다. 더군다나 필드하키, 라크로스, 스프링 미식축구, 익스트림 스포츠, 카레이싱 같은 스포츠들이 등장하면서 육상 스포츠는 늘 그 그늘에 가려졌다. 그밖에 스테로이드 복용 문제, 치열한 경쟁 그리고 한곳으로 응집되지 못하고 뿔뿔이 흩어진 리더십 문제들로 인해 육상의 추락은 계속되고 있다. 이제 육상도 과거의 위상과 명성을 되찾으려면 갈대 같은 스포츠팬들을 이해할 수 있고, 그들과 유대관계를 맺을 수 있는 강하고 통합된 리더십이 요구된다.

05 Generating The Sports Brand Transformation
스포츠브랜드 개발하기

변화가 필요한 스포츠 종목은 비단 육상뿐만이 아니다. 변화는 오늘날 경쟁 환경에서 황금률이 되고 있다. 즉, 새로운 스포츠들이 계속해서 시장에 진입함에 따라 모든 스포츠 상품은 끊임없이 시장에서의 자기 위치를 다시 평가하고 변화하는 팬들의 기대에 적응해야 한다. 변화를 통해 더욱 더 강한 스포츠브랜드가 된다는 것은 경쟁 상품과 차별화될 수 있다는 점에서 그리고 여러 외적인 변수인 선수의 행동, 뜻밖의 행운이나 사고에 상관없이 생명을 연장시킬 수 있다는 측면에서 중요하다.

스포츠브랜드의 잠재력은 오직 시장에 대한 뛰어난 이해와 때론 고통스러운 변화를 감내하겠다는 의지를 통해서만 실현될 수 있다. 믿기 힘든 재능이나 감상적인 민족주의, 역사, 또는 한 번의 이벤트를 통해서 브랜드가 자연스럽게 개발되는 것도 가능하다. 브랜드의 변화

가 즉흥적으로 일어나는 경우도 있기는 하겠지만, 결국 스포츠브랜드
는 다른 수많은 욕구와 환경 그리고 우연한 기회를 통해 오랜 시간에
걸쳐 개발되고 반복해서 작업되고 정교하게 다듬어질 것이다.

● 브랜드 변화의 동력

변화 모델에서 첫 번째 단계는 변화가 어떻게 시작되며 변화의 시
발점이 된 동력이 무엇인지 이해하는 것이다. 변화에는 늘 어떠한 동
기가 있기 마련이다. 팬 저변의 위축, 재정적인 개선의 필요, 지역 간
또는 세계무대에서의 치열해진 경쟁, 지역사회와의 관계 등이 대개
동기나 이유가 된다. 어떤 경우에는 고교스포츠의 통합과 분열, 특정
스포츠 육성에 대한 지역이나 국가 조직의 포기, 파업, 부상, 선수들
의 스캔들과 같은 예상치 못한 일련의 사건들도 변화의 이유가 될 수
있다. 이 같은 팬 감소의 위험을 미리 감지해야 시장의 요구에 따라
변화를 시도할 수 있다.

치열한 시장 환경에 내몰린 대다수 스포츠 상품들은 현 상태를 유
지할 만한 경제적 능력을 지니고 있지 않기 때문에 시장에 적응하도
록 변화해야 한다. 이러한 변화과정은 어떠한 동력에 의해서 활력을
얻을 필요가 있으며 이러한 동력은 리더십을 지닌 개인이 될 수도 있
고, 시청률 하락이나 새로운 규정과 법규 같은 상황적인 요인이 될
수도 있다.

리더십
리더십을 통해 변화를 일으키는 사람은 스포츠 변화를 오케스트

라 지휘자처럼 통솔하거나 상징적인 위치에 있는 사람이다. 예를 들어, 1950년대 미국 NFL의 위원장이었던 버트 벨은 능수능란하게 경쟁 팀들을 리그로 통합시켰고 구단주의 반대에도 선수협회를 인정했으며 무엇보다 미식축구를 국가적인 스포츠로 만들기 위해 TV를 주요 채널로 이용했다.

그의 후임자인 피트 로젤도 그의 리더십 스타일을 이어갔으며 변화를 통해 미식축구를 진정한 미국의 국기로 만드는 데 기여했다. 홍보 경력이 풍부했던 로젤은 비록 짧은 기간이었지만 LA 램스의 구단주이기도 했다. 그는 소유권과 권력을 NFL에 집중시키는 것과 같은 거대한 변화를 이끌지는 못했다. 대신 그는 팀의 경영과 시설을 위한 가장 실용적인 목표를 설정했으며 더욱 중요한 것은 비중이 커지고 있는 TV를 이용하기 위해 '슈퍼볼'과 '먼데이 나이트 풋볼'과 같은 이벤트들을 기획했다.

크리켓에 대해 다른 비전을 가지고 변화를 추구했던 인도의 자그모한 달미야 아시아크리켓연맹 회장의 경우에서 볼 수 있듯이 리더십을 통한 변화는 내부 조직원 모두가 인정하는 지도자를 통해서만 일어나는 것은 아니다. 로젤이 NFL 조직에서 내부자로 오랫동안 리더의 위치에 있었던 반면 달미야는 인도 건설업을 이끌었고 인도크리켓협회장과 더불어, 말이 많았지만 국제크리켓연맹 위원장도 역임했다. 로젤과는 달리 스타일과 전통성 면에서 달미야는 아웃사이더였다. 이러한 약점에도 불구하고 그는 크리켓을 세계화할 수 있는 동력을 제공했다.

달미야는 미디어와 예전에는 상상치 못한 조건의 계약을 체결했고 기업들의 후원을 독려함으로써 크리켓의 전통적인 위상을 높여갔으며 국제크리켓연맹의 회원을 두 배 이상 늘렸다. 로젤과는 달리 달미야의 크리켓 재건 과정은 크리켓의 전통이 훼손되는 것을 염려하던 사람들로부터 많은 비난을 받았다. 그럼에도 불구하고 달미야는 크리켓이 전 세계에서 주요 스포츠가 될 수 있다는 비전을 가지고 변화를 주도했다.

위기

인생이 그렇듯 주위의 관심을 끄는 부정적인 사건이 변화의 계기가 되기도 된다. NBA의 경우도 그랬다. NBA는 스포츠를 손상시키고 더럽혔던 선수들의 반사회적 행동으로 인한 수많은 부정적인 사건들을 경험했다. 어번 힐스에 있었던 디트로이트 피스톤스와 인디애나 페이서스의 경기에서 선수와 팬 사이에 일어난 주먹싸움 등 농구코트에서의 폭행사고와, 일 년에 1,400만 달러 이상을 벌어들이는 라트렐 스프리웰의 자신의 가족들을 '먹여 살리기' 위해서는 더 큰 계약을 해야 한다는 도를 넘어선 발언이 NBA의 부정적인 이미지를 더욱 강화시켰다. 옴니버스식으로 만들어진 책 『선을 넘었다: NBA 선수들의 강간, 폭력 그리고 범죄 문화 *Out of Bounds: Inside the NBA's Culture of Rape, Violence, and Crime*』에 잘 요약되어 있듯이 이런 NBA의 이미지는 경기장 밖에서 발생되는 선수들의 수많은 범죄 혐의로 더욱 나빠졌다. 코트 안팎에서 벌어지는 선수들의 부정적인 행동이 엄청난 비난을 사고 있다는 것을 인식한 NBA는 리그 차원에서 처벌을 강화하고 벌금을 올렸다. 또한 세계시장 진출로 방향을 선회했고 19세 이상으로 선수연령을 제한했으며 복장과 관련된 규정도 만들었다. 이 모든 변화들은 위기에 대처하고 NBA를 보다 국제적이고 존경받는 메이저스포츠 상품으로 재정립하는 것을 목표로 하고 있다.

만약 위기에 적절히 대처하지 않는다면 스포츠브랜드는 신뢰와 시장 점유율을 모두 잃게 될 것이다. 바로 복싱이 그러한 경우다. 1948년 빌리 폭스가 제이크 나모타를 쓰러트린 복싱경기 조작과 헤비급 챔피언인 소니 리스톤이 관련된 미심쩍었던 경기는 이미 논란이 있었던 스포츠의 정당성 문제에 더 어두운 그림자를 드리우게 만들었다. 이와 함께 선수가 경기 도중 링에서 사망하는 장면이 여과 없이 방송된 사건, 범죄 조직과의 연루설 등으로 부담을 안고 있었던 복싱은 시장에서 살아남기 위한 절실한 변화 전략을 단행해야만 했다. 실제로 복싱은 위기를 극복할 수 있을 만한 리더십 구조를 가져본 적이 없었기 때문에 그 운명은 독립적인 계약자로 활동하는 각 주의 복싱위원회, 프로모터, 그리고 매니저에게 달려 있었다. 결국 복싱 산업은 팬들로부터 신뢰를 잃고 시장은 쇠락했다.

문화적 트렌드

문화적 트렌드는 때때로 예상치 못한 스포츠 결과를 초래한다. 예를 들어, 미국 내 여성들의 스포츠 참여도와 관람률이 증가하자 1996년 NBA는 WNBA^Women's National Basketball Association를 창설했으며 이 리그는 폭발적이지는 않지만 관람률과 시청률이 꾸준하게 성장하고 있다. NBA는 대학여자농구팀이 늘어나고 있다는 현실을 인식했고 남성 위주 상품의 틈새시장이 가진 잠재력을 눈여겨보았다. 그리고 타이틀 9[10]의 통과에 따른 변화는 뛰어난 여자대학선수 층을 확대시켰고 나아가 프로스포츠에서 여자선수들의 수용 분위기는

---

10) **타이틀 9** Title IX
1972년에 제정된 남녀평등교육법안. 미국의 연방지원금을 받는 모든 교육프로그램은 성을 근간으로 한 차별을 금지한다는 법안이다. 남녀평등교육법안이 제정됨에 따라 학교 체육에서의 남녀차별 금지에 대한 법적 근거가 마련되었고 여성의 스포츠 참여를 증대시키는 데 결정적인 기여를 했다.

NBA의 변화를 더욱 자극했다.

그런가 하면 스포츠를 즐기는 문화에도 변화의 바람이 불었다. 예를 들어, 점차 안전의 문제가 강조되는 사회 문화적 경향에 대한 대책으로, 스포츠 용품 업체들은 소비자의 라이프스타일과 운동 습관에 적합한 제품을 개발했다. 또한 미식축구처럼 위험성이 높은 스포츠를 좀 더 안전하게 즐기고 다양한 인구사회학적 배경을 지닌 소비자들에게 어필하기 위해 새로운 제품 라인을 만들었다. 페인트 볼의 경우, 어린 소비자들을 겨냥해 좀 더 충격이 약하고 안전한 페인트볼 총알을 출시했다. 비슷한 예로, 전동 스케이트보드, 던지면 자동으로 커브가 되는 야구공, 탬볼(Tamball: 배구장에서 펼쳐지는 테니스의 새로운 버전) 등이 보다 안전을 의식하는 시장에 공급되고 있다.

시장 환경의 변화

시장의 구도도 변화를 자극할 수 있다. 예를 들어, LA 에인절스의 연고지는 히스패닉 인구가 늘어나고 있는 캘리포니아 주 애너하임이다. 구단주인 아르테 모르노는 남미 출신 팬들의 관심을 끌기 위해 히스패닉계 선수들을 다수 영입하여 팀 구성에 변화를 주었으며 블라디미르 게레로, 바톨로 콜론 같은 선수들과 장기 계약을 맺고 이들을 다문화 브랜드로 적극 홍보했다. 이러한 전략을 통해 에인절스는 팀의 플레이오프 진출과 동시에 2004년과 2005년 최다 관중 기록을 세우면서 성공 가도를 달렸다.

이처럼 에인절스의 전략은 선견지명이 있었다. 이와 달리 볼링은 변화하는 시장 환경에 뒤늦게 반응한 사례라 할 수 있다. 볼링 시청자 수는 이른바 TV 세대(1950~1990) 초창기에 절정을 이루었다. 그러나 볼링은 그 후 21세기까지 젊은 세대의 참여와 TV 시청을 자극하는 데 무심했고 거의 변화를 추구하지 않았다. 그 결과 스포츠의 생명을 지탱시킬 수 있는 젊은 세대와의 관계형성 기회를 낭비하고 말았다.

최근에 들어서야 전직 마이크로소프트의 직원들이 말 그대로 죽어가는 볼링시장의 부활을 꿈꾸며 프로볼링협회를 인수했다. 이들은 볼링을 경쟁력 있는 구성으로 바꾸었고 ESPN과의 TV계약을 맺었다. 또한 술과 담배 냄새로 찌든 뒷골목 이미지를 없애기 위해 '볼링장bowling alleys'에서 '볼링 센터bowling center'로 재포지셔닝했다. 이러한 노력들은 결국 볼링을 변화시키려는 의도에서 비롯된 것이며 덕분에 젊은 세대들에게 좋은 반응을 얻고 있다.

미디어

어떤 스포츠는 미디어의 요구에 따라 변하기도 한다. 기존의 나스카는 시즌 중반이 지나면 TV 시청률이 급격히 떨어졌다. 그때쯤이면 챔피언이 거의 결정되었기 때문이다. 따라서 시즌 내내 흥미를 유도하고 시즌 막판에 챔피언을 결정하기 위해 새로운 규칙을 실행했다. 즉 10명의 레이서에게 챔피언전 진출 자격을 주고 열 차례의 레이스를 더 치러 최후의 승자를 가리는 이른바 '챔피언컵 시리즈'를 새롭게 개발한 것이다.

물론 나스카의 이런 변화는 전통 레이싱을 사랑하는 사람들로부터 비난을 받았지만, 대중매체들은 이러한 변화가 TV 시청자들을 사로잡고 매력적인 스포츠로 거듭나게 할 것이라며 환호했다. 이러한 사례가 성공하자 PGA와 LPGA도 시청률을 높이는 플레이오프 규칙을 도입했다.

레알 마드리드 역시 미디어의 지원에 힘입어 점점 늘어가는 세계 팬들에게 적절하게 반응한 좋은 사례다. 레알 마드리드는 팀이 가진 스타파워를 내세우고 세계적인 노출을 위해 유통 채널을 이용하는 전략을 고안해 냈다.

결국 세계적인 미디어 노출 전략으로 인해 레알 마드리드는 40년 만에 처음으로 흑자로 돌아섰다. 지네딘 지단, 크리스티아누 호나우두, 데이비드 베컴 같은 슈퍼스타를 영입하면서 TV, 라디오, 인터넷을 통해 스페인과 유럽팬들뿐 아니라 아시아와 미국에 있는 팬들에게도 어필할 수 있었다. 비록 예상보다 저조한 성적을 거두긴 했지만 팀의 미디어 중심 전략은 엄청난 노출 효과를 가져다주었고, 이러한 노출은 팀 관련 제품 판매를 통한 매출 증가, 더 많은 국제 경기 초청, 그리고 팀의 경기와 관련 콘텐츠에 더 높은 권리금을 안겨 주었다.

● 브랜드 변화의 과정

스포츠의 변화를 이끄는 원인이 리더십, 문화 트렌드, 위기, 시장 환경 변화, 미디어 중 무엇이든지 오늘날 스포츠 의사결정자들은 그들의 상품을 변화시키는 데 있어서 수많은 도전에 직면해 있다. 어떤 도전은 고치기 힘든 태도나 완고하고 타협 없는 고지식한 리더와 같은 심리학적으로 복잡한 문제이기도 하고, 어떤 도전은 변화에 필요한 연구, 관점이나 변화의 실행 과정에서 발생하는 결과에 대한 심도 있는 해석에 관한 문제들일 수도 있다.

스포츠 지도자들은 대개 수 세대에 걸쳐 고수해 온 전통적인 개념을 유지하려고 한다. 하지만 그러한 완고한 지도자들도 지금껏 여러 가지 압력으로 인해 수많은 변화를 감행하곤 했다. 예를 들어,

NBA가 1954-1955년 시즌 전에 채택한 24초룰은 벌써 반세기가 지났고, 1979년에 실행되었던 3점숏 규정은 20년을 훌쩍 넘어섰다. 이제 24초룰과 3점숏 규정은 자연스럽게 받아들여지고 있다. 또한 NBA의 이러한 혁신은 빠른 경기 템포, 더 많은 득점, 그리고 흥분감과 경기 마지막 순간까지 긴장하게 만들며 팬들의 흥미를 끌어올리기를 원했던 대학농구에서도 채택되었다.

돌이켜보면 이러한 혁신적인 변화들은 스포츠 게임을 상당히 다른 형태의 엔터테인먼트로 변형시켰지만 변화의 결과는 후대에 가서 평가될 것이다. 명예의 전당에 오른 농구선수 돌프 샤에스마저 24초룰이 시행된 초창기에 "그 당시 우리 중 누구도 이것의 중요함을 깨닫지 못했다. 어쩌면 이것은 농구경기 역사상 가장 중요한 변화였는지도 모른다."고 회고했다.

수많은 스포츠 상품군들이 변화가 필요한 후보가 될 수 있다. 예를 들어, 종목(농구, 미식축구 등), 리그(영국 프리미어 리그, 미국 MLB 등), 팀(아르헨티나농구 국가대표팀), 이벤트(미국 프로축구의 올스타 경기, 고등학교 주 챔피언십 수영 토너먼트 등), 스타선수(야오밍, 마이클 슈마허 등), 스포츠 용품(스노보드, 조깅화 등)과 같은 다양한 제품군들이 존재한다. 이들은 유사한 면도 있지만 서로 다른 과제를 안고 있다. 즉, 리그와 스타선수들과 관련된 이슈는 상호 관련이 있을 수도 있지만 환경과 조건에 따라 서로 다른 비전과 목표를 가질 수도 있다.

예를 들어, PGA는 호주의 그렉 노먼과 남아프리카 공화국의 레티프 구센 같은 스타 골퍼들이 전 세계에 중계되고 엄청난 상금이 걸려 있는 미국 토너먼트 경기에 참가하길 원한다. 그러나 정작 노먼과 구센은 자국 팬들의 기대와 골프가 자국시장에 가져다줄 장기적인 경제적 성과를 고려해 일종의 책임감을 자주 느끼는 듯하다. 여기서 중요한 이슈는 대부분의 환경에서 변화의 근본적인 과정은 어느 스포츠를 막론하고 유사하며, 그러한 변화의 과정을 성공적으로 관리함으로써 서로 상반된 이해관계를 융화시킬 수 있다는 것이다.

그렇다면 스포츠 상품을 변화시키는 과정에 필요한 개발 단계는 무엇이 있을까? 나는 그 단계로 브랜드 콘셉트 개발, 브랜드 테스트, 브랜드 고급화 그리고 브랜드 실행을 제안한다. 그리고 이번 장에서는 그 첫 번째 단계인 브랜드 콘셉트 개발에 대해 중점적으로 다룰 것이다.

● 브랜드 콘셉트 개발

대부분 스포츠의 속성은 팬들에 의해 만들어지고 기대된다. 예를 들어, 야구팬들은 야구 하면 9이닝, 4개의 베이스, 투수 그리고 9명의 타자를 기대할 것이다. 그런가 하면 키가 2m나 되는 농구선수가 단순히 배드민턴시장이 더 전망이 좋다고 농구 경력을 버리고 배드민턴 스타가 되려고 할 가능성은 거의 없다. 그러나 그 농구 선수는 다른 유형의 농구 선수가 될 수는 있다.

예를 들어, 득점보다는 리바운드를 전문으로 하는 선수가 될 수도 있고, 무분별한 슈터보다는 팀 플레이어가 될 수도 있다. 그밖에 자신만의 트레이드마크가 될 수 있는 독특한 슛을 개발할 수도 있다. 혹은 활동 영역을 넓혀 리얼리티 쇼의 게스트로 참여할 수도 있고 대학농구의 해설자로도 활약할 수 있을 것이다.

이러한 원리는 비단 선수뿐만 아니라 리그, 팀 그리고 이벤트에 이르기까지 모든 스포츠 상품에 적용되는데 상품의 어떤 속성이나 특성들은 고정된 것이어서 변화될 수 없는 것들도 있고, 어떤 속성들은 변형이 가능하고 나아가 가치 있는 브랜드 콘셉트 개발을 위한 재료가 될 수도 있다.

궁극적으로 브랜드 콘셉트 개발은 세분화된 목표시장에 잠재적으로 어필할 수 있는 가능성을 지닌 콘셉트를 개발하고 선택하는 과정이라 할 수 있다. 이러한 변화의 주체는 프로모터, 경영자, 감독에 이르기까지 모든 스포츠 의사결정자들이 될 수 있으며, 그들의 목표는 시장에서 자신의 스포츠 상품을 차별화시킬 수 있는 브랜드의 속성과 특성을 개발하는 것이다.

그렇다면 이러한 목표를 성취하기 위해서는 스포츠 의사결정자들이 자신의 상품이 지닌 능력의 한계(product's capacity threshold: 해당 스포츠 영역에서 요구되는 최소한의 재능과 기술)를 냉철하게 인식해야 한다. 그밖에 스포츠 의사결정자들은 상품의 자산, 제한점, 경계점들을 이해해야 하며, 소비자의 기대에 부응하고 목표 설정과 제반 상황에 대하여 현실적으로 대응해야 한다.

포커의 경우 부분적으로 성공을 거두고 있다. 포커는 TV를 통해 공개된 은밀한 창고에서 공식적으로 진행되는 게임이기 때문이다. 도박의 유혹, 도박 테이블에서의 긴장감, 엄청난 상금, 클로즈업 화면으로 비치는 참가자들의 버릇, 행동, 그리고 속임수 등이 포커 게임의 주요 특징이다. 포커 선수들은 몸매, 몸무게, 머리 색깔 등이 문제가 되지 않는다. 신체적인 기술이 중요시되는 경기가 아니기 때문이다. 포커에서 요구되는 재능은 스모, 낚시, 또는 마라톤에서는 존재하지 않는 다른 능력이다. 이처럼 한 스포츠가 요구하는 능력은 어떤 스포츠가 다른 스포츠보다 우월하다는 것을 의미하지 않는다. 단지 스포츠마다 요구하는 기본적인 재능, 기술 그리고 수준에 따른 요구 조건이 다르고 따라서 브랜드에 따라 서로 다른 관리가 요구될 뿐이다.

다재다능한 디온

다재다능한 운동선수들이 많이 있지만 디온 샌더스Deion Sanders처럼 자신의 다양한 재능을 잘 이용한 선수는 드물다. 디온은 NFL에서 두 번이나 슈퍼볼 우승반지를 낀 스타 코너백으로, 3개의 메이저 리그 야구팀에서 활동했고 월드시리즈에서는 5할 3푼 3리라는 놀라운 타율을 기록했다. 이후 그는 방송 활동으로 영역을 넓혔으며 서른일곱 살에 다시 미식축구 무대로 돌아왔다.

이처럼 디온이 성공적인 경력을 유지하게 된 것은 '대담성'과 다양한 스포츠 분야에 대한 '도전 정신'을 브랜딩한 자세에 있다고 해도 과언이 아니다. 그는 '네온사인 디온Neon Deion'과 '프라임 타임Prime Time'이라는 별명을 가지고 있었고 그의 뛰어난 패션 감각, 도발적인 행동, 스피드, 기술 등은 트레이드마크가 되었다. 또한 그는 언론을 조롱하고 5음절의 시를 읊조리면서 뛰어난 복싱 실력으로 자신의 예언을 증명했던 무하마드 알리와 흡사한 점이 많았다.

터렐 오웬스나 채드 존슨 같은 NFL 선수들은 터치다운 후 요란한 춤 세레모니를 보여 주었지만, 사실 이들의 행동은 심판과 해설자를 짜증 나게 하는 데 그쳤다. 그런 면에서 NFL의 브랜딩 교과서는 디온에 의해 쓰여졌다고 할 수 있다. 사실 뮤직비디오에서의 래퍼 활동, CBS의 「NFL 투데이」 프리게임 쇼에서의 중계활동, 다양한 자선활동은 디온의 다양한 인격과 개성을 보여 주고 있다.

그는 누구나 인정하는 천부적인 운동선수였지만 방송 영역에서 활동할 때는 자신의 브랜드의 근간을 이루는 직업윤리에 충실했다. 실제로 「NFL 투데이」의 진행자였던 짐 낸스는 "디온보다 나은 친구는 없을 것이다. 그는 미식축구의 최고 분석가가 되기로 결심했다."고 평가했다. 더군다나 디온은 단 한 번도 마약, 술 혹은 경기능력과 관련된 루머에 연루된 적이 없었다. 이처럼 그는 자신의 능력과 기술을 이해하고 있었던 타고난 선수였으며 자신의 브랜드를 창출하기 위해 열심히 노력했다.

여기서 우리는 상품이 지닌 능력의 한계를 정확히 판단하는 것이야말로 성공의 중요한 열쇠라는 교훈을 얻을 수 있다. 스포츠 세계에는 내용이 건전하지 못한 랩 앨범을 제작한 NBA 스타 론 아테스트처럼 다양한 영역을 넘나들었지만 실패한 스타선수들이 즐비하다. 심지어 다양한 영역에서 재능을 보였던 마이클 조던조차도 시카고 화이트삭스에서 메이저 리그 선수로 뛰고자 했던 목표를 이루지 못했다. 다른 비즈니스와 마찬가지로 스포츠브랜드의 개발도 브랜드의 잠재력을 현실적으로 평가하고 목표시장을 겨냥하며 나아가 이를 실행에 옮기는 것이 중요하다.

변화를 추구하는 스포츠 상품은 자신이 속한 스포츠 영역에서 요구하는 최소한의 기술과 능력을 충족시키는 것이 중요하다. 일단 스포츠 상품이 이러한 기준을 넘어섰다고 판단되면 브랜드 콘셉트 개발 단계가 시작될 수 있다. 성공적인 브랜드를 개발하는 데 필요한 5가지 단계는 다음과 같다.

1. **평가** : 브랜드 정의 또는 재정의 필요성 평가
2. **자산 검토** : 브랜드 자산의 가치 평가
3. **목표 설정** : 목표시장 정의

4. **계획** : 변화의 정도 결정

5. **형성** : 목표시장을 겨냥한 브랜드 형성과 개발

필요성 평가

스포츠 상품을 브랜드화할 때 부족한 점이 무엇이며 어떤 브랜드로 만들어 갈 것인지를 결정하는 일은 매우 중요하다. 이 과정에는 현재 상황 정의defining the current state, 경쟁 상황 조사examining the competition, 문화적 트렌드 고려accounting for cultural trends, 비전 제시determining a vision와 같은 4가지 단계를 고려해야 한다.

먼저 첫 번째 단계는 강점, 약점, 기회 그리고 위기를 평가하는 SWOT 분석을 통해 현재의 상황을 정의하는 것이다. 예를 들어, 북미 실내프로라크로스 리그인 국제라크로스연맹NLL이 시장 점유율과 수입 증가를 원한다고 가정해 보자. 그러면 다음과 같이 SWOT 분석을 할 수 있을 것이다.

강점

- 아이스하키처럼 강렬한 에너지와 농구처럼 빠른 페이스, 그리고 점수가 많이 나는 활동 스포츠
- 유소년, 고등학교, 그리고 대학의 참여 증가
- 관중 수의 증가와 올스타 경기와 챔피언십 경기의 전국 TV 중계

약점

- 비주류 스포츠라는 시각
- 상류층의 운동이라는 고정관념
- 주로 동부 해안 쪽에 치중된 아마추어 게임

기회
- 아마추어 선수들의 적극적인 참여로 인해 팬으로 전환될 수 있는 높은 가능성
- 리그에서 스타파워를 키울 수 있는 잠재력
- 동부에서 다른 지역으로의 시장 확대

위기
- 지속적인 미디어 노출 부족
- 다른 스포츠 시설을 빌려 경기를 진행하므로 NLL의 전체 패키지를 선보이기 힘듦

두 번째 단계는 경쟁 상황을 조사하는 것이다. 즉, 스포츠 조직은 누가 무엇을 하고 있으며, 어떻게 하고 있는지, 어떻게 성공했는지를 알아보기 위해 동종 산업과 다른 엔터테인먼트 경쟁자들을 상대로 설문조사를 실시할 수 있다. NLL이 브랜드를 확장시키고자 한다면 먼저 자신들이 어떤 스포츠와 엔터테인먼트를 상대로 어느 시장에서 경쟁을 하고 있는지 이해해야 한다.

예를 들어, NLL은 12월부터 4월까지 미식축구, 농구, 하키와 같은 인기 스포츠들과 경쟁해야 한다. 또한 NLL팀들은 대개 NHL 아이스하키 구단들이 소유하고 있고 NHL의 경기장을 중심으로 활동하기 때문에 같은 팬을 놓고 경쟁해야 한다. 또한 이 단계에서 경쟁 종목의 가장 성공한 사례들을 벤치마킹해야 하고 마찬가지로 실패한 사례의 경우도 그 원인과 그밖의 다른 중요한 이슈들을 점검해야 한다.

세 번째 단계는 문화적 트렌드를 고려하는 것이다. 사람들이 어떻게 정보를 얻는지 최근의 소비자 구매 습관은 어떠한지 최근에 등장한 테크놀로지는 무엇이 있는지 그리고 여가 시간은 어떻게 보내는지에 관해 탐구하는 것, 그것이 바로 브랜드 콘셉트 개발의 시작이다.

결국 브랜드 콘셉트는 팬 저변을 보장할 수 있는 문화적인 트렌드를 파악해야 한다. NLL의 경우 신생 클럽, 고등학교, 그리고 대학교의 라크로스 프로그램들과 협조할 수 있고, 지속적인 미디어와의 관계를 형성할 수도 있다. 나아가 다득점, 끊김 없는 플레이, 그리고 계속 인상되고 있는 연봉과 경쟁에 대한 보상이라는 문화적 트렌드를 이용할 수도 있다.

마지막 단계는, 스포츠 조직의 비전을 결정하는 일이다. 스포츠 조직은 스포츠 상품의 현재 상태, 경쟁자들이 무엇을 하고 있고, 문화적인 요인이 어떤 식으로 사업에 영향을 미치는가를 둘러본 후 명확한 비전을 개발해야 한다. 비전 개발 단계에서 스포츠 조직은 브랜드를 성공시키는 데 필요한 자산, 목표, 그리고 동기부여에 반드시 현실적인 자세로 임해야 한다.

NLL의 마케팅 디렉터인 맷 밀러에 따르면 NLL의 비전은 '미국에서 다섯 번째 메이저 프로스포츠가 되는 것' 이다. 이제 20년을 갓 넘긴 NLL은 새로운 시장으로 뻗어 나아가고 있으며, 초창기 25만 달러에 거래되었던 구단의 가치가 지금은 300만 달러에 이르고 있다. 현재 NLL은 메이저 프로스포츠 리그로 성장하기 위한 다음 단계로 나아가고 있다. 하지만 시장에 진입하고 있는 메이저 리그 축구라는 장애물과 스포츠 TV 시청자의 계속되는 세분화라는 어려움에 직면해 있기도 하다. 현실적인 기대를 바탕으로 한 명확한 비전 사례들은 다음과 같다.

싱가포르 배드민턴연맹 Singapore Badminton Association
"싱가포르를 세계 최고의 배드민턴 국가로 만든다."

텍사스테크 대학교Texas Tech University

"텍사스테크 대학은 대학스포츠의 리더가 될 것이다. 우리 대학의 스포츠팀은 스포츠 경쟁에서 뛰어난 경기력과 학문적 성취와 개인의 발전에 있어서 국내 최고가 되고자 열망한다."

고교볼링 USAHigh School Bowling USA ; HSBUSA

"HSBUSA의 비전은 HSBUSA가 학교 경영자, 볼링 센터, 그리고 볼링산업 조직들에게 필수적인 자원이 되는 것이며, 학교 대표팀 프로그램을 통해 모든 고등학생들이 당당하게 스포츠 경쟁을 경험할 수 있는 기회를 제공한다."

브랜드 자산 평가

스포츠 상품은 각각의 특성이 있다. 여기서 해야 할 일은 상품이 지닌 가장 확실하고 홍보하기 좋은 특징을 찾아 결정하는 것이다. 의사결정자들은 바로 이 단계에서 브랜딩의 모든 가능성들을 검토하고 강화할 자산과 포기할 자산을 결정해야 한다. 여기서는 브랜드 형성 모멘트[11], 브랜드 가치, 브랜드 시너지라는 3가지 측면이 고려되어야 한다.

| 브랜드 형성 모멘트

브랜딩 과정에서 가장 어려운 작업 중 하나는 상품의 브랜드 본질(소비자에게 전달되는 브랜드의 핵심적인 이미지)을 정의하는 일이다. 브랜

[11) 브랜드 형성 모멘트 Brand-Forming Moments
어떤 상품이 사람들에게 강력한 호감과 이미지를 심어 주는 순간이나 기회를 의미한다. 이러한 순간과 기회는 경기 도중이나 미디어 노출 혹은 스포츠 관련 제반 활동과정에서 우연히 발생하며 아이디어 회의나 조사과정과 같은 보다 체계적인 접근을 통해 생성되기도 한다.

드의 본질을 이해하고 정의하는 방법은 상품의 브랜드 형성 모멘트를 면밀히 검토하는 것이다. 이런 기회의 순간들은 종종 스포츠 경기나 언론 노출을 통해 발생하며 팬들에게 브랜드를 강하게 주입시키는 역할을 한다. 브랜드 자산 평가의 목적은 바로 이처럼 브랜드를 가장 잘 형성할 수 있는 브랜드 형성 모멘트를 선택하는 데 있다.

예를 들어, NFL은 1958년 볼티모어 콜츠 대 뉴욕 자이언츠의 NFL 챔피언십 TV 중계에서 브랜드 형성 모멘트를 가졌다. 이 게임은 볼티모어 콜츠의 조니 유니타스와 앨런 아메체, 뉴욕 자이언츠의 찰리 코넬리와 프랭크 기퍼드 같은 스타선수들이 참가했고, '서든데스' 규정이 처음으로 적용되어 연장전에서 결판이 난 경기였다.

콜츠가 결국 23대17로 승리한 이 경기는 NFL 역사상 '최고의 경기'로 불리고 있다. 스타선수들로 구성된 팀들의 친밀감, 긴장감, 그리고 끝까지 결과를 예측할 수 없는 흥미진진함을 생생히 전달해 주었던 TV의 능력이 가세하면서 시청자들은 NFL이 무엇을 제공할 수 있는지 알게 되었고 TV와 NFL은 팀워크를 발휘했다. 즉, 이 경기 동안 발생한 브랜드 형성 모멘트는 NFL이 팬과의 커넥션을 극대화하고 강력한 브랜드를 형성하는 데 매우 소중한 순간이었다.

브랜드가 형성되는 순간은 우연히 주어지며 잘 보이지 않는다. 따라서 이러한 순간과 기회는 적극적으로 찾아내야 한다. 예를 들어, 여름철 그라비티 게임은 출범한 지 6년이나 되었지만, 익스트림 스포츠의 본래 모습인 소규모 형태의 스포츠로 회귀하여 '유토피아 연결고리'에 어필했던 2005년이 되어서야 브랜드 형성 모멘트를 발견했다. 그 순간은 그들의 경쟁 상대이자 6년 동안 모방하고자 했던 엑스 게임과 차별화에 실패하는 과정에서 우연히 발견되었다.

엑스 게임과 그라비티 게임은 각각 LA와 클리블랜드와 같은 대도시에서 주요 익스트림 스포츠 이벤트로 자리 잡았고, 더 큰 시장을 지닌 스포츠로 자리매김할 수 있는 후광을 얻었다. 3년 연속 클리블랜드에서 개최되었던 그라비티 게임은 매년 평균 15만 명 이상의 팬을 끌어모아 관중 동원에 성공했다. 하지만 이는 캐나다의 여행 레저 채널인 OLN^{Outdoor Life Network}이 옥타곤으로부터 그라비티 게임을 인수할 때 가졌던 비전과는 다른 것이었다. 따라서 OLN은 그들의 스포츠 네트워크를 형성하는 것과 새로 시작된 겨울 스포츠에 호주 버전까지 추가시킬 수 있도록 그라비티 게임 브랜드를 확장하기 위해 변화를 시도했다.

일단 그들은 엑스 게임과 차별화된 포지셔닝을 위해 2005년 하계 그라비티 게임을 펜실베이니아의 아미시컨트리에 위치한 원시적인 환경의 캠프 우드워드와 그나마 익스트림 스포츠 장소로 잘 알려진 사우스 필라델피아의 FDR 주립공원에서 개최했다. 이러한 개최지 변경은 그라비티 게임 전략의 변화를 알리는 신호탄이 되었다. 또한 OLN은 그동안 생생한 현장에서의 상호작용을 강조했던 전략에서 벗어나 TV시청자들을 위해 액션 스포츠, 음악, 영화적 요소를 엔터테인먼트 패키지로 한데 묶은 '액션멘터리 커버리지^{actionmentary coverage}'라 불리는 TV를 위한 무대로 이동하고 있었다.

이제 그라비티 게임 개최지는 TV 프로그램을 위한 무대가 되었고 관중은 스튜디오 관객이 되었다. 새롭게 브랜드화된 이 게임은 올림픽과 같은 경쟁보다는 서바이벌 게임이라는 환경에 훨씬 더 가까워졌다. 그라비티 게임의 전략은 그들의 주요 경쟁자인 엑스 게임과의 차별화였다. 이는 브랜드 형성 모멘트를 구성하는 일종의 도박과 같았으며 그들은 시청자들이 반응을 할 것이라고 확신했다.

이처럼 브랜드 형성 모멘트의 디자인 과정은 상품의 역사와 배경에 대한 조사와 시장의 기대에 대한 지속적인 모니터, 그리고 목표시장에 어필할 수 있는 재료을 뽑아 내는 것과 같은 노력을 요구한다. 스포츠 의사결정자들은 선수, 코치, 경기장, 팀의 역사, 구단주, 리그 등과 같은 수많은 자원으로부터 이러한 재료와 자산들을 선택할 수 있다.

끝으로 브랜드 형성 모멘트는 우연히 발견될 수도 있고, 아이디어 회의를 통해 개발될 수도 있으며, 혹은 체계적인 조사과정을 통해서도 생성될 수 있다. 브랜드 형성 모멘트는 브랜드의 상징이 되기도 한다.

브랜드	브랜드 형성 모멘트
나이키에어와 마이클 조던	마이클 조던의 슬램 덩크 능력이 농구화를 하나의 사회적인 심볼로 변형시켰다.
육상	로저 바니스터가 약 1.6km를 4분 안에 주파하여 오랫동안 깨지지 않는 기록도 깨질 수 있다는 가능성을 보여 주었다.
테니스	바비 릭스와 빌리진 킹의 테니스 경기 중계는 테니스를 엔터테인먼트 TV 스포츠로 브랜드화하는 결정적 계기가 되었다.
스타터 재킷	10대들이 터프가이 오클랜드 레이더스의 스타터 재킷에 열광하여 따라 입기 시작하면서 스포츠 의류는 패션과 동시에 공격성을 상징하게 되었다.
휴스턴의 애스트로돔	최초의 실내 돔구장 개장으로 스포츠 경기장은 1년 365일 이벤트를 위한 다용도 공간으로 변신했다.
대학농구 4강전	짐 발바노 코치의 노스캐롤라이나 대학교가 휴스턴 대학교를 상대로 한 챔피언 결정전에서 마지막 숏으로 극적으로 승리한 사건은 대학농구 토너먼트를 예측할 수 없는 대회로 브랜드화했고 짐 발바노 코치를 희망의 상징으로 만들었다.

| 표 5-1 | 브랜드 형성 모멘트

| 브랜드 가치

브랜드 가치는 스포츠브랜드의 의미와 문화를 지탱하는 원칙들이라고 정의할 수 있다. 브랜드 가치란 승리나 패배와 같이 경기의 결과에 항상 영향을 받지는 않으며 팬들의 충성을 얻고 이를 유지하는데 매우 중요한 역할을 한다. 보통 스포츠브랜드의 가치는 힘, 의식, 전통, 존경, 성실, 고결함, 명예, 충성심, 보호, 인내를 의미한다. 따라서 브랜드를 정의하는 데 도움이 되고 팬들과의 관계를 더 깊고 확실하게 할 수 있는 일련의 가치들을 개발할 필요가 있다.

예를 들어, NFL의 시카고 베어스는 어떤 역경도 문제 삼지 않는 팬들의 헌신에 의해 형성된 근본적인 가치들 때문에 팀의 승패와 상관없이 시카고라는 도시와 밀접하게 결속되어 있다. 또한 시카고 베어스는 베어스만의 독특한 문화를 창출했고 지역의 여러 단체와 시카고 그리고 팬들을 하나로 묶어 주는 원동력이 되고 있다.

브랜드의 가치를 결정하고 개량하는 작업은 브랜드의 상징성을 명확하게 알려 준다는 측면에서 브랜드 형성에 매우 중요한 요소다. 예를 들어 미국 여자롤러스케이트협회는 몸싸움이 많은 거친 경기를 통해 힘, 충성, 그리고 방어를 브랜드 가치로 두고 있다. 경기에서 무슨 일이 일어나든지 간에 브랜드의 가치는 팀과 팬을 하나로 만드는 매우 중요한 역할을 한다.

브랜드가 대표하는 것이 무엇인지 이해할 수 있는 또 다른 방법은 그 브랜드가 어떤 목적을 가지고 소비자를 상대하고 있는지를 살피는 것이다. 다시 말해 브랜드의 가치뿐만 아니라 그 효용도 함께 고려하는 것이다.

하버드 대학교 교수 클레이튼 크리스텐슨, 산업 전문가 스콧 쿡과 테디 홀은 "소비자는 해야만 하는 일이 있고 브랜드는 소비자의 일이 완수되도록 돕는 방향으로 만들어져야 한다."고 주장한다. 그들은 이러한 상품들을 '목적 브랜드purpose brands' 라고 칭하며 "나는 이 것을 가장 빠른 시간 내에 완벽하게 여기서 저기로 보내야 한다."는 식의 소비자의 요구를 성공적으로 도와준 페더럴 익스프레스Federal Express와, "나를 혼란의 세상에서 빠져나갈 수 있도록 도와 달라."는 소비자의 요구를 만족시킨 소니의 워크맨Walkman을 모범적인 목적 브랜드의 사례로 꼽았다.

즉 목적 브랜드의 기본 개념은 마케터들이 반드시 소비자들의 인구사회학적 배경, 라이프스타일, 심리 등에 중점을 둘 필요 없이 소비자 행동에 중점을 두고 관심을 갖는다면 더 많은 상품들이 살아남을 수 있고 고객의 충성도를 높일 수 있다는 믿음에 있다.

사실 이런 목적 브랜딩의 개념을 스포츠의 레저 활동 영역에 적용하는 것은 지나친 것으로 보일 수도 있다. 하지만 스포츠브랜드가 팬들이 원하는 것을 해내지 못할 경우 그 시장으로부터 단절될 수 있는 가능성은 충분히 있다. 이 같은 목적 브랜딩은 스포츠 의사결정자로 하여금 팬들이 왜 그들의 브랜드에 관심을 갖는지에 대한 근본적인 이유들을 밝혀낼 것을 요구한다는 측면에서 장점을 지닌다. 실제로 살펴보면 스포츠산업에도 다양한 목적 브랜드의 예들이 존재한다.

예를 들어, 팬들은 친구와의 관계를 유지시켜 주는 판타지스포츠를 즐긴다. 페인트볼 또한 참가자들에게 통제된 환경에서 그들의 공격적 성향과 폭력적인 행동을 분출할 수 있는 통로를 제공하는 일을 수행한다는 측면에서 매력적인 신생 스포츠로 자리 잡아가고 있다. 그런가 하면 한국의 쇼트트랙 국가대표팀은 세계무대에서 강력한 파워로 대한민국의 출현을 상징적으로 표출하고자 하는 팬들의 바람을 성취시켜 주었다. 이상의 예에서 볼 수 있듯이 스포츠브랜드의 목적은 엔터테인먼트를 제공하는 것뿐 아니라 팬들의 근본적인 욕구를 만족시키는 데 있다.

여기서 중요한 점은 브랜드 가치는 스포츠브랜드 개발의 핵심이라는 것이다. 필연적인 변화, 역경, 문화적 변화란 상황 속에서도 스포츠브랜드를 지탱한다는 점에서 브랜드 가치를 찾아내는 것은 중요한 과제다.

| 브랜드 시너지

브랜드 시너지 효과는 스포츠브랜드들이 서로 잘 어울리고 상호 보완될 때 발생한다. 대부분의 스포츠 상품들은 리그, 컨퍼런스, 연맹, 협회, 이벤트, 팀, 개인(선수, 코치, 행정가) 등과 같은 다양한 조직체를 가지고 있으며, 이런 조직들은 각각의 구성원들이 서로의 포지셔닝을 방해하지 않으면서 강화되도록 협력해야 한다.

이처럼 스포츠브랜딩의 모든 구성요소들이 하나가 되어 협력하는 것이 가장 이상적이지만 현실적으로 스포츠 의사결정자들은 대개 자신의 스포츠 상품에 대해서만 통제력을 가지고 있다. 따라서 잠재적인 갈등요인들을 상품믹스에 체계적으로 반영하여 조화를 이루도록 해야 한다. 이러한 문제를 풀어내고 브랜드 시너지를 극대화시키는 효율적인 접근방법은 거시적인 관점이나 미시적인 관점으로 브랜딩을 구상하는 것이다.

거시 브랜드macro brand란 변화의 과정에 있는 상품으로 스포츠 의사결정자의 직접적인 통제 하에 있는 상품을 말하며, 미시 브랜드micro brand란 거시 브랜드 콘셉트를 강화하고 시장 차별화를 도와주는 브랜드 확장 상품이다. 어떤 스포츠 리그가 개혁하고자 한다면 우선 자신의 거시 브랜드(리그 자체)를 평가한 후, 그러한 변화나 개혁이 어떤 식으로 미시 브랜드(팀, 선수, 감독, 경기)에 영향을 줄 것인지 판단해야 한다.

예를 들어, 미국 MLB의 거시 브랜드는 가족과 젊음, 역사와 향수 그리고 여름과 여가를 상징하며, 미시 브랜드는 30개의 서로 다른 야구팀, 선수, 구단 경영진, 행정가 그리고 야구 경기 자체가 될 것이다. 오클랜드 애슬레틱스는 젊음, 무례한 행동, 혁신적인 구단 경영에 중심을 둔 MLB의 미시 브랜드 중 하나이지만 애슬레틱스는 여전히 MLB라는 거시 브랜드를 표현해야 하고 이를 강화시켜야 할 필요가 있다.

이 같은 거시 브랜드와 미시 브랜드가 잘 융합되어 시너지 효과를 내는 것이 바로 브랜드 콘셉트 개발의 이상적인 성과다. 따라서 의사결정자들은 브랜드 시너지믹스를 잘 살피고 추구하는 변화가 어떤 식으로 다른 요소들의 포지셔닝과 조화를 이룰 것인가를 평가함으로써 브랜딩 의사결정의 효과를 측정할 수 있으며 나아가 다른 미시 브랜드들이 이미 확립해 둔 브랜드 자산을 극대화할 수 있다. 스포츠 의사결정자는 이처럼 자신의 브랜드 자산을 평가한 후 좀 더 분명하게 목표 세분시장을 선택할 수 있게 된다.

목표시장 정의하기

미래 목표가 명확해졌다면 이제는 비전을 달성할 세분화된 시장을 선택해야 한다. 그러나 여기서 기억해야 할 점은 비전을 선택하는 일도 목표 세분시장을 선택하는 작업과 상호작용한다는 사실이다. 즉, 비전 선택이 출발점이 될 수도 있고 목표시장 선택이 출발점이 될 수 있다. 스포츠 상품은 그동안 무시되었던 세분시장을 발견한 후 비전을 세울 수도 있고, 혹은 비전을 먼저 제시하고 그 비전이 어필할 만한 목표시장을 찾아 나설 수도 있다는 말이다.

각각의 목표 세분시장들은 서로 다른 독특한 특징과 요구사항들을 지니고 있기 마련이다. 대부분의 조직들은 하나의 넓은 시장보다는 몇 개의 세분시장으로 구성된 세분시장믹스mix of segments를 타깃으로 한다. 이때 스포츠 상품들은 각각의 세분시장에 적합한 가치 제안value proposition을 개발해야 하며, 각각의 세분시장이 지닌 특성들은 서로 조화를 이루어야 한다. 즉, 목표 세분시장을 정의하는 데 있어서 세분시장의 성격, 마케팅 요구조건, 수익성과 가용자원이라는 4가지 최우선 과제들이 고려되어야 한다.

| 시장의 성격

세분시장들은 모두 서로 다른 성격을 지니며 그중에는 스포츠 상품이 목표로 삼을 만한 더 나은 세분시장도 존재할 것이다. 시장 특징은 크기, 인구통계학적 특성, 가치, 그리고 가장 중요한 팬들과의 연결고리 등으로 결정되는데, 브랜드 개발 과정에서 이러한 특징들은 비전, 브랜드, 그리고 목표 세분시장을 잘 연결시킬 수 있도록 명확하게 배열될 필요가 있다.

슈퍼볼 게임은 NFL 정규 시즌 때보다 더 폭넓고 다양한 팬들을 끌어모은다. 슈퍼볼은 미국에서만 평균 9,000만 명 정도가 시청하는데 정규 시즌 경기의 평균 시청자 1,000만 명에 비하면 엄청난 수치다. 즉 이는 실제 미식축구팬이 아닌 사람들, 평범한 팬들, 그저 파티를 목적으로 하는 사람들, 단순히 광고 보는 재미로 시청하는 사람들도 슈퍼볼을 시청한다는 것을 의미한다. 또한 먼데이 나이트 미식축구의 경우, 일요일 낮에 중계되는 주요 미식축구 경기보다는 월요일 밤에 술집이나 바에서 시청하는 것을 좋아하는 여성과 비열성적인 시청자들이 더 많다. 이처럼 시청자들의 근본적인 욕구에서의 차이를 인식하고 있는 구단주들과 광고주들은 각각의 세분시장에 적합한 콘텐츠들을 준비할 필요가 있다.

이처럼 스포츠가 팬들에게 폭넓게 어필하려고 노력함에 따라 시장의 인구사회학적인 특성에 존재하는 미묘한 차이는 더 복잡해지고 있다. 프로골프 시청자들은 10대와 20대 남성이 대부분인 익스트림 스포츠팬들에 비해 나이가 많다. 따라서 성숙한 프로골프팬들에게 어필하려면 용어, 스타일, 콘텐츠의 전달에 있어서 이러한 차이점들을 고려해야 한다. 또 한편으로 오늘날 골프는 젊은 층으로 타깃을 확대시키려고 하고 있다. 이러한 결정을 통해 골프는 문화적으로 민감한 젊은이들에게 맞는 콘텐츠와 이벤트를 개발해야 할 것이며, 젊은 고객들을 끌어들일 수 있는 메시지 전달과 적절한 제품의 가격도 고려해야 할 것이다.

| 마케팅 요구 조건

스포츠 마케팅은 어떤 특별한 환경이나 조건들에 따라 더 어려워지거나 수월해질 수 있다. 예를 들어, 어떤 시장은 매력적이긴 하지만 이미 경쟁자들이 포진해 있을 것이다. 대부분의 스포츠에게 청소년들은 가장 중요한 시장이다. 청소년은 잠재적인 구매력을 지니고 있으며 부모의 결정과 선택에 영향을 미치고 자기 인생에서 오래 지속될 만한 브랜드 충성도를 형성할 수 있는 시기에 있다. 그러나 문제는 청소년들을 목표로 하는 스포츠 상품들이 점점 더 늘어나고 있고, 이와 관련된 이슈들이 더욱 복잡해지고 있다는 점이다. 결과적으로 청소년시장을 목표로 하는 마케팅은 엄청난 자원, 관심과 함께 상당한 위험을 요구한다. 이에 반해 나이가 많은 베이비붐 세대들을 목표로 하는 마케팅은 경쟁자가 적기 때문에 상대적으로 수월하고 적은 자원이 요구된다.

지난 10년 동안 뉴밸런스 운동화가 나이키와 리복이 지배해 왔던 운동화시장에 진입하기 시작했다. 이 시장은 운동선수가 출연하는 광고와 엄청난 광고비에 크게 의존하는 시장이다. 그러나 뉴밸런스의 '역차별 포지셔닝counter-positioning'은 경쟁 제품의 패션 감각에 신경 쓰지 않고 점차 나이를 먹고 있는 연령대를 겨냥한 운동화를 만들고 판매하는 데 있었다. 그들의 전략은 볼이 좀 더 넓은 신발을 공급하여 베이비붐 세대들이 조깅할 때나 농구 드리블을 할 때 더 편안함을 느낄 수 있도록 배려했다. 이처럼 자사 브랜드를 경쟁 브랜드와 명확하게 차별화시키고 경쟁자와는 다른 소비자를 겨냥함으로써 뉴밸런스는 시장 세분화에 성공했다. 이와 함께 뉴밸런스는 견고한 성과를 바탕으로 새로운 개념의 운동화를 만들어 내기 시작했고, 편안함, 가치 중심, 그리고 튀지 않는 운동화라는 명성을 바탕으로 젊은 층에까지 저변을 확대했다.

스포츠 상품에 대한 시장의 태도나 성향market's orientation 또한 마케팅 요구 조건에 영향을 주는 요소다. 2004년 NHL의 파업을 예상한 AHL의 토론토 로드 러너스는 에드먼튼 지역을 대표하는 NHL의 에드먼튼 오일러스의 공백으로 생긴 시장을 노리고 2004-2005 시즌 동안 팀을 에드먼튼으로 옮겼다. 로드 러너의 새로운 목표시장이 된 에드먼튼 오일러스의 팬들은 이미 아이스하키 열성팬이었고 하키를 가장 인기 있는 스포츠로 인정해 주는 도시에 거주하고 있었다. 또한 이들은 NHL의 파업으로 잃게 된 아이스하키의 짜릿함을 어떤 식으로든 다시 즐기고 싶어 했다는 점에서 로드 러너에게는 절호의 기회였다.

결국 로드 러너는 질적인 측면과 경기력에 있어서 NHL에 뒤지지 않는 상품을 공급해야 했으며 NHL 팬들 사이에 좋은 입소문도 퍼뜨려야 했다. '검증된 프로하키 Pro Hockey Guaranteed!'라는 슬로건을 내걸어 NHL 파업 기간 동안 에드먼튼 오일러스를 대신할 팀으로 인식시키기도 했다. 에드먼튼 시장의 요구조건은 최소 수준이었지만 그 성과는 결코 적지 않았다.

2004년 로드 러너 개막식 때에는 무려 1만 6,001명의 관중이 참석했는데 이는 이전의 관객 동원 기록에서 6,000명이나 뛰어 넘은 수치였다. 또한 팀의 전체적인 평균 리그 관중동원에서 3위로 시즌을 마무리했다. 사실 에드먼튼 시장의 아이스하키에 대한 태도와 성향은 매우 비슷했던 만큼 NHL 파업이 해결될 기미가 보이자 로드 러너는 오일러스가 지역 팬들을 되찾으려 하는 노력에 방해가 되지 않도록 2005-2006 시즌을 취소했다. 분명히 한 개의 특정시장을 겨냥하는 스포츠 상품의 유형은 서로 다른 마케팅 요구사항들을 지니기 마련이다. 만약 에드먼튼 로드러너가 실내 사이클팀이었다면 애드먼튼팬들의 흥미를 끌기는 훨씬 더 어려웠을 것이다.

| 수익성 분석

세분시장들은 각각 다른 요구 조건을 가지므로 하나의 세분시장을 결정할 때는 이 선택이 가져올 잠재적인 수익성을 신중하게 따져야 한다. 세분시장에 접근하려면 광고, 홍보 캠페인, 풀뿌리마케팅, 그리고 특별 이벤트에 대한 비용이 들어간다. 따라서 이러한 모든 비용들을 고려한 다음, 수입이 평가되어야 한다. 결국 문제는 변화를 위해 투입되어야 하는 상당한 노력에 견주어 주어지는 수입이 적당한지에 관한 것이다. 예를 들어, 프로당구팬들이 비록 도시 변두리

지역에 많이 거주하지만 그러한 시장에 접근하는 것은 수익성을 보장할 수 없을 것이다.

| 가용 자원

아무리 수익성 측면에서 잠재력이 높다 하더라도 스포츠 조직이 충분한 자금과 전문가를 끌어모을 수 있는지 고려해야 한다. 재정적으로 변화를 지원할 만한 가용자원은 충분치 않은 경우가 대부분일 것이다. 충분한 재원과 자원을 끌어들이고 개발했던 나스카의 사례는 비전을 실행한 스포츠 조직의 좋은 예다. 나스카는 메이저스포츠가 되려면 도심권으로 시장을 확장해야 한다고 생각했기 때문에 그에 걸맞은 시설이 필요했다. 그리고 지난 10년 동안 나스카의 탄탄한 재정은 미국의 북부와 서부 지역에 중요한 자동차 레이스 트랙을 구축하기에 충분했다. 아마 이러한 경기장이 없었다면 브랜드 확장은 불가능했을 것이며 나아가 지역사회, 미디어 유통, 스폰서, 그리고 레이서들의 협조가 없었다면 그 어떠한 변화도 가져올 수 없었을 것이다.

변화 폭의 결정

어느 정도의 변화가 적당한지 판단하려면 먼저 변화의 깊이와 폭을 결정해야 한다. 우리는 정도에 따라 변화의 수준을 최소한의 변화, 적당한 변화, 광범위한 변화로 구분할 수 있다.

| 최소한의 변화

최소한의 변화란 스케일이 크지 않거나 상품의 핵심적인 특성에 영향을 미치지 않는 수준의 변화를 말한다. 이런 변화는 훨씬 더 정교한 변화 계획의 일부인 경우가 많으며 가장 빈번히 일어난다. 새로운 커뮤니케이션 전략의 확장, 약간의 경기 규칙 변경, TV 중계를 위한 새로운 기술의 도입, 혹은 상품 포지셔닝에 영향을 주는 작은 변화 등이 그 예다.

때로는 새로운 형태의 마케팅 캠페인으로도 최소한의 변화가 일어날 수 있다. 오리건 대학의 스포츠팀에는 매년 팬들에게 '스피릿 티셔츠'를 판매하는 전통이 있다. 티셔츠의 색깔은 연노랑인데 2003년 대학미식축구팀의 새로운 유니폼을 알리기 위해서 고안되었다. 그동안 오리건 대학은 유니폼 색에 대해 오랫동안 논쟁을 벌였기 때문에 유니폼의 변화는 예정된 수순이었다. 오리건 대학을 상징하는 색은 녹색과 노란색이었는데 노란색이 보다 관심을 끌기에 좋았고 미식축구 경기장의 녹색 의자에도 가리지 않았기 때문에 결국 티셔츠의 색깔로 녹색보다는 연노랑을 택한 것이다.

사실 연노랑은 겁쟁이를 연상시킬 수도 있지만 패션을 주도하는 밝은 색깔의 문화적인 트렌드로 비칠 수도 있었다. 결국 오리건 대학은 네브래스카 대학미식축구팀 콘허스커스의 '붉은 바다sea of red'처럼 연노랑을 거칠고 자신감을 나타내는 색깔로 브랜딩하려고 노력하고 있으며 팬들과 대학의 관계를 강화하려고 시도하고 있다. 나아가 팬들이 매년 새로운 테마의 학교 티셔츠 출시를 기대할 수 있도록 꾸준히 노력하고 있다.

그런가 하면 전략적인 트레이드도 선수들에게 새로운 환경을 제공함으로써 최소한의 변화를 이끌 수 있다. NBA의 센터 벤 월러스의 경우 스타가 될 만한 기술과 능력을 가졌음에도 디트로이트 피스톤스의 선수가 되기 전까지는 자신의 브랜드를 제대로 개발하지 못했다. 디트로이트 피스톤스는 '나쁜 녀석들Bad Boys'이라는 이미지를 지녔던 1980년대 후반과 1990년대 초반의 팀과 비슷한 이미지를 다시 형성하고자 했고, 치열하고 터프한 팀의 브랜드를 살리기 위해서는 웰러스 같은 선수가 필요했다. 과거 이 농구팀은 아이제이아 토마스, 빌 레임비어, 데니스 로드맨, 릭 매혼과 조 드마 같은 터프가이들로 구성되어 있었는데 열심히 일하는 디트로이트 도시를 상징했고 실제로 그들은 흔들리지 않는 수비, 훌륭한 팀워크, 터프한 이미지로 유명했다.

21세기 피스톤스의 비전은 이 같은 명성을 되찾는 것이었다. 또한 기복이 심하고 성급하게 슛을 남발하며 수비에 문제가 있는 대다수 NBA팀들과 차별화되기를 원했다. 웰러스는 이러한 변혁의 중심에 있었다. 그의 수비 중심적인 플레이, 미식축구의 수비수 같은 탄탄한 체형, 강한 통솔력은 팬들로 하여금 '나쁜 녀석들' 시절을 떠올리게 만들었다.

결국 웰러스는 자신의 브랜드 형성을 위해 팀의 브랜드를 극대화할 수 있도록 스스로를 적응시키면서 전통적인 피스톤스의 브랜드 자산을 통해 반사 이익을 얻었다. 다시 말해 웰러스의 변화는 최소한의 것이었다. 그는 자신이 지닌 핵심적인 특성과 피스톤스의 역사적 브랜드 사이의 시너지 효과를 이용했을 뿐이다. 체계적인 재평가와 상품의 근본적인 변화를 통해 이뤄진 것은 아니었다.

| 적당한 변화

적당한 변화는 상품과 깊은 관련이 있지만 상품의 근본에 변화를 주지는 않는다. 주요 규칙의 변경, 새로운 시장으로의 확장, 선수들의 외모와 커뮤니케이션의 기술의 변화, 테크놀로지를 제품에 접목시키는 활동 등이 그 예다. 일반적으로 이 단계의 변화는 위험 요소가 많으므로 더 많은 노력, 자본 그리고 인력을 투입하게 된다.

예를 들어, 축구는 지금껏 유럽과 남아메리카에서는 강세를 보였지만 아시아에서는 그렇지 못했다. 결국 FIFA는 아시아 국가에 집중하기 위해 마케팅과 경제 전략에 변화를 주었다. FIFA는 한국과 일본에게 2002년 월드컵 개최권을 주었고 주요 마케팅 활동을 아시아시장으로 옮겼다. 결과적으로 FIFA는 이를 통해 아시아시장으로 확장하는 데 노력을 기울임과 동시에 유럽과 남아메리카시장을 훌륭히 유지하고 있다. 축구는 점차 세계적인 스포츠로 발전하고 있다. 나아가 현재 아시아 지역에 커다란 시장을 가지고 있는 나라들은 대규모의 참여자들을 개발하고 있고 경쟁 또한 치열해지고 있는 상황이다.

PGA 투어도 페덱스컵이라는 새로운 플레이오프 경기를 개발함으로써 적당한 변화를 감행했다. 지금껏 연중 마지막 메이저 토너먼트인 PGA 챔피언십이 8월에 끝나면, PGA 투어 정기 시즌은 조용히 막을 내리곤 했다. 시즌의 조기 종료는 PGA의 스타선수들이 한가한 가을에 명성이 낮은 토너먼트에 참가하도록 종용하는 문제를 야기했고 때문에 한참 진행 중인 다른 가을 스포츠에 밀려 시청률이 떨어지곤 했다.

나스카의 넥스텔컵을 모델로 한 페덱스컵은 골프 선수들의 정규 시즌 성적을 바탕으로 9월에 있는 4개의 토너먼트 플레이오프에 시드를 배정하는 방식의 포인트 제도이다. 현재 최종 이벤트는 투어 챔피언십으로 보통 11월에 열렸지만 NFL과 MLB와의 경쟁을 피하기 위해 9월로 옮겼다. PGA 투어는 페덱스컵을 개발함으로써 정규 시즌의 열기를 유지하고자 노력하고 있으며 선수, 팬 그리고 스폰서들에게 최종 챔피언십의 중요성을 심어 주기 위해 노력하고 있다. 이를 통해 PGA 투어는 골프의 본질을 유지하면서도 상품의 구성, 포장, 유통 과정에 적절히 변화를 주고 있다.

┃광범위한 변화

적당한 변화가 상품의 핵심을 유지하면서 변화를 시도한다면 광범위한 변화는 상품을 재정립하기 위해서 핵심 요소를 변화시키는 것을 말한다. 대체로 광범위한 변화는 재정적인 문제가 있거나 상품의 도덕성이 큰 위험에 처해 있거나 시장이 무너지기 직전이거나 선수가 브랜드에 치명적인 손상을 입혔을 때 시도된다. 광범위한 변화에는 상품에 대한 매우 철저한 조사와 집단 간의 갈등을 야기하는 의사결정에 관한 조사가 진행된다. 광범위한 변화는 위험 수위가 가장 높지만 잠재적으로 주어지는 효과도 그만큼 크다.

스포츠 상품은 가끔 서로 상반된 세분시장 모두를 만족시키고자 한다. 예를 들어, 스포츠가 주는 묘미와 진정성 때문에 스포츠를 사랑하는 전통주의자들이 있는가 하면 개혁주의자들도 있다. 이들은 스포츠를 좋아하지 않거나 충성심 약한 팬들에게 다가가기를 원한다. 이들은 또한 스포츠의 진행속도를 높이고 더 드라마틱한 즐거움을 제공하여 TV 친화적이며 스타파워를 갖추기를 원하는 사람들이다. 광범위한 변화를 필요로 하는 후보는 바로 팬들과 미디어 그리고 선수들의 압박으로부터 고전했던 NHL이었다.

아이스하키는 TV 시청자들을 확보하는 데 실패함에 따라 매력적인 겨울 스포츠로 자리 잡겠다는 목표를 세웠다. 결국 아이스하키 리그는 경기 진행 속도를 높이고 득점을 늘리기 위해서 규정을 변경했고 오버타임 승부차기를 도입했으며 로고도 다시 디자인했다. 또한 5개의 시리즈로 구성된, 영화 예고편을 방불케 하는 캠페인을 제작하여 다음 시즌을 홍보했다. 이러한 모든 노력들은 리그가 구시대적인 이미지를 벗어나 국제적인 스타일의 하키와 실내미식축구 리그를 결합시킨 형태의 이미지로 바뀌는 데 도움이 되었다.

이러한 변화는 팬들의 경기 관람률을 높이고 몇몇 지역에서 TV 시청률을 올리는 성과를 가져오긴 했지만 전국적인 시청률 상승에는 큰 도움이 되지 못했다. 아마 NHL이 취하게 될 다음 단계는 보다 세련된 경기와 시청자에게 친근한 선수를 만드는 데 있을 것이다. 보다 정교한 카메라 각도, 선수의 성격과 특성을 바탕으로 한 스토리라인 만들기, 휴식 시간을 줄여 경기 진행 속도를 높이는 것 등이 방법일 것이다.

1997년 인디애나 주 고등학교체육협회는 인디애나 주의 농구 토너먼트를 위해 여러 단계의 디비전을 창설하기로 결정했고 이를 위해서는 광범위한 변화가 필요하다는 것을 인식했다. 계속되는 대도시로의 인구 이동과 한 개의 디비전에서 경쟁하고 있는 시골의 작은 학교들의 불리한 조건으로 인해 이러한 변화는 불가피한 것이었다. 그리고 시골의 작은 학교 밀란이 대도시의 학교들을 상대로 기적 같은 승리를 일궈 내면서 주 전체를 감동시키는 영화 「후지어 *Hoosiers*」는 주 챔피언 토너먼트에 관한 한 편의 드라마였다.

일단 협회는 학교의 크기에 따라 4개의 디비전을 창설했고 이를 통해 작은 학교의 단독 챔피언십이라는 희망을 없앰으로써 인디애나 고교농구를 완전히 바꿔 놓았다. 즉 매년 인디애나 주의 타이틀 경쟁은 지금껏 '한판의 도박', '행운의 숏', '승리 아니면 패배'라는 광적인 집착에서 탈피하여 다소 완화된 경쟁, 공평한 기회와 동시에 많은 팀들에게 트로피를 수여하는 방향으로 바뀌었다.

물론 이로 인해 총관중 수가 감소하긴 했다. 그러나 관중 참여는 점점 늘어나는 스포츠 옵션들, 학교들의 통합, 그리고 경쟁적인 시장 상황 등과 같은 요인에 의해 영향을 받을 수도 있다. 협회의 변화는 단일 디비전 시스템에서는 누릴 수 없었던 많은 기회들을 제공했고 현재 인대애나 주의 전 지역에 방영되는 고교스포츠 TV 방송 패키지의 중요한 밑거름이 되었다.

또 다른 예로 미셸 위를 살펴보자. 그녀는 프로 수준에서 챔피언이 될 만한 재능이 있지만 자신만의 브랜드를 키우려면 광범위한 변화를 감행해야 한다. 열두 살에 LPGA 투어, 열네 살에는 PGA경기에 참가했던 미셸 위는 자신의 브랜드를 하나의 변화의 도구로 활용해 골프를 남녀 구분이 없는 스포츠로 재정립하고자 하는 매우 탁월한 비전을 가지고 있다. 그리고 이러한 비전을 성취하기 위해 운동 초창기부터 자신을 포지셔닝하는 데 몰두했다.

하와이 대학교 교수인 아버지 위병욱과 아마추어골프 챔피언이자 부동산 중개업자인 어머니 서현경은 1980년대에 한국에서 하와이로 이주하여 딸의 골프 경력을 쌓기 위해 많은 돈을 투자했다. 2003년에만 토너먼트 여행 경비, 골프 수업 그리고 관련 경비로 5만 달러를 투자했고 해를 거듭할수록 연간 경비가 7만 달러까지 늘어나자 결국 은행 융자까지 받아야 했다.

미셸 위의 경기력은 그야말로 인상적이었다. 그러나 최근에 꾸려진 미셸 위의 경영팀이 그녀의 비전을 성취하는 데 수많은 도전에 직면하면서 미셸 위 브랜드의 미래는 여전히 불투명한 상태다. 미셸 위가 자신의 비전의 기초를 다지기 위해서는 남자 선수들의 토너먼트에서 좋은 경기를 보여 줘야 한다.

그밖에도 언론에 대한 자극적인 인터뷰 스타일도 해결해야 할 문제다. 그녀는 또한 계속 캐디를 교체하고 있는데 모르긴 몰라도 캐디들이 미셸 위와 그녀의 아버지의 요구를 동시에 만족시키는 것은 어려워 보인다. 그리고 LPGA에서 자신의 독보적인 위치를 확립하지도 않은 상태에서 PGA에 참가하는 것은 너무 야망이 크다는 느낌을 준다.

이러한 곤란한 상황에도 불구하고 이미 미셸 위는 나이키, 소니와 수백만 달러가 넘는 계약을 맺었다. 이는 스폰서와 미디어가 얼마나 스타파워를 추구하고 있는지를 보여 주는 동시에 그들이 누군가의 잠재력만으로도 얼마든지 돈을 투자할 의향을 가지고 있음을 여실히 증명한다.

이 같은 상황에서 미셸 위의 장기적인 변화는 그녀의 젊음과 매력을 경기력과 균형 있게 조화시킬 필요가 있으며 나아가 그녀의 브랜드의 가능성을 실현시키기 위해서는 커뮤니케이션 기술을 세련되게 다듬고 미디어와 스폰서들과 끈끈한 관계를 형성할 필요가 있다. 만약 그녀가 위대한 개척자가 되기를 원한다면 반드시 이상의 요소들은 면밀히 검토되어야 하고 다듬어져야 하며 명확한 브랜드 아이덴티티로 녹아들어야 한다. 만약 그렇지 못한다면 돈만 적당히 번 후 은퇴를 해야 할 것이다.

변화하는 크리켓

5일간의 경기, 엘리트 의식, 하얀 정장, 지루함, 이해할 수 없는 게임으로 오랫동안 인식되어 온 크리켓은 현재 계속해서 변화의 길에 있다. 크리켓은 한때 영국과 그 식민지 국가에서 번성했으며, 앵글로 색슨 족의 우월함과 때론 너저분한 스포츠 세계에서의 귀족주의를 상징했다.

그러나 오늘날 크리켓은 상당히 정치적인 전략을 동반한 광범위한 변화를 통해 흥미진진한 스포츠 중 하나가 되었다.

1975년에 있었던 월드컵 토너먼트와 원데이 매치[12)의 개혁을 시작으로, 국제크리켓연맹은 전 세계 팬들을 위해서 변하기 시작했다. 원래 크리켓은 과거 영국의 식민지였던 파키스탄, 호주, 뉴질랜드, 인도, 그리고 서인도 제도 같은 지역에서 인기를 누렸다. 인도와 파키스탄 간의 라이벌 경기는 상당히 많은 스포츠 관중을 동원했고 정치적인 적대감을 초월하여 정치 지도자들이 이 경기를 보기 위해 서로의 국경을 넘나들 정도였다.

그런가 하면 1977~1978년 호주의 미디어 제국을 구축한 케리 패커가 크리켓 위성 TV 중계를 통해 크리켓의 이미지를 철저하게 변화시키면서, 크리켓 중계 TV의 큰 성장을 일궈 냈다. 또한 패커는 자국팀(호주팀)에서 스타선수들을 차출하여 TV의 황금시간대에 중계되는 국제 경기에서 뛰도록 했다. 이러한 패커의 영향력은 국제크리켓연맹이 참가국들을 강력한 글로벌 브랜드로 조직화하는 데 기여했다. 그 결과 국제크리켓연맹은 뉴스 코프 News Corp와 1억 5,000만 달러의 TV 계약을 맺었으며, 2003년 크리켓 월드컵에서는 1억 8,800만 달러라는 어마어마한 수익을 올렸다.

국제크리켓연맹이 직접 개입하지 않는 지역 경기에서도 역시 크고 작은 변화들이 일었고, 이 역시 새로운 세대의 팬들을 끌어들이고 있다. 아이러니하게도 크리켓의 종주국인 영국에서는 축구가 대중적인 스포츠가 되었고 반면 크리켓은 레저 수업 스포츠로 인식되면서 뒤로

---

12) 원데이 매치 one-day matches

크리켓은 11명이 한 팀으로 구성되며, 두 팀이 공격과 수비로 나뉘어 시합하는 방법이 야구와 비슷하나 1회 또는 2회로 끝난다. 각 회에는 모두에게 타순이 돌아가는데 열 사람이 아웃되면 공격과 수비를 바꾸지만, 좀처럼 아웃되지 않아 시합이 길어져 때로 3~5일이 걸리기도 한다. 따라서 최근에는 TV 중계방송의 한계 때문에 하루에 끝내는 원데이 매치가 많아지고 있다.

밀려나고 있다. 이에 2003년 문제를 인식한 영국과 웨일즈크리켓연맹은 젊고 가족 중심적인 마케팅을 펼치며 보다 폭넓은 시청자들의 관심을 받기 위해서 트웬티 20이라는 새로운 크리켓을 개발했다.

이 버전의 크리켓은 7~8시간이 걸리던 원데이 매치와는 달리 3시간 정도면 충분하며, 러닝 스코어와 강한 타격이 강조된다. 야구의 9회 경기와 비슷한 구성인데 이는 팬을 고려한 새로운 포맷이었다. 또한 선수들도 하얀 정장에서 벗어나 다양한 색깔의 유니폼을 입고, 자유롭게 승리의 기쁨을 표현하는 등 조용하고 전통적인 크리켓의 이미지에서 완전히 탈바꿈했다. 비록 트웬티 20은 국제크리켓연맹의 공식국제경기 인증은 받지 못했지만 영국에서 일단 성공을 거두었고 점점 더 국제무대의 관심을 끌고 있는 중이다.

아마 이 같은 광범위한 변화가 없었다면 크리켓은 국제무대에서 여전히 이해하기 힘든 괴짜 스포츠처럼 보였을 것이다. 그러나 공격적인 규칙을 도입하고 관중들의 욕구를 수용하면서 TV 파워를 활용하여 크리켓을 소통하는 등의 변화로 인해 크리켓은 세계무대에서 주요 스포츠로 등극했다. 이러한 변화과정에는 많은 다툼과 갈등이 있었고 다른 스포츠는 이러한 크리켓 사례를 교훈으로 삼아야 할 것이다. 결국 크리켓을 통해 전통주의자와 혁신주의자는 갈등을 뒤로 하고 함께 일하는 법을 발견한 셈이다.

브랜드 형성과 개발

브랜드의 비전을 정하고 자산을 평가하고 목표 세분시장을 정하고 변화의 정도를 결정했다면, 이제 다음 단계에서 해야 할 일은 브랜드를 개발하는 것이다. 브랜드는 결정된 세분시장, 브랜드 속성, 이미지 그리고 상품을 한데 모아 보호하는 우산과 같은 기능을 한다. 브랜드 형성과 개발 단계는 유형의 결정, 유형의 캐릭터 개발, 유사점과 차이점 확인, 브랜드를 이끄는 스타파워의 생성으로 구성된다.

브랜드 형성과 개발을 근본적으로 이끄는 것은 변화를 끌어내는 브랜드의 유형을 결정하는 일이다. 그렇다면 왜 유형을 고르는 일이 변화의 과정에서 중요한 걸까? 여기서의 유형이란 스포츠 상품의 정체성, 느낌, 그리고 모양과 내용을 결정해 주는 조직적인 개념이다. 또한 유형은 팬들이 인식하고 연결될 수 있는 근본적인 연결고리이기도 하다. 유형의 변화는 브랜딩 과정의 중심에 있고 때로는 브랜드 자체를 형성하기도 한다. 따라서 스포츠 의사결정자들은 영구적이고 성장 가능성이 높은 유형을 조사하고 고안할 필요가 있다.

| 유형 선택하기

정신의학자 칼 정은 '원형archetypes'에 대해 모든 사람들이 무의식 속에서 보편적으로 느끼는 내용이라고 정의하고 있다. 또한 그는 무의식 속에 존재하는 자신, 그림자, 영혼, 원한, 어머니, 아버지, 아이, 가족, 영웅, 소녀, 마녀, 마술사 등처럼 수많은 원형들을 발견한 바 있다. 이 원형은 광고, 백화점 디스플레이, 심지어 누군가의 어릴 적 사진과 같은 여러 자극을 통해 활성화될 수 있다. 그러나 이 원형들은 아주 보편적인 관점인 만큼 소비자들은 보다 구체적이고 특별한 유형에 근거해 사람과 상품을 인식하고 재구성할 것이다.

그런가 하면 유형은 대중들이 이해하고 알아보는 원형으로부터 유도되는 패턴이나 인상이기도 하다. 예를 들어, 사회학자 오린 클랩은 그의 저서 『영웅, 악당, 그리고 바보들 *Heroes, Villains, and Fools*』에서 놀라울 정도로 다양한 범주의 사람 유형을 소개하며 유형 이론을 확대했다. 그가 밝힌 3가지 주요 유형은 영웅들(승리자, 독립적인 사람, 매력적인 사람), 악당들(반역자, 사기꾼, 비겁한 사람), 그리고 바보들(무능력자, 허풍쟁이, 나약한 사람)이다.

스포츠에도 이와 비슷한 유형이 존재한다. 역사적으로 스포츠에서 이러한 유형들은 팬들이 스포츠 상품과 관계를 형성하는 데 기여해 왔다. 비록 그것이 칼 정이 밝혀낸 원형의 근본적인 개념을 그대로 대변할 필요는 없지만 중요한 원칙은 여전히 같다. 즉 의식적이든 무의식적이든 스포츠팬들의 관심을 끌어내고 관계를 형성시켜 주는 유형들이 존재하기 마련이라는 것이다. 따라서 적합한 브랜드를 결정하고 개발하는 첫 번째 단계는 스포츠 상품이 목표 세분시장에게 어떤 유형으로 전달되어야 할지를 결정하고 정의하는 것이다. 다음은 스포츠 유형의 예들이다.

스포츠 유형과 이미지

유형을 개발하는 방법은 목표 세분시장에 어필할 수 있는 넓은 카테고리와 가능한 패턴을 살피는 것이다. 다음 유형들이 전부는 아니지만 변화에 필요한 그럴듯한 유형들을 선별하는 과정에서 아이디어를 얻을 수 있을 것이다.

인물

영웅 (마이클 펠프스)
뛰어남 (미셸 위)
자연스러움 (미키 맨틀)
터프가이 (레이 루이스)
천재 (빌리 빈)

올아메리칸 보이·걸 (맷 라이나트, 제니 핀치)

사랑스러운 여신 (안나 쿠르니코바)

모두가 싫어하는 행동을 하는 사람 (드루 로젠하우스)

아킬레스건 (존 댈리)

팀

슈퍼스타 (마이클 조던과 시카고 불스)

유목민 (뉴저지의 세인트앤터니 고등학교 농구팀)

선도자 (팻 서밋과 테네시 대학교 여자농구팀)

약자 (조지 메이슨 대학교)

화려한 친구들 (AC 밀란, 맨체스터 유나이티드)

약탈자 (곤자가 대학교)

시설

약속의 땅 (메디슨 스퀘어 가든)

아버지 (앨런필드하우스)

어머니 (아테네 올림픽 경기장)

궁궐 (노스다코다 대학의 랄프 엥엘슈타드 경기장)

어리석음 (로마의 올림피코 스타디움)

리그

평등주의자 (메이저 리그 미식축구)

라이벌 (럭비 미식축구 연맹)

세대 간 교류 (메이저 리그 야구)

광대 (실내미식축구 리그)

민족주의 (일본스모협회)

테니스 라켓부터 배스 낚시에 이르기까지 독특한 유형은 그 스포츠 상품을 쉽게 연상하도록 만든다. 여러 잠재적 스타를 보유한 클럽 축구팀의 마케팅 디렉터가 있다고 하자. 아마 이 축구팀은 가족적 유형 혹은 슈퍼스타 유형을 강조할 수 있는 폭넓은 재능꾼들을 보유하고 있을 것이다. 그는 그중 가족적 유형이 훨씬 잠재력을 지니고 있다고 생각해 가족적인 이미지를 강조하기 위한 캠페인을 개발하기 시작했다. '가족'과 '슈퍼스타'는 우리의 무의식 속에 각인된 스포츠 유형이며 팀의 적절한 브랜딩 전략을 통해 팬들에게 각인시킬 수 있을 것이다.

가족 유형을 구현시킨 모범 사례 중 하나는 4년간 세 번이나 슈퍼볼에서 우승한 뉴잉글랜드 패트리어츠였다. 패트리어츠는 선수들이 사생활을 포기하면서까지 필드에 나와 매일같이 훈련하고 최선을 다하는 유능한 팀으로 잘 알려져 있었다. 그들은 부지런한 코칭스태프 아래서 철저한 준비를 마쳤고 구단주와 경험 있는 직원들로부터 효과적으로 관리되었다.

정직이라는 모토 하에 팀의 결실을 위해 개인적인 욕구를 희생시키는 정신은 오늘날 다른 주요 프로스포츠와는 크게 다른 모습이었다. 그들은 시장에서 다른 NFL팀들과는 차별화된 미식축구 경기를 보여 주었을 뿐 아니라 승자로서 미디어에 더 자주 노출되었으며 신용도 쌓을 수 있었다. 심지어 이들은 선수 개개인을 홍보할 만한 적절한 타이밍에도 자신들의 모토를 잊지 않았다. 예를 들어, 제39회 슈퍼볼 MVP인 디온 브랜치는 수상식에서 "누가 무엇을 받았느냐는 중요하지 않다. 우리의 계획은 단지 슈퍼볼까지 오는 것이었고 우리는 결국 승리했다."라고 소감을 밝혔다.

물론 패트리어츠가 가족 유형으로만 분류될 필요는 없다. 패트리어츠가 처음으로 슈퍼볼에서 승리했을 때 이미 이 팀의 쿼터백이었던 톰 브래디는 팀의 명성을 뛰어넘는 슈퍼스타로서 잠재력이 충분했다. 브래디는 그해 초기에 쿼터백 자리를 넘겨받아 놀랍게도 정규 시즌을 승리로 이끌었고 마침내 슈퍼볼 타이틀을 거머쥐고 MVP까지 받았다. 이처럼 놀라운 성적을 내고 나면 대개 스타들은 자신의 업적을 자신의 브랜드를 유통시킬 수 있는 기회로 삼는다. 하지만 브래디는 유명인 시장에서 커다란 효과를 만들어 내기 위해서 전형적인 올아메리칸 보이 유형을 구현했다.

광고와 인터뷰에서조차도 쿼터백으로서의 주 역할을 과장하지 않았고 오히려 팀이 일궈 낸 성과와 업적을 강조했다. 또한 통산 세 번째 슈퍼볼을 거머쥔 후에도 자신의 중요성을 드러내지 않고 "우리는 한 번도 개인만을 드러낸 적이 없다. 그것은 우리의 스타일이 아니다."라고 겸손의 미덕을 자랑했다. 이는 팀의 가족적인 유형을 더욱 견고히 했다. 또한 브래디는 자신에 대한 계속되는 질문의 방향을 팀으로 연결시킴으로써 가족 유형의 이미지를 강조했다. 이러한 가족적인 팀의 색깔은 성공적으로 팬을 유치시켰으며 나아가 팀 스포츠와 지역사회가 추구하는 중요한 윤리적 미덕의 가치를 강조하는 협력과 팀워크를 프로모션하는 데 기여했다. 이처럼 브래디는 스타 개인보다는 팀에 대한 애정과 헌신을 강조한 대가로 자신의 유형을 '스타로서의 역할을 강조하지 않는 올아메리칸 보이'로 강화할 수 있었다.

이처럼 스포츠가 특정한 유형을 채택하는 것은 스포츠산업에서 브랜드를 개발하고 경쟁하기 위한 매우 중요한 과정이다. 아직 10대인 흑인 레이서 체이스 오스틴은 나스카의 미래 유망주 중 한 명이다. 오스틴은 경쟁력 있는 재능을 지닌 선수로, 제프 고든과 지미 존슨이 소속되어 있는 릭 핸드릭 모터스포츠Rick Hendrick Motorsports와 이미 계약을 맺은 상황이다. 이제 릭 핸드릭 모터스포츠와 오스틴의 개인 매니저는 그의 경쟁력에 대해 높은 기대를 가지고 나스카 나이 규정인 18세를 채워 레이싱 경기장에 나타날 때까지 그의 브랜드를 준비해야만 한다. 이 기간은 오스틴에게 브랜드를 형성할 시간인 동시에 오스틴의 유형 선택에 대한 어려운 결정을 내려야 하는 시기이기도 하다.

오스틴에게는 재능 외에도 강조할 만한 다른 특징들이 있다. 그중 가장 눈에 띄는 것은 피부색과 나이일 것이다. 그는 다인종 장려 프로그램을 통해서 다양성을 높이고자 하는 레이싱 스포츠에서 보기 드문 흑인 레이서다. 아울러 다양성과 젊은 스타파워를 통해 보다 젊고 새로운 팬 저변을 끌어들이고 있는 축구 선수 프레디 아두와 테니스 선수 도널드 영처럼 나스카의 신세대 버전이 될 수 있는 잠재력을 지니고 있다.

게다가 오스틴은 '옆집 소년', '개척자', '완고한 꼬마 녀석', '천재 소년' 등 수많은 유형 옵션들도 동시에 가지고 있다. 따라서 스포츠브랜드로서 그의 잠재력이 효율적으로 발휘되고 흔치 않는 기회를 극대화하기 위해서는 적합한 유형이 선택되어야 할 것이다. 오스틴의 어머니는 "우리의 초점은 아직 무르익지 않은 선수를 데려다가 그 재능을 개발하는 데 있다. 지금껏 누구도 내 아들과 같은 길을 걸어오지 않았다."고 말하며 아들에게는 좀 더 많은 연습 시간이 필요하다고 인정했다. 그러나 오늘날 스포츠산업에서 레이싱 트랙에서의 재능을 원숙하게 개발한다는 것은 연습량 문제이기도 하지만 갈대 같은 팬들에게 어필할 만한 경쟁력 있는 브랜드를 개발하고 형성하는 과정도 수반되어야 한다.

스포츠 상품	변화 전	변화 후
호날두	동네 영웅	왕
미국축구	당돌한 신세대	야심가
고교여자농구	막내 여동생	큰 누나big sister
철인 3종경기	슈퍼맨	전사
1960년 미국 올림픽 아이스하키대표팀	약체	무서운 와일드카드
오클랜드 레이더스	동네 불량배	노신사
윔블던	귀족	서민proletariat
시카고 커브스	패배자	사교적인 친구Social butterfly
아이비 리그	귀족사회의 승자	신사, 학자
헤드 밴드	이마의 땀 흡수	개성 표현

| 표 5-2 | 유형의 변화

| 캐릭터 개발하기

선수를 위해 '터프가이 유형' 또는 아르헨티나와 브라질 축구의 라이벌 의식을 강조한 '부족 유형' 등과 같은 강조해야 할 유형을 결정했다고 하자. 상품의 유형을 선택한 후 브랜드 개발의 다음 단계는 다차원적인 캐릭터를 갖춘 유형을 개발하는 것이다. 애초의 터프가

이 유형은 청사진일 뿐 이제는 형태와 모양을 갖춰야 하고 뭔가로 내용이 채워져야 한다.

아마도 많은 이들이 터프가이 유형을 브랜딩할 것이다. 그러나 홈런 타자 짐 솜과 하키 득점왕 제레미 로닉, 농구계의 아이콘 샤킬 오닐처럼 선수 각각이 지닌 특별한 구석이 중요하다. 예를 들어, 중서부 지역에서 태어나고 자란 짐 솜은 고기와 감자를 먹으며, 싸움에 잘 끼어들고 영화 「더티 해리 *Dirty Harry*」에서 클린트 이스트우드를 연상시키는 터프가이이다. 이에 반해 로닉은 전문가답게 미디어와 잘 협력하는 도시적 느낌의 터프가이로서 의상, 선글라스 그리고 윤기 나는 긴 머리를 볼 때 패션모델과 같다는 인상을 준다. 한마디로 그는 아이스하키 세계에서는 월 스트리트의 마이클 더글라스라고 할 수 있다.

한편 샤킬 오닐은 매우 솔직하고 자비롭지만 한쪽 팔꿈치만으로도 상대를 위협할 수 있는 이다. 그는 또한 양면성을 지닌 터프가이다. 때때로 경기장에서 괴성을 지르고 발을 쿵쿵거리지만 대중 앞에서는 신사적이고 농담도 주고받는 부드러운 남자다. 어떤 점에서 오닐은 터프가이를 농구 버전의 스파이더맨으로 재정의한 인물이기도 하다.

리처드 다이어는 그의 저서 『스타들 *Stars*』에서 캐릭터 개발을 위한 9가지 체크리스트를 소개했다.

1. **독특함** : 브랜드는 뭔가 다른 특성이 있어야 한다.
2. **흥미 및 관심** : 브랜드의 핵심적인 특성은 주의를 끌 수 있어야 한다.
3. **자율성** : 브랜드는 계획되었다거나 대본처럼 느껴져서는 안 된다. 브랜드는 사람들 앞에 '삶의 환상'을 보여 주어야 한다.
4. **순환성** : 브랜드는 한 가지 특성에 고착되지 않고 다차원적인 특성들을

발산해야 한다.

5. **진보성** : 브랜드는 시간에 따라 진화하며 계속해서 새로운 특성을 보여 주어야 한다.

6. **내재적 성품** : 브랜드는 언어적 표현과 함께 사회적 행동을 통해 메시지와 가치를 전달해야 한다. 대중들은 해당 브랜드가 지닌 특징과 전반적인 캐릭터를 토대로, 브랜드의 메시지와 가치들을 이해할 수 있어야 한다.

7. **동기** : 브랜드의 행동들은 우발적이거나 특별한 동기가 없는 평범한 것으로 보여서는 안 된다. 브랜드 활동은 합리적인 동기와 이유가 있어야 한다.

8. **독립된 정체성** : 브랜드는 주요 역할과 분리된 정체성을 개발해야 한다.

9. **일관성** : 브랜드는 다차원적인 특징을 발산하고 불가피하게 변화를 감행하더라도 예측할 수 있는 브랜드 활동을 견지해야 한다.

여기 캐릭터 개발과 관련한 좋은 예가 있다. 바로 야구계에서 확고한 입지를 다진 스포츠 용품 브랜드 '루이빌 슬러거'다. 루이빌 슬러거의 브랜드 유형은 상당히 잘 정립된 것으로 선수가 타격 실력을 발휘하고 성공하고자할 때 반드시 필요로 하는 '믿을 만한 친구trusted accomplice'라는 스포츠 유형이다. 이를테면 루이빌 슬러거가 만든 배트는 전쟁영웅의 무기인데 영웅의 원형을 현실로 만들어 준다. 또한 유형 전략에 있어서 루이빌 슬러거가 영웅이 되고자 하는 모든 야구선수들에게 안전한 배트, 신뢰감 있는 배트, 필수적인 배트로 인식되는 것은 매우 중요하다.

이같은 루이빌 슬러거의 예는 브랜드의 색다른 캐릭터 개발이 얼마나 중요한지 잘 보여 준다. 루이빌 슬러거는 야구 배트 브랜드에 불과할지 모르지만 다이어가 제시한 9가지 캐릭터가 사람에게도 적용될 수 있듯이 사물에 적용될 수 있음을 증명한다. 그중 하나로 루이빌 슬러거는 독특함을 가지고 있다. 이 배트는 나무의 종류, 길이, 지름, 그리고 무게에 따라서 주문 생산이 되며 선수들의 사인을 새겨 넣을 수도 있다. 팬들은 그들의 야구 경기나 리틀 리그에서 사용하기 위해 선수들이 쓰는 똑같은 배트를 주문할 수 있다.

루이빌 슬러거는 또한 자율성을 지닌다. 각각의 루이빌 슬러거 배트는 같은 도면을 바탕으로 만들어지지만 제각기 다르다. 배트는 자연 나무로 만들어지며 똑같지 않다. 대량생산을 통해 만들어지는 알루미늄 배트와는 달리 예측하기가 힘들다. 알루미늄 배트가 지닌 신뢰성과는 대조적으로, 루이빌 슬러거의 특징은 부러지기도 하며 천하무적이 아니라는 것이다.

그런가 하면 루이빌 슬러거는 순환성도 지니고 있다. 이 브랜드는 단순한 배트 이상이며, 야구의 역사를 상징하는 하나의 브랜드로서 또 다른 특징을 발산한다. 즉 120년이 넘도록 사용되어 오면서 야구의 전통적인 상징이 된 것이다. 루이빌 슬러거는 이러한 순환성을 강조하기 위해 켄터키 주 루이빌에 있는 루이빌 슬러거 박물관에 자신들의 배트를 영구적으로 전시하고 있다.

박물관에는 바비 탐슨이 1951년 플레이오프에서 친 역사적인 타격에 관한 영화도 상영하며, 홈런 타자인 스탄 뮤지얼에 대해 배트 보이들이 늘어놓은 경험담들을 담은 영화를 상영하기도 한다. 이밖에도 천연 배트가 실제로 만들어지는 과정을 보여 주는 공장 견학 코스도 있다. 관람객들은 박물관 견학 중에 다양한 천연 나무의 냄새에 흠뻑 취하게 되며, 봄여름 야외에서 야구를 관람하면서 듣는 루이빌 슬러거 배트의 소리는 또 다른 독특한 스포츠브랜드인 '롤링 베이스 볼Rawling baseball'을 연상케 만든다.

또한 루이빌 슬러거는 일관성도 가지고 있다. 이 배트는 공을 칠 때 나는 소리까지도 브랜드화시켰고 이 소리는 야구 경기를 연상시키기에 충분했다. 박물관의 웹사이트는 "이제 여러분은 박물관 방문을 통해 오늘날의 야구가 어떻게 변화해 왔는지를 보게 될 것입니다. 그러나 여전히 공을 칠 때 나는 변함없는 소리는 스포츠 세계에서 가장 스릴 넘치는 순간으로 남아 있습니다."라고 상기시킨다. 더군다나 루이빌 슬러거는 MLB 공식 배트로 지정되어 80% 이상의 프로야구 선수들이 이곳의 배트를 사용한다. 선수들이 손에 계속해서 루이빌 슬러거 방망이가 쥐어지고 배트의 느낌, 소리, 심지어 냄새까지도 일관성 있게 유지됨으로써 루이빌 슬러거 브랜드는 지속적으로 성장을 거듭하고 있다.

브랜드를 형성하고 개발하는 데 있어서 처음 두 단계는 스포츠의 유형을 결정하는 것과 그 이후 다차원적인 캐릭터를 개발함으로써 차별화하는 단계로 구성된다. 루이빌 슬러거의 예는, 캐릭터의 개발이 얼마나 중요한지를 보여 주는 동시에 스포츠 용품도 얼마든지 믿음직하고 흥미로운 캐릭터를 창출함으로써 살아 있는 생명력을 지닐 수 있다는 점을 증명해 보이고 있다.

고지어스 조지

'고지어스Gorgeous 조지'는 1950년대 초 12인치 나무박스로 된 TV시절 스타가 되었다. 네브래스카 주의 시워드라는 작은 도시에서 태어난 조지 웨그너George Wagnaer는 그 정체성에 변화를 주기 전까지만 해도 키 180cm에 체중 95kg 정도의 평범한 레슬링 선수에 불과했다. 1940년대 프로레슬링의 쇠퇴 속에서 스타로서 발돋움하기 위해서는 평범한 실력인 데다 무명인 그가 팬들의 관심을 끌려면 상대의 목을 조르는 것 이상의 뭔가가 필요했다. 결국 그는 거칠고 남성적인 경쟁자들과 차별화된 전략의 일환으로 여성스러운 새 깃털과 사과꽃, 말털 레이스 등으로 장식된 가운을 입고 링에 오르기 시작했다. 당시 오리건에서 열렸던 한 경기의 관중이었던 어느 여성 팬은 조지의 화려한 의상과 외모에 "와, 너무 멋지다!"라는 탄성을 자아내기도 했다. 이렇게 해서 조지는 링에서 사용할 수 있는 상징적인 이름을 발견했고 자신의 캐릭터를 조금씩 세련되게 다듬어 나가기 시작했다.

클랩이라는 선수의 악당의 변종인듯한 '고지어스 조지' 브랜드의 고안은 미국인들의 인식에 상당한 충격을 가하는 것이었다. 그는 금발의 가발에 왕의 복장을 한 자만심 넘치는 호전적인 이미지 그리고 평범한 행동을 거부하는 성격을 보여 주었다. 아이러니하게도 그의 이 같은 외모와 행동들은 매우 보수적인 미국인들뿐 아니라 수많은 여성팬들에게도 크게 어필했다. 또한 상대적으로 대접받지 못하던 여성 스포츠팬들을 감동시켰고, 여성들은 이러한 조지의 여성스러운 느낌에 일치감을 느꼈다. 이밖에 조지는 라디오 드라마에 등장하는 외국 스파이, 1940년대의 느와르 영화의 전형적인 동성애 갱 단원 같은 타락한 캐릭터로 스포츠 세계에 돌진했다.

다이어에 따르면 '고지어스 조지'는 두 가지 독특한 특징을 지닌 캐릭터를 개발했다. 그는 독특함을 강조했다. 왜냐하면 그의 캐릭터는 선량한 미국인들을 충동적으로 링 주위로 던져 버리는, 성적으로 위협적이고 오만스러운 귀족과 같은 특징을 지니고 있었기 때문이다. 그리고 이런 모든 것들은 마치 코믹스럽고 레슬링과 팬들을 조롱하는 듯한 조지의 행동으로 더욱 가열되었다. 그렇다면 어떻게 바르고 보수적이었던 조지가 이처럼 유명한 동성애자 같은 선수가 있었을까?

이와 관련해 조지는 또한 다이어의 '내재적 성품'이란 개념을 증명해 보였다. 조지는 말보다 행동이 앞선 스타일이었다. 또한 조지는 항상 금발로 염색을 하고 머리에 화려하게 장식된 핀을 꽂고 등장했는데 핀을 뽑아 관중들을 향해 던지곤 했다. 조지의 매니저는 한술 더 떠 그가 링에 오르기 전에 링 주변과 상대 선수에게 향수를 뿌렸고 팬들은 이러한 조지의 의도를 이해하고 있었다.

이처럼 '고지어스 조지'는 링 위에서의 간단한 행동으로 결국 그의 캐릭터를 만들어 냈다. 조지는 이처럼 브랜드화된 캐릭터를 자기 것으로 만들었고 TV를 통해 미국의 다양한 시청자들과 관계를 형성할 수 있는 거실까지 침투했다. 또한 조지는 레슬러인 릭 플레어, 복서인 무하마드 알리, 축구의 데이비드 베컴 같은 선수들에게도 캐릭터 개발의 청사진이 되었다. 고지어스 조지는 새로운 TV 시대에서 스타로 부상하려면 잘 개발되고 차별화된 캐릭터뿐 아니라 감정적 차원이 곁들어진 캐릭터도 요구된다는 점을 깨달은 첫 번째 스포츠 스타였다.

| 유사성과 차별성 갖기

브랜드는 시장에 있는 다른 모든 브랜드들이 다 가지고 있는 캐릭터(유사점)와 사람들의 제품 선택에 영향을 미칠 수 있도록 강조될 수 있는 캐릭터(차이점)를 모두 지녀야 한다. 프리스타일스키는 전통적인 활강스키의 변형인 새로운 브랜드이다. 이 스포츠의 유사점은 산속 스키장을 이용하며 똑같은 스키 장비를 사용하고 남자부와 여자부가 구분되어 있다는 점이다. 이런 근본적인 브랜드의 구성요소는 프리스타일스키를 스포츠로서의 정당화시켜 준다.

그러나 프리스타일스키는 활강스키와 많은 점에서 차이가 있다. 프리스타일스키 선수들은 코스에 경계가 없고 점수를 내기 위해서 산의 모든 부분을 이용하게 되어 있다. 그리고 활강스키는 시간을 측정하지만 프리스타일스키는 '라인 선택, 컨트롤, 유동성, 테크닉, 공격성'을 고려한 점수제로 평가한다. 결국 활강스키처럼 산에 있는 눈은 다듬지 않고 선수들이 그냥 마음껏 항해할 수 있도록 자연 상태로 두는 것이다.

프리스타일스키 브랜드는 본질적으로 익스트림 스포츠를 전통적인 스키에 적용한 것이다. 이런 과정에서 전통적인 스키가 접근하는 세분시장과 다른 목표시장에 어필할 수 있는 독특한 브랜드가 만들어진다. 브랜드 콘셉트 개발 단계에서 오리지널 브랜드와 비슷한 브랜드를 고안하는 것은 현명하지 못하다. 오리지널에서 너무 벗어난 차이점만 부각되는 것도 문제가 될 수가 있다. 프리스타일스키의 경우에는 스노보드의 성공에서 경험했듯이 젊은 층에 어필하기 위해서 자유와 개성을 전통적인 스키 브랜드에 가미했다. 결론적으로 유사성과 차이점이 없다면 그 브랜드는 시장에서 받아들여질 수도 없고 차별화될 수도 없다.

| 스타파워 만들기

브랜드를 개발할 때는 스타의 파워가 필수적이다. 복잡한 시장에서 팬들과의 관계를 완성하고 다른 스포츠와 상품들과 경쟁하기 위해서는 스타가 매우 중요한 역할을 한다. 앞에서 언급했듯이 스타파워는 선수뿐만이 아니라 팀, 감독, 시설 그리고 이벤트 등 다양한 자산에 적용될 수 있다.

1960대와 1970년대의 보스턴 셀틱스는 선수 개개인들, 감독, 팀, 그리고 시설이라는 흔하지 않은 4가지의 스타파워를 모두 갖추고 있었다. 선수의 경우, 빌 러셀과 밥 코지가 팀을 대변하는 강한 스타였다. 러셀은 육체적·정신적으로 상대를 압박하는 독점적인 수비형 센터의 전형이었다. 코지는 드리블, 비하인드 패스, 그리고 팀이 위험에 처했을 때 팀을 안정시키는 침착한 리더십을 지닌 부드러운 가드였다. 감독이었던 레드 아우어바흐는 팀의 정서적 교감을 이해하고 팀이 승리를 결정하는 순간을 자축하기 위해 시가에 불을 붙였던 궁극적인 팀의 조정자였다. 이를 통해 그는 프로감독을 스타이자 트레이드마크로 만들었다.

팀 또한 스타파워 그 자체였다. 보스턴 셀틱스는 NBA 리그 역사상 가장 많은 열한 번의 챔피언십을 거머쥐었고 자신을 희생했으며 치열한 경기에서 승리했고 상대의 힘을 빼기 위해 식스맨과 세븐맨(여섯 번째와 일곱 번째 후보선수)의 역할들을 개발해 냈다. 홈경기장인 보스턴 가든은 NBA에서는 유일하게 조각나무 바닥으로 깔려 있는데, 이러한 경기장 바닥은 셀틱스 브랜드의 상징이 되면서 스타로서의 가치를 지니게 되었다. 또한 경기장에 들어가면 냄새, 소리, 그리고 시각적인 자극들이 조화를 이루면서 관중들로 하여금 셀틱스 경기 관람에 대한 기대감을 고취시켰다.

보스턴 가든은 어른들을 위한 장소였고 댈러스 매버릭스의 새로운 홈구장인 현대풍의 아메리칸 에어라인 센터와 달리 포켓볼 당구대와 맥주가 있는 술집 분위기였다. 보스턴 가든의 중앙 통로는 담배 연기, 머스터드가 잔뜩 묻어 있는 불에 그을린 핫도그, 종이컵에 넘치는 맥주, 해리스 트위드 코드를 입고 향수와 애프터 쉐이브 냄새를 풍기는 흥분된 남성팬들, 그리고 상인들의 호객행위 등이 어우러진 곳이었다. 보스턴 가든은 NBA의 이미지를 재창조하는 데 중요한 역할을 했을 뿐 아니라 강력한 스타들의 집합 장소였던 것이다.

스타파워는 여러 가지 형태로 나타난다. 시장에서 두드러지고 차별화될 수 있는 상품의 질과 특징을 개발하고 발견하는 것은 스포츠 의사결정자들의 몫이다. 오늘날 경마는 궁극적으로 수많은 순혈통 말들이 진흙과 타원형의 평평한 경마 트랙을 달리는 것이다. 브랜드 개발자는 아마도 매력적인 트랙(처칠 다운스, 산타 아니타)과 트랙의 질주하는 명마(시크리테리엇, 스마티 존스), 이런 말들을 능숙하게 다루는 경마기수(조니 머토, 줄리 콘), 심지어 경마에 베팅을 하는 사람들의 유형(사라토가, 로열 애스컷, 또는 「아가씨와 건달들」에 등장하는 명마 해리) 속에서 스타파워를 발견할 수 있을 것이다.

스타파워의 단계는 스포츠 의사결정자들이 결정을 내리고 스타 자본을 키우는 것을 요구한다. 스타파워를 키우는 데 실패하는 건 선택이 아니다. 팬들은 그들을 스포츠브랜드와 연결시켜 주는 스타파워를 필요로 한다.

● 팬을 사로잡는 스포츠브랜드

배리 레빈슨의 영화 「디너 *Dinner*」에는 이런 장면이 나온다. 볼티모어 콜츠의 광팬 에디 심슨은 콜츠의 역사에 대한 퀴즈를 맞히는 여자와 결혼한다는 황당한 조건을 만들었다. 그러한 상황은 불쌍한 여자친구와 들러리들을 당황스럽게 했고, 여자 친구는 콜츠가 조니 유니타스를 영입하기 위해서 피츠버그에 건 총통화료가 얼마인지와 같은 문제를 140개나 푸느라 진땀을 뺐다. 에디와 그의 충성스러운 콜츠팬이었던 친구들은 콜츠에 모든 것을 걸고 있었다. 팀은 홈타운 영웅 유형이었고 볼티모어의 가치와 라이프스타일을 대표했으며 에디와 여자친구에게는 결혼을 하느냐 마느냐를 결정할 정도로 강력한 존재였다. 좀 과장되긴 했지만 이것은 팀과 선수들 또는 스포츠가 얼마나 팬들에게 중요할 수 있는지를 보여 주고 있다.

제5장에서 우리는 팬들과 관계를 형성할 수 있는 브랜드 콘셉트 개발에 대해 중점적으로 살펴봤다. 다음 제6장에서는 변화의 마지막 3가지 단계인 브랜드 테스트, 고급화 그리고 실행 개념을 정리하고 이에 관해 논의할 것이다. 또한 브랜드가 스포츠 상품의 강력한 상징이 된다는 점을 좀 더 확실히 보여 줄 것이다.

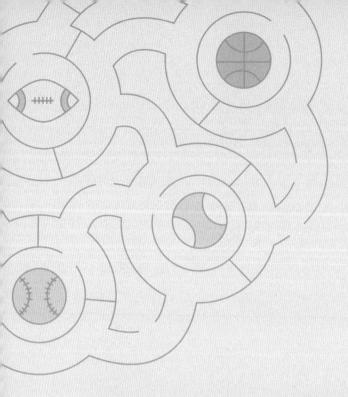

세계적으로 볼 때 뉴질랜드의 럭비 대표팀 올 블랙스만큼 자국의 문화에 잘 융화해 성공한 스포츠팀은 찾아보기 어렵다. 올 블랙스는 승리, 혁신적인 게임 전략, '하카Haka'라고 불리는 경기 전에 펼쳐지는 위협적인 춤으로 유명하다. 하카는 19세기 초반의 마오리 전설에서 비롯된 춤으로 팀의 자신감과 분노를 상징하며 상대팀을 압도하는 역할을 하는 동시에 올 블랙스 브랜드 형성의 중요한 모멘트가 되었다. 국제 럭비가 언급될 때 사람들의 머릿속에 가장 먼저 떠오르는 팀은 바로 뉴질랜드의 올 블랙스일 것이다.

영국팀과 유럽팀을 상대로 놀랍게도 쉽게 그리고 위협적으로 승리를 거두는 식민지팀이 탄생하자 올 블랙스와 뉴질랜드인 사이에는 끈끈한 연대감이 형성되었다. 더 나아가 올 블랙스가 식민지 계층에서 존경심과 위상을 알리는 수단이 되면서 올 블랙스의 탄생은 뉴질랜드 문화에 깊이 배어 든 민족주의 정신의 함양에 기여했다. 이밖에 많은 국제 스포츠 이벤트로 인해 팀의 선수들이 오랜 기간 동안 부재하는 일이 생겼고 이런 선수들의 부재는 오히려 동료애와 팀 구성원 간의 정서적 교감을 만들어 주었다. 상대팀들은 하카라는 춤과 뉴질랜드의 미신을 비웃곤 했지만 그조차도 이들의 전통과 문화적인 결합에 일조하는 요소가 되었다.

1999년 한 호주 럭비 대표선수는 "하카는 올 블랙스의 훌륭한 전통이고 아직도 하카를 보고 있으면 감동이 밀려온다. 나는 무섭다기보다는 경외감을 느낀다."라고 고백한 바 있다. 오늘날 올 블랙스 럭비팀은 뉴질랜드의 상징이고 나아가 선수, 팬, 상대팀과 국가의 정신 속에 내면화된 아주 강력한 브랜드다.

스포츠브랜드 실행하기

하지만 올 블랙스도 늘 성공적이었던 것만은 아니다. 올 블랙스가 1990년대에 본격적으로 팀의 상업화와 브랜딩 전략을 실행하기 시작했을 때 팀은 팬들의 기대와 갈등을 피하기 힘들었다. 비록 올 블랙스가 여전히 경기장에서 위협적인 상대를 만났을 때는 거칠게 몰아붙였지만 브랜드를 확장할 만한 감정적인 어필이 이전보다 부족했고 지고 있는 경기에서 끝까지 견뎌낼 수 있는 무언가가 필요했다. 또한 올 블랙스는 세계시장 때문에 뉴질랜드만의 색깔을 포기하는 것처럼 비쳐지면서 논란에 휩싸이기도 했다.

작가 폴 템포럴은 올 블랙스의 브랜드 이미지가 프로화되고 TV 중계와 광고에 노출되면서 점차 오만하고 거리감 있는 인상을 심어 주게 되었다고 논평했다. 그는 또한 이러한 올 블랙스의 이미지가 결국은 경영진들에게 부정적으로 받아들여졌고, 팀 경영의 부분적인 전략은 증가하고 있는 글로벌팬에 대한 접근성을 높이기 위해 따뜻한 이미지를 줄 수 있는 방향으로 수정되었다고 지적했다. 이러한 새로운 팀의 변화에는 선수들을 팬들에게 보다 친근하게 만들고 여러 시장에 접근가능하도록 하는 브랜드 전략도 포함하고 있었다. 팀의 주요 스폰서인 아디다스와 TV방송을 제공하는 뉴스 코프는 둥글둥글한 성격을 지닌 선수들을 필요로 했기 때문에 팀의 이러한 변화는 매우 중요했다. 비록 올 블랙스는 거칠고 사나운 이미지로 시작했지만 다른 캐릭터를 요구하는 시장의 요청에 따라 점차 새로운 이미지를 키워 나갔다.

올 블랙스의 계속된 브랜드 성공은 우연이 아니다. 처음부터 끝까지 올 블랙스 브랜드는 일관성 있고 믿을 수 있는 브랜드가 되도록 다른 전문 집단이나 팀 내 전문가들로부터 체계적이고 지속적인 관리를 받고 있다. 브랜드 관리는 선수들의 웹사이트, 기자회견, 모든 미디어 자료, 심지어 지방에서 발행되는 작은 광고책자에 이르기까지 모든 형태의 커뮤니케이션을 통해 이루어지고 있다.

뉴질랜드 럭비연맹의 마케팅 매니저인 프레이저 홀랜드는 "나에게 가장 중요한 일은 역경과 승리를 관리하는 것이다. 팀이 이길 수도 있고 질 수도 있다. 알다시피 내가 그러한 결과들을 컨트롤할 수는 없다. 팀이 이기면 브랜드는 강해지지만 지게 되면 팀의 마케터들에게는 큰 문제거리가 된다."라고 올 블랙스의 전반적인 관리에 관해 언급했다.

홀랜드는 또한 브랜드와 팀의 가치의 차이에 대해서도 중요한 말을 했다. 그는 올 블랙스의 "존경, 겸손, 힘, 유산, 영감, 그리고 헌신"으로 대표되는 브랜드 가치와는 달리 팀의 근본적인 가치는 승리에 있다고 주장했다. 그는 브랜드 가치에서 승리를 제외시키고 있으며 브랜드 가치에 손상이 온다면 스타선수도 떠나보낼 것이다. 브랜드 가치와 팀의 가치 사이에 존재하는 이러한 차이는 매우 중요한 것이고 만약 팬들의 브랜드에 대한 관심이 승패의 주기에 영향을 받고 있다면 브랜드의 핵심적인 특징과 가치를 키우는 전략이 절실히 요구된다.

올 블랙스는 성공적인 브랜드 변화의 사례에 해당한다. 민족주의적인 '길거리' 브랜드 개념의 럭비를 제도화했고 좀 더 팬과 친숙하게 만들었으며 최신 브랜딩 전략을 도입하여 새롭게 포지셔닝했기 때문이다. 또한 올 블랙스 브랜드는 팬들이 알아볼 수 있고 선수, 감독, 그리고 경영진들이 지속적으로 강화할 수 있는 독특한 특징들을 하나로 묶어 내고 있다. 올 블랙스는 그들의 유산을 잘 이용했고 대대적인 브랜드의 변화를 감행함으로써 성공적인 브랜드를 창출했다. 올 블랙스의 성공은 새로운 브랜드 개념이 어떻게 형성되는지 그리고 현실 세계에서 브랜드를 테스트하고 다듬어서 하나의 통합된 브랜드로 만들어 내는 과정을 증명해 보이고 있다.

어떻게 하면 다른 스포츠 상품들도 시장 상황에 반응하여, 올 블랙스처럼 일관성 있게 통합된 브랜드가 될 수 있을까? 첫 번째 단계는 우리가 제5장에서 살펴본 브랜드 콘셉트 개발에 있다. 시장에서 활기 넘치는 완전한 브랜드를 개발하기 위해서는 브랜드 테스트가 필요하고 이를 세련되게 다듬어서 실행해야 한다. 제6장에서 우리는 변화 과정에서 이러한 요인들을 다음과 같은 관점에 반영할 것이다. 브랜드 테스트, 브랜드 고급화, 브랜드 실행에 대해 살펴보기로 하자.

●브랜드 테스트

스포츠 상품이 가장 적절한 브랜드 콘셉트를 결정했다면 이제는 그 콘셉트의 실행 가능성을 테스트해야 한다. 테스트 과정에서는 다음과 같은 기본적인 문제들을 살펴야 한다.

- 브랜드가 사람들에게 인식될 수 있는 통합된 이미지를 표현하고 있는가?
- 브랜드와 목표시장이 어울리는가?
- 브랜드가 자신의 상품을 시장의 다른 스포츠 상품들과 차별화시키고 있는가?
- 브랜드가 팬들의 지속적인 관심과 흥미를 창출하고 있는가?
- 브랜드가 팬 중심적인가?
- 브랜드가 윤리성을 지니고 있는가?

스포츠브랜드는 이상의 질문에 대한 답을 찾기 위해 다양한 방법으로 실험해야 한다. 공식적인 브랜드 테스트 방법으로는 포커스 그룹 인터뷰, 설문 조사, 시장 조사가 가장 자주 활용된다. 또한 보다 자유로운 방식으로 미디어 환경 조사, 구매 현장 조사, 선수들과 팬들을 상대로 한 인터뷰, 경기장을 찾은 외부인들의 경험과 느낌을 물어보는 워킹 어라운드가 있다. 공식적인 방법과 보다 자유로운 비공식적인 조사 방법을 함께 사용하면 더 완벽하게 브랜드 콘셉트의 잠재성을 평가할 수 있다.

최근에는 대개 기본적인 스포츠브랜드 테스트 기법을 활용하고 있다. 하지만 스포츠 의사결정자는 브랜드를 좀 더 세련되게 만들고 팬들의 니즈를 파악하는 데 도움이 되는 상세한 정보를 요구하고 있다. 예를 들어, 어떤 연결고리를 팬들에게 적용할 것인지에 대해서도 테스트를 거쳐야 한다. 이는 때로는 결과에 대한 합리적인 기대를 가지고 실행단계로 넘어갈 때 필요한 정보들을 얻으려면 사회학, 심리학, 신경과학과 같은 영역에서 쓰이는 방법론 등도 활용해야 함을 의미한다. 점차 팬들은 의심이 많아지고 있으며 시장 조사에 참여하는 것도 꺼리고 있다. 따라서 그들에게 다가가기 위해서는 더욱 정확하고 새로운 유통 채널을 찾아야 한다.

우리가 논의할 첫 번째 테스트 방법은 포커스 그룹 인터뷰다. 이 방법은 소수의 사람들을 통해 논리적이면서도 내면에 숨겨져 있던 응답을 얻을 수 있으며 보다 깊고 자세한 정보를 얻을 수 있어 매우 합리적이다.

포커스 그룹 인터뷰 기법

포커스 그룹을 통해 브랜드 콘셉트를 테스트하려면 우선 그 스포츠 상품에 관해 공식적으로 토론하고 의견을 나눌 수 있는 지원자들을 모집해야 한다. 토론 장소나 진행방식은 형식적일 필요가 없고 참가자들을 위해 음료나 음식을 마련하거나 사례금을 지급하면 된다. 포커스 그룹 참가자들은 브랜드를 이해하고 있거나 우리가 접근하고자 하는 목표시장에 속해 있을수록 좋다. 숙련된 사회자가 진행을 맡아 토론하는 동안 브랜드 관련 주제에서 벗어나지 않도록 조정해야 한다.

또한 전문 분석가들이 자료로 이용할 수 있도록 토론 과정을 녹취하거나 촬영하기도 하는데 반드시 사전에 참가자들의 동의를 얻어야 한다. 이 같은 포커스 그룹 인터뷰는 주로 브랜드 콘셉트에 대한 참가자들의 피드백을 얻기 위해 이용되며 참가자들로부터 얻는 정보는 개인적인 것에서부터 상세한 내용까지 다양하다는 장점이 있다. 따라서 포커스 그룹의 반응에 따라 브랜드 콘셉트를 수정할 수도 있고 아예 처음부터 다시 시작해 전혀 다른 콘셉트를 개발할 수도 있다.

포커스 그룹 테스트 모델은 홍보 회사, 스포츠 마케팅 회사, 스포츠 개발조직, 각종 리그와 팀들도 널리 이용하고 있다. 보츠 미디어& 스포츠 그룹과 바이엘 스포츠 컨설팅 같은 회사들도 스포츠 조직을 위한 리서치 과정에서 포커스 그룹 인터뷰를 시도하고 있다.

일례로, 체육학과와 레크리에이션 학과에 변화를 도입하고 운동부 브랜드를 새롭게 론칭하려고 했던 MIT 대학도 변화 과정에 도움이 되는 정보를 얻기 위해 포커스 그룹 인터뷰를 이용한 바 있다. MIT 체육학과의 목표는 대학스포츠 영역에서 MIT의 명성을 회복하기 위해 이미지, 스타일, 경쟁력 등을 창출하는 것이었다. 학생들 위주로 포커스 그룹을 만들어 유용한 정보를 수집한 MIT는 새로운 스포츠브랜드가 학생들 사이에서 입소문으로 번지는 효과 또한 기대했다.

프로스포츠에서도 포커스 그룹을 이용하지 않고 정보력을 확보하지 않은 채 무분별하게 프로모션을 실행하는 경우는 극히 드물다. 미국테니스협회USTA는 10개의 여름 토너먼트로 구성되는 US 오픈 시리즈를 후원하기 시작했는데 그 결과는 늦여름에 열리는 US 오픈 진출에 직접적인 영향을 미쳤다.

협회는 득점 시스템, 스타파워, TV 시청률, 경기 일정에 대한 아이디어들을 점검하고 여름 토너먼트가 지역시장에서의 인지도 향상에 효과가 있는지를 테스트하기 위해 포커스 그룹을 이용했다. 또한 여름 토너먼트인 US 오픈 시리즈와 새로운 TV 방송 프로그램을 준비하는 과정에서, 특히 토너먼트 일정을 꼼꼼하게 조정했다는 증거로 포커스 그룹의 결과를 언급하기도 했다.

그밖에도 스포츠브랜드의 의미를 심도 있게 검토하는 데 사용할 수 있는 수많은 인터뷰 기법들이 있다. 사람들이 특정 스포츠브랜드의 이름을 들었을 때 어떤 단어를 연상하는지 알아내는 단어연상기법도 그중 하나다. 이 기법의 목적은 소비자의 마음속에서 떠오르는 다양한 브랜드 연상과 이미지를 확인하는 것이다.

또 다른 인터뷰 방법으로 투영 기법이 있다. 이는 인터뷰 참가자들에게 브랜드와 관련된 완성되지 않은 모호한 자극(문장, 그림, 단어, 그림 등)을 주고 그것을 완성시키고 이해하도록 요구하는 것이다. 이 과정에서 나오는 반응들을 인터뷰하면서 참가자들이 브랜드에 대한 자신의 신념과 느낌을 드러내도록 유도하는 것이 목적이다.

브랜드 의인화는 특정 브랜드를 언급할 때 응답자들이 어떤 스타일의 사람을 연상하는지를 알아내는 인터뷰 기법이다. 예를 들어, 테니스를 사람으로 간주한다면 '이 사람은 어떤 사람일까?', '어떤 일을 할까?', '어디에 살까?', '어떤 옷을 입을까?', '파티에 가면 어떤 사람들과 대화를 할까?', '무엇에 대해서 얘기를 할까?' 등을 추적하는 것이다.

사람들의 동기나 이유를 파악할 수 있도록 도와주는 또 하나의 방법은 래더링Laddering 기법이다. 응답자에게 "왜?"라는 질문을 계속 던짐으로써 소비자가 그 브랜드를 통해 만족시키고자 하는 추상적이고 관념적인 목적이나 동기들을 파악하는 것이다.

예를 들어, 래더링 기법을 이용하는 조사자는 야구 시즌 입장권을 구매하고 있는 사람에게 "왜 야구 시즌티켓을 사는가?"라고 묻는다. 그리고 응답자가 "가족과 즐거운 시간을 보내기 위해서."라고 답한다면 다음 질문으로 "야구가 당신의 가족들에게 왜 중요한가?"라고 물어보는 식이다. 이처럼 계속되는 질문들은 그 조사자가 야구를 하나의 브랜드로 이해하는 데 도움을 준다. 그리고 이런 조사 기법들은 포커스 그룹이나 다른 형태의 인터뷰 집단에서 사용될 수 있으며 브랜드의 소비 동기를 이해하는 데 큰 도움이 된다.

그런가 하면 잘트먼의 은유유발 기법Zaltman Metaphor Elicitation Technique - ZMET은 소비자들의 의사결정과정에서 '무의식unconscious'의 역할을 이해하는 것을 목표로 한다. 소비자의 브랜드에 대한 무의식을 시각화하는 것이다. ZMET은 모든 생각의 95%가 무의식 중에 일어난다는 것을 전제로 광대한 인간의 두뇌 활동 영역을 연구함으로써 소비자 행동을 설명한다.

이 테스트는 전형적으로 12~30명의 참가자들에게 연구 브랜드에 관하여 자신의 감정과 의견을 잘 대변해 주는 8~10장의 사진을 가져오게 한 뒤 그것을 바탕으로 참가자들과 심층 인터뷰를 실시한다. 연구자는 참가자들이 자발적으로 가져온 사진이나 그림들이 자기 자신에게 어떠한 은유나 의미를 불러일으키는지 토론하게 만들고 인터뷰 마지막에는 참가자들이 연구 브랜드에 대해 어떻게 느끼는가를 디지털 이미지로 만들도록 한다. 그리고 이러한 과정을 통해 얻은 인터뷰 데이터를 분석하여 정보를 늘어놓고 그 상품에 대한 참가자들의 정서적인 관계에 관한 결론을 도출한다. 이러한 방법은 스포츠에 적용할 때도 매우 유용하다.

예를 들어, ZMET을 통해 팬들이 왜 특정 팀과 관계를 형성하고 있는지, 그리고 부모들이 왜 자녀들에게 스포츠를 권장하는지를 확인할 수 있을 것이다.

야후는 소수의 참여자들이 사회자 없이 상품 개발 과정에 참여하는 이른바 몰입그룹Immersion groups이라는 것을 개발했다. 이 전략의 목적은 참가자들의 편견을 최소화하고 소비자 니즈를 확인하기 위해서 좀 더 긴밀한 작업을 진행하는 것이다. 예를 들어, 스코어보드나 경기장 주차장 디자인을 개발할 때 NFL의 팬들을 참여시키는 것은 지나친 것처럼 보일 수도 있지만 그들로부터 얻는 정보가 팬과 스포츠 간의 간극을 줄인다는 사실에는 의문의 여지가 없다.

또 다른 인터뷰 기법은 포커스 그룹과 비슷하긴 하지만 인터넷상의 온라인 패널을 이용하여 피드백을 얻는 방법이다. 이 방법은 전통적인 포커스 그룹보다 많은 수의 사람들로부터 더 많은 정보를 짧은 시간에 얻을 수 있고, 집단 역학이 결과에 미칠 수 있는 영향을 제거해 준다. 이러한 모든 혁신적인 테스트 방법들은 스포츠 의사결정자들이 중요한 정보를 얻도록 도와주며 나아가 팬들이 실제 스포츠 상품을 설계하는 데 참여할 수 있다는 장점을 지닌다.

설문 조사

연구자들은 대중의 태도에 대한 종합적인 데이터를 얻기 위해 포커스 그룹 인터뷰에 이어 설문 조사를 실시한다. 목표 집단을 대상으로 잘 정립된 설문 조사를 실시하는 것은 또 다른 효과를 가져다준다.

팬 그리고 팬이 아닌 사람들이 서로 뒤섞여 있는 길거리 또는 경기장에서 몇 개의 질문에 응답하는 약식 설문과 목표집단의 내면 심리를 파악하고자 하는 과학적인 설문의 차이는 뚜렷하다. 약식 설문은 비용이 크지 않고 아이디어를 다듬고 수정할 때 상당히 유용하다. 하지만 이것은 특성상 탐구적인 측면에 그친다. 반면에 과학적인 설문은 목표시장을 정의하는 걸로 시작해서 무작위 또는 계층화된 응답자들을 구한다. 만약 모든 사람들이 설문에 응답했다면 우리는 결과의 정확도의 범위도 알 수가 있다. 예를 들어, 과학적인 정치 설문을 통해 한 후보자가 오차범위 3% 안에서 65%의 표를 획득했다고 말할 수 있다.

물론 과학적인 설문 조사의 대상으로 선정된 사람들이 협조적이지 않을 수도 있다. 사람들은 더 바쁘고 의심이 많아졌기 때문에 우편이나 전화를 통한 설문의 응답률은 점점 낮아지고 있다. 따라서 대개 온라인을 통해서 진행되고 있지만 이것 또한 비슷한 문제를 가지고 있다. 이밖에 잘못된 문법 또는 정확하지 않은 표현을 사용한 설문지에서부터 경험이 없거나 정직하지 못한 설문 조사자에 이르기까지 많은 요인들이 설문 조사를 오염시킬 수 있다. 시장 조사 회사들은 연구 결과의 질을 높이고 이를 통제하기 위해서 수많은 방법들을 사용하고 있다.

스포츠산업에서는 설문을 통한 데이터가 널리 사용되고 의사결정을 위한 구체적인 자료로 사용된다. 예를 들어, ESPN 홈페이지에서 매일 실시하고 있는 스포츠 의견 설문 조사, 특정 기간에 가장 큰 이슈가 되고 있는 스포츠 이슈에 대한 시청자들의 반응을 조사하는 해리스&갤럽 여론 조사 그리고 다양한 기준에 따라 시청자들의 피드백을 관리하고 시장을 세분화하는 스포츠 마케팅 리서치 회사에 이르기까지 수많은 설문 조사 사례들이 있다.

오랫동안 사용되고 있는 설문 조사 방법 중 하나는 특정 스포츠 혹은 스포츠가 지닌 성격에 대한 호감도나 친숙도를 묻고 타깃으로 하는 인구통계학적에 집단에 어떻게 어필하고 있는지를 측정하는 큐레이팅[13]이다. 가장 포괄적인 설문으로는 TNS 스포츠가 해마다 실시하는 ESPN 스포츠 투표가 있다. 지난 10년 동안 이 설문 조사는 가장 영향력이 있는 리그, 이벤트 그리고 스폰서들에게 스포츠팬과 스포츠 이벤트에 대한 자료를 제공해 왔다. 특히 청소년 마케팅을 위한 효과적인 정보원은 ESPN과 TNS 스포츠 리서치가 제공하는 키즈 폴이다.

설문 조사가 점점 더 산업에 중요한 역할을 함에 따라 스포츠브랜드를 위한 통계적인 정보를 제공하는 회사도 늘어났다. 예를 들어, 스포츠 마케팅 서베이는 국제적인 리서치 회사이며 설문 조사를 통해 브랜드의 노출과 시장 선호도를 평가한다. 스포츠 의류 회사가 그들의 제품에 사용할 5개의 로고를 놓고 고민하고 있을 때, 이 회사는 영국, 브라질 그리고 호주에 거주하는 1만 명을 대상으로 설문을 실시했다. 설문 결과는 의뢰한 고객에게 각각의 소비자 층이 어떻게 반응하는지에 대한 단서들을 제공해 주고 그들의 로고 결정을 정당화할 수 있는 중요한 기준이 된다.

가끔은 독립적인 설문 조사 기관이 시장에 뛰어들어 스포츠브랜드를 위한 테스트를 제공하기도 한다. 독립 마케팅 컨설팅 회사인 마켓 툴은 미국의 6개의 주요 프로스포츠(MLB, NASCAR, NBA, NFL, NHL, PGA)의 이미지에 대한 설문 조사를 실시했다. 조사 결과 PGA가 전반적으로 가장 긍정적인 이미지를 지니고 있는 것으로 평가되었으며 MLB는 지역사회 활동에서 가장 긍정적인 이미지를 보였고 NFL은 자선활동 영역에서 좋은 이미지를 가지고 있는 것으로 나타났다. 프로스포츠 리그 중 누구도 설문을 의뢰하지 않았지만 마켓 툴의 설문

---

13) 큐 레이팅Q rating
　　큐 스코어(Q Score) 또는 큐 팩터(Q Factor)라고도 불리며, 브랜드, 기업, 유명인, 스포츠 선수, 만화 캐릭터, 또는 TV 쇼의 인지도와 호감도를 측정하는 방법이다. 1963년 마케팅 이밸류에이션(Marketing Evaluation Inc.)에 의해 개발되었다. 큐 스코어는 주로 마케팅, 광고 그리고 홍보 분야에서 이용되며 점수가 높을수록 더 시장 가치가 높다. 큐 스코어 중 스포츠 선수들만을 위한 스포츠 큐(Sports Q)는 한 스포츠 선수의 대중 인지도 수치를 알려 주는 것에 그치지 않고 그 선수에 대한 대중들의 시각 및 느낌(긍정적 그리고 부정적)에 대한 수치도 함께 보여 줌으로써 스포츠 마케터들이 선수 스폰서 참고 자료로 이용하고 있다. 높은 점수가 더 많은 스폰서를 보장하는 것은 아니지만, 낮은 점수의 선수들에 비해서 더 많은 기회가 있는 것은 사실이다.

결과는 스포츠 리그들이 경쟁 리그를 상대로 자신의 브랜드를 평가할 수 있는 유용한 정보를 제공했다.

설문 조사 결과에 대한 해석은 늘 논란을 일으켰다. 응답자 수가 너무 적거나 너무 많고, 또는 응답자들이 너무 비슷한 특성을 지니고 있거나 반대로 너무 다른 특성을 지니고 있는 경우가 있기 때문이다. 따라서 스포츠 의사결정자들은 설문 조사 데이터에 대한 견해나 관점을 유지하는 것이 중요하다.

예를 들어, NHL이 파업으로 시즌을 취소했을 때 ESPN 스포츠센터는 구단 소유주와 선수 협회가 견해 차이를 줄이고 짧은 일정의 시즌이라도 진행해야 할지에 대해 설문 조사를 했다. 66%의 응답자들이 "아니요."라고 응답했다. 이 설문 조사는 자발적인 시청자들을 대상으로 이루어졌으며 응답자들은 대개 ESPN 시청자들이거나 인터넷 사용자들이었고 열정적인 스포츠팬들이었을 것이다.

이 결과를 어떻게 해석해야 할까? 조사 결과처럼 짧게 축소된 시즌은 좋은 생각이 아니라고 해석해야 할까? 아이스하키가 심각한 문제에 빠졌으며 메이저스포츠로 다시 팬들에게 돌아오는 것이 어렵다는 것을 의미할까? NHL은 이제 끝났으며 설문에 참가한 사람들은 다시는 NHL을 시청하기를 원치 않는 것일까?

스포츠 의사결정자들은 그들의 브랜드가 어떻게 개발되고 조정되어야 하는지를 판단하기에 앞서 설문 조사 방법과 결과에 대해 점검할 필요가 있다. 이런 단점에도 불구하고 빠른 설문 조사는 해석과 상관없이 현재 팬들의 심리와 NHL의 조정에 관한 중요한 견해를 전달해 준다. 설문 조사는 다른 조사 방법론들이 제공할 수 없는 전반적인 그림을 제공한다는 장점을 지니고 있다.

시장 테스트

시장에 브랜드 콘셉트를 론칭하기 전에 스포츠 의사결정자들은 위험 부담이 적은 소규모 시장을 대상으로 브랜드 콘셉트를 테스트해 볼 수 있다. 설문 조사가 여러 가지 질문에 대한 정량화할 수 있는 답을 제시해 주긴 하지만 작은 시장에서 하는 테스트는 가장 유용하고 현실적인 피드백을 제공한다. 따라서 스포츠 조직들이 그들의 브랜드가 여러 다른 시장에서 어떻게 인식되는지 브랜드를 실제 환경에서 테스트할 수 있다. 스포츠 조직들이 새로운 마케팅과 광고 전략들 그리고 경기장이나 TV의 기술적인 발전을 테스트할 수 있게 되고 스타의 브랜드 또는 미디어 기술, 그리고 브랜드와 관련된 다른 모든 프로모션 전략들을 테스트 할 수 있게 됨에 따라 작은 시장들은 다양한 실험장소가 되고 있다.

기존 경기 방식과 규칙을 변경하는 것을 원치 않는 전통주의자들의 반대로 인한 위험을 최소화하기 위해 작은 시장에서 조심스럽게 변화의 가능성을 테스트 해야만 했던 크리켓의 사례를 보자. 영국과 웨일스 크리켓협회가 '트웬티 20'이라는 새로운 방식의 크리켓 경기를 도입했을 때 이는 영국뿐 아니라 크리켓 세계를 위한 시장 테스트와 같았다. 새로운 방식의 경기는 작은 지역에서만 시범적으로 시행되었고 하루 종일 혹은 5일 동안 치러지는 파이브 데이 매치와 같은 국제 경기에는 도입되지 않았다.

트웬티 20의 성공은 새로운 크리켓 포맷이 영국은 물론이고 다른 나라에서도 성공할 수 있다는 가능성을 보여 주었다. 호주, 뉴질랜드, 파키스탄 같은 다른 나라들은 새로운 버전의 크리켓을 받아들였고, 2005년 2월 17일 치러진 호주와 뉴질랜드 간의 첫 국제 경기에는 지난 3년간 뉴질랜드에서 치러진 크리켓 경기 중 최다 관객인 3만 명을 동원했다. 이처럼 지역시장과 제한된 국제 규모에서의 시장 테스트는 여러 다른 국가와 국제크리켓연맹이 새로운 방식을 받아들이는 데 중요한 증거를 제시하는 역할을 했다.

작은 시장에서의 테스트는 또한 스포츠 용품의 새로운 트렌드를 위한 실험대가 될 수도 있다. 나이키 골프공의 경우 애리조나의 스콧데일에서 열린 FBR 오픈에서 브랜드 테스트를 실시하면서 골프팬들로부터 빠른 반응과 관심을 얻어 냈다. 이 전략은 7,000명의 갤러리와 TV 시청자들이 지켜 보는 가운데 스콧데일의 TPC 골프장의 16번 홀(파 3)에서 나이키와 공식계약을 맺은 프로선수들 중 4명이 새롭게 출시된 원 블랙 공을 사용하도록 했다.

전략적으로 테스트시장은 4명의 선수와 한 홀에 국한되었지만 나이키는 팬들로부터 가장 많은 관심을 끌고 반응을 얻을 수 있는 홀을 선택했다. 반응은 역시 호의적이었으며 많은 팬들이 TPC와 나이키 본사에 전화를 걸어 새로운 골프공에 대해 문의했다. 이 경우에서 볼 수 있듯이 나이키는 마스터즈 대회와 같은 큰 토너먼트를 선택한 것도 아니었고, 또한 타이거 우즈와 같은 유명한 선수는 볼을 사용하지도 않았다. 또한 전체 18홀 중 한 개의 홀에서만 테스트를 실시했다. 이는 위험 부담을 줄이면서도 골프팬들에게 강한 인상으로 남기며 효과적인 피드백을 얻을 수 있었던 전략이었다.

그런가 하면 소규모 시장조사는 잠재적인 스타들의 브랜드를 실험할 때도 효과적이다. 예를 들어, 작은 시장에 속하는 일요일 아침 지역 라디오 방송에서 새로운 브랜드 콘셉트를 실험하는 쪽이 전국 방송 「60미니츠 *60 Minutes*」에서 테스트하는 것보다 훨씬 위험률이 낮다.

딜런 올리버는 세 살 때부터 켄터키 주 루이빌에서 스케이트보드를 시작했고 네 살 때부터 스폰서의 공식 후원을 받았다. 올리버의 대부분의 활동은 스케이트보드를 하는 사람들이 연습하고 시합하는 루이빌 익스트림 파크에서 이루어졌다. 작지만 조숙한 스케이트보더였던 올리버는 어린 나이에도 뛰어난 보딩 실력을 가지고 있었고 지역 뉴스에 출연하면서 대중적인 관심을 받게 되었다.

사람들의 주목을 끄는 데 남다른 능력이 있었던 올리버는 결국 나이스 스케이트보드와 스폰서십을 체결했고, 나이스의 보드를 이용하고 나이스 로고를 착용하게 되었다. 이후 그는 루이빌 지역 밖에 있는 토너먼트에 출전하여 전 미국에 화제를 일으켰고 나이스의 스폰서십도 성공을 거두었다. 나아가 올리버는 「뉴욕타임스 *NewYork Times*」의 커버 스토리에 실렸고, 워너브러더스의 토크쇼 「엘렌 드제네레스 쇼 *Ellen DeGeneres Show*」, 「굿모닝 아메리카 *Good Morning America*」, 「인사이드 에디션 *Inside Edition*」, 「54321」 등의 TV 프로그램에 출연하면서 자기 브랜드를 전국적으로 알렸다.

여섯 살 때는 존스 소다 컴퍼니, 키커 자동차 스테레오, 본 지퍼 선글라스 같은 수많은 스폰서로부터 후원을 받았다. 또한 그의 경영팀은 올리버의 사진, 동영상과 향후 경기 일정도 확인할 수 있는 올리버의 웹사이트를 제작했다. 이 같은 올리버의 브랜딩은 나이에 따라 어떻게 시장이 주도되고 형성되는지 그리고 누가 그 스포츠에 참여하고 있는지를 잘 보여 주는 지표가 되었다. 딜런 올리버는 다섯 살짜리 동네 스케이트보더가 스타성과 상품성까지 갖추게 된 사례다. 올리버 브랜드는 작은 지역에서 성공한 브랜드가 점차 더 큰 시장으로 진출하는 예를 보여 주고 있으며, 어떻게 어린 스케이트 선수가 같은 또래의 팬들을 끌어모을 수 있을지를 테스트할 수 있는 좋은 사례가 되었다.

자유로운 관찰

자유로운 관찰은 다양한 관점을 제공할 수 있고 심화된 정보를 얻어 포커스 그룹 인터뷰와 설문 조사를 보완하는 역할을 한다. 실제로 경기장 주위를 돌며 프로모션 이벤트를 관찰하면서 얻은 팬들의 반응은 스포츠팀에게 많은 도움이 된다. 예를 들어, 시카고 화이트삭스가 어린이들을 상대로 하는 마케팅의 일환으로 선수 사인회를 연다고 하자. 이 날 부모들은 트레이딩 카드, 모자, 야구공에 자녀들이 좋아하는 선수들의 사인을 받기 위해서 아침 일찍 아이들을 경기장에 데리고 나오는 수고를 해야 할 것이다.

2003년 여름, 당시 화이트삭스에서 가장 잘 나가던 선수는 팀의 승리를 이끈 투수 에스테반 로아이자였다. 화창한 일요일 오후에 팬들은 그가 US 셀룰러 필드에서 열리는 팬 사인회에 나타날 것이라 믿고 잔뜩 기대했다. 가족들은 로아이자 라인에 줄을 서서 계속 기다렸지만 다른 선수들은 이미 사인을 마치고 돌아간 시간까지도 그는 나타나지 않았다. 결국 이벤트 담당자가 사인회가 끝났다고 방송하자 부모들은 자녀들을 달래며 당황하는 모습이 역력했다.

사실 포커스 그룹이나 설문 조사로는 선수 사인회처럼 작지만 의미 깊은 이벤트에 대한 팬(어린이와 부모들)의 정서적 반응을 알아내기가 쉽지 않을 것이다. 하지만 브랜드 전략의 실행과정을 팬들 가까이에서 관찰하면 중요한 피드백을 얻을 수 있고 현장에서 브랜드가 어떻게 실행되었는지에 대한 관점을 얻을 수 있다.

또 다른 방법으로 좀 더 체계적으로 관찰하는 기법이 있다. 오늘날 많은 스포츠 조직들은 팬들이 질문을 하고 의견을 개진하고 변화에 대해서 반응을 할 수 있는 포럼을 만들었다. NCAA 전국 사무소는 여성 스포츠와 같은 중요한 이슈에 대해 개방된 토론과 피드백을 요구하는 지역 미팅을 개최하기도 한다. NHL의 캐롤라이나 허리케인스와 같은 프로 구단들은 시즌 입장권 구매자, 스폰서, 그리고 VIP 좌석 구매자와 같은 중요한 관계자들을 타깃으로 지역 미팅을 주선했다.

메트로돔을 관리하는 책임을 맡고 있는 미네소타 주의 국가 기관인 메트로폴리탄 스포츠시설위원회는 미네소타 주민들과 주의 스포츠 미래에 관련한 토론회를 주선하기도 한다. 이런 미팅이나 토론회들은 제한되어 있지 않으며 팬들이 의사결정자들에게 직접 질문을 할 수도 있다. 또한 스포츠브랜드에 대한 피드백을 제공하고 팬들의 관여도를 높이며 스포츠브랜드 계획자에게는 훌륭한 실험 장소가 된다. 지역 미팅 외에도 스포츠 조직들은 보다 지속적인 방식으로 소비자들과 팬 패널을 운영할 수 있다.

그런가 하면 소비자들에게 보다 어필할 만한 제품을 만들고 정량화가 힘든 요소들까지 밝혀내야 하는 경쟁 상황에 맞춰 관찰 방법도 더 정교해졌다. 폭스바겐의 경우, 미국과 중국의 자동차시장을 깊이 이해하기 위해 '문화 몰입 프로젝트'를 고안해 냈다. 직원들이 고객을 따라다니면서 주유소에서 기름도 넣고, 식품점에도 함께 가면서 일상을 관찰하는 것이다. 이 방법을 쓰고자 하는 스포츠팀들은 팬들이 어디서 티켓을 구매하는지, 어떠한 교통수단을 이용해 경기장에 가는지, 어디서 음식을 먹는지에 대해 알아낼 것이다. 다임러 크라이슬러 AG 또한 고객에게 더 가까이 다가가기 위해서 고객을 위한 가구, 음식 그리고 일상생활이 가능한 방을 만들었다. 소비자들을 관찰함으로써 숨겨진 단서를 발견하고 좀 더 향상된 자동차를 만들고자 하는 것이다.

스포츠 상품들은 이런 개념을 여러 다른 팬들의 욕망에 적용시킴에 따라 그들의 목표집단을 연구할 수 있다. 예를 들어, 관중 수를 늘리고 싶은 스포츠브랜드는 이러한 연구 환경에서 목표 집단을 관찰함으로써 팬들이 스포츠 상품과 어떻게 교류를 하는지를 알아낼 수 있다.

이 모든 비형식적이고 자유로운 관찰 방법들은 강점과 약점을 가지고 있다. 관찰법이란 어떠한 식으로든 결론을 끌어내기에는 다소 특이한 면이 있으며, 결과를 무용지물로 만드는 관찰자의 주관적인 편견이 들어가기도 한다. 좀 더 심층적인 관찰을 위해서는 쥐를 우리에 넣고 관찰하는 방법을 응용하는 것인데 이는 동물 실험과 마찬가지로 윤리적인 논란을 일으킬 것이다. 이러한 단점에도 불구하고 우리가 받아들여야 할 점은 스포츠 의사결정 과정에서 팬들의 행동이 점점 더 많은 영향을 미침에 따라 단서를 찾아내는 실험과 탐사 작업 또한 더 중요해졌다는 것이다. 팬들을 정의하고 찾는 게 점점 더 어려워짐에 따라 이런 트렌드는 쉽게 사라지지 않을 것이다.

브랜드 테스트는 변화 과정에서 스포츠 상품이 하나의 브랜드를 가지고 나갈지 아니면 다른 브랜드를 시도해 볼지를 평가하는 단계다. 또한 브랜드의 잠재성과 어떤 식으로 큰 시장에 나가기 전에 세련되게 다듬어질 수 있을지에 대해서 결정하는 것이다. 지금까지 설명한 형식적인 관찰 방법과 여러 가지 비형식적인 관찰 기법들이 독립적으로 이용될 수 있지만 이상적인 피드백을 위해서는 이 모든 것들이 합쳐져야 한다. 브랜드 테스트는 브랜드 콘셉트가 잠재력이 있는지 또는 현재의 브랜드를 다른 브랜드로 변형하기 위해 투자할 가치가 있는지를 밝혀 준다.

유럽 스타일의 르망 레이싱

유럽의 르망 레이싱 서킷Le Mans racing circuit은 관중과 미디어로부터 폭발적인 인기를 누렸다. 후안 마뉴엘 판지오와 피에르 레베의 명성은 세계 어느 스포츠 스타 못지않은 카레이싱계의 전설이다. 그러나 미국에서만은 유럽 스타일의 자동차 레이싱 경기는 나스카, 오픈 휠 카트 레이싱 그리고 심지어는 지방 흙구덩이에서 펼쳐지는 중고 자동차 경기에도 밀렸다. 1999년 미국에서 르망 시리즈ALMS가 시작되었을 때만 해도 미래는 밝지 못했다. 페라리, 포르쉐, 아우디 같은 외국 자동차 회사는 트랙에서 이탈하면서 서로 충돌하고 아슬아슬하게 추월하거나 결승선에서까지 충돌하는 걸 즐기는 미국인들에게 어필하지 못할 것처럼 보였다. 하지만 결과는 매우 고무적이었으며 집중된 세분화, 신중한 브랜드 개발, 작은 시장 테스트, 그리고 작지만 영향력이 있는 시장과의 관계형성을 위한 좋은 사례가 되었다.

열 번에 걸쳐서 진행되는 레이스는 자동차에 관심이 많은 사람들을 대상으로 펼쳐졌다. ALMS의 회장이자 CEO인 스콧 애서튼은 그의 세분화 전략에 대해서 "나스카는 월마트인 반면 미국 르망 시리즈는 레이싱의 노드스트롬"이라고 말했다. 르망 레이싱은 프리미엄 자동차 스포츠팬들을 목표로 했으며 진 리차드 시계와 같은 명품 브랜드 후원자들의 관심을 끌었다. 레이스는 주로 플로리다의 세브링에 있는 세브링 국제 경기장, 위스콘신의 엘크하트 레이크에 있는 로드 아메리카, 또는 캘리포니아 주 몬테레이에 있는 라구나 세카와 같은 험한 코스에서 펼쳐졌다.

개최지는 스타들을 끌어모았으며 레이스를 위한 분위기를 조성했다. 로드 아메리카는 규모가 크고 급커브와 오르막길로 구성된 험한 코스이며 풀과 많은 나무가 있어서 전원적인 분위기가 나는 레이싱 코스다. 르망 시리즈는 미식축구 경기장의 느낌이 나는 타원형 코스에서 관객들이

레이싱을 관람하는 게 아니라 가족들이 공원에서 소풍을 즐길 수 있는 전원적인 분위기의 자동차 경기다.

르망의 중요한 시장 차별화 전략은 프리미엄 자동차를 이벤트의 중심으로 집중시키는 것이다. 이벤트는 규모가 작았기 때문에 팬들은 레이스를 준비하는 구역을 걸어 다니며 정비사들이 아주 값비싼 레이싱 자동차를 정비하는 것도 볼 수 있고 자동차 레이서들과 얘기를 할 수도 있다. 따라서 레이스 준비 과정을 통해 팬들은 팬들과 그들이 좋아하는 자동차 그리고 레이서들과의 관계를 형성하게 될 것이다.

르망 레이스는 단순히 먼 거리에서 또는 카메라를 통해서 보는 미디어 이벤트 그 이상의 것이 되었다. 결과는 훌륭했다. TV 시청률은 2003년에 비해 2004년에는 24%가 증가했고 10만 명에 가까운 관람객들이 레이스를 보기 위해 몰려들었다. 아직 나스카만큼 시청률이나 관람객 수를 기록하지 못했고 또 앞으로도 달성하기 힘들지 모르지만 르망 시리즈는 조금씩 모두가 부러워할 만한 팬 저변을 형성해 나가고 있다. 또한 팬들은 스폰서의 제품에 관심을 보이고 있고 실제로 이들 제품을 구입할 만한 경제력도 가지고 있다.

● 브랜드 고급화

브랜드 콘셉트를 개발하고 테스트를 거쳤다면 이제는 브랜드 콘셉트를 세련되게 다듬을 차례다. 브랜드 고급화refinement란 새로운 브랜드 콘셉트 혹은 정체성과 일치하도록 브랜드를 나타내는 핵심적인 특징이나 속성을 다듬는 과정을 뜻한다. 여기서 고급화의 목적은 브랜드 콘셉트 형성 과정에서 개발된 브랜드의 청사진을 바탕으로 브랜드의 정체성을 개념에 맞게 구성하고 결정하는 것이다. 브랜드 고급화 과정에서는 브랜드 네임, 외형, 구성요소, 태도 등이 다듬어진다.

브랜드 네임

스포츠브랜드 네임은 중요한 브랜드의 이미지를 전달하는 특별한 기호다. 우리는 이 같은 브랜드 네임을 여러 곳에서 만날 수 있다. 스포츠 제품에도 찍혀 있고 신문에도 실리며 TV 광고에 나오고 입소문으로도 퍼진다. 이름은 주의를 끌 수 있어야 하는 건 물론이고 목표 소비자들로부터 친숙감과 심리적인 일체감을 느끼게 해야 한다. 또한 이름은 스포츠 상품이 나타내고 싶어 하는 연상과 특성들을 불러일으킬 수 있어야 한다.

만약 브랜드 네임이 어떤 연상도 이끌어 내지 못한다면 그 이름의 파워는 약하다고 할 수 있다. 즉 브랜드 네임은 목표시장에게 여러 가지 연상을 일으킬 수 있어야 하고 특유의 아이디어를 전달할 수 있어야 한다. 브랜드 네임은 소비자들에게는 제품에 대한 첫 번째 노출이자 브랜드의 본질을 상징할 수 있다. 다시 말해 브랜드 네임은 스포츠브랜드의 시장 포지셔닝의 일부이며 소비자들에게 제품, 브랜드의 목적, 그리고 브랜드가 대표하는 것이 무엇인지를 알려 주는 주장과도 같다.

예를 들어, 선수, 팀, 리그, 스포츠 상품, 컨퍼런스, 코치, 이벤트, 토너먼트 같은 모든 스포츠 상품들은 그 이름을 결정할 때 여러 가지 이슈에 직면하게 된다. 스포츠 상품은 역사 및 지리적 조건, 또는 스폰서의 간섭, 너무 많은 이름 후보, 새로운 경쟁자와 차별화되지 않는 이름 등 여러 가지 제한이 있을 수 있다. 브랜드 네임이란 팀의 명칭처럼 중요한 상품에만 국한되어 있는 게 아니라 특별 덕아웃 명칭, 경기장 특별석 명칭, 프로모션 명칭, 또는 다양한 새로운 상품들의 명칭들에도 관련되어 있다는 점에서 보다 많은 선택의 가능성을 가진다. 스포츠브랜드 간의 경쟁이 치열해진 오늘날, 브랜드 네임은 스포츠 조직들이 넘어야 할 첫 번째 관문이 되었다. 일단 브랜드 네임이 개발되었다면 다음의 3가지 기준으로 평가해 보자.

- **인식력** : 브랜드 네임은 주의를 끌어야 하고 기억될 수 있어야 한다.

- **적합성** : 브랜드 네임은 스포츠브랜드의 유형과 성격을 강화하기에 적합해야 한다.

- **차별성** : 브랜드 네임은 경쟁 브랜드와 차별화가 되어야 한다.

새너제이에서 텍사스 휴스턴으로 이주한 프로축구팀 휴스턴 1836이야말로 이 3가지 기준이 필요한 팀이었다. 휴스턴 1836은 구단주 아에게AEG의 홈페이지에서 실시한 온라인 팀 명칭 공모전에서 1위를 한 이름이었다. 이는 팀이 탄생된 연도를 따서 이름을 짓는 유럽식 전통을 따른 것이지만 1836의 경우는 팀이 아니라 도시가 생겨난 연도를 딴 것이었다. 또한 1836년은 텍사스 주의 탄생에 역사적으로 중요한 의미를 가진 해이기도 하다. 그해 로페즈 장군이 멕시코 부대와 벌인 알라모 전투에서 승리를 거둠으로써 텍사스가 멕시코로부터 독립한 역사적인 해였던 것이다.

팀 이름이 결정되자 휴스턴의 한 중학교 학생 200명이 색종이와 풍선으로 축하를 했지만 휴스턴 지역에서 가장 큰 축구팬 층을 형성하고 있던 멕시코 계 시민들로부터는 예상치 못한 반발을 얻었다. 그 이름은 분명히 쉽게 인식되고 경쟁팀과 차별화된다는 장점이 있었지만 적합성에 문제가 있었다. 휴스턴에 거주하는 수많은 히스패닉계 시민들은 그 이름을 그들의 역사적인 우둔함과 모욕으로 받아들였기 때문에 팬들과의 조화에는 실패했다.

휴스턴 대학의 멕시코 출신 학자 타초 민디올라는 "그들은 정말로 우리가 1836년이 새겨진 티셔츠를 입을 것이라고 상상했던 것일까?"라고 반문했다. 그러나 팀명 결정을 옹호했던 회장 올리버 럭은 팀의 명칭이 이중적으로 이해될 수 있다는 걸 알았지만 어떤 반대도 극복할 수 있는 충분한 의미와 명분을 지니고 있다고 생각했다. 럭의 절대적인 지지에도 불구하고 휴스턴 1836이라는 이름은 여러 저항 집단에 의해 불쾌하다는 저항을 받았고 결국 한 달이 채 지나지 않아 팀명을 다이나모Dynamo로 바꾸었다.

이처럼 브랜드 네임의 결정은 정체성과도 깊은 관련이 있다. 따라서 스포츠 의사결정자들은 이름을 선정할 때 설문 조사와 리서치를 해야 할 뿐만 아니라 장소와 지역사회를 대변하는 대중의 피할 수 없는 압력과 요구를 견뎌낼 수 있는 이름을 선택했는지를 확인해야 한다.

적합성에 관한 또 하나의 예는 1996년에 창설된 NBA의 여동생, 여자프로농구에서 찾아볼 수 있다. 리그의 명칭을 정하는 과정에서 새로운 명칭을 만들어 내거나 과거에 실패했던 여자 리그의 명칭(Liberty Basketball Association, Women's World Basketball Association, American Basketball League)들을 다시 부활시키는 대신 WNBA로 결정했다. 또한 팀의 이름을 선정할 때도 피닉스 머큐리(NBA는 피닉스 선스), 새크라멘토 모나크스(NBA는 새크라멘토 킹스), 유타 스타스(NBA는 유타 재즈), 샬롯 스팅[(NBA는 샬롯 호니츠(현 뉴올리언스 호니츠)], 휴스턴 코메츠(NBA는 휴스턴 로키츠) 등 8개의 팀 중 5개의 팀을 같은 도시에 있는 NBA팀 이름과 비슷하게 만들었다.

리그와 팀들의 명칭 결정에서의 전략은 매우 분명했다. NBA의 노출과 친근감을 새롭게 시작하는 WNBA 리그에 전이시킴으로써 NBA브랜드의 자산을 이용하는 것이었다. 새로운 스포츠로서 리그와 팀들은 윤리성이 필요했으며 NBA의 팀 이름과 연관시킴으로써 팬들로부터 그 정당성을 인정받을 수 있었다.

그런가 하면 어떤 상황에서는 이미 확립된 팀이 새로운 시장을 개척하기 위해 이름을 바꾸는 경우도 있다. NBA 워싱턴 위저즈의 소유주인 아베 폴린은 팀명의 중요성을 인식했으며 많은 다른 팀들의 이의 제기에도 불구하고 1997−1998 시즌부터 팀명을 불리츠Bullets에서 위저즈Wizards로 바꾸었다. 친구였던 이스라엘 총리 이츠하크 라빈의 암살에 자극받은 폴린은 불리츠(총탄)라는 명칭이 안전을 의식하는 미국 사회분위기상 매우 폭력적이라고 생각했으며 사회통념에 위배되지 않으면서도 가족 중심적인 이름을 찾았다. 팀 이름 변화의 타이밍도 매우 중요했다. 팀은 당시 새로운 경기장인 엠씨아이 센터MCI Center로 이사 중이었고 이에 맞춰서 입장권과 여러 팀 관련 상품의 판매의 부활을 노리고 있었다.

그렇다면 어떻게 폴린이 위저즈란 이름을 선택하게 되었을까? 그는 36일 동안 지역에 있는 보스턴 마켓Boston Market이란 식당에서 지역 팬들로부터 새로운 팀명에 대한 아이디어를 제안할 것을 권유했다. 그 결과 이 기간 동안 50만 개가 넘는 후보를 모았고 2,966개의 명칭이 제안되었다. 폴린은 불리츠의 경영 이사진, 미디어 종사자, 선수, 그리고 보스턴 마켓의 회장이 포함된 7명의 패널을 구성했다. 그리고 패널은 후보를 드래곤, 익스프레스, 스탈리온스, 시독스, 위저즈로 압축했다.

5개의 팀명 후보가 발표된 후 워싱턴의 반응은 냉담했고 어떤 팬들은 예전 명칭을 그대로 유지하고 싶어 했다. "5개 모두 최악의 이름인 것 같다."고 말하는가 하면 "5개의 팀명이 모두 마음에 들지 않으며 예전 명칭인 불리츠를 유지해야 한다. 오랫동안 이 팀명을 사용했으며 그냥 그대로 살려 두길 바란다."며 불평하는 팬들도 있었다. 결국 폴린이 제일 좋아했던 위저즈가 선택되었으며 브랜드는 유니폼, 팸플릿, 옥외 광고, 미디어 장소, 그리고 모든 팀의 제품에 변경된 이름이 디자인되면서 새롭게 포지셔닝되었다.

폴린은 가족이라는 특수한 목표시장을 활용하고 나아가 그들의 마케팅 노력에 협력할 수 있는 집단들의 심기를 불편하게 만들지 않기 위해서 워싱턴 지역의 많은 팬들이 좋아하고 심리적인 일체감을 느낄 수 있는 이름으로 팀 명칭을 바꾼 것이었다. 비록 팀 이름 변경으로 인한 장기적인 경제적 이득은 없을 것이나 이러한 탈바꿈은 지역사회에서 호의를 형성시켰다는 측면에서 매우 중요한 의미를 지닌다.

브랜드 네임은 때론 스포츠브랜드를 개인화하기 때문에 관여도에 매우 중요한 원천이 된다. 예를 들어, 선수들의 별명은 선수들과 팬들 사이에 특별한 관계를 형성해 주고 이것은 강한 연결고리를 만들어 준다. 선수들의 별명은 팬들에게 선수들과 그들이 가깝다는 인식을 주고 선수들에 대해서 진정으로 잘 알고 있다는 느낌을 준다.

스포츠 역사에 선명하게 새겨진 몇 가지 별명들이 있으며 이러한 별명들은 초인적인 인성들을 나타내기도 한다. 예를 들어, '베이브(밀드레드 디릭슨 자하리아스)', '메너사의 살인자(잭 댐프시)', '화려한 스프린터(테드 윌리엄스)', '북두칠성(월트 체임벌린)' 등의 닉네임을 들 수 있다. 최근에는 신화적인 별명이 이름의 약자를 따서 만들어지기도 한다.

MJ(마이클 조던), TO(터렐 오웬스), Shaq(샤킬 오닐), A-Rod(알렉스 로드리게스) 등이 그 예다. 스노보더 숀 화이트는 그의 스타일과 빨간 머리 때문에 '날아다니는 토마토'라고 불리는데 모든 별명들과 마찬가지로 이와 같은 별명은 숀 화이트의 속성과 특징을 한마디로 잘 표현해 주는 매력적인 포인트다. 별명은 종종 스포츠 상품이 아닌 미디어나 팬들로부터 나오며 그 이후 스포츠 상품의 선전 또는 프로모션 활동으로 구체화된다.

반대의 경우도 있었다. 당구의 일종인 스누커의 전설 지미 화이트는 자기를 후원하는 식료품 회사를 위해 '스투커의 대부'를 의미하는 제임스 '지미' 브라운으로 이름을 바꾸었다. 영국의 식료품 회사이자 자사의 브라운 소스Brown Source란 상품의 홍보일환으로 스누커 대회의 4-포인트 브라운 볼을 후원했던 식료품 회사 HP가 그를 후원했다. 지미 화이트는 HP와 광고 계약을 했으며 그의 이름을 공식적으로 제임스 지미 브라운으로 바꾸었다. 트레이드 마크였던 검은색과 흰색 턱시도도 브라운색 정장으로 바꾸었다. 당시 지미 화이트는 "브라운 볼의 후원이 스누커 경기에 다시 큰 즐거움을 제공했고 나 또한 내 성을 바꿔 그것을 따라가고 싶었다. 나는 스누커의 이미지와 명성을 드높이는 것은 선수들에게 달려있다고 생각한다."라고 말했다. 하지만 보수적이고 과거의 향수를 고집했던 스누커 연맹은 그의 이 같은 브랜딩 변경을 허락하지 않고 게임에서 그의 본명을 쓸 것을 강요했다.

물론 명칭의 변경이 성공한 경우도 있다. 로드 스마트는 자신의 능력을 불신하는 사람들에 대한 반응으로 '그는 나를 싫어한다He Hate

Me'라는 별명을 스스로 지었다. 그의 브랜드 형성 모멘트는 경기 유니폼에 본명 대신 새로운 별명을 새겨 넣고 라스베이거스 아웃로즈의 팀원으로 출전했던 익스트림 미식축구 개막식이었다. 그의 새로운 이름은 곧바로 팬들의 관심을 끌었고 미식축구에서 그의 브랜드를 숭배 대상으로 키우는 데 일조했다. 그는 이 닉네임을 필라델피아 이글스의 특별 선수로 뛰면서 NFL이라는 큰 무대에서 계속 사용했고 후에 캐롤라이나 팬서스로 갔을 때도 마찬가지였다.

팬서스의 선수로 뛰었던 2004년 슈퍼볼에서는 미디어로부터 가장 많은 인터뷰 요청을 받았고 그의 별명이 새겨진 팬서스 유니폼은 인기품목이 되었다. 재미있는 것은 그의 이름을 전략적으로 확대하기 위한 노력의 일환으로, 그가 NFL 미식축구 선수로서의 성취한 명예를 반영하기 위해 자신의 별명을 이번에는 '그는 나를 사랑한다He Love Me'로 바꾸었고 이를 올델 커뮤니케이션 회사의 광고 캠페인에 활용했다.

이처럼 로드 스마트의 사례는 뛰어난 기술이나 능력과는 상관없이 닉네임이 선수의 수익창출 가능성을 극대화시킬 수 있고 다른 경쟁자와의 차별화를 가능케 하며 동시에 팀과 리그를 위해 또 다른 볼거리를 제공할 수 있음을 시사해 준다.

스포츠 시설 또한 팬들의 관심을 끌 수 있는 고유의 별칭을 가질 수 있다. 브랜드 개발 과정에서 스포츠 시설의 별명을 포함하는 것은 중요하다. 팬들은 수동적인 관중으로서가 아닌 더욱더 경기에 관여되어 있다고 느낄 수 있기 때문이다. 대학스포츠 경기장 이름이나 학생 좌석구간의 명칭을 통해 팬들의 관여도를 높여 주는 것은 좋은 사례다.

'빅 하우스'라고 불리는 미시간 대학의 미식축구 경기장과 '늪

Swamp'이라고 불리는 플로리다 대학의 미식축구 경기장은 그 홈팬들에게 인간미 넘치는 경기장이라는 이미지를 심어 주었다. 또한 팬들에게는 서로 연결될 수 있는 정서적인 교감을 제공하며, 상대팀에게는 위협감을 느끼게 한다. 미시간 대학 경기장의 별명은 ABC의 스포츠 캐스터인 키스 잭슨이 지었고, 플로리다 대학의 별명은 미식축구 감독인 스티브 스퍼리어가 붙여 주었다.

어떤 경우는 스포츠 시설이 일부 열성적인 팬들에 의해 특성화되기도 한다. 예를 들어, 일리노이 대학미식축구 경기장의 닉네임인 '오렌지 크러시'는 오렌지 색으로 얼굴을 칠하고 오렌지 색 티셔츠와 열띤 응원으로 무장한 열성적인 팬들을 상징한다. 관중을 게임 자체에 포함시킨 가장 극단적인 예로는 텍사스 A&M 대학의 '열두 번째 선수[14]'를 들 수 있다. 이들은 텍사스 A&M 대학팀 소속 선수들은 아니지만 다른 팀에서 뛰면서 수십 년 동안 팬의 대리인임을 자처해 온 서포터들로 구성되어 있다.

비록 이러한 사례들은 스포츠 상품의 전형적인 닉네임 전략을 넘어서는 것이긴 하지만 이름의 변화가 강력한 힘을 가지며, 스포츠브랜드가 이름을 선정하는 과정을 보다 적극적으로 관리할 필요가 있음을 보여 준다.

---

14) 열두 번째 선수Twelfth Man
지금은 A&M 재학생팬들이 스스로를 부르는 별명으로서 언제든지 자기 팀이 위기에 처했을 때, 주전으로 투입될 수 있는 열두 번째 선수임을 의미한다. 실제로 A&M 경기장 관중석에는 열두 번째 선수라는 문구가 크게 적혀있으며 이는 상대를 위협하기에 충분하다.

스포츠팀의 닉네임 TOP 10

1. 살인 타선 Murderer's Row

1927년 뉴욕 양키스. 베이브 루스와 루 게릭을 포함한 살인적인 막강 타선

2. 철의 장막 Steel Curtain

1970년대의 NFL 피츠버그 스틸러스의 막강 수비벽.
네 번의 슈퍼볼 챔피언. 구소련과 같은 철의 장막

3. 저격수 Gunners

아스날, 영국 프리미어 리그 축구팀. 런던 남쪽의 총생산 공장이름을 따서 지어진 별명

4. 길목의 괴물 Monsters of the Midway

1930년대와 1940년대의 시카고 베어스. 조지 할라스가 이끄는 거친 미식축구팀

5. 올 블랙스

뉴질랜드 럭비 국가대표팀. 위협적인 검은색 유니폼을 입는 세계 럭비의 교과서 같은 팀

6. 4명의 기수 Four Horsemen

1922년부터 1924년까지 노트르담 대학교의 미식축구팀.
누크 로큰 감독 전성기 시절을 상징

7. 드림팀 Dream Team

1992년 미국 올림픽 대표 남자농구팀.

역사상 가장 강했던 올스타 농구팀

8. 스타 군단 Galaxy of Stars

레알 마드리드 축구팀. 스페인의 프리미어 재능꾼들이 모인 축구팀을 의미하는 엔터테인먼트 버라이어티 쇼

9. 브로드 스트리트 불리츠 Broad Street Bullets

1970년대 중반 NHL의 필라델피아 플라이어스. 적대적인 홈 어드밴티지로 명성이 높은 스텐리컵 챔피언십

10. 피 슬래마 자마

1983-1984 시즌 휴스턴 대학농구팀. 그리스어로 현명한 플레이를 의미. 재즈와 슬램덩크를 상징

외형

외형은 브랜드 콘셉트를 상징하고 강화시키는 시각적인 이미지라고 할 수 있다. 역사적 혹은 지역적인 연관성으로 인해 시장에서 아주 강력한 힘을 가지고 있어서 외형적인 변화를 필요로 하지 않는 브랜드들도 있다. 예를 들어, 세인트 루이스의 빨간새 심볼, 그린베이 패커스의 녹색과 노란색의 유니폼, 시카고 불스의 성난 황소 로고, 토론토 메이플 리프스의 파랗고 하얀 단풍 로고, 또는 맨체스터 유나이티드의 적색과 노란색 팀 마크는 매우 강력한 상징물이다. 이런 상징물들은 영원히 팬들의 마음속에 새겨져 있고 과거의 승리, 패배, 그리고 영웅을 표현하는 수단으로 작용한다.

실제로 많은 스포츠 상품들은 팬들로부터 프리미엄을 요구할 수 있는 역사나 전통이 부족하다. 따라서 그들의 브랜딩 과정에서 브랜

드를 견고하게 하는 외형적 이미지 변화를 심각하게 고려할 필요가 있다. MLB의 카디널스의 경우에도 새로운 경기장으로 이전할 당시, 자신들의 브랜드를 지탱할 수 있도록 역사적으로 중요한 외형들을 새로운 환경에 접목시켜야 했다.

브랜드를 세련되게 다듬을 때, 브랜드를 지지할 외형을 선택하는 것 또한 중요하다. 스포츠산업에서 우리는 브랜드가 외형과 어울리지 않는 경우를 자주 목격했다. 이는 무언가를 표현하고자 하는 노력의 일환으로 브랜드의 접근 범위를 너무 확장한 경우 발생한다. 하지만 모든 팬들을 다 만족시킨다는 것은 가능하지도 않고 때로는 역효과를 가져올 수 있다. 선수들이 바람직하지 못한 행동을 보이자 브랜드를 좀 더 프로답게 개선하려는 노력을 보였던 NBA는 복장 규정을 마련했다. 선수들이 늘 비즈니스 캐주얼을 입도록 요구했으며 팀과 관련된 행사에서는 티셔츠, 헐렁한 바지, 보석, 머리 장식물의 착용을 금지시켰다. 외형은 상징적인 것일 뿐인데 개인적인 표현의 욕구를 억압한다고 생각했던 일부 선수들은 반발하기도 했다.

슈퍼스타 팀 던컨은 "나는 이러한 복장규정은 근본적으로 정신지체아적인 발상이라고 생각한다. 나는 그들이 가고자 하는 방향을 싫어한다. 내가 누구인가?"라고 성토했다. 비록 선수 개개인의 외형이 NBA 전체의 브랜드 콘셉트를 바꾸진 못하겠지만 이는 외형이 스포츠 상품의 브랜딩에서 어떤 중요한 부분을 차지하는지 잘 보여 주는 예이다.

외형적인 특성은 스포츠 상품에 따라 달라지지만 외형이 브랜드의 포지셔닝에 어울려야 한다는 사실은 근본적으로 같다. 브랜드는 개인, 조직 또는 구조적인 외형적 특성을 통해 다듬어질 수 있다.

- 개인적인 외형의 고급화란 스포츠브랜드와 관련된 선수, 코치, 구단주, 또는 리그의 경영진의 복장, 헤어스타일, 체형, 액세서리 등을 브랜드의 포지셔닝에 맞도록 손질하고 다듬는 것을 의미한다.

- 조직 외형의 고급화란 팀, 이벤트, 그리고 스포츠 상품과 같은 스포츠브랜드를 나타내는 로고, 색상, 유니폼 또는 마스코트 등을 손질하고 다듬는 것을 의미한다.

- 구조적인 외형의 고급화란 스포츠브랜드 시설의 커뮤니케이션 환경에 초점을 맞추어 손질하고 다듬는 것을 의미한다.

| 개인의 외형

스포츠 구성원의 개인적인 외형은 매우 중요한 출발점이자 팬들의 주의를 끄는 중요한 수단이다. 예를 들어, 비치발리볼의 성공과 인기는 참가자들의 외형적인 요소와도 어느 정도 관련이 있다. 비치발리볼은 1920년대 가족 스포츠에서 출발하여 섹스 어필, 시끄러운 음악, 그리고 세트 사이에 쉬는 시간이 없이 진행되는 「섹스 인 더 시티 *Sex in the City*」 유형의 스포츠로 발전했다.

여자선수들은 늘씬한 키와 햇볕에 잘 그을린 피부에 비키니를 입고 경기하고 남자선수들은 주로 셔츠를 벗거나 탱크 탑을 입어서 잘 가꿔진 몸매를 과시한다. 스폰서십 전문가인 킴 스킬덤 리드는 "비치발리볼은 먹지 않고 운동만 하며 180cm가 넘는 마른 사람들이 하는 스포츠가 아니다. 이것은 진정한 운동 경기이지만 또한 '순수'한 요소를 가지고 있다. 경기를 하는 장소도 매우 멋지다. 건강한 섹시함과 지치지 않는 체력과 스포츠 정신이 복합된 운동이다."라고 평했다. 비치발리볼은 다른 종목의 선수들보다 신체 노출이 더욱 심하므로 선수들의 외형을 바탕으로 성장하고 있다. 따라서 대중적인 인기에 있어서 비치발리볼이 실내 배구보다 더 성공을 거두고 있는 것은 놀라운 일이 아니다.

어떤 경우에는 개인의 외형이 팀의 실적보다 더 크게 스포츠브랜드에 영향을 미치기도 한다. 데이비드 베컴의 축구 실력은 종종 도마 위에 올랐었다. 영국 축구의 전설이자 화려한 플레이로 유명한 조지 베스트가 데이비드 베컴의 플레이에 대해서 "나는 베컴이 위대한 선수라고 생각하지 않는다. 그는 왼발로 슛을 하지 못하며 골도 많이 기록하지 못하고 헤딩도 못하고 태클도 못한다. 그것만 제외하면 그는 그냥 괜찮다."라고 말한 적이 있다.

사실 베컴은 상대방의 압박 속에서도 좋은 플레이를 보여 줬던 뛰어난 축구 선수다. 하지만 베컴은 자신의 브랜드를 단지 축구 실력 이상의 그 무엇으로 개발했고, 자신의 개인적인 외모를 세련되게 다듬으면서 고유의 브랜드로 성장시켰다. 베컴은 자신의 브랜드를 신선하게 유지하기 위해서 헤어스타일, 패션, 그리고 액세서리 등에 변화를 주고 있으며, 축구장에서와는 상관없이 자신의 브랜드를 위해 가시성을 높였다.

그는 이성적인 매력, 남성미, 쇼핑, 패션, 그리고 외모를 중요시하는 성공한 남성을 대표하는 '메트로섹슈얼리티'의 아이콘이 되었다. 그는 활동 기간 동안 모히칸, 포니테일, 콘로스, 브래이즈, 스파이크스, 클린 쉐이브 등과 같은 예측불허의 헤어스타일을 연출하여 브랜드의 특색을 더했다.

베컴의 패션을 통한 외모의 고급화는 또한 사람들의 관심을 끌었다. 그는 막스앤스펜서 브랜드를 위해 색과 스타일을 직접 디자인하고 있으며, 수많은 미디어 앞에서 자신을 모델로 쇼케이스한 수많은 상품을 광고하고 있다. 그는 관습에 얽매이지 않고 전통적으로 여자들이 목욕 가운처럼 입는 살롱 같은 의상을 입기도 했다. 그는 또한 모자를 패션 액세서리로 재개발해 영국에서 신뢰를 얻었고 묵주를 패션 아이템으로 사용한 것으로 비난적인 여론을 얻기도 했다.

베컴은 자신의 외형적 특징을 치밀하게 관리하고 있으며, 그의 외모와 몸을 보완할 수 있도록 그러한 특징들을 적극적으로 활용했다. 그는 축구가 요구하는 최소한의 운동능력을 충족시키면서 차별화된 브랜드를 창출하기 위해 자신만의 스타일을 추구하여 성공을 거두었다. 해당 스포츠가 요구하는 최소한의 능력을 충족시키지 못하는 선수들은 브랜딩 전략을 실행할 입장이 아니라는 사실을 명심할 필요가 있다.

| 조직의 외형

조직의 외형적 특성은 주로 색상, 로고, 그리고 스타일로 정의되는 스포츠 유니폼에서 가장 분명히 나타난다. 유니폼을 바꾸려고 생각하는 팀들에게는 색상과 로고가 주로 중요한 상징물이다. NFL의 시애틀 시호크스는 디비전 재편성과 새로운 경기장으로의 이전에 따라 그들의 유니폼을 교체했다. 변화의 중심은 트레이드 마크인 시호크스 로고였다. 팀의 로고였던 새가 좀 공격적이고 진보적으로 디자인되면서 시호크스의 사나움, 최첨단, 그리고 보다 현대적인 미식축구팀으로의 브랜드 변화를 표현해 주었고, 팬들의 투표를 통해 헬멧의 색깔도 은색에서 파란색으로 바뀌었다. 이러한 전체적인 변화의 효과는 새로운 경기장과 다른 외형적 변화를 이용함으로써, 분열되어 있던 브랜드 정체성을 좀 더 미래 지향적인 개념으로 새롭게 포지셔닝하는 데 있었다.

유니폼뿐만 아니라 로고도 브랜드의 포지셔닝을 상징하기 때문에 조직의 외모에 매우 중요한 특성이 된다. 이라크 올림픽위원회는 전쟁의 소란 속에서도 정체성을 재정립하기 위해서 새로운 로고를 선보였다. 로고 중간에는 야자수 나무와 오륜 마크를 넣었고 로고 가장자리는 야자수 잎으로 감쌌으며 오륜 마크 아래에 '이라크 올림픽위원회' 라는 영어 문구와 아라비아어 문구를 넣었다.

야자수 열매잎들은 전쟁에서도 존재하는 이라크인들의 생명력과 활기를 상징하고 있으며 로고는 또한 미디어를 통해 알려진 모래사막, 파손된 건물, 시민전쟁이라는 느낌과 다른 이미지를 보여 주었다. 그런 점에서 새로운 로고는 이라크가 올림픽에 참여하는 것에 대해 정당성을 부여하고 나아가 스포츠를 통해 전체 이라크 국민의 단합을 표현해 주는 매우 강력한 상징물이 되었다. 실제로 이라크에게 올림픽 게임은 그들의 힘과 세계 커뮤니티에 대한 헌신과 관심을 보여 줄 수 있는 중요한 무대였으며, 새로운 로고는 이러한 브랜드 이미지를 하나로 통합하고 조직화하는 데 기여했다.

가장 오래된 조직의 외형 중 하나는 USC 미식축구팀의 상징적인 패키지[15]일 것이다. USC의 스페셜 이벤트 책임자였던 3학년 학생이 디자인한 이 패키지에서는 트로이 군사가 '트래블러' 라는 하얀 말에 오르고 동시에 나팔수들이 연주하는 거대한 파괴력을 지닌 '정복 conquest' 이라는 음악과 함께, 말과 기수가 경기장으로 입장한다. 그러면 홈팬들이 함성과 함께 좌석에서 일어나기 시작하고, 힘이 넘쳐 보

---

15) 미식축구팀의 상징적인 패키지
　　각 대학마다 수십 명에 달하는 미식축구선수들이 입장하기 전에 일종의 학교를 표현하는 상징적인 의식(ritual)과 같은 행사를 치르는데, 주로 웅장하게 연주되는 학교 대표 음악과 함께, 학생대표들이 학교의 마스코트(황소, 버펄로, 카우보이 등등)와 함께 스타디움을 돌며 팬들의 열기를 북돋는 행사. 이 행사 후 해당 팀의 선수들이 경기장으로 뛰어 들어온다.

이는 USC의 선수 앞에 놓인 상대편은 자신들이 무사정신으로 똘똘 뭉친 USC와 피할 수 없는 전쟁에 직면했다는 것을 알게 된다.

트래블러는 USC 브랜드에 매우 중요한 존재다. 트래블러는 200만 달러의 광고계약을 채결하고 있으며, 각종 지역사회의 퍼레이드에도 자주 등장하는 스타이다. TV와 영화에도 출연하는가 하면 남가주 지역의 초등학생들과의 만남의 장에 자주 와주는 친숙한 말이기도 하다.

| 구조적인 외형

스포츠 시설 역시 브랜드를 차별화하고 또한 팀, 도시, 그리고 주를 대표하는 구조적 외모의 특성들을 지닐 수 있다. 예를 들어, MLB 휴스턴 애스트로스의 홈구장인 미닛메이드 파크는 개폐형 지붕을 지닌 야구장인데, 텍사스 주의 도시로서 휴스턴의 정신을 부각시킬 목적으로 설계되었다. 야구장에 들어서면 텍스-맥스 푸드(텍사스화된 멕시코 음식)냄새, 카우보이 술집 분위기의 음악과 화려한 조명, 그리고 초기 산업 시대 휴스턴의 상징물로서 휴스턴 지역을 운행했던 레프트 필드 트레인을 통해, 곳곳에서 휴스턴과 텍사스의 정신과 향기를 느낄 수 있다. 즉 미닛 메이드 파크는 텍사스 주의 축소판이라고 할 수 있다.

반면 이전 경기장인 애스트로돔은 친근한 이름에도 불구하고 애스트로스의 개별 홈구장이라기보다는 다용도 컨벤션 센터와 같았다. 그러나 새롭게 이전한 미닛메이드 파크는 애스트로스 브랜드의 비전을 만족시켰고, 팬들이 심리적인 일체감과 동질감을 느낄 수 있는 방식으로 경기장을 인격화시켰다.

구조적인 외형은 브랜딩과 소비자들이 스포츠 상품을 어떻게 지각하느냐에 매우 중요한 요인이 된다. 예를 들어, 2012년 런던 올림픽을 개최하기 위해서 영국은 구조적 외형의 혁신적인 변화를 위한 정교한 계획을 토대로, 런던을 개최능력을 지닌 후보 도시로 브랜딩했다. 그들의 제안서에는 8만 명을 수용할 수 있는 새로운 스타디움 건설을 위한 23억 7,500만 달러의 예산책정, 런던 시내에서 올림픽 경기장까지 7분 안에 갈 수 있는 재블린Javelin이라고 불리는 새로운 지하철의 완공, 그리고 런던 전반에 걸친 대대적인 교통 시스템의 향상을 담고 있었다.

비평가들은 그들의 제안이 계획대로 되지 않을 수 있다는 증거로 런던 현재의 구조적인 외형을 언급했다. 영국은 최근에 밀리니엄돔과 밀리니엄 브리지와 같은 대형 건설 프로젝트에서 문제를 보여주었던 사례가 있었고, 나아가 2005년 육상 챔피언십 경기를 위해서 제안한 스포츠 스타디움을 실제 건립하지 않았던 문제도 안고 있었다.

더군다나 런던의 교통 문제는 지하철은 비싸고 예정된 시간에 도착하지 않으며 도로는 번잡하고 가끔은 보기에도 흉하기로 유명하다. 비록 영국은 명확한 계획을 갖고 있었지만, 런던은 계획과 건설에 대해 이미 안 좋은 기록을 갖고 있었다. 그러나 영국은 구조적인 개선을 위한 정치적이고 경제적인 노력으로 주위의 여러 반대에 대처했다. 여기서 영국의 구조적인 개선을 위한 노력이란 공개 입찰 모집을 통해 인프라 개선에 투입될 예산을 확보하고, 이 예산을 통해 올림픽을 위한 교통과 각종 편의시설들을 마련함으로써 IOC가 원하는 올림픽 브랜드의 기대를 충족시킬 것을 확실히 보증하는 것이었다.

토니 블레어 총리, 유명한 올림픽 선수 로드 세바스찬 코, 영국의 축구 영웅 데이비드 베컴이라는 스타파워와 청소년 스포츠의 활성화를 위한 런던 올림픽의 잠재력을 강조한 런던 올림픽위원회의 설득적인 프레젠테이션이 절묘하게 결합된 영국의 맞대응 전략은 결국 런던이 2012년 하계올림픽 개최지로 선정되는 데 큰 몫을 했다.

전설적인 미식축구 감독 조 파테노의 마지막

전설적인 펜실베이니아 주립대학교의 미식축구 감독 조 파테노는 50여 년간 미국 대학미식축구에서 독보적인 존재였다. 그의 팀은 불패전적을 자랑했으며 1982년과 1986년에는 내셔널 챔피언에서 우승을 거머쥐었다. 조 파테노를 돋보이게 한 것은 1950년대의 향수를 자아내는 헤어스타일, 큰 뿔테 안경, 걷어 올린 바지, 그리고 하얀 양말이었다.

이 같은 파테노의 브랜드는 그가 지닌 윤리적인 기준과 인기 스포츠에 압력에 대한 저항심, 그리고 원칙적인 입장을 통해 정치계와 지역사회 리더십에까지 영향을 미치는 그의 능력을 통해 더욱 확장되었다. 특히 그는 수많은 상을 받고, 미국미식축구 역사상 가장 존경받는 국가적인 전설이 되면서, 전사와 보이스카우트 유형의 이미지를 통합했다. 전 미국 대통령이었던 로널드 레이건은 파테노에 대해 "파테노는 자신이 그들의 선수들을 시즌뿐만 아니라 인생을 준비하게 만드는 선생이라는 것을 한 번도 잊은 적이 없다."고 칭찬했다.

그는 지금 딜레마에 놓여 있다. 그의 미식축구 감독으로서 경력이 황혼기에 접어들었을 무렵 팀이 쇠퇴하기 시작하면서, 그가 팀을 떠나야 하는지 남아 있어야 하는지에 대한 논쟁이 시작되었기 때문이다. 상황을 더 모호하게 만든 것은 파테노가 오랫동안 펜실베이니아 주립대의 학교 건물 증축을 위해 엄청난 돈을 기부해 왔고, 학교의 수많은 연구 프로젝트와 건물 증축을 위한 자금후원 행사를 도왔으며, 수십 년 동안 팬들의 존경을 받아 왔다는 점이었다. 그를 해고한다는 것은 펜실베이니아 주립대의 미식축구 프로그램을 10년이나 쇠퇴시킬 수도 있는 일이었다. 반면 보다 경쟁력 있는 제품을 개발하여 학교의 거대한 비버 스타디움을 관중들로 가득 채우고 일류 선수를 계속해서 스카우트할 수 있어야 한다는 불가항력적인 요구도 일고 있었다.

그러나 여기서의 해결책은 파테노 브랜드의 변화가 아니라 그의 감독직 말년을 대학 기관에서 어떻게 포지셔닝하는가에 있었다. 결국 학교는 파테노의 마지막 고별 무대 테마를 "파테노의 마지막을 아름답고 위대하게 만들자."로 만들었고, 예상치 못하게 2005년 빅 텐 컨퍼런스 챔피언십을 거머쥐면서 그의 마지막 기간은 점점 길어졌다. 이 같은 포지셔닝 변화는 새로 입학하는 미식축구 선수뿐 아니라 동문들에게까지도 영향을 미쳤으며 이로 인해 줄곧 지속되어온 팀 브랜드의 정체성에도 조금씩 변화가 일기 시작했다.

파테노의 말년을 위한 학교의 계속되는 노력들은 이제 파테노 없이 미식축구팀의 미래를 다시 포지셔닝하는 것을 가능케 했다. 펜실베이니아 주립대 행정부는 그동안 파테노의 거취 문제를 어떻게 다뤄야 할지를 놓고 고심했다. 퇴직을 앞둔 코치나 선수들에게 그들의 정년을 위해 많은 에너지와 호의가 투자되었을 경우, 학교에서는 이것이 큰 이슈가 될 수도 있다. 그러나 만약 위대한 지도자의 아이콘이 후원금 모금에 영향력을 발휘하고 팀의 미래와 경기력에 상징이 된다면, 열렬히 사랑받는 지도자의 우아한 마지막은 다른 문제인 것 같다.

구성요소

　구성요소란 스포츠브랜드의 내용물을 뜻하며, 이 구성요소의 목록을 만들 때는 브랜드의 무대 위에서의 공식적인 퍼포먼스와 무대 밖에서의 비공식적인 퍼포먼스를 모두 평가한다. 구성요소는 선수의 게임 스타일, 감독의 전략, 팀의 구성, 리그의 규칙이나 규정과 같은 스포츠의 퍼포먼스와 관련된 모든 요소들에 더해, 메시지, 기자회견, 웹사이트, 자선 사업 이벤트 같이 스포츠브랜드의 내용과 스타일을 전달하는 채널들도 포함된다.

　구성요소의 고급화 과정은 스포츠브랜드가 무엇을 추구하고 무엇을 대표해야 하는지에 대한 팬들의 기대에 부응하는 것이며, 이를 통해 스포츠의 필수 요소인 진정성을 강화하고 브랜드와 구성요소를 일치시키며 나아가 경쟁 브랜드와 차별화시키는 것은 매우 중요한 작업이다.

　대부분의 스포츠 상품들은 선수나 이벤트와 같은 동일한 물질로 구성되기 마련이지만, 그럼에도 좀 더 튀는 다른 요소들이 요구되기도 한다. 이런 점에서 안나 쿠르니코바와 마리아 샤라포바는 여러 면에서 비슷하다고 할 수 있다. 두 선수 모두 슈퍼모델이자 운동선수이며, 러시아 출신의 세계적으로 유명한 금발의 테니스 스타다. 하지만 이들 사이의 중요한 차이점은 스트로크, 서브, 그리고 경기 전략 같은 스포츠 무대에서의 공식적인 퍼포먼스, 즉 경기력에 있다. 결과적으로 쿠르니코바는 평범한 프로테니스 선수인 반면 샤라포바는 윔블던을 포함해 수많은 토너먼트에서 우승한 선수다. 쿠르니코바 브랜드는 그녀를 우연히 테니스를 시작한 글래머 여왕으로 고정관념화시킨 반면 샤라포바는 우연히 글래머 여왕이 된 챔피언 테니스 선수로 인식된다.

구성요소의 고급화 과정에서 스포츠팀은 새로운 선수를 영입하기도 한다. NFL의 오클랜드 레이더스와 그 구단주인 알 데이비스는 "단지 이기기만 해라Just Win, Baby."라는 그들의 슬로건을 강화시킬 비싸고 이미 실력이 검증된 이름 있는 선수들을 영입하는 것으로 유명하다. 유명선수들로 구성된 오클랜드 레이더스는 여전히 거친 아웃사이더의 이미지와 NFL의 강력한 리더십에 도전할 수 있는 반항적 면모를 잘 유지하고 있다.

결과적으로 계속되는 선수 드래프트는 무슨 일이 있더라도 우리는 계속 전진한다라는 오클랜드 브랜드의 정신세계를 잘 보여 주고 있으며 전통적인 레이더스의 브랜드와 잘 맞아 떨어지고 있다. 선수나 코칭 스태프를 통해 구성요소 고급화를 시도한 또 다른 예는 미식축구 구단주 다니엘 스나이더의 승리 지상주의와 워싱턴 레드스킨스 선수들의 계속되는 선수 드래프트 비용 지원, 미디어 귀족이자 전 이탈리아 수상이었던 실비오 베를루스코니와 세계적인 미디어의 관심을 끌고 있는 실비오의 AC 밀란 스타 군단, 혁신적이고 빠른 의사결정, 그리고 샐러리 캡, 심판과의 갈등, 그리고 앞으로의 경기계획을 무시했던 NBA 댈러스 매버릭스 구단주 마크 큐반을 들 수 있다.

구성요소의 고급화의 또 다른 장점은 브랜드 확장의 기회에 있다. 솔직한 이벤트 방송으로 유명한 스포츠 저널리스트 밥 코스타스가 좋은 예다. 코스타스의 본업은 NBC의 리포터였다. 그는 올림픽 같은 명성 있는 이벤트를 중계하기도 하지만 베스트셀러 『페어 볼: 야구팬들의 사례 Fair Ball: A Fan's Case for Baseball』의 저자로서 HBO의 「인사이드 NFL Inside the NFL」의 진행자로서, 그리고 「코스타스 나우 Costas Now」의 진행자로서 때론 오디오 북의 내레이터로 자신의 브랜드를 확장시켰다. 특히 그는 스포츠 해설자로서 뿐만 아니라 사회

비평가로서 자신을 구별시켜 주는 거침없는 의견과 코멘트를 쏟아내며 자신의 구성 물질을 더욱 강화했다. 즉 코스타의 구성요소는 일개 팀에 고용된 아나운서에서 스포츠와 문화 이벤트를 정의하는 영향력이 있는 인물로까지 브랜드를 확장시키는 데 필수적인 것이었다.

광범위한 구성요소의 고급화의 사례는 학교운동장 스포츠인 닷지볼에서 찾아볼 수 있다. 닷지볼은 오랫동안 전 세계 학교 운동장에서 행해져 왔지만 누군가를 맞히면 아웃되는 룰을 지닌 특별히 내세울 만한 정체성이 없었다. 그러나 1996년 국제닷지볼연맹이 창설되었고 연맹은 이처럼 느슨한 학교 운동장 경기의 구성요소를 변화시켰다. 연맹은 게임을 안전하게 만들고 공식적인 경기와 같은 규정을 만들겠다는 미션을 가지고 있었다.

이밖에 연맹은 모든 사람들이 사용하는 공식구를 만들고자 했다. 특히 참가자의 부상을 피하고 박진감 있는 경기를 하려면 좀 더 가벼운 볼이 필요했기 때문에 볼의 선택은 매우 중요했다. 또한 원 안에서 경기를 하거나 볼을 차거나 하는 것 대신 선수 숫자에 대한 룰을 만들었으며 코트를 규격화시켰고 볼을 발로 차는 것 대신 오직 던질 수만 있도록 룰을 확립했다. 연맹은 2007년까지 연맹 인정 선수가 30만 명에 이를 것이라고 예상했으며 현재 미국 50개 주에 지부를 두고 있는 국제 조직으로 빠르게 성장하고 있다.

테니스 치느니 그냥 집에서 쉴래

잭 크래머와 판초 곤잘레스는 1940년대 후반의 전설적인 테니스 스타였다. 테니스팬들은 깊숙한 백핸드로 치는 감동적인 랠리, 간혹 등장하는 라인에 걸치는 로브, 날카롭지만 서로 받아치는 서브를 보여 주는 이들의 경기를 흥미진진하게 감상하곤 했다. 당시 두 테니스 스타들이 사용했던 라켓은 서브로는 상대를 제압하기 힘든 파워가 약한 나무 라켓이었다.

그러나 지난 50년간 티타늄 라켓이 나무 라켓을 대체하고 파워 게임이 시작되면서, 남자테니스 경기는 엄청난 변화를 경험했다. 로저 패더러나 앤디 로딕 같은 스타선수들은 사실상 어느 누구도 받아 내기 힘든 시속 140마일에 가까운 서브를 한다. 그 정도 속도의 서브라면 상대는 10분의 1초 안에 그 볼을 받아 내야만 한다. 이처럼 새로운 테니스 라켓 기술의 지배를 받고 있는 남자테니스 경기는 따분하다 못해 지루해진 반면, 오히려 오랫동안 랠리를 하는 여자테니스가 팬들에게 더 큰 즐거움을 주곤 한다. 이에 따라 남자테니스가 변해야 한다는 논쟁도 일고 있다. 한쪽은 볼을 칠 수 없을 정도의 스피드도 순수한 게임의 일환이라고 말하는 혁신 진화론자들이고, 또 다른 한쪽은 테니스가 다시 태어날 필요가 있다고 생각하는 팬 친화적인 현실론자들이다.

그리고 국제테니스연맹은 이런 문제에 대한 해결책으로, 볼 크기를 키워 게임 스피드를 늦추는 방안과 같은 볼 크기에 변화를 주는 방법을 제안했다. 또 다른 수정안은 볼 스피드를 줄일 수 있게 보다 거친 표면의 잔디 코트를 표준화하자는 것이었다. 아울러 라켓을 바꾸어 탄성을 줄이고 탄성이 적은 50년 전의 라켓으로 돌아가자는 제안도 고려되고 있다. 프로테니스에 제안된 이 같은 변화들은 게임 속도를 줄이고자 탁구공 사이즈를 크게 만든 국제 탁구연맹의 변화와도 비슷하다. 이는 선수들의 구성요소에 변화를 가져왔다. 그 결과 탁구도 긴 랠리가 가능해졌으며 수비 전략이 중요해졌고 팬들도 게임을 더욱 즐기면서 더 가까워질 수 있게 되었다.

21세기에도 남자테니스가 꾸준히 번성하고자 한다면 게임을 구성하는 구성요소에 변화를 주어야 하며, 실제 경기장에서 라켓의 성능을 균등하게 맞추어야 한다는 비난을 견뎌 낼 의지가 있어야 한다. 변화가 일어나지 않을 경우, 사람들은 "나랑 테니스 치러 갈까?"라는 제안에 "됐습니다!"라고 답할 것이다.

행동

구성요소가 스포츠브랜드의 콘텐츠를 구성한다면 행동이란 브랜드에 기질texture과 활력brand fire을 결정짓는 스포츠브랜드 구성원들의 활동일 것이다. 행동은 심판과의 논쟁, 팬들의 응원 유도처럼 공식적인 경기 동안 이루어지기도 하고, 미디어 인터뷰나 지역사회 봉사 서비스처럼 경기장에서의 경기와 관계없이 발생할 수도 있다. 환경에 따라 브랜드에 인격을 부여하며 때로는 논쟁적인 차원이 되기도 한다.

스포츠에서 행동은 사실상 관리하기 가장 어려운 요소다. 스포츠에서의 행동은 다음과 같은 2가지 측면에서 직원들의 활동을 쉽게 통제할 수 있다는 점에서 전통적인 비즈니스 환경과 다르다. 첫째, 전형적인 비즈니스에서는 홍보 자료를 제외하고는 일반 대중들은 회사 내부의 메커니즘을 들여다볼 수 있는 기회는 거의 없다. 둘째, 회사의 계층 직위는 공공장소뿐만 아니라 사생활 영역에서도 직원들이 어떻게 행동해야 하는지 명령한다.

이와 대조적으로 스포츠에서는 주의를 끄는 행동들은 언제나 미디어로부터 환영받으며 미디어 노출, 광고, 특허 등으로 보상받는다. 이러한 점에서 스포츠브랜드를 관리하는 것은 다른 전형적인 비즈니스와는 다르고, 이러한 차이점은 스포츠 구성원들의 행동을 브랜딩할 때 반드시 이해되어야 하는 부분이다. 결론적으로 말해 스포츠는 엔터테인먼트처럼 가려져 있고 때로는 큰 비즈니스처럼 운영되며, 가끔은 정치적인 환경에 놓이기도 하고 독특한 룰과 각기 다른 기대감을 가진 팬들을 바탕으로 하는 경쟁이란 점에서 다른 비즈니스와 다르다.

또한 스포츠에서 선수, 코치, 직원, 경영진, 스폰서, 아나운서처럼 스포츠 상품과 관계를 맺고 있는 사람들의 행동은 팬들이 그 브랜드를 지각하는 방식에 영향을 미친다. 스포츠와 관련된 사람들이 일상생활에서 어떻게 행동하느냐는 브랜드의 본모습을 비춰 주는 창과 같다. 현대사회에서 스포츠 구성원들의 대중적인 행동은 물론 개인적인 행동들까지 점차 면밀한 감시를 받게 되어 있으며 브랜드의 고결한 품성을 손상시킬 수도 있다.

브랜드를 세련되게 다듬는 과정에서 브랜드가 무엇을 소통하려는지와 팬들이 브랜드에 대해서 무엇을 배우는지도 결국 스포츠브랜드 구성원들의 행동을 통해 이해된다. 사실 그동안 행동은 브랜드 형성과 개발의 도구로서 그 역할이 간과되곤 했으나 스포츠 상품의 모든 관리자들은 브랜드 개발 도구로서 행동들을 주의 깊게 모니터할 필요가 있다. 행동은 다음의 사항을 강화해야 한다.

- 스포츠브랜드의 약속
- 스포츠브랜드의 윤리성
- 스포츠브랜드의 단서

스포츠산업에서 구성원들의 행동은 브랜드의 약속을 쉽게 저버릴 수도 있다. 스포츠맨십과 같은 브랜드의 근본적인 개념은 구성원의 행동을 통해 표현된다. 예를 들어, 모든 스포츠에서 참가자가 상대편의 노력에 경의를 표하는 것은 기본적인 예의다. 가장 이상적인 형태의 행동은 승리나 패배를 지나치게 드러내는 퍼포먼스를 지양하고, 경기가 끝난 후 상대편과 악수를 하고, 상대의 노력에 경의를 표하는 것이라 할 수 있다. 그러나 TV 세대에는 스포츠맨십에 위배되는 행동들이 만성이 되었다.

비아냥거리는 것과 점수를 냈을 때 지나치게 즐거워하는 행동들은 이제 별것 아닌 일처럼 되어 버렸고, 미디어가 팀과 선수들 사이를 갈라놓는가 하면, 선수들과 에이전트들이 감독이나 팀에 대해 공개적으로 떠벌리기도 한다. 다시 말해 스포츠 구성원들의 훌륭한 태도는 다음 경기에서도 팀 분위기를 만들어 내고 참가자들의 노력을 인격화시킨다는 측면에서 좋은 극장과도 같다. 또한 이런 태도는 팬들에게 브랜드의 팀워크와 상호 존경에 대한 약속이 일관성 있게 지켜지지 않고 있다는 인상을 주며 브랜드의 약속이 때론 불분명하고 절대적이지 않다는 느낌을 주게 된다.

물론 어디서나 갈등이란 존재하기 마련이다. 베리 본즈가 스테로이드 사용을 뉘우치지 않고 반항적인 모습을 보였을 때 그는 순수함과 가족 중심이라는 야구 브랜드의 가치에 부정적인 영향을 미쳤다. 또한 피겨 스케이팅 선수인 타냐 하딩이 잘나가던 라이벌을 불구로 만들고자 했다는 음모에 연관되었을 때, 그리고 올림픽 피겨 스케이팅 심판이 랭킹 조작을 자백했을 때 스포츠 정신을 위태롭게 했다. 그런가 하면 무분별한 드래프트와 비효율적인 직원 교체를 일삼은 로스엔젤레스 클리퍼스의 구단주 도날드 스털링의 행동은 구단 브랜드에 해를 끼쳤고, 코트에서 지나치게 다혈질이고 호전적이었던 텍사스테크 대학의 농구 감독 바비 나이트와 템플 대학의 존 채니는 잠재적으로 소속 대학의 브랜드와 갈등을 일으킬 가능성이 있다.

물론 모든 스포츠 구성원들이 스포츠브랜드의 행동 약속 문서에 사인을 해야 한다는 것은 아니지만 개개인의 행동이 어떻게 브랜드의 의지에 해를 끼칠 수 있는지, 때로는 그 스포츠를 위기로 몰아갈 수 있는지 등을 인식해야 된다는 점을 강조하는 것이다. 말하자면 여기서 교훈은 스포츠브랜드의 행동은 스포츠 참여의 모든 구성요소에 영향을 미치기 마련이며 어떤 수준에서든 이를 해체할 수도 있다는 점이다.

팬들은 스포츠 참가자(선수, 감독, 팀 경영진)들이 게임 자체에 대한 사랑과 애착을 가장 우선시하리라 믿고 싶어 한다. 하지만 그런 믿음은 소설에서나 볼 수 있는 바람일 것이다. 야구의 전설, 타이 코브가 무료로 경기를 한다거나 탐욕스런 구단주 찰스 코미스키와 그의 시카고 블랙 삭스가 조작한 1919년 월드 시리즈 같은 불명예스러운 사건들을 순수하게 게임을 사랑했기 때문이라고 보는 사람은 아무도 없을 것이다.

그러나 1990년대 초반부터 팬들이 느낀 스포츠산업의 게임과 팬들에 대한 관심과 애정에 관한 생각에 근본적인 변화가 있었다. 신문의 스포츠 섹션과 미디어 채널에는 프로선수들의 높은 연봉, 대학농구선수를 위한 특별 기숙사, 잘나가는 고등학교팀의 운동화 계약 등의 기사들이 가득했고 이 모두는 팬들이 우선이 아니라는 인상을 주었다.

물론 브랜드의 고급화 과정에서 스포츠가 아닌 스포츠 구성원들에 대한 보상이 강조될 필요가 없다는 것은 당연한 생각이다. 하지만 일부 팬들은 스포츠의 비즈니스 측면에 점점 더 이끌리고 있다. 예를 들어, 어떤 팬이 스포츠 판타지 리그를 한다면 이것 역시 스포츠 비즈니스 관습의 연장이라고 말할 수 있다. 이러한 트렌드는 스포츠 의사결정자들에게 어떤 행동 요소들을 스포츠믹스에서 강조해야 하는지 결정하도록 요구하며 나아가 경기장에서의 퍼포먼스가 팬 활동들을 위한 촉진제라는 사실을 알아야 한다는 점을 말해 준다.

특히 오늘날의 스포츠산업에서는 경기 후의 행동이 경기 중의 행동만큼이나 브랜드의 윤리성에 중요한 영향을 미친다. 수영선수 마이클 펠프스는 2004년 아테네 올림픽에서 국제적인 스타이자 광고 스타가 되었다. 올림픽 기간동안, 무려 6개의 금메달과 2개의 동메달을 땄으며 마크 스피츠의 올림픽 7개 금메달 기록과 동일한 기록을 세울 수 있는 기회가 있었지만 사심 없이 이를 포기했고 팀 동료인 이안 크로커가 금메달을 딸 수 있었다.

이때 그는 미국 엄마들이 자신의 딸을 결혼시키고 싶어 하는 가장 미국적인 젊은이로 꼽혔다. 펠프스의 행동은 그를 '수영의 구세주'로 포지셔닝했고 겸손함, 밝은 웃음, 그리고 700칼로리의 아침식사만 하는 절제와 열정이 그의 브랜드에 가미되었다. 기업들 역시 이러한 펠프스의 브랜드에 호의적으로 반응했다. 펠프스는 비자 카드와 휘티스 시리얼 광고에 출연했으며 스피도의 광고 모델로도 출현했는데 스피도는 펠프스에게 100만 달러의 보너스를 지급하기도 했다. 이처럼 펠프스 브랜드는 훌륭한 경기력뿐만 아니라 그의 전반적인 바른 행동으로 강조되었다.

아테네 올림픽이 끝난 지 두 달 후 신중하게 개발된 펠프스의 브랜드는 19세 미만 음주금지 위반과 음주운전으로 경찰에 검거되면서 완전히 전복되었다. 그의 코치인 밥 바우먼은 펠프스의 행동에 대해서 "펠프스는 최고의 선수였다. 그러나 치명적인 도덕적 과실을 저질렀다. 큰 실수를 저질렀다. 그를 성원한 모든 사람들에게 죄송하다. 펠프스는 자기 자신을 실망시켰고 우리 모두 또한 실망시켰다."라고 사죄했다. 이후 펠프스는 자신의 잘못된 행동을 공식적으로 인정했고 용서를 구했다. 그는 당시 심정을 "나는 사람들의 눈을 보며 내가 잘못했다는 것을 말하고 싶었다. 많은 사람들에게 다가가고 싶고, 내가 할 수 있는 한 많은 사람들에게 영향을 미치고 싶다."고 토로했다.

결국 펠프스의 행동은 자신의 브랜드 신용을 위기에 빠뜨렸지만 그로 하여금 팬들과의 관계를 다시 재건하는 데 도움이 될 수 있는 무언가를 하도록 만들었다. 펠프스는 올림픽에서 만들어 놓은 자신에 대한 선의와 위험에 처한 그의 브랜드에 신속하게 대처함으로써 재기할 수 있었다.

이밖에 스포츠브랜드의 행동 관리에서 자주 간과되는 측면은 행동으로 묻어오는 단서들이다. 스포츠 참가자들의 움직임이나 동작은 미묘하긴 하나 브랜드 인식에 중요한 영향을 미친다. 예를 들어, 마이클 조던은 그의 '에어 조던'이란 브랜드를 통해서 긍정적으로 팬들의 구매를 유도할 수 있는 운동선수 정신으로 무장하고 농구 코트에 등장했다.

대부분의 팀스포츠의 선수 소개에서 연막탄, 종이 벽, 그리고 치어리더들의 춤을 통해 팀이 곧 등장할 것을 예상할 수 있으며 이는 또한 팬들에게 각 팀이 경기할 준비가 충분히 되어 있다는 걸 알리는 신호가 된다. 또한 권투와 레슬링에서 선수들이 대기실에서 걸어 나와 링 위로 뛰어 넘어가는 행동은 상대방의 팬들에게 자신감과 능력을 과시하기 위한 것이다.

야구에서도 마찬가지다. 타자들이 타석에 들어서면서 팬들이 인지할 만한 행동들을 하는데 머리 위로 배트를 공격적으로 몇 번 휘두른다거나 홈 플레이트를 보며 투덜댄다든지 또는 장갑을 고쳐 끼는 것과 같은 행동들로 팬들에게 경기를 시작할 준비가 되어 있음을 알려 준다. 또한 팬들은 벤치의 움직임도 관찰한다. 코치가 확신 없이 안절부절하거나 선수들이 휴대폰으로 통화를 하고 있거나 스탠드에 있는 친구를 찾는 행동들은 문제가 있다고 생각할 것이다.

물론 브랜드 형성을 위해 이러한 단서들을 관리하려고 노력하는 것은 어찌 보면 비생산적인 것처럼 보일 수 있다. 우리는 새로운 마이클 조던을 만들어 내고 그가 마이클 조던과 같은 유연성을 가지고 농구 코트에 등장하길 바라는 것은 거의 불가능하다. 반면에 팬들이 무조건 기대하는 단서들이 많이 존재하며 이들은 만약 전달되지 않을 경우 팬과 스포츠와의 관계에 손상을 준다. 이처럼 행동의 판단근거가 되는 수많은 단서들은 육상 선수가 출발선에 서 있는 모습, 아마추어 레슬링 선수가 매트 중앙으로 이동하는 모습처럼 스포츠의 기본적인 구성요소로 형성된다. 그리고 만일 이러한 행동이나 움직임들이 팬들의 기대에 어긋난다면, 이는 불안해 보일 것이며 브랜드가 분열되어 있는 인상을 주게 된다.

행동은 브랜드를 성장시킬 수도 있고 파괴할 수도 있다. 우리는 스포츠브랜드를 소비자 중심으로 다시 포지셔닝할 수 있도록 메이저 캠페인들을 시작할 수 있다. 여하튼 브랜드의 머리에서 발끝까지 모든 행동들을 주의 깊게 모니터하는 것은 매우 중요하며 아마 이 부분은 브랜드 개발과정에서 자주 간과되어 왔던 것 같다.

● 브랜드 실행

　브랜드 실행은 브랜드 변화 과정의 모든 요소들이 브랜드에 자연스럽게 스며들도록 만드는 것을 말한다. 즉 스포츠 상품의 일상 행동에서, 브랜드의 변화가 자연스럽게 진행되어야 하고, 무리하게 진행된다거나 강요되어서는 안 된다. 스포츠 상품의 변화에 있어서, 이 모든 변화가 모든 참여자와 구성원들에게 내면화되는 것은 중요하다. 그런 의미에서 브랜드 콘셉트의 개발 및 테스트, 이름, 외형, 구성요소, 행동과 같은 핵심적인 특성들을 다듬는 작업은 변화의 과정에 속한다. 그리고 스포츠 변화를 실행시키는 데 있어서 모든 구성원들이 브랜드 계획의 틀 안에서 믿고 행동해야 한다. 결국 그러한 변화가 팬들에게 얼마나 신뢰를 주느냐에 따라 성공이 결정된다.

　물론 선수, 코치, 감독, 구단주, 팀, 이벤트, 리그, 구내 매점상인, 주차 관리인등 브랜드의 다양한 구성 성분들로 인해 브랜드의 실행이 가끔 벅차게 느껴질 수도 있다. 브랜드 실행의 명확한 목표는 가장 주목받는 구성원(구단주, 선수나 감독─옮긴이)들이 변화된 브랜드를 구체화시키는 것이다. 하지만 다른 구성원(구내 매점상인, 주차 관리인, 안전요원 등─옮긴이)들이 이러한 방향을 따르지 않는다면, 팬들과의 관계 형성에도 실패하게 될 것이다.

　이러한 측면에서 변화된 브랜드의 실행은 선수와 팀의 퍼포먼스와 같은 최전방의 상품들에 관한 것일 뿐만 아니라 팬들이 주차장에 들어왔을 때 어떤 식의 환대를 받으며 경기장 매점의 음식과 서비스, 그리고 경기장에 들어섰을 때 시설의 청결 상태와도 관련이 있다. 또한 브랜드 실행이란 팬들이 그 브랜드가 언급되는 신문과 잡지, 웹사이트를 읽거나 TV 중계를 보면서 혹은 비디오게임을 하면서 얻은 정보들을 어떻게 지각하는지에 관한 것이기도 하다. 다시 말해 이 모든 채널들은 브랜드가 전반적으로 팬들에게 비치는 수단이 된다.

브랜드 실행 과정에서 요구되는 주요한 또다른 목표는 이상의 브랜드 요소들을 질적으로 컨트롤하는 것이다. 여기서 핵심은 다양한 브랜드 구성요소들을 실행 계획에 통합하여 포함시키는 것이다. 브랜드 실현을 위해 선수들과 경기장 주차장 직원에게 똑같은 시간과 노력을 투자한다는 것은 비현실적일 것이다. 하지만 브랜드의 모든 구성원들이 브랜드의 포지셔닝과 기준 그리고 브랜드의 비전에 대해 어느 정도는 반드시 이해하고 있어야 한다. 만일 몇몇 구성원들이 이러한 것들을 모르고 있다면 변화 과정과 팬들에게 다가가려는 목표는 성공 가능성이 낮아질 것이다.

변화는 보통 다음과 같은 전략에 따라서 실행된다.

1. 행동 교정
2. 조언과 카운슬링
3. 역할 모델
4. 계획된 위험관리를 통한 변화

행동 교정

행동 교정은 행동을 변화시키기 위해 보상을 이용하는 방법이다. 행동 교정의 목적은 브랜드 구성원들이 브랜드가 팬들에게 한 약속의 틀 안에서 행동할 수 있는 조건을 조성하는 것이다. 행동 교정은 선수들과 코치들에게서 가장 자주 사용되는 테크닉이지만, 구단 경영인들이나 경기장 구내매점과 같은 여타 브랜드 구성원들에게도 적용될 수 있다.

행동 교정의 또 다른 방법은 계약을 이용하는 것이다. 이를테면 몇몇 프로 리그에서 지역사회나 스포츠팀이 개최하는 팬들을 위한 이벤트에서의 외형에 대한 계약 조건을 문서화하기도 한다. 이러한 계약에는 종종 선수들이 오토바이를 타는 것, 비시즌 기간 동안 다른 스포츠에서 활동을 하는 것을 금지하는 규정 등도 포함되며 이밖에 선수들의 체중, 마약, 각종 범죄 행위에 대한 전반적인 행동 지침들도 계약서에 포함될 수 있을 것이다.

대학, 클럽, 그리고 프로 리그에서는 미디어 훈련이 브랜드 개발의 필수 과정이 되었다. 구성원들은 예상 질문, 대답 방식, 전달 방식과 같은 미디어 관리기술을 배운다. 또 다른 세미나는 스포츠산업에서의 압박에 대처하는 인생기술을 교육시킨다. 각각의 교육 포럼에서는 특정 행동들이 강조되고, 나아가 행동에 대한 보상과 불이익도 명시된다.

징계도 행동 교정을 위한 하나의 방법이다. 한 경기 출전 정지, 월급이나 연봉 없는 무기한 징계, 영구 제명 같은 것들은 특정 행위를 방지하는 행동 교정 방법들이다. 예를 들어, 대부분의 스포츠 리그의 약물 복용 금지 정책에서는 이를 어길시 받게 될 징계와 벌금을 명확하게 명시하고 있다. 특히 약물 복용의 경우, 대중들이 알게 될 때 모멸감을 안겨 주기 때문에 미디어의 간접적인 압력이 규제와 같은 역할을 한다. 이 같은 징계들은 브랜드 구성원들이 팀의 규정을 어기거나 스폰서를 받는 선수가 여러 의혹으로 법정을 오가는 상황에 처했을 때 효과적으로 활용할 수 있다.

그런가 하면 행동 교정은 충분한 벌금을 부과해야 효과를 얻을 수 있다. 고교 · 대학 · 프로스포츠 등 모든 수준의 스포츠에서 이 방법을 사용할 수 있다. 그러나 프로스포츠에서는 효과를 거두기 힘들 때도 있다. 대부분의 프로 선수들은 그 정도의 벌금은 충분히 낼 수 있다고 생각하는 것이다. 그린베이 패커스의 경기장인 램뷰필드에서 엉덩이를 보여 주는 팬을 흉내 내 1만 달러의 벌금을 받은 전 미네소타 바이킹스의 와이드리시버인 랜디 모스는 "1만 달러는 나한텐 아무것도 아니다."라고 받아친 바 있다. 물론 모든 선수들이 이런 식으로 벌금에 대처하는 것은 아니지만 행동 교정이 성공하려면 선수들이 자각할 수 있도록 혹독한 벌금을 부과할 필요가 있다.

행동 교정의 효과는 팀 동료들과 경영진들의 대우에서도 비롯될 수도 있다. 경기장에서 팀의 브랜드를 잘 표현하지 못하거나 이벤트에서의 행동 규칙을 어기는 선수는 동료들로부터 묵언의 따돌림을 당하기도 한다. 물론 팀 브랜드의 이미지를 고취시키고 그가 나쁜 행동을 고치게 하기 위해서다. 또한 코치나 임원들과 같은 경영진들도 선수들의 행동을 칭찬하거나 처벌함으로써 행동 교정을 한다. 예를 들어, 바람직한 행동을 보여 준 선수는 격려를 전하거나 그 선수의 행동이 미디어에서 언급되도록 해주며 계약 협상시 우선권을 주기도 한다.

또다른 행동 교정방법으로는 스포츠브랜드가 그 선수를 전면에 내세우거나 올스타에 선정하는 것이다. 이러한 미묘한 행동 교정 방법과 기술들은 팀의 결정을 무시할 수 있을 만한 개인 에이전트와 마케팅 캠페인 그리고 미디어 계약을 가지고 있는 슈퍼스타에게는 영향력이 크지 않겠지만 대부분의 선수들에게는 여전히 적지 않은 구속으로 작용한다.

만약 계약, 행동 교정, 처벌, 벌금, 그 외의 비공식적인 모든 설득 기술들이 통하지 않을 경우, 최후의 방법은 퇴출일 것이다. 최근 스포츠산업들이 제대로 브랜딩되지 않는 구성원(선수, 감독 등—옮긴이)들이 일으키는 피해들을 인식하게 됨에 따라 초창기에 비해 이와 같은 최후의 퇴출 방법을 더 자주 사용하고 있다.

중국 스포츠위원회는 2004년 아테네 올림픽 이후의 행동을 문제 삼아 금메달리스트인 다이빙 선수 티안리앙을 국가대표에서 퇴출시켰다. 실제로 그는 대만의 라면광고 출연 계약을 했고 영화배우와 가수가 되기 위한 준비를 했으며 유명인사들의 사교모임에도 자주 드나들었다. 중국 스포츠위원회에 따르면 그가 보여 준 행동의 문제점은 개인적인 성과보다는 국가적인 성과에 근간을 둔 중국 스포츠브랜드에 위배된다는 것이었다. 더군다나 리앙은 각종 사교 모임으로 몸무게가 늘어났고 결국 그의 모습은 2008년 베이징 올림픽 개최국의 목표에 어울리지 않았던 것이다.

리앙의 국가대표 퇴출은 리앙 개인의 행동 교정에 영향을 미쳤을 뿐만 아니라 동료들에게도 좋은 본보기가 되었다. 즉 중국 스포츠위원회의 이러한 조치로 리앙의 행동 교정 사례를 중국 전체 국가대표팀의 행동 규제로 활용한 셈이다. 물론 리앙의 제명은 중국 내에서 운동선수 개인의 상업적인 행위를 추구할 자유에 대한 뜨거운 논란을 일으켰지만 사실상 그의 제명은 자국에서 벌어질 올림픽에서 경쟁하는 중국 올림픽 국가대표팀의 목표와 부합되는 결정이라고 할 수 있다.

한때 중국은 2008년 베이징 올림픽에서 좋은 성적을 내겠다는 기대로 리앙의 대표팀 복귀를 재고하기도 했다. 그러나 여기서 우리가 얻고자 하는 교훈은 하나다. '행동 교정 지시자가 몇 개의 금메달을 포기할 수도 있을 만큼의 강력한 의지가 있을 때 행동 교정이 더욱 효과를 발한다.'는 것이다.

- **장　점** : 행동 교정은 상대적으로 적은 비용으로 신속하게 행동을 변화시킬 수 있는 장점이 있다.

- **단　점** : 피상적이거나 형식적인 행동 교육과 구성원들의 가식적인 참여는 브랜드에 오랫동안 피해를 줄 수 있다. 역사적으로 팀과 리그에서의 행동 규제들은 일관성 있게 진행된 적이 드물었고, 종종 부정적인 행동을 초래해 팬들을 실망시켰다.

조언과 카운슬링

스포츠브랜드 참가자들은 그들이 조언을 얻고 벤치마킹을 할 만한 지도자나 조언자로부터 자주 카운슬링을 받는다. 조언자는 조직 내 인물, 컨설턴트 혹은 카운슬링 서비스를 전문적으로 제공하는 외부의 사람이 될 수도 있다. 이러한 전략은 일대일로 진행되며 행동 교정과는 달리 간접적인 방법이기 때문에 더 많은 인내가 요구된다. 하지만 참가자들이 스스로 브랜드 변화 전략을 깨닫고 실현하도록 만들기 때문에 장기적인 관점에서는 훨씬 효과적이다.

오늘날에는 수많은 조언 방법이 존재한다. 조언자는 팀 또는 선수들의 경기력과 직접적인 관련이 있는 코치, 심리학자, 선배 또는 동료일 수도 있다. 실제로 스포츠의 세계에서 가장 전형적인 조언자는 스포츠가 브랜딩하기 원하는 모든 가치들을 잘 알 만큼 오랜 경력을 가진 선수들이다. 예를 들어, 뉴올리언스 호니츠의 피제이 브라운과 세인트루이스 램스의 마샬 폴크 같은 베테랑 선수들은 젊은 선수들의 경기에 대한 지식, 직업 윤리, 그리고 이기적이지 않은 헌신을 조언하는 카운슬러가 되기를 자처하는 선수들이다.

또 다른 조언자로는 브랜드의 기대와 관련된 전문가들이 있다. NFL 미식축구팀들이 패스 위주의 공격으로 전환하고자 할 때, 미식축구 공격의 특징과 전략들을 새롭게 개발하고 브랜딩하는 빌 왈시 또는 짐 파셀과 같은 패싱 전문가들을 불러 상담을 받는다. 테니스나 골프와 같은 개인 선수들은 특정 플레이 스타일에 명성이 있는 개인 코치를 고용하기도 한다. 테니스 코치인 닉 볼레티에리는 어린 선수들에게 신체적, 정신적인 성장 모두를 강조하는 것으로 유명하다.

부모, 친구, 에이전트, 또는 추종자들과 같이 브랜드의 실현 과정에 관여하고 있는 사람들도 조언자가 될 수 있다. 두 딸 비너스와 세레나를 교육시킨 리처드 윌리엄스는 부모이자 브랜드 매니저였고, 얼 우즈는 그의 아들 타이거 우즈의 어린 시절에 큰 영향을 미쳤으며, USC의 전 쿼터백 매트 라인아트의 아버지인 밥 라인아트는 아들의 경력 관리를 위한 조언자였다.

특히 대부분의 에이전트들이 그들의 고객(선수)을 조언하는 데 있어서 고객의 명성을 활용했던 반면 레이 스타인버그는 자신의 고객들에게 지역봉사와 자선사업 단체 봉사활동을 강조하면서 대중들의 모델이 될 것을 강조하는 것으로 유명하다.

어떤 경우는 부모나 친구가 팀의 브랜드에 영향을 미칠 수도 있다. NFL의 필라델피아 이글스의 쿼터백 도노반 맥내브의 어머니 윌마 맥내브는 캠벨의 청키 스프와 광고계약을 맺었다. 이러한 모자관계는 필라델피아 미식축구팀의 브랜드를 어린이처럼 행동하는 선수들이라는 이미지로 만들어 버렸다. 이러한 이미지는 거친 스포츠 세계에서 긍정적일 수만은 없는 이미지였고 팀이 선택한 이미지는 더더욱 아니었다.

- **장 점** : 조언과 카운슬링은 좀 더 진지한 참가자들의 수용자세를 요구하고, 그들의 브랜드 참여에 좀 더 많은 자율성을 부여한다.

- **단　점** : 조언과 카운슬링은 고도의 집중의 형태에서부터 보다 거리감이
존재하는 학습에 이르기까지 그 범위가 광범위하다. 따라서 변화
의 효과를 모니터하기가 어렵다.

역할 모델

　역할 모델은 스포츠브랜드를 실행하기 위해 브랜드의 핵심 특성
과 속성을 인격화하는 리더들을 이용하는 전략이다. 역할 모델들은
브랜드가 표현하는 것을 구체화해 주고 구성원들이 본받을 수 있는
사례가 된다. 역할 모델은 조직의 회장일 수도 있고 기술이 뛰어난
선수일 수도 있으며 미디어 스타 또는 스포츠 조직에 속해 있는 다양
한 사람들이 될 수도 있다.

　역할 모델의 강점은 스포츠브랜드의 모양을 만들고 이를 반영할 수
있는 힘을 가진다는 데 있다. 낮 동안에는 경찰로 일하는 밥 헐리는
가난으로 문화 혜택을 받지 못하는 소수민족 학생들이 많이 다니는
뉴저지의 세인트앤터니 고등학교 농구팀의 감독으로도 활동하고 있
다. 여기서 그는 학교 농구팀의 감독과 조언자일 뿐만 아니라 학교의
실질적인 대표이기도 하다. 그리고 헐리는 원칙과 인내력 그리고 근
면함의 예를 확립하여 농구뿐만 아니라 학업에서도 선수들을 교육시
켰고 팀의 브랜드를 정의했다.

　마찬가지로 뉴욕 양키스의 구단주로서 올스타 브랜드를 창출해 낸
조지 스타인브래너도 엄청난 돈을 쏟아붓더라도 최상의 팀을 향한 흔
들리지 않는 열망과 함께 팀의 모든 선수들에게 수염을 깔끔하게 다
듬을 것, 복장에 신경 쓸 것 그리고 항상 양키스의 이미지를 생각하면
서 생활할 것을 요구하는 등의 프로의식을 강조했던 좋은 역할 모델
이다. 스타인브래너는 양키스의 경영자를 해고하기도 했는데 심지어

같은 경영인을 몇 번이고 해고한 적도 있다. 이는 아래에서 고위층까지 모든 구성원들의 행동에 대한 기대치가 높다는 것, 또한 구단 경영자도 이러한 기준에 예외가 될 수 없음을 보여 준다.

또 다른 경우로, 미디어는 성공적인 브랜딩을 원하는 선수들에게 선망의 대상이 되는 역할 모델들을 제시하는 채널이 되기도 한다. 실제로 미디어는 스포츠 세계에서 무엇이 긍정적으로 받아들여질 수 있는 행동들인지를 조금씩 보여 준다. 어떤 감독들의 행동은 널리 축하받기도 하지만 어떤 감독들은 스포츠팀과 선수에 대한 적절하지 못한 전략과 관리로 해임되기도 한다. 여기서 중요한 것은 팬들과 시청자들은 미디어를 통해 얻는 정보를 바탕으로 감독에 대해 알게 되며 따라서 미디어는 아주 강력한 모델링의 도구임에 틀림없다.

마이클 조던은 미디어를 통해 수많은 청소년과 젊은이들에게 영향을 미쳤고 결국 그의 스포츠브랜드는 농구스타가 되고자 하는 포부를 가진 젊은이들의 보편적인 스타일이 되었다. 그의 역할 모델은 매우 성공적이었고 2004년 아테네 올림픽에서 미국 농구가 금메달을 놓치자 많은 팬들이 슈팅과 책략보다는 스포츠 정신을 강조했던 마이클 조던의 모델을 예로 들며 당시 농구대표팀을 비난할 정도였다.

또 하나의 비슷한 역할 모델링 전략은 스포츠 영화의 트레이드 마크다. 영화 「불 더햄 *Bull Durham*」에서 케빈 코스트너는 팀 로빈스에게 경기 중에 어떻게 행동해야 하고 심지어 젊은 투수가 미디어 인터뷰를 성공적으로 이끌기 위해서 필요한 필수적인 문구들이 무엇인지를 설명해 준다. 이처럼 역할 모델링의 교훈을 주제로 한 또 다른 스포츠 영화로는 학교 스포츠팀의 올바른 브랜드 표상으로 팀의 지역사회에 대한 윤리의식을 강조하는 「후지어 *Hosiers*」, 복싱의 근면함과 터프한 속성을 강조하면서 유명인으로서의 성장과 비극적 결말을 보여 주는 아카데미 수상작 「밀리언 달러 베이비 *Million Dollar Baby*」
가 있다. 이 영화들의 주제는 사실 역할 모델과 직접적인 관련은 없
지만 관객들은 영화 속에서 그들이 닮고 싶어 하는 캐릭터를 찾아내
면서 이상적인 역할 모델을 성립할 수 있다.

- **장 점** : 역할 모델링은 상대적으로 짧은 시간 동안 수많은 브랜드 구성원들
  에게 영향을 줄 수 있다.

- **단 점** : 역할 모델과의 실제 일대일 접촉을 할 수 있는 기회가 적거나 없
  으며, 브랜드 실행 과정을 통제하기가 어렵고, 효과가 오랫동안
  지속되기 어렵다.

계획된 위험을 통한 변화

  사정에 따라 브랜드 변화의 실현에 필요한 행동 교정, 카운슬링,
또는 역할 모델 같은 방법을 이용할 재정적 시간적 여유가 없을 수도
있다. 이에 대한 대체 방안으로는 스포츠브랜드를 실제 경쟁조건에
서 변화가 진행되는 환경에 놓는 다소 위험한 전략이 있다.

  전형적인 예로는, 짧은 패스를 새로운 브랜드 정체성으로 결정한
미식축구팀이 새내기 쿼터백을 실전 경기에 투입하여 이를 실험하는
것이다. 아마도 짧은 패스 게임은 성공할 수도 실패할 수도 있을 것
이다. 차후 기자회견, 광고, 그리고 변화(짧은 패스 공격지향)를 표방하
는 새로운 슬로건 등 총체적인 마케팅 캠페인을 통해 이런 전략의 변
화를 지원할 수 있을 것이다. 이처럼 위험한 체험을 통한 변화는 많
은 요소들이 관리되거나 연습되지 않은 상황에서 이뤄지기 때문에
그 결과는 획기적일 수 있고 아무것도 아닌 것이 될 수도 있다.

다만 이러한 위험을 통한 변화는 브랜드 변화에 대한 믿음이나 전략이 실전에서 바로 평가되고 만약 실패로 끝나면 그것을 빠르게 무시할 수 있다는 장점이 있다. 다시 말해 위험 부담은 있지만 짧은 패스를 강조하는 브랜드가 실패를 한다면 다른 브랜드 선택과 전략이 새 카드로 등장할 것이다. 실제로 스포츠브랜드의 세계에서 위험 체험을 통한 변화가 아마 가장 많이 사용되고 있을 것이다. 어떤 스포츠 프로그램은 이러한 전략을 수용하지 않을 수도 있다. 하지만 이러한 방법이 때론 가장 효과적이고 확실할 수 있으며 특히 실제 경쟁시장에서 많은 관심 속에 브랜드를 확립하는 데 효율적일 수도 있다.

NHL 시즌이 선수들의 파업으로 취소된 뒤 많은 팬들이 리그와 선수들이 자신들에게 무심하다고 느꼈다. 특히 미디어에서 비쳐지는 선수들의 모습은 여전히 사치스러웠고 그에게 수입을 가져다주는 팬들에게는 관심이 없는 것처럼 보이곤 했다. NHL의 시카고 블랙호크스는 '명함'이라고 불리는 계획된 변화를 시도했다. 만일 선수가 어떤 팬에게 명함을 주면 그 명함에는 2장의 공짜 티켓을 받을 수 있는 코드가 찍혀 있었다. 이 변화 전략은 선수들과 팬들이 직접적으로 접촉할 수 있도록 도와주었다. 선수들은 명함을 주기 위해서 팬들과 이야기를 해야 했고 팬들은 명함을 받기 위해 선수들을 찾아 다녔을 것이다. 이러한 과정에서 선수와 팬 사이에 보다 밀접한 관계가 형성되었을 것이다. 여기서 위험은 선수나 팬들이 서로를 찾지 않거나 설령 만났다 하더라도 서로를 싫어할 수도 있다는 데 있다.

• **장 점** : 이러한 형태의 실행은 결과가 빠르고, 브랜드가 팬들의 반응에

따라 계속해서 수정할 수 있도록 도와준다.

* **단 점** : 일종의 도박과 마찬가지로, 훌륭한 브랜딩 순간이 될 수도 있고, 최악의 경우에는 팬들의 기대를 저버릴 수 있는 위험성도 있다.

지금까지 살펴본 4가지 브랜드 실현화 전략은 서로 독립적으로 떨어진 것들이 아니다. 스포츠 상품이 직면한 필요성과 시간에 따라 1~2가지의 실현화 전략들은 얼마든지 서로 통합해 실행될 수도 있을 것이다. 예를 들어, 스포츠팀은 선수의 몇 가지 중요한 측면에 대해 행동 교정 방법을 사용하면서 그러한 팀의 빠른 공격전환을 실행하는 데 있어서는 실제 경기에서 위험을 통한 변화를 이용할 수도 있다. 결론적으로 브랜드의 구성원들이 이러한 변화들을 수용하도록 만드는 데 실패한다면 어떤 브랜드 계획이든지 무용지물이 될 것이다.

● 스포츠브랜드는 항상 진화한다

스포츠브랜드를 개발하는 것은 결코 만만한 일이 아니다. 개발 과정에서는 브랜드 콘셉트 형성, 브랜드 테스트, 브랜드 고급화, 그리고 브랜드 실행과 같은 단계들이 모두 중요하다. 가장 이상적인 것은 모든 단계들이 체계적인 방식으로 실행되는 것이다. 그러나 오늘날 스포츠브랜드들은 제각기 다른 상황에 놓여 있으며 때에 따라서는 특정 단계나 과정에서 더 많은 시간과 노력을 투자해야만 할 것이다. 브랜드 아이덴티티는 명확해야 하며 모든 구성원들이 그러한 정체성을 완전히 이해하고 받아들이는 것은 필수조건이다. 제7장에서는 스포츠브랜드가 형성되는 무대를 실제 스포츠팬들로 옮겨 보자.

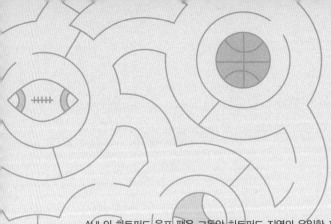

AHL의 하트퍼드 울프 팩은 그동안 하트퍼드 지역의 유일한 프로팀이었던 NHL의 하트퍼드 웨일러스가 노스캐롤라이나 주로 연고지를 옮기자 그 빈 자리를 메우기 위해 1997년에 창설되었다. 울프 팩은 대부분의 실력 있는 마이너 리그팀들처럼 프로모션, 지역 미디어, 웹사이트, 뉴스레터 등을 통한 커뮤니케이션 프로그램을 가지고 있었으며 이러한 홍보 전략은 팬들과 소통하고 미디어와 연결되는 역할을 했다.

울프 팩의 브랜드 커뮤니케이션 전략의 핵심은 지역사회의 욕구를 반영하는 것이었다. 지역공동체 조합, 유소년 골프 스쿨, 볼라 톤, 채리엇 오브 호프, NHL 스트리트 울브스, 어쿠스틱 카페 CD 등과 같은 수많은 지역사회 중심의 프로그램들을 계획하고 운영하고 있다. 지역공동체 조합은 코네티컷 장애인 올림픽과 구세군을 비롯한 25개의 봉사조직들을 지원하고 있고 채리엇 오브 호프는 장애가 있는 어린이나 어른들이 아이스하키를 즐길 수 있도록 특수 제작된 장비, 이른바 썰매하키라 불리는 새로운 버전의 아이스하키를 개발하여 운영하고 있다.

현재 광고 예산이 부족한 울프 팩은 지역사회의 욕구를 반영한 프로그램들을 통해 두 가지 주요한 팬 커넥션 목표 달성을 시도하고 있다. 첫 번째, 울프 팩은 상업성과 거리가 먼 활동을 통해 스포츠 본연의 흥미와 관심을 불러일으키는 미디어 노출을 목표로 했다. 두 번째, 지역사회 주민들이 울프 팩의 봉사와 헌신을 가치 있는 활동으로 평가하게 되면 경기에 참여하는 것으로 보답할 것으로 기대했다.

그러나 적극적인 지역사회 중심의 커뮤니케이션 노력과 8회 연속 플레이오프 진출이라는 쾌거에도 불구하고 지난 몇 년 동안 경기 관람률은 하락세를 보이며 기대했던 성과를 거두지 못했다. 사실 NHL의 경기가 중단되었던 2004-2005 시즌 동안 AHL에 소속된 다른 팀들의 관람률은 평균 9%가 증가했지만 울프 팩 경기 관람률은 오히려 전년도 대비 9%가 감소했다.

물론 인근 코네티컷 주립대학교의 농구 및 미식축구팀과의 경쟁, 하트퍼드 웨일러스가 노스캐롤라이나로 연고지를 옮겨버린 것에 대한 팬들의 실망과 분노, 낡고 오래된 경기장, 경기를 보러 가는 것을 꺼리게 만드는 교외 주택가와 도심 간의 먼 거리 등 변명거리는 많다. 울프 팩은 점차 치열해지는 경쟁시장 한복판에 놓여 있고 운이 나쁜 상황에 처했다. 그러나 울프 팩은 이전까지 행했던 자신들의 지역사회 프로그램들을 재평가하고 커뮤니케이션 전략에 집중하며 브랜드를 재포지셔닝할 필요가 있다.

07 Communicating The Sports Brand

스포츠브랜드 커뮤니케이션

하트퍼드 울프 팩의 사례는 경쟁적인 압박에 직면하여 팬들과의 관계 형성을 위해 고심하고 있는 오늘날 스포츠 조직들의 고충을 묘사하고 있다. 아울러 자선 활동과 프로모션, 미디어 이벤트, 광고 등으로 잘 디자인된 스포츠브랜드 커뮤니케이션 계획도 팬들이 경기장을 찾게 하거나 TV 중계방송을 시청하게 만들기가 힘들다는 현실을 여실히 보여 주고 있다. 이러한 사례는 충분히 일어날 수 있는 일이다.

해마다 스포츠 종목은 늘어나고 커뮤니케이션에 투자되는 비용도 증가하고 있으며 그로 인해 각각의 브랜드들은 자신만의 독특한 개성과 차별성을 구현하기 위해 미로 속을 헤매고 있다. 예산은 제한되는데 팬들의 기대는 높아진 현대 사회에서 팬들과 소통하는 방법을 재평가하는 일은 스포츠팬들에게 필수적인 과제다.

강한 브랜드 콘셉트를 선택하고 그것을 제대로 소통할 수 있는 능력이 팬과의 관계 형성을 위한 유일한 방안이다. 대부분의 브랜드 커뮤니케이션 전략에서 주요 과제는 팬들의 기대치를 이해하고 그들을 설득할 수 있는 차별화된 브랜드를 만들어 내는 것이다. 밤낮으로 팬들을 폭격하는 수많은 메시지들은 스포츠 세계에서 유일하고 독특한 브랜드를 창출하는 데 치명적인 걸림돌이 될 것이다. 미네소타 팀버울브스의 수석 부사장이자 CMO인 크리스 라이트는 "어지러운 시장에서 우리는 소비자와 소통할 수 있는 보다 다양한 방법들을 모색해야 한다."고 강조한다.

● 팬 중심 브랜드란 무엇인가

갈대 같은 팬들과 소통하는 데 있어서 가장 중요한 과제는 소비자를 메시지의 중심에 놓는 것이다. 팬 중심의 전략은 팬이 스포츠브랜드를 인식하고 일정 수준까지 관여하도록 격려하고 자극하는 것을 목적으로 한다. 접근성, 상호작용력, 반응력은 팬 중심 전략의 핵심 요소다.

접근성은 팬들이 스포츠브랜드를 친숙하게 여기고 해당 스포츠를 충분히 경험하고 즐길 수 있음을 의미한다. 이는 팬 중심 브랜드가 되기 위한 기본적인 요소이며, 관할 도시의 행정부가 경기장으로 가는 도로를 정비하고 편리한 대중교통 노선을 만들어 주는 것을 의미할 수도 있다. 스타디움의 접근성은 적합한 주차조건, 넓은 중앙 홀, 스타디움 맨 위 좌석까지 이어지는 많지 않은 계단 등으로 평가될 수도 있다.

또한 모든 메시지를 투명하게 전달하는 미디어 정책을 의미할 수도 있다. 성공적인 스포츠브랜드라면 팬들에게 전달되고 있는 커뮤니케이션 메시지가 명확하고 흥미로운지 그리고 그 스포츠브랜드에 대해 더 자세히 알고 싶어 하는 팬들이 원하는 바를 정확하게 만족시키고 있는지를 확인하기 위해 모든 직원들이 수많은 미디어 채널을 모니터할 것이다.

상호작용력은 팬들이 스포츠에 참가하고 관여할 때 발생한다. 이틀째 경기인 2라운드가 끝난 후 프로 골퍼들과 클럽하우스에서 함께 저녁식사를 하는 프로그램이나 인터넷 채팅으로 자유계약선수 문제에 대해 구단 경영자와 논쟁하는 것 모두 상호작용에 해당한다. 또한 팬과 선수를 밀접하게 묶어 주는 판타지스포츠 리그가 될 수도 있다. 상호작용은 스포츠브랜드를 팬들의 고유한 경험에 연결시킴으로써 이들이 적극 참여할 수 있는 이벤트들을 만들어 낸다. 스포츠브랜드는 선수들에게 주어진 제한된 시간과 팬들의 상호작용 욕구 간의 균형을 잘 맞추어야 한다.

반응력이란 스포츠브랜드가 팬들의 피드백을 귀담아 듣고 그것이 타당하고 적용가능한 경우 기꺼이 변하고자 하는 의지를 뜻한다. 가격이 다른 주차장의 개별 공간을 눈에 잘 띄게 표시하고 경제적 여건이 서로 다른 팬들을 배려하여 다양한 서비스별 가격 정보를 알리는 것은 팀의 품위를 높이는 반응 전략이라 할 수 있다. 또한 팬 중심적인 반응은 선수의 코멘트나 행동이 적절하게 관리되고 있다는 인상을 주며 때로는 불만이 있는 팬들로 하여금 협회, 팀 또는 리그가 그들의 생각을 귀 기울여 듣고 있다는 확신을 갖게 만든다. 팬 중심의 반응력이 팬을 행복하게 하는 아주 쉽고 평범한 방법임에도 불구하고 스포츠브랜드는 가끔 이러한 문제들을 아예 발견하지 못하거나 여러 가지 바쁜 업무로 인해 이처럼 쉬운 문제들을 영원히 방치하기도 한다.

당신의 이미지는?

스포츠브랜드가 어떻게 인식되는지에 따라 팬 중심 커뮤니케이션이 될 가능성이 결정된다. 이미지는 수많은 속성을 그룹으로 묶어 각인되는 상징과 같다. 팬들은 대개 호감favorable, 비호감unfavorable, 혼합mixed, 무관심indifferent이라는 4가지 브랜드 이미지를 가질 수 있으며 각각의 이미지는 독특한 전략적 반응을 요구한다.

호감 이미지 : 스포츠브랜드는 팬들이 그 브랜드의 특성과 속성을 긍정적으로 인지하고 지속적으로 자신의 기대들을 만족시킨다고 느낄 때 호감적인 이미지를 갖는다. 호감 이미지의 예로는 NFL의 명성과 젊고 모나지 않은 가정적인 가장의 인품을 지닌 NBA 스타 드웨인 웨이드를 들 수 있다.

호감 이미지를 가지고 있는 스포츠브랜드들은 언제든지 발생할 수 있는 비호감적인 상황에 대비해 그들의 행동들을 항상 모니터해야 하며, 커뮤니케이션 라인들을 항상 열어 놓고 호감 이미지를 유통시킬 수 있는 새로운 채널들을 지속적으로 모색해야 한다.

비호감 이미지 : 스포츠브랜드는 팬들이 브랜드의 속성과 특성을 부정적으로 인식하고 그 브랜드가 자신의 기대치를 만족시키지 못한다고 느낄 때 비호감적인 이미지를 지니게 된다. 비호감 이미지는 미네소타 바이킹스의 유람선 섹스 관광 의혹과 같은 일시적인 상황에 의한 이미지가 될 수도 있고 마이크 타이슨의 사생활과 법적 분쟁처럼 지속적인 부정적 이미지일 수도 있다.

비호감적인 이미지가 있는 스포츠브랜드는 비난의 원인을 파악해야 하며, 긍정적인 브랜드 포지셔닝을 보여 줄 수 있도록 제품과 커뮤니케이션 메시지를 재구성해야 한다. 또한 브랜드 내부와 외부에 있는 모든 관계자들이 새로운 브랜드 이미지 포지셔닝을 실행해야 한다.

혼합 이미지 : 대부분의 스포츠브랜드들은 호감과 비호감이 섞인 이미지 범주에 속한다. 호감과 비호감이 혼합된 이미지를 지각한 팬들은 자신의 기대가 충족되지 못함을 느낄 것이다. 그 예로 NCAA 디비전 I 대학농구를 들 수 있는데 일부 팬들은 대학농구의 4강전 토너먼트에 대해 좋은 이미지를 가지고 있으면서도 4강에서 뛰는 대학 스타선수들이 NBA로 가기 위해서 일찍 대학을 떠나는 현실 때문에 대학농구 브랜드에 비호감 이미지를 가질 수도 있다.

혼합 이미지를 지니고 있는 스포츠 조직들은 자신들의 상품이 어떻게 인식되고 있는지 재검토해야 한다. 긍정적인 이미지 형성을 목적으로 하여 부정적인 특성들을 제거하는 이미지 개선 노력을 해야 할 필요가 있다. 이때 중요한 점은 브랜드의 모든 구성원들이 이러한 재조정된 브랜드를 이해해야 한다는 데 있다.

평범한 이미지 : 팬이 브랜드를 의미 있는 것으로 인식하지 않는다면 그 스포츠브랜드는 그저 그런 평범한 이미지를 가졌다고 할 수 있다. 새롭게 출범한 전국여성소프트볼 리그와 같은 스포츠는 보다 넓은 인지도를 확보하고 흥미 있는 브랜드로 변화될 필요가 있다. 또한 지리적인 요인이 작용할 수도 있다. 예를 들어, 아이스하키는 라틴 아메리카에서는 팬들의 호감을 끌지 못하고 있고 유럽에서는 야구가 그러한 상황에 처해 있다.

대부분 평범한 이미지는 가장 어려운 과제다. 이 경우 브랜드는 목표시장을 실제 잠재고객 위주로 세분화시켜야 할 것이다. 그렇게 하지 않으면 브랜드는 평생 평범한 이미지를 안고 살아야 하며 현재의 팬들을 유지하는 데 만족해야 한다.

● 브랜드 커뮤니케이터

주요 스포츠 커뮤니케이터로는 스포츠브랜드 참여자, 미디어, 스폰서가 있다. 각각의 커뮤니케이터들을 통해 스포츠브랜드가 움직이는 방향을 관리하는 것은 팬 중심의 커뮤니케이션 전략에 있어서 매우 중요한 일이다.

스포츠브랜드 참여자

스포츠 의사결정자들이 원하는 이상적인 브랜드 상황은 새로운 커뮤니케이션 전략이 정해진 타임라인에 따라 진행되고, 브랜드와 관련이 있는 사람들이 이 전략을 이해하며 조직에 속한 모든 사람이 인정하는 것이다. 이처럼 완벽한 조건에서라면 커뮤니케이션 프로그램들은 브랜드의 골격을 완성하고 실행에 필요한 자원들을 적합한 곳에 배분할 수 있을 것이다.

현실적으로 이러한 이상적인 상황이 갖추어질 확률은 매우 낮다. 커뮤니케이션 프로그램을 실행하다 보면 일정에 차질이 생기기도 하고 브랜드의 방향을 놓고 조직 내에서 설전을 벌이기도 한다. 또한 애초에 계획했던 커뮤니티 전략을 수정해야 하는 경제적 어려움을 겪기도 한다. 이러한 상황들 때문에 스포츠 의사결정자들은 힘든 커뮤니케이션 결정 과정을 겪기도 한다. 하지만 그렇다고 해도 결과가 치명적인 경우는 드물다.

그렇다면 우리는 이러한 갈등 상황에 어떻게 대처해야 할까? 답은 간단하다. 커뮤니케이션 프로그램의 우선권을 결정할 때는 현실성과 합리성이 우선되어야 한다. 스포츠 의사결정자들은 실행시킬 프로그램의 우선순위를 정하고 브랜드 성격과 목표시장에 적합하지 않은 프로그램들은 제외시키거나 수정할 수 있도록 해야 한다. 브랜드 커뮤니케이션 과정에서 특정 프로그램, 계획, 이벤트 등은 목표 고객을 유치하는 데 매우 중요한 역할을 한다.

이미 가지고 있는 것들을 평가하고 무엇을 유지하고 확장하고 개발할 것인지 또는 포기할 것인지를 결정하는 일은 어려운 과제다. 브랜드 참여자들의 관심이 지나칠 경우 확장·개발·포기하는 과정을 지켜보며 자신과 관계된 프로그램이 사라지는 것에 대해 불편한 감정을 드러내고 논쟁을 유발시킬 수도 있다. 이때 활용할 수 있는 전략은 2가지다. 첫째, 현재 실행되는 커뮤니케이션 프로그램에 대해 비판적인 사람들을 근본적인 커뮤니케이션 전략과 브랜딩과 관련된 여러 검토과정에 참여시켜야 한다. 둘째, 종료해야 할 프로그램과 개발해야 할 프로그램을 결정하는 데 필요한 리더십의 명확한 권한과 경계를 구분지어야 한다.

블로그 : 수십 억 네티즌, 스포츠를 이야기하다

블로그는 전 세계적으로 가장 빠르게 성장하고 있는 커뮤니케이션 채널이자 스포츠 의사결정자들에게 매우 효과적인 소통 도구다. 인터넷에서 개인의 일기 형식으로 시작된 블로그는 상업 세계에까지 급속하게 확장되었고 스포츠브랜드 영역에서도 거대한 잠재력을 지니고 있다. 블로그산업의 성장속도는 괄목할 만하다. 미국의 블로그 전문 검색엔진 테크노라티에 따르면 2003년에서 2005년 사이 블로그 수는 10만 개에서 1,400만 개로 급증했다.

블로그는 광고, PR, 팸플릿, 웹사이트와 함께 브랜드 포트폴리오의 한 부분으로 급속히 편입되고 있다. 브랜드 개발에서 블로그는 3가지 강점을 지닌다. 첫째, 블로그는 브랜드 커뮤니케이터와 소비자 간의 개인적 관계를 형성한다. 둘째, 블로그는 브랜드가 오해의 위험 없이 자신의 입장과 아이디어를 표명하고 여타 다른 정보를 올릴 수 있는 공간이다. 즉 블로그는 브랜드 커뮤니케이터에 의해 통제될 수 있는 메시지라고 할 수 있다. 셋째, 블로그는 내부자들의 글과 미디어에서 통상적으로 다루지 않는 관점까지도 교환할 수 있는 유연성을 지닌다.

블로그의 성공을 위한 열쇠는 성공적인 글쓰기나 연설 솜씨와 크게 다르지 않다. 모든 블로그는 잘 구성된 소설처럼 서론, 본론, 결론이 있어야 한다. 메시지는 스포츠브랜드와 연결되어야 하고 유료 광고나 유료 미디어와 연계된 느낌을 주어서는 안 된다. 대화체를 쓰고 딱딱한 통계자료들만 잔뜩 인용하는 실수는 하지 않아야 한다. 블로그는 독특한 문체와 특성을 지닌 커뮤니케이터가 운영하는 것이 효과적이다.

NBA는 블로그를 온라인 커뮤니케이션의 주요 전략 요소로 받아들였다. NBA는 전·현직 선수들과 팀·리그 집행부, 언론인과 할리우드 연예인들로 구성된 '블로그 군단Blog Squad'을 만들었다. NBA가 블로그 군단의 내용들을 통제하지는 않지만 블로거들의 목록을 관리하면서 팬 커뮤니케이션 채널을 필터링한다. 과거 NBA 블로그 군단에는 은퇴한 스타 스카티 피펜, 디트로이트 피스톤의 가드였던 리처드 해밀턴, 포틀랜드 트레일 블레이저스의 구단주 존 내시, 이스라엘 저널리스트 아론 탈패즈와 배우 자릴 화이트 등이 있었는데, 이들은 NBA에 대한 각자의 독특한 견해를 펼치며 일반 팬이 더 적극적으로 블로그에 참여하도록 만들었다.

또한 블로그 군단은 외국 블로거들을 격려하고 스페인어, 중국어, 브라질어 그리고 타이완어 버전을 제공하면서 NBA 리그의 세계적인 확장을 꾀하고 있다. 즉 블로그 군단은 글로벌 스포츠이자 엔터테인먼트

브랜드가 되고자 하는 NBA의 비전을 반영하고 이를 강화하고 있는 셈이다. 아울러 이상의 블로그 활동들을 통해 NBA 브랜드 커뮤니케이션 노력을 지원하고 독자들에게 팬 중심의 즐거움을 선사하고 있다.

한편으로 블로그와 쌍방향 웹사이트가 브랜드의 선의를 손상시키거나 의구심을 갖게 만들 가능성도 있다. 현재 스포츠브랜드가 완전히 통제하지 않는 수천 개의 블로그들이 독립적으로 운영되고 있다. 이 블로그들은 종종 루머를 퍼트리는 주범이 되거나 있지도 않은 거짓말로 비난하고 여러 부정적인 논쟁을 주도하기도 한다. 부정적인 활동들은 다시 미디어를 통해 퍼질 수 있고 결국 브랜드 이미지에 손상을 입힐 것이다.

이러한 상황에서 스포츠 의사결정자들은 그들이 생산한 정보들을 분명하게 통제해야 하고 부정확한 정보원들에 대해 명확하게 대응해야 한다. 정기적으로 정보가 깨끗하게 정화되어야 하며 이를 담당할 '일일 반응 프로그램daily response program'을 개발해야 한다. 블로그는 팬들과의 관계를 돈독하게 만들어 주는 공개된 커뮤니케이션 시스템이다. 하지만 블로그는 브랜드가 전달하고 있는 것이 무엇인지 그리고 어떻게 증명되지 않은 부정적인 정보에 대응할 것인지를 끊임없이 요구하고 있다.

미디어

스포츠 커뮤니케이션믹스에서 TV, 라디오, 신문, 잡지 등과 같은 기존 스포츠 미디어는 가장 생산적이긴 하지만 통제하기 어렵다. 역사적으로 스포츠브랜드와 미디어의 관계는 상호의존적이었다. 스포츠브랜드는 대중에게 접근하려면 미디어의 도움이 필요하고, 미디어는 스포츠브랜드로부터 화젯거리와 뉴스거리 그리고 실제 경기 장면을 제공받는다. 스포츠가 미디어와의 모든 관계들을 통제할 수는 없지만 스포츠브랜드가 미디어와 합리적인 관계를 형성하는 데 도움을 줄 수 있는 있는 커뮤니케이션 단계들은 존재한다.

예를 들어, 스포츠브랜드는 시간에 늦지 않게 정확한 정보를 제공할 의무가 있고 또한 미디어 관계자들과 개인적으로 좋은 관계를 형성할 필요도 있다. 매일 스토리라인을 관리하면서 발생하는 잦은 정보의 혼선은 팬들에게 직접적으로 영향을 미칠 것이다. 대부분의 스포츠팬들은 오직 미디어 렌즈를 통해 스포츠브랜드를 경험하고 있으며, 미디어는 카메라 앵글, 편집, 편성과 여러 논평을 통해 스포츠 제품을 재생산해 내는 힘을 지니고 있다.

미디어에서 좋은 평을 얻고 기사에 실리기 위한 접근성에서는 더 이상 문제가 발생하지 않는다. 요즘 문제가 되고 있는 부분은 스포츠 미디어와 스포츠브랜드 간의 관계 구조. 오늘날 전통적인 스포츠조직들이 점차 자체 미디어 콘텐츠를 개발하여 직접 팬들에게 유통시킴에 따라 스포츠브랜드들과 경쟁관계에 놓이게 되었다. 결과적으로 커뮤니케이션 갈등은 산업전반에 걸쳐 나타나고 있다. 이슈는 조직 내부적으로 그리고 개인적으로 개발된 경쟁 채널 간의 다툼에 있다.

예를 들어, 최근 스포츠브랜드는 부정적인 정보나 문제가 있을 경우 그것을 미디어와 공유하지 않는다는 비난을 받고 있다. 스포츠브랜드가 언론에 제공하는 모든 정보가 너무하다 싶을 정도로 긍정적인 내용만 담고 있다면 이는 결국 미디어의 질을 떨어뜨리는 결과를 초래할 것이다. 누가 무엇을 언제 얻느냐 하는 것은 더 이상 스포츠브랜드의 통제 아래 있지 않다. 이는 스포츠가 정보를 나누고자 하는 의지를 확실히 보여 줌으로써 미디어와의 관계를 재정비해야 함을 의미한다. 또한 때로는 뉴미디어의 당황스러운 폭로도 견뎌 내며 신뢰를 다시 구축할 필요가 있다.

누가 스포츠 기사를 보도하나?

우리는 미디어가 스포츠 뉴스를 보도하는 상황을 5가지로 구분할 수 있다.

일상 보도 : 보통 메이저스포츠는 모든 미디어로부터 관심을 받지만 늘 호의적인 것만은 아니다. 미국의 농구, 미식축구, 야구, 세계 다른 지역에서는 축구, 크리켓, 럭비 등이 있고 매일 기사화되고 있으며, 이들 스포츠는 신문의 박스 스코어, 스포츠 섹션, 저녁 뉴스, 라디오 프로그램, 잡지의 커버스토리와 같은 수많은 미디어 창구를 통해 노출된다. 거의 분 단위로 상세하게 보도되기 때문에 팬들은 스포츠 내부 정보들에 접근할 수 있다.

일상적으로 보도되는 메이저스포츠는 매일 발생하는 거대한 커뮤니케이션 내용을 추적하기에 매우 바쁠 것이고, 따라서 이들 스포츠는 브랜드에 손상을 입힐 수도 있는 특종기사 작가, 방송인, 리포터들과의 관계를 악화시킬 수 있는 무엇이 있다면 이를 빨리 눈치챌 필요가 있다. 또한 이들 스포츠는 보도가 지속적인지를 확실히 할 필요가 있으며 보도의 양과 질은 어떠한지도 정기적으로 모니터해야 한다.

이벤트 보도 : 이벤트성 스포츠는 경기가 진행되는 동안에는 미디어의 큰 관심을 받지만 경기가 종료되면 간간히 보도되거나 거의 보도되지 않는다. 메이저 테니스 토너먼트, 골프 토너먼트, 메이저 경마대회, 투르 드 프랑스 같은 사이클 대회가 그 예다.

이벤트 중심의 보도는 짧은 기간 동안에 많은 커뮤니케이션 활동들을 요구한다. 이벤트 커뮤니케이터들은 소통업무를 다룰 충분한 인원이 있는지와 모든 미디어 센터가 이벤트 진행에 대해서 잘 이해하고 있는지를 확실히 점검할 필요가 있다. 또한 이벤트 조직의 모든 구성원들이 앞으로 쏟아질 수많은 보도들을 관리하는 데 있어서 무엇이 우선순위인지를 명확하게 이해하고 있을 필요가 있다.

틈새 보도 : 틈새 스포츠는 기사화되는 경우가 매우 드물지만 확실하게 목표시장에 접근시켜 주는 매우 강력한 미디어 채널을 가지고 있다. 이들 스포츠는 종종 TV를 중심으로 노출되며 스포츠 신문이나 잡지 같은 유통채널에도 등장한다. 프로 레슬링, 배스 낚시, 익스트림 스포츠 등이 이 범주로 구분될 수 있는데 이들 스포츠에 대한 보도는 단지 몇 개의 채널에만 국한된다. 틈새 보도 스포츠들은 특정 시장에서 매우 강도 높게 다뤄지지만 전반적으로 메이저스포츠만큼 광범위하게 보도되지는 않는다.

틈새 보도는 특히 마니아적인 팬들의 요구를 만족시키고 이들이 다른 스포츠로 옮겨 가지 못하도록 다양한 공간에서 참여와 피드백의 기회를 제공하고 이벤트의 연간 일정을 알려주어야 한다.

관심 밖의 보도 : 이 범주에 속하는 스포츠는 미디어 노출을 늘리기 위해 고전하고 있으며 심지어 일부 시장에서는 존재하지도 않는 스포츠다. 아마추어레슬링, 필드하키, 수중 폴로와 같은 스포츠가 이 범주에 속하며, 소수의 몇몇 시장을 제외하고는 메이저스포츠로 인식되지 않기 때문에 이들은 주로 소식지, 웹사이트, 지역 이벤트들을 통해 팬들과 소통한다.

주요 미디어의 관심 밖에 있는 스포츠들은 저렴하면서도 사람들의 관심과 구전효과를 노릴 수 있는 웹사이트와 인터넷 관련 콘텐츠와 같은 뉴미디어 채널들을 개발하는 것이 가장 효과적이다.

팬들이 주도하는 보도 : 뉴미디어 환경에서 팬들이 주도하는 새로운 범주의 보도가 눈에 띄게 증가하고 있다. 스포츠 보도에서의 이러한 변화는 팬들이 스포츠 기사를 정의하고 개별화하며, 감독할 수 있도록 도와주는 뉴미디어 기술의 산물로 이해될 수 있다. 블로그, 웹사이트, 위성 TV, 라디오, 쌍방향 TV, 라디오 쇼, 팟캐스트, 비디오게임, 판타지스포츠로 둘러싸인 미디어 사회 등에서 오늘날 팬들은 스포츠 보도를 주도할 수 있다. 또한 팬들은 자신이 무엇을 듣고 무엇을 볼 것인지를 결정할 수도 있다. 따라서 이러한 스포츠 기사나 보도는 팬들이 자신의 기호에 따라 기사를 형성하도록 자극하는 방식으로 결정된다. 이는 또한 일상 보도 스포츠인 메이저스포츠가 이러한 팬 주도의 기사를 격려하고자 하지 않는다면 팬 주도의 보도는 그들의 커뮤니케이션 전략과 전혀 상관없는 일이라고도 할 수 있음을 의미한다.

오늘날 팬 주도의 기사는 스포츠 산업에 2가지를 요구하고 있다. 첫 번째는 스포츠브랜드에 중요한 트렌드와 이슈를 감지하기 위해서 새로운 커뮤니케이션 기술들을 지속적으로 모니터할 필요성을 가져야 한다는 점이며, 둘째는 팬 주도의 개발에 협조하고 협력해야 한다는 점이다.

스폰서

스폰서들도 스포츠브랜드의 또 다른 커뮤니케이터다. 스폰서들은 재정적인 지원을 아끼지 않으며 자사 제품의 광고와 마케팅을 통해 스포츠브랜드를 노출시키기 때문이다. 스폰서들은 점차 그들의 파트너십이 자사와 스포츠브랜드 모두에게 상호 이익이 될 수 있는 장기적인 관점을 갖게 되었다. 기업은 스포츠 구단에 대한 투자규모를 늘리고 있는 추세다. 스포츠 후원사들은 2005년에만 24억 달러를 스폰서 비용으로 투자했는데 이 금액은 2003년 대비 29%가 오른 것이다.

스폰서와 스포츠브랜드 간의 파트너십의 장점은 스폰서들이 커다란 스포츠팬 저변과의 관계 형성을 위한 연결고리에 접근할 수 있다는 것이다. 즉 스포츠팬들의 선수와 리그에 대한 애착을 활용할 수도 있으며 과거의 광고처럼 인위적으로 조작되지 않은 메시지로 자사 제품과 서비스를 판매할 수도 있다. 기본적으로 스폰서들은 스포츠의 정서적·감정적 자산을 자사의 제품에 전이시키고자 노력한다.

스포츠에는 투자회사나 포테이토 칩 과자 회사가 스스로 만들 수 없는 정서적인 열기와 감흥이 있기 마련이다. 스폰서의 제품이나 서비스가 스포츠 조직이 추구하는 브랜드 가치에 적합하지 않을 경우 혹은 스폰서가 지나치게 프로모션에 전념한 나머지 팬들이 상업성에 대해 거부반응을 보일 때 스포츠와 스폰서 간의 파트너십 균열이 발생한다. 어떤 경기장은 그러한 행태를 보이는 스폰서의 이름들을 지워 버리고 선수 유니폼에 부착된 광고를 떼어 내기도 한다.

대부분의 스폰서들은 스포츠와 직접적인 관련이 없는 제품을 판매하는 데도 스포츠브랜드를 프로모션을 위한 창구로 활용한다. 예를 들어, 대학미식축구의 주요 광고 스폰서인 올스테이트 보험회사는 "당신은 올스테이트와 함께 있습니다."라는 슬로건을 내걸고 필드골 네트 field goal net를 브랜딩하면서 제품 프로모션을 확장했다.

이밖에 올스테이트는 하프타임 필드골 콘테스트와 장학금을 후원해 왔다. 이러한 전략은 사람들에게 보험회사의 좋은 뜻을 알리는 데 도움이 되고 좋아하는 팀을 응원하는 충성스런 집단에게 접근할 수 있다는 장점이 있다. 그러나 이 경우 광고되는 제품이 그날 바로 혹은 가까운 미래에 바로 구매하기 힘들다는 단점이 있으며 시간이 지날수록 노출 효과 또한 약해진다.

반면에 리복, 아디다스, 프린스, 언더 아머처럼 스포츠에 적합한 스폰서들도 있다. 이러한 스폰서들은 시즌 동안 선수와 팀들이 사용할 스포츠 관련 용품들을 생산하며 대리경험 연결고리를 활용해 팬들이 그들의 모델(선수)을 모방하도록 자극한다. 여기서 모델이 되는 브랜드는 연간 매출이 130억 달러까지 성장한 나이키를 들 수 있다.

나이키는 스포츠에서 강력한 커뮤니케이터로 남기 위해 세계 최고의 스타선수를 광고에 활용하여 풀뿌리 마케팅 전략에 결합시키고 있다. 또한 나이키 로고는 타이거 우즈, 르브론 제임스, 마리아 샤라포바, 마이클 조던 같은 세계적인 선수뿐만 아니라 고교 및 대학스포츠 등 세계 여러 곳의 클럽팀 유니폼에서도 볼 수 있게 되었다. 이제 미국의 운동화 시장이 더 이상 성장하지 않음에 따라 국제시장은 돌파구가 되고 있다. 나이키는 인도 크리켓 국가대표와 5년 동안 4,400만 달러를 지원하는 놀랄 만한 국제 스폰서 계약을 맺었고 중국스포츠연맹과는 2,200만 달러의 스폰서 계약을 채결하면서 이러한 움직임에 민첩하게 반응하고 있다.

이를 통해 나이키는 아디다스의 리복 인수합병[16]으로 더욱 치열해질 시장 경쟁에 대비하고 있다. 가시성이 높은 국제 대회와 유명한 지역 경기에서 스타선수들과 팀들의 활약 속으로 나이키 제품과 메시지들을 끊임없이 결합시키는 전략을 펼치고 있는 것이다. 팬들은 경기 중에 나이키 브랜드를 볼 수 있고 선수들이 신은 똑같은 신발을 구매하여 착용함으로써 선수들과 심리적인 일체감을 느낀다.

프로골프 스타였던 그렉 노먼은 빠르게 변화하는 스포츠 환경에서 슈퍼스타의 광고가 어떻게 다시 정의될 수 있는지를 보여 주는 좋

---

16) **아디다스의 리복 인수합병**
   2005년 세계 2위 스포츠 용품 제조업체인 독일의 아디다스는 3위인 미국의 경쟁업체 리복을 인수함으로써 세계 최대 경쟁업체인 나이키의 아성을 위협하고 있다.

은 예다. 스타 광고 초창기에는 매니지먼트 회사가 유명 선수들을 독점했다. 그래서 당시에는 이들이 관리비 명목으로 선수 수입의 일정 부분을 챙기고 중요한 사항들을 결정하는 경우가 많았다. 노먼은 소속 에이전시 IMG를 떠나 자신의 골프인생과 삶을 오랫동안 지속시킬 수 있는 브랜드를 형성하기 위한 작업에 착수했다.

현재 3억 달러에 이르는 노먼의 비즈니스에는 그렉 노먼 컬렉션이라는 의류사업과 그렉 노먼 토지개발사업, 호주산 와인을 거래하는 포스터즈 와인과의 동업, 골프코스 개발 사업, 3개 국가에서 운영되고 있는 주택회사와 책 출간 사업 등이 포함된다. 노먼은 광고, 라이센싱, 스폰서십을 자신의 라이프스타일 패키지로 병합시키는 그렉 노먼 브랜드에 대한 거시적인 비전을 가지고 있다. 또한 노먼은 스포츠산업에서 전례 없는 규모로 자신의 이름을 독점적으로 통제하고 그 권한을 소유하고 있다.

스포츠와 스폰서십 간의 관계를 팬 중심적으로 만드는 작업은 스포츠 조직과 스폰서들에게 중요한 커뮤니케이션 과제일 것이다. 여기에는 어느 누구도 반론할 수 없는 완벽한 순이익이 존재한다. 루이빌 대학교 미식축구 스타디움에 광고권을 산 파파존스 피자와 같은 제품들은 이벤트에서 팬과 시청자들에게 노출될 뿐 아니라 게임 동안 팔릴 수 있는 구미를 당기는 간식으로 적합하다. 파파존스 피자는 그 효과를 바로 측정할 수 있고 직접적인 결과를 볼 수 있다. 반면 투자 상담 회사인 찰스 슈왑이나 센추리21 백화점처럼 장기적인 친근함을 목표로 하는 제품들은 스폰서 효과를 측정하기는 쉽지 않지만, 미식축구를 좋아하는 목표시장에 자신들의 이름을 계속해서 노출시킬 수 있다.

또한 스포츠 조직은 어느 정도의 스폰서십이 바람직한지에 대해서도 결정을 해야 한다. 만약 스포츠브랜드가 너무 많은 권한을 스폰서에게 준다면 팬들은 스폰서의 참여를 상업적인 방해물로 인식할 것이다. 그러나 스폰서의 후원이 없다면 스포츠브랜드는 생존하기 힘들다. 이러한 점에서 오늘날 스포츠브랜드의 과제는 합리적이고 헌신적인 스폰서들을 끌어들여야 한다는 점에 있으며 나아가 스폰서십과 관련된 결정들은 단지 경제적 생존에만 초점을 맞추기보다는 팬들의 흥미에 중점을 두어야 한다는 점을 명확히 하는 것이다.

● 스포츠브랜드의 스토리라인

커뮤니케이터가 스포츠 참여자든 미디어든 혹은 스폰서든지 간에, 이들 모두는 팬들과 관계를 형성하고 개발해야 하는 공동적인 책임이 있다. 종종 스포츠에 관심을 끌게 만드는 것은 마지막 라운드의 긴장감, 선수에 의해 촉발된 논쟁거리, 두 도시 간의 라이벌의식과 같은 극적인 요소다. 이를 통해 팬들은 일상에서 벗어날 수 있으며 자신이 응원하는 선수와 팀의 성공과 실패를 대리경험할 수도 있다.

스토리라인과 스포츠브랜드의 관계는 매우 강력한 힘을 지닌다. 스토리라인은 팬들에게 흥미와 긴장감을 주며 때론 논쟁의 불씨가 되기도 한다. 특히 소비성향이 점차 세분화되면서 너무 많은 마케팅 메시지에 혹사당하고 있는 팬들과 관계를 형성하고자 노력하고 있는 시장에서 스토리라인은 매우 중요한 역할을 한다.

오늘날 커뮤니케이션 산업은 흥미로운 스토리라인이 우연히 만들어지기를 기다리지 않으며 오히려 극적인 리얼리티를 이용하여 의도적으로 스토리라인을 디자인하고 이를 자극하기 시작하고 있다. 극적인 리얼리티란 실제 이벤트의 극적인 요소를 전략적으로 극대화하기 위해서 스포츠 현실을 이야기 형태로 재구성한 것이다. 실제 스포츠 이벤트를 극적인 구조의 틀로 구성함으로써 팬들에게 스포츠를 해석하고 자신과 동일시할 수 있는 정서적인 맥락을 제공하는 것이다. 스포츠와 엔터테인먼트의 경계가 애매해짐에 따라 극적인 리얼리티의 실행은 매우 중요한 요소가 된 것이다. 극적인 리얼리티의 목표는 5가지로 나눌 수 있다.

1. 팬들의 흥미를 점령한다.
2. 오래 지속되는 인상을 위해 스포츠브랜드 아이덴티티를 각인시킨다.
3. 스포츠브랜드를 의인화한다.
4. 팬들이 스포츠브랜드와 관계되도록 자극하고 브랜드 구성원과 개인적인 커넥션을 가지고 있다고 느끼게 만든다.
5. 경기의 성과를 승리 이상의 것에 둔다.

정보화 사회에서 소비자들은 이야기 형식으로 전달되는 콘텐츠를 전달받고 이해하는 데 점차 익숙해지고 있다. '파이널 포로 가는 길[17]'은 챔피언전 진출을 갈망하는 설득적인 이야기로 정서적인 몰입 상황을 유도하는 계속해서 진행되는 스토리의 좋은 예일 것이다. 스포츠 이벤트를 이처럼 재구성하는 작업은 이제 모두가 기대하는 과

---

17) **파이널 포로 가는 길**Road to the Final Four
대학농구는 미식축구의 볼 챔피언십 경기(bowl game)와 다르게 토너먼트 방식으로 포스트 시즌을 치른다. 각 지역의 4개 리그에서 준결승까지 진출한 16팀(각 지역별로 네 팀씩)을 '스위트 식스틴(Sweet Sixteen)'이라 하고, 결승에 진출한 8팀(4개의 지역리그에서 각각 두 팀씩)을 '엘리트 에잇(Elite Eight)'이라 부른다. 그리고 각 4개의 지역리그에서 우승한 네 팀을 '파이널 포(Final Four)'라고 부른다. 이들은 다시 결승전이 치러질 도시로 이동하여 4강전과 결승전을 치러 그해의 NCAA 농구 챔피언을 결정한다.

정이 되었고, 극적인 리얼리티가 존재하지 않는 스포츠 상품은 십중 팔구 팬들의 관심을 끄는 데 실패할 것이다. 스토리라인을 만드는 데 중요한 요인으로 다음 4가지를 들 수 있다.

1. 역사적으로 스토리라인은 청중이 어떤 활동(스포츠, 엔터테인먼트, 정치, 종 교 등)을 이해하고 관심을 갖게 하는 데 가장 효과적인 방법이다. 지금 우 리가 이야기하는 것은 대부분의 활동의 연결고리가 되는 이야기 문화의 제도화에 관한 것이다.

2. 기본적인 스포츠 정보를 빠르게 실시간으로 전달하는 테크놀로지의 급속 한 확장으로 프린트 미디어는 게임과 이벤트의 해석에 재미와 가치를 덧 붙임으로써 드라마틱한 이야기 형태를 구성할 수 있게 되었다. 미디어 채 널의 비용절감, 빠른 전개에 익숙한 미디어 소비행동의 변화와 10초 안 에 스토리를 명확하게 전달해야 하는 커뮤니케이션 환경으로 인해 이야 기의 시간적인 전개는 요약되고 압축된다. 요약과 압축은 스토리라인의 진행 속도와 시각적인 요소들을 변화시켰지만 이야기의 기본적인 가정과 필요는 그대로 살아 있다.

3. 선택할 수 있는 것들이 도처에 깔려 있는 커뮤니케이션 사회에서 스토리 는 시청자들의 관심을 유도할 수 있는 메시지 형식 중 하나다. 스토리는 발단, 전개, 결말로 구성되기 때문에 독자와 시청자들은 종종 마지막 결 과를 알 때까지 계속해서 그 이야기에 관심을 갖게 된다.

4. 갈등상황과 관련된 매우 많은 메시지들이 생산되는 스포츠 환경에서 스토 리는 이벤트나 게임에 색감과 옷감을 덧붙여 의인화할 수 있는 잠재력을 지닌다. 스토리는 리모콘을 들고 TV 앞에 앉아 있는 시청자들이 당신의 프로그램에 좀 더 머물게 할 수 있는 가장 효과적인 수단 중 하나다.

대부분의 스토리들은 평범한 요소로 구성되는데 종종 교훈적인 주제와 윤리적 이슈 사이의 관계를 발견하는 것은 스포츠브랜드 스토리를 개발하는 데 중요한 작업이다. 올림픽 스타일의 레슬링으로 미국 전역에 8개 팀을 가지고 있는 리얼 프로레슬링 리그의 창설자이자 오너인 토비 윌리스에 관한 스토리라인을 살펴보자. 윌리스에 관한 신문 스토리는 그가 어떻게 그리고 왜 리그 창설을 결정했는지를 다음과 같이 묘사했다.

토비 윌리스는 끔찍한 교통사고로 5명의 형제와 누이동생을 잃어 실의에 빠졌을 때 위로가 될 만한 것을 발견했다. 그것은 모두 침례교 성직자였던 아버지 스콧 윌리스가 그에게 물려준 것이었다. 한 가지 도피처는 성경이었고 또 다른 하나는 레슬링이었다. 그는 교통사고 보험금으로 받은 수백만 달러를 그가 사랑하는 레슬링에 쏟아부었다. 그는 "나는 형제자매를 모두 잃었다. 이제 또 다른 형제인 레슬링 형제들을 돕는 데 전력하고자 한다."라고 당시 심정을 토로했다. 이 때문에 윌리스가 리얼 프로레슬링에 투자했던 것이다.

이 이야기는 어떻게 윌리스와 그의 파트너들이 리얼 프로레슬링 리그를 창설하게 되었는지를 설명하고 있다. 스토리라인은 시청자와 독자들에게 윌리스가 리그를 시작한 이유가 이익보다는 죽은 형제들을 기억하면서 자신이 추구하는 스포츠를 돕고자 하는 보다 고귀한 목적에 있었다는 것을 전해 준다. 또한 스토리라인은 새로운 리그의 창설에 대한 자세하고 깊이 있는 내용을 제공하고 있으며 팬들이 윌리스에 대해 동정심을 느끼도록 자극한다. 나아가 리그와 연상되는 기억에 남는 이야깃거리를 형성하며 레슬링 경기를 봐야 할 이유를 제공하고 있다.

월리스의 이야기에서처럼 대부분의 스포츠브랜드 스토리들은 다음 6가지 요소로 요약될 수 있다.

1. 드라마

발단, 전개, 결말로 구성된 이야기 중심의 구성. 월리스 가족의 비극이 월리스로 하여금 삶의 어려움을 극복하고 마침내 자신의 돈과 에너지를 레슬링으로 전환하게 만들었다.

2. 역경

도전해야 할 장애물. 여러 마찰에도 새로운 리그를 시작하고자 한 노력과 리얼 프로레슬링이란 목표를 위해 기존의 전통 프로레슬링의 영향과 압력을 극복하면서 가족의 비극적인 기억을 이겨 낸 월리스.

3. 위기

어려움을 증폭시키는 일련의 불확실한 사건. 리그 창설의 실패는 가족을 잃은 슬픔을 극복하고자 한 그의 능력에 영향을 미칠 것이다. 또한 부족한 자원으로 인해 리그를 테스트할 시간적 여유가 더욱 제한될 것이다.

4. 정신적 지도자

도전과 역경을 극복하도록 조언과 충고를 해주는 지원 체계. 종교와 그의 아버지는 월리스의 행동들을 조절했고 가치 및 윤리 체계를 형성하는 데 기여했다.

5. 인내

문제해결에 대한 책임감. 월리스가 경험했던 성실과 헌신은 리그를 성공적으로 운영하는 데 반영되었다.

6. 최종적인 보상 또는 클라이맥스

이야기의 절정. 결국 리그 창설 성공이란 성과로 스토리라인이 긍정적인 결말을 맺었다.

구성이 탄탄한 스토리라인은 시간이 지남에 따라 더 강화되며 팬들은 원래의 극적인 요소를 더 과장하며 확대시키기도 한다. 스토리라인의 극적인 요소를 강화할 수 있는 몇 가지 전략을 살펴보자.

하나는 스포츠브랜드가 변화를 단행하여 새로운 스토리라인을 구축할 수 있게 되는 것이다. NBA의 경우 3점슛 규정을 마련했고 MLB는 게임의 빠른 진행을 위해 투수와 타자에게 시간제한을 두었다. 두 리그 모두 경기 스타일을 변경함으로써 새로운 스토리라인을 갖게 되었고 이는 상당한 이익을 가져왔다. 또 다른 예는 타이거 우즈다. 그가 가진 스토리라인은 캘리포니아의 천재 골프 소년이 아버지의 훈육을 통해 오늘날 다양한 영역을 넘나드는 스포츠 스타 브랜드의 교과서적인 모델로 성장하기까지의 과정을 잘 보여 준다. 이러한 사례에서 알 수 있듯이 변화 과정은 스포츠 제품을 변모시키며 결과적으로 더 확장되고 강화된 스토리라인을 만들어 낸다.

또 다른 전략은 스포츠브랜드에 관한 새로운 정보와 상세한 내용들을 점증적으로 드러내면서 스토리라인을 재구성하는 것이다. 팀의 브랜드 커뮤니케이션 담당자는 선수 개인과 가족에 관한 정보, 사랑 이야기, 생생한 경기 후일담 그리고 비시즌 기간 동안 선수들이 어떻게 지내는지에 대한 정보를 팬들에게 공개할 수도 있다. 특히 뉴미디어를 이용하면 각각의 팬들과 소통할 수 있기 때문에 스포츠 공급자들은 이러한 독특한 전략을 바탕으로 효과적이고 훌륭한 커뮤니케이션 채널을 제공하고 있다.

스포츠브랜드와 매니저가 그들의 스토리 콘텐츠를 통제하는 것도 매우 중요한 일이다. 수많은 출처를 통해 스포츠 세계의 소문이 세상에 떠돌지만 스포츠 상품 자체에서 생성되는 이야기도 존재한다. 그러한 이야기들은 종종 평가절하되기도 하는데 팬들과 소통하는 데 있어서는 핵심적인 연결고리 역할을 한다. 스토리라인은 상호작용을 위한 전략적인 커뮤니케이션 장치이기 때문에 극적인 리얼리티의 활용은 보편적으로 추구되는 팬과의 관계 형성에 도움을 준다.

팬을 사로잡는 아리스토텔레스식 화법

복잡한 스포츠시장에서 메시지를 전달하는 이유는 팬들의 의미 있는 반응을 이끌어 내기 위해서다. 우리 주변에는 수많은 슬로건, 논평, 광고 캠페인, 웹사이트들이 관심을 받으려고 노력하고 있다. 그러한 수많은 소음 중에서 사람들의 진심을 움직일 수 있는 메시지를 디자인하는 것은 팬들의 경험과 욕구를 이해하고 반영하는 문제와 관련된다.

BC 300년 경 그리스의 철학자이자 수사학자인 아리스토텔레스는 "왜 직접적인 호소가 청중의 반응에 보다 중점을 두고 호소하는 것보다 효과적이지 않을까?"라는 문제로 고민했다. 그는 이 개념을 화자가 전략적으로 이야기하고자 하는 대전제를 청중들이 풀어나가는 일종의 삼단논법Enthymeme이라고 표현했다. 나아가 청중들 스스로 주요 개념을 발견할 수 있도록 메시지가 구성되면 상대와의 관계는 더 오랫동안 강하게 유지될 수 있다는 사실도 깨달았다.

그는 또한 이러한 비공식적인 삼단논법을 설정하는 데 어려움이 있음을 경고했다. 왜냐하면 화자는 늘 청중이 반향을 일으키는 자극(언어)을 확실히 이해하고 있어야 하기 때문이다. 만약 이러한 삼단논법이 실패하면 청중들은 이야기의 핵심을 놓쳐 버릴 것이다. 아리스토텔레스가 적극적 판매 광고인 하드 셀과 소극적 이미지 광고인 소프트 셀 그리고 보상과 위험의 차이를 이해한 최초의 인물이었다 해도 과언이 아니다.

20세기 커뮤니케이션 전문가인 토니 슈워츠는 아리스토텔레스의 비공식 삼단논법을 더욱 발전시켰다. 세간에 논쟁을 불러일으킨 저서 『반응하는 화음 responsive chord』에서 슈워츠는 비공식 삼단논법에 전자시대를 포함시켰고 또한 청중들의 신념과 태도에 '반응하는 화음'을 일깨우고자 하는 욕구까지 포괄하는 개념으로 확장했다. 슈워츠는 "행동에 변화를 주기 위해서는 누군가에게 물건을 파는 상황이든 학생들에게 역사를 가르치고 있는 상황이든 커뮤니케이션 환경에 반향을 일으킬 만한 자극을 설계한다."고 주장했다.

슈워츠가 '반응하는 화음'을 적용한 유명한 사례로 1964년 린든 존슨 대통령 후보를 위해 개발한 정치광고를 들 수 있다. 광고는 한 어린 소녀가 열까지 세면서 데이지 꽃잎을 따는 장면으로 시작한다. 뒤 이어 "하나님의 모든 자녀들이 살아갈 수 있는 세상을 만들 것인지, 어둠이 가득한 세상을 만들 것인지, 서로를 사랑해야 할지, 공멸해야 할지는 여러분의 결정에 달려 있습니다."라는 존슨의 멘트가 나오고 핵폭발 장면이 이어진다. 그리고 검은 배경에 흰 글씨로 "11월 3일, 존슨에게 한 표를."이라는 카피로 광고가 끝난다.

이 광고는 공화당의 이의 제기로 단 한 차례밖에 공중파를 타지 못했지만 직접 상대방의 이름을 언급하지 않고서도 경쟁자인 배리 골드워터를 핵무기 사용 옹호자와 연관시키는 데 상당한 효과를 거두었다. 슈워츠는 핵전쟁 반대에 대한 여론을 감지했고 시청자 스스로 '존슨은 나라의 안전을 보장할 수 있지만 골드워터는 그렇지 않다.'라는 결론에 도달하도록 유도하는 메시지를 개발한 것이다.

오늘날 생물학적 요인과 심리학적 요인들이 어떻게 사람들에게 영향을 미치는지에 대한 새로운 연구들은 사람들이 설득되는 과정을 이해하는 데 초점을 맞추고 있다. 예를 들어, 어떻게 안드로스테놀과 같은 인간의 페로몬이 제품 구매에 영향을 미칠 것인가와 자는 동안 '물건을 사는 꿈'이 소비행동에 어떤 영향을 미칠 것인가에 관한 연구들이 시작되었다. 스포츠산업 또한 비슷한 방향으로 흘러가고 있다. 예를 들어, 옥타곤의 '열정을 이끄는 힘'이란 연구는 스포츠 마케터와 스폰서들이 마케팅 메시지를 설계할 때, 팬들의 심리에 숨어 있는 동기요인들을 이해해야 한다고 주장했다.

이러한 연구의 목적은 사람들이 어떻게 의사결정을 하는지 그리고 그들이 원하는 것이 무엇인지를 탐구하면서 더욱 청중의 마음 가까이에 다가가는 것이다. 결국 이러한 모든 노력들은 아리스토텔레스와 슈워츠가 제시한 화법의 개념과 크게 다르지 않으며 청중의 이상적인 반응을 유도할 수 있는 보다 설득적인 메시지를 개발하는 데 그 목적이 있다.

미디어의 지배를 받고 있는 커뮤니케이션 환경과 긴 메시지로는 접근하기 힘들어진 미디어 소비환경에서 삼단논법의 화법이 중요한 방안이다. 이처럼 시청자와 미디어 중심의 변화는 스토리와 시각적인 요소에 초점이 맞춰지는 이유, 나아가 청중의 관심뿐 아니라 그러한 관심을 끌어낼 수 있는 커뮤니케이션 메시지 형태가 강조되는 이유를 설명해 준다. 최고의 스포츠 메시지 설계자는 이상의 소통 형태를 마스터할 것이고 이러한 방법들을 사용함으로써 직면할 위험들을 받아들일 의지와 상응하는 보상을 누리고 싶어 하는 꿈을 가지고 있을 것이다.

● 극적인 리얼리티 커뮤니케이션

극적인 리얼리티를 강조하는 전략들은 무수히 많다. 하지만 그중 가장 중요하고 효과적인 방법은 스타 커뮤니케이션이라 할 수 있다.

먼저 스타 커뮤니케이션에 대해 살펴본 후 스타 커뮤니케이션과 다른 소통방안들을 함께 이용할 수 있는 전략들을 알아보자.

스타 커뮤니케이션

스타 커뮤니케이션은 말 그대로 팬과의 관계 형성과 브랜드 차별화를 위한 수단으로 스타를 이용한다. 스타들은 팬들이 이해할 수 있고 자신과 관련시키거나 존경할 수 있는 드라마 같은 이야기들을 가장 효과적으로 소통할 수 있는 장점을 지니고 있다. 선수, 코치, 감독, 리그, 팀, 경기장, 이벤트, 스포츠 용품 등과 같은 대부분의 스포츠 상품들은 스타가 될 수 있는 잠재력이 있지만 그렇다고 모든 상품이 스타가 될 수는 없을 것이다. '스타'는 그 속성상 상품이 뛰어난 특성과 특질을 가지고 있고 팬들을 유혹할 만한 잠재력을 지니고 있어야 한다. 브랜드의 스타 후보들을 분석할 때는 그 개발과정에서 각고의 노력을 해야 하며 아울러 선택 과정에서도 신중을 기해야 한다.

선택된 스타는 시장 중심이 될 수도 있고 생산자 중심이 될 수도 있다. 시장 중심적인 스타는 팬들에 의해 발굴되며 이때 브랜드는 팬들의 생각을 반영하여 개발되어야 한다. 생산자 중심적인 스타를 발굴할 경우, 브랜드는 수많은 가능성 중에서 몇 가지를 선택해야 하며 때로는 서로 다른 결정을 해야 한다. 또한 스포츠브랜드는 스타의 행동을 통제하고 이미지를 유지 보수하는 전략도 고려해야 한다. 여기서 복합적인 문제는 팬들이 의례적으로 경영진에 순종적이지 않은 특성을 지닌 스타를 좋아하는 경향이 있다는 점에 있으며 시설, 리그, 이벤트와 달리 스타선수는 관리하기가 더욱 어렵다는 것이다.

브랜드 관리자는 스타와 관련된 이슈들을 중심으로 팬들에게 만족을 줄 수 있는 효과적인 타협점을 찾아야 한다. 하지만 미디어와 스폰서와 같은 수입원이 점차 스포츠 자체보다 스타에 치중됨에 따라 이러한 문제는 점점 더 다루기가 어려워지고 있다. 그렇다고 과거로 돌아갈 수도 없는 일이지만 스포츠 의사결정자는 그들의 스타 자산 목록에 대한 계획을 세우기 시작해야 한다. 스포츠 의사결정자는 브랜드 통일성에 탄력을 도모할 수 있는 전략과 강제성은 없지만 모든 참여자들이 브랜드에 대한 충성심을 유지할 수 있을 만큼 충분한 보상 시스템을 개발하기 시작해야 한다. 이밖에 스포츠브랜드는 스타를 통한 단기적인 소득보다는 운동기술뿐 아니라 팬들에게 영향을 미칠 수 있는 커뮤니케이션과 마케팅 이슈들이 녹아 있는 브랜드 가치를 기준으로 스타를 선택할 필요가 있다.

특히 스타 개개인은 스타로서의 잠재력을 개발하고 미디어와 상호작용을 향상시킬 수 있는 커뮤니케이션 훈련을 해야 한다. 여기에는 브랜드가 추구하는 가치에서 벗어나지 않는 메시지를 표현하는 훈련, 핵심 아이디어를 명확하게 개발하는 훈련 그리고 억양, 음색, 시선처리, 제스처 등과 같은 스타일과 관련된 이슈들이 포함된다.

나스카는 스타 개발과 커뮤니케이션을 우선시하는 스포츠브랜드의 좋은 예다. 나스카 미디어 트레이너인 릭 벤저민에 따르면, "카레이싱의 톱클래스에 들어가고자 노력하는 오늘날 레이서들은 과거와 다른 세상에 있다. 20년 전에는 운전만 잘해도 빅 리그에 들어가는 것은 문제 없었고 확실하게 지역에서는 스타가 될 수 있었다. 그러나 오늘날 레이싱 세계에서 성공하려면 언변도 뛰어나야 하고 긍정적인 이미지를 주기 위해 철저하게 자신을 관리하는 것은 필수조건이 되었다. 이제는 지방의 트랙 경기에서 세계 최고의 경기까지 올라가는 데 나이는 문제가 되지 않는다. 이처럼 미디어·대중 커뮤니케이션의 중요성에 대한 인식과 함께 나스카의 스타파워는 레이서와 팀이 미디어와 협조하는 능력과 때론 약간 과장된 팬들과의 의사소통 능력에서 발휘되곤 한다.

스타 경기장은 스타선수 개발과 분명히 다른 성격을 지니고 있다. 경기장은 최첨단 건축물이거나 역사적으로 의미 있는 유적지거나 지역사회에서 중요한 부분이라는 특성들을 보여 주는 슬로건을 통해 명확하게 포지셔닝해야 한다. 대부분의 경우 스타 시설의 주요 커뮤니케이터들은 건축가, 인테리어 디자이너와 시설이 무엇을 보여 주고자 하는지, 무엇을 의미하는지 그리고 어떻게 팬들과 상호작용할 것인지를 계획하는 건축 설계자다. 경기장은 스포츠브랜드가 제공하는 눈으로 볼 수 있는 가장 강력한 상징물 중 하나이며, 오늘날 팀들이 구단 소유의 경기장을 마련하여 그것을 팬들의 욕구에 맞추어 개발하는 능력을 가지고자 하는 이유를 설명해 준다.

샌프란시스코 자이언트의 홈 구장 AT&T 파크는 자이언트가 팬들에게 표현하고 싶은 중요한 특성들을 잘 조합한 구장 시설들이 설계자에 의해 어떻게 조성되었는지를 설명해 주는 좋은 사례다. 자이언트는 스스로 다음과 같은 질문에 답했다. 어떻게 리글리 필드처럼 매력적이면서도 21세기형 최첨단 편의시설을 갖춘 혁신적인 건축물을 지을 수 있을까? 결국 그들은 샌프란시코의 이미지를 상징하고 가시성이 매우 높은 샌프란시스코 만San Francisco Bay에 야구장을 짓는 것에서 답을 찾았다. 또한 구장 설계에 야구의 유구한 역사를 미래와 접목시키려는 모든 노력을 기울였다.

AT&T 파크는 옛 모습을 간직한 붉은 벽돌로 자유롭게 사용했고 구장 중앙 입구에 서 있는 위대한 자이언트의 슬러거 윌리 메이스의 동상, 또 다른 자이언트 스타인 윌리 맥코비의 기념관, 카약을 즐기면서 홈런 볼을 주우려는 팬들로 북적이는 스타디움 외곽에 맥코비 코브(샌프란시스코 만의 애칭)를 보유하고 있다. 또한 AT&T 파크는 '세계에서 가장 큰 야구 글러브' 모양의 미끄럼틀과 스포츠 엔터테인먼트 공원을 연상시키는 매력적인 시설들을 갖춘 어린이 중심의 구장으로 지어졌다.

AT&T 구장은 이미 의사결정 초기단계부터 최고급 스포츠브랜드의 상징이 되도록 설계되어 있었다. 팀의 건축설계자와 디자이너들이 이미 팬들이 체험할 커뮤니케이션 경험들이 무엇일지를 결정했을 때 AT&T 파크의 커뮤니케이션 환경은 결정되었다. 스포츠 시설 설계 초기과정부터 스타파워를 구체화해야 하며 시설의 생명력을 보장할 수 있는 브랜드 체험을 정의해야 한다.

시사점

- 스포츠브랜드의 스타 커뮤니케이터를 선택하는 작업은 가장 중요한 의사결정이다.

- 스타 브랜드는 점점 다른 관계형성 연결고리들을 통합하고 있다. 샌프란시스코 자이언츠 구장의 스타파워는 잠재적으로 지역, 사회적 관습, 가족, 대리경험과 연결된다.

- 어느 시장이든지 스타는 존재한다. 마찬가지로 어느 스포츠에도 스타는 존재한다. 스포츠 의사결정자의 도전은 이처럼 가능성 있는 스타들을 발굴하여 팬들이 스포츠와 관계를 형성하는 연결고리와 스포츠 입문 경로에 대한 충분한 지식을 가지고 이러한 가능성을 적용시키는 데 있다.

문화 트렌드 커뮤니케이션

문화 트렌드 커뮤니케이션 전략은 팬들의 문화적 행동과 관습을 이용하는 것이다. 스포츠브랜드는 핵심적인 팬들의 문화 코드를 찾아내고 이를 스포츠팬들의 경험 속으로 녹아들어가게 해야 한다. 예를 들어, NCAA 대학미식축구 컨퍼런스인 빅텐은 가을철 미식축구 시즌을 위한 원정경기 프로그램을 지원함으로써 먼 거리에 있는 경기장까지 찾아가는 전통을 확립했다. 중서부 지역에 위치한 대학교들은 서로 인접한 곳에 위치하고 있었고 수많은 팬들이 자신의 도시에서 출발하여 원정경기 지역까지 여행하는 전통은 이러한 커뮤니케이션 전략이 개발되는 배경이 되었다. 이는 이미 스포츠팬들이 행하던 전통을 이용하여 더 광범위하고 세련된 방식으로 바꾼 것이었다. 홈팀의 대학교는 스타디움 주변에 경기 전 파티 장소와 단체입장권 구매 옵션 그리고 제반 교제활동을 제공함으로써 멀리서 온 상대편 팬들에게 각종 편의를 제공한다. 빅텐과 사우스이스트 그리고 다른 컨퍼런스들도 이러한 원정 경기 여행을 브랜딩해 왔고 해당 학교들은 농구나 다른 스포츠를 보기 위해 원정 지역까지 여행하는 이러한 팬들의 활동으로 많은 이익을 얻고 있다.

문화 트렌드 커뮤니케이션의 또 다른 예는 블링블링 컬처인데 우리 모두가 쉽게 상상할 수 있는 시각적인 상징이기도 하다. 이는 매우 우아하고 값비싼 다이아몬드 같은 화려한 특성을 지닌다. 또한 검게 선탠된 창문과 반짝이는 자동차 휠커버, DVD 플레이어와 비디오게임이 장착된 SUV, 유명 선수들이 입는 유니폼과 대도시의 유명 디자이너가 만든 화려한 의상과 패션으로 대변되는 문화다. 블링블링 컬처는 극단적인 물질주의적인 가치를 내포하며 힙합과 NBA처럼 상호 연관된 엔터테인먼트들과 매우 밀접한 관계를 지닌다.

물론 NBA는 블링블링 힙합을 생산하지도 않고 그러한 문화를 공식적으로 후원하지도 않으며 오히려 탐탁치 않게 여긴다. 그러나 NBA는 블링블링 힙합 문화가 만들어 낸 교차노출로 이득을 보고 있다. 래퍼들은 자신들의 노래에서 NBA 선수들을 자주 언급했고 경기를 정기적으로 관람하기도 하며 NBA 선수들은 랩뮤직 비디오와 힙합 가수들의 행사에 자주 출현했다.

힙합과 NBA의 파트너십은 대부분의 래퍼들과 선수들이 비슷한 스토리라인을 가지고 있다는 문화적 동질감에서 비롯된다. 즉 가난 속에서 편부모 아래에서 성장했지만 지금은 성공하여 최고의 삶을 영위하고 있다는 문화적인 연결고리가 존재하는 것이다. 젊은 세대들에게 미치는 음악의 영향력으로 인해, 힙합과 NBA는 서로 이익을 주고 있다. 현대 음악에서 가장 대중적인 장르 중 하나인 힙합은 NBA가 청소년 시장에 접근하고 이들을 점령할 수 있는 직접적인 끈을 제공했다. 블링블링과의 이러한 문화적 관계는 스포츠와 연결될 수 있는 대중문화 트렌드의 힘을 여실히 증명하고 있다.

시사점

- 문화적 트렌드를 스포츠산업 내에서만 발견할 수 있는 것은 아니다. 오히려 패션, 음악, 영화, 소비재, 해외시장처럼 트렌드에 민감한 타 영역에서도 발견할 수 있다.

- 스포츠브랜드는 다른 유형의 문화적 경험들을 스포츠로 흡수시킬 필요가 있다. 예를 들어, 젊은 팬들이 그들의 관점을 가지고 팀의 경기를 영상으로 담도록 격려하여 가장 좋은 비디오를 선발하는 콘테스트를 개최하거나 해당 스포츠나 팀을 주제로 한 음악들을 폴더로 만든 아이팟 플레이리스트를 제작하도록 자극할 수도 있다.

- 최고의 문화적 가치를 지닌 몇몇 트렌드들은 이미 존재하며 길거리나 여러 현장에서 목격할 수 있다. 오늘날 스포츠 의사결정자들은 이러한 트렌드들을 찾아내어 이를 커뮤니케이션 계획과 그 일정에 반영할 수 있다.

지역사회 커뮤니케이션

이는 지역사회 구성원들을 관여시켜 팬들의 지원을 얻기 위한 커뮤니케이션 전략이다. 전략의 핵심은 지역사회 주민들이 그 스포츠 브랜드에 투자했다는 느낌을 갖도록 하는 것이다. 팬들이 자기가 살고 있는 지역 팀의 선수를 알거나 투자심리를 갖고 있다면 점수를 확인하기 위해 신문을 뒤적이고 경기장을 찾을 수도 있다는 것이 지역사회 커뮤니케이션의 강점이다.

플로리다 데이비에 위치한 노바 고등학교 야구팀은 지역사회 커뮤니케이션 전략을 이용해 팀 브랜드를 형성했다. 매년 팻 맥퀘이드 감독은 야구장 외야 펜스에 제품과 서비스를 광고할 수 있는 배너 광고를 구입할 팀 스폰서를 구하기 위해 선수들을 지역 곳곳으로 파견했다. 이 전략으로 팀은 2가지 중요한 목표를 달성했다. 하나는 지역사회 구성원들로 하여금 팀에 투자하도록 자극하는 것이고 또 다른 하나는 자금을 마련하여 야구팀을 업그레이드하는 것이었다. 또한 이러한 전략은 라커룸과 베팅 연습장, 훈련 시설을 갖춘 최신 시설을 지을 수 있는 경제적 기반을 마련해 주었다. 결과적으로 팀은 톱클래스의 어린 선수들과 미디어와 스카우트 관계자의 관심을 끌어내는 데 성공했으며 매년 지역, 국내 리그 팀들이 참여하는 토너먼트를 주최하고 있다. 노바 고등학교 야구팀은 지역사회에 직접 뛰어들어 수익성 있는 관계를 형성함으로써 이득을 창출했고 팀을 대학수준의 프로그램으로 브랜딩했다.

그린베이 패커스의 지역사회 전략의 중심은 팀의 공동 소유권에 있다. 그린베이 패커스는 몇 년간의 재정적인 어려움 끝에 1923년 8월 18일 비영리 주식회사가 되었다. 현재 팀은 11만 1,921명의 지역 주민들로 구성된 주주들과 주식의 형태로 미국 전역에서 투자한 개인 주주들을 보유하고 있다. 이러한 투자는 정서적인 커넥션을 강화하고 팀을 팬과 지역사회에 보다 친근하게 묶어 주고 있다. 또한 패커스는 홈 스타디움인 램보 필드를 역사적인 유적지이자 각종 회의와 결혼식을 비롯하여 아이들을 위한 특별 이벤트들을 개최하는 지역사회의 중요한 이벤트 장소로 새롭게 포지셔닝했다. 지역사회와 미국 전역에 있는 주주 팬들과 램보 커뮤니티센터를 소유한 그린베이 패커스는 지역적인 힘을 팬들과의 연결고리로 단단히 응고시킨 교과서적인 사례일 것이다.

시사점

- 지역사회 커뮤니케이션은 스포츠브랜드가 주민들에게 그들의 시간이나 물질적인 기여와 같은 것들을 부탁할 때 가장 잘 작동한다. 주민들의 참여를 유도하지 않은 채 팀의 입장에서 지역사회를 통제하려고 들면 100% 실패로 이어진다.

- 지역사회 전략이 효과를 거두려면 지역사회의 투자가 브랜드에 어떻게 기여할 것인가를 보여 줄 수 있어야 한다. 예를 들면, 지역주민의 투자가 가져다 줄 시설확충 및 건설 또는 선수 장학금 같은 눈에 보이는 것들을 보여 주어야 한다.

- 지역사회 커뮤니케이션은 영속성을 지니고 여러 세대에 걸쳐 커넥션을 형성할 때 가장 효과적이다. 일관성 없이 즉흥적으로 지역사회에 접근하는

방식으로는 지속적인 팬 커넥션을 형성하는 데 한계가 있다. 지역사회 커뮤니케이션 전략이 효과를 거두려면 열성적인 팬들 뿐 아니라 이를 넘어 다세대로 구성된 가족 또는 언젠가 참여할 기회가 분명히 있는 무관심한 지역 주민들에게까지 접근해야 한다.

다음 시즌을 기대하세요

시즌에서 좋은 성적을 거두지 못한 팀들은 라커를 정리하며 다음 시즌에 희망을 걸기도 한다. 더 잘할 수 있다는 기본적인 욕구를 바탕으로 한 수많은 전략들을 통해, 팬들의 관심과 흥미를 지속시키는 것은 스포츠 의사결정자들의 절대 격언일 것이다. 우리들은 자기 자신과 자신의 영웅, 자신의 팀이 더 나아지는 모습을 즐겨 상상한다. 스포츠 세계에서 대개 다음해에는 팀이 새로운 정신력으로 무장하고 선수들은 더욱 빨라지고 경기장 시설들은 개선되곤 한다. 그러나 새로운 변화의 약속이 매년 실패하자 면역이 생겨버린 시장에 어필하기 위해서는 이러한 변화의 메시지들은 스토리라인 속에서 더 설득력을 갖추어야 한다.

대부분의 스포츠들이 전달하는 친숙한 희망 전략은 "이번 가을에 미래가 시작된다", "챔피언으로의 질주! 안전벨트를 착용하세요", "전혀 색다른 경기" 또는 "옛 영광으로의 복귀" 등과 같은 슬로건에서 찾아볼 수 있다. 팀의 미래를 시각화하는 자료나 팀의 변화, 젊은 선수들을 통한 재정비, 점진적인 구단의 변모 등과 같은 기대와 희망을 보여 주는 자료들도 이용될 수 있다. 두 번째 전략은 미디어, 광고, 기타 미디어 채널들을 이용하여 재활훈련 중인 스타선수, 감독과의 인터뷰, 향후 리그와 경기 세부사항에 대한 견해 등과 같은 팀의 스토리라인을 제공하는 방법이다. 세 번째 전략은 판타지스포츠 게임이나 팀의 상징적인 스타들과의 유람선 여행과 같은 시즌과 비시즌 활동들로 팬들을 주의를 끌어내는 스포츠 상품을 새롭게 개발하는 것이다. 마지막 전략은 팀의 연고지 변경, 새로운 감독 영입, 경영진 교체, 새로운 시설 건축 등과 같은 하부 구조에 변화를 주는 것이다.

이와 같은 전략들은 효과적인 만큼 비용도 많이 들고 위험부담도 크다. 그러나 "다음 시즌! 놀라운 승리를 기대하라!"는 식의 공약을 지키기가 쉽지 않은 오늘날, 이와 같은 전략들은 승리에 대한 거짓 약속으로 전락할 위험이 있다.

다음 시즌에 대한 기대와 희망을 전달할 때 노출효과를 극대화하기 위해서 스포츠 의사결정자들이 해야 할 일들은 무엇일까?

• 마케터와 PR 스태프들은 자사 스포츠 제품의 조건과 한계를 명확하게 파악하고 있어야 한다. 이를 통해 팬들이 합당한 결과들을 기대할 수 있도록 해야 하며 실망하는 일이 일어나지 않도록 주의해야 한다.

• 다음 시즌은 팬들에게 새로운 기대감을 줄 수 있는 기회다. 가족, 사회적 관습, 경기장, 지역사회를 연결고리로 겨냥함으로써 팬들의 기대 대상을 확장시킬 수 있고 팬들이 오직 승리만을 기대하지 않도록 방향을 조정해 줄 수 있다.

• 팟캐스트와 판타지스포츠, 기타 상호작용적인 뉴미디어는 젊은 층에게 다가가는 데 특히 효과적이다. 대부분의 스포츠 프로그램들은 냉장고 부착용 자석 스케줄, 상점의 포스터, 자동자 창문에 부착하는 스티커 등과 같은 프로모션 용품 전략을 구사한다. 그러나 성장하는 미디어 채널에 민감하게 반응하지 않는 스포츠는 청소년과 젊은 층 시장을 잃어버릴 수도 있다.

> • 다음 시즌의 희망을 어필하는 노력은 팬들을 특별 이벤트와 특별 프
> 로모션, 선수와의 개인적인 미팅과 여타 소통 활동들이 결합된 커뮤
> 니케이션 공간으로 연결시킬 수 있다. 여기서 중요한 이슈는 이러한
> 어필들은 다차원적인 전략들이 되어야 하며 다양한 계층과 다양한
> 참여 수준으로 연결되어야 한다는 점이다.

체험 커뮤니케이션

조셉 파인 II와 길모어는 『체험 경제 *Experience Economy*』라는 저서
에서 제품들은 점점 더 편리해지고 있고 체험을 만들어 내는 것이 차
별화를 꾀하는 가장 효과적인 방법이 되었다고 주장한다. 핵심은 소
비자에게 직접 판매하는 접근방식을 이용하지 않는 것이다. 이제 소
비자들은 제품에 대한 욕구를 불러일으키는 커뮤니케이션 환경에 놓
여 있기 때문이다.

예를 들어, 인형 회사인 아메리칸 걸은 소비자와의 관계 형성을
위해 체험 커뮤니케이션을 이용하고 있다. 시카고에 위치한 아메리
칸 걸 플레이스에서는 인형뿐 아니라 체험을 판매하는 것도 강조한
다. 소비자들은 아메리칸 걸 연극 제작에 참여하여 차나 식사를 하
며 사진도 찍는데 이 사진은 「아메리칸 걸」 잡지 표지에 실릴 수도
있다. 또한 인형 미용실에서 자신이 고른 인형의 머리를 손질할 수
도 있다.

이 경우 소비자와의 관계는 인형을 통해서 뿐만 아니라 가게가 만
들어 내고자 하는 사회적 · 정서적 커넥션을 바탕으로 만들어진다.
스포츠에서도 스포츠 체험을 심도 있게 다루는 다양한 스포츠 미디
어 채널, 레스토랑, 맥주 바, 오락시설들이 결합된 ESPN 존[18)]과 같

은 사례가 있다. 비슷한 예로 나이키 타운과 아디다스 스토어는 초인간적이고 상징적인 숭배를 연상시키는 무대환경에서 자사 제품과 선수들을 전시한다.

체험 커뮤니케이션이 시장점유를 위해 활용된 사례는 스포츠 용품 회사인 WL 고어 앤 어소시에이트WL Gore and Associates에서 살펴볼 수 있다. WL 고어 앤 어소시에이트는 방수 의류를 만드는 회사로서 1997년 중국시장에 진출했다. 그 당시 회사와 제품 모두 중국시장에서는 생소했기 때문에, 브랜드에 대한 인지도를 형성할 필요가 있었다. 이를 위해서 WL 고어는 소비자들에게 악조건의 기상에서 자사 방수 제품을 체험할 수 있는 무료 교실을 오픈했고 매장에서는 특수 '날씨 체험실'을 마련하여 소비자들이 자사 제품을 사용해 볼 수 있도록 하는 등 체험 커뮤니케이션 전략을 이용했다. 이러한 프로모션 전략들은 소비자들이 매장에서 브랜드를 바로 구매하도록 유인할 필요는 없었고 그것보다는 결국 구매를 할 수 있는 소비자들과 관계를 형성하는 데 목적이 있었다.

스포츠 조직들은 경쟁을 위해서 보다 특별하고 차별화된 경험들을 제공해야 한다. 불과 얼마 전까지만 해도 경기장에서 팬들의 기대를 충족시키고 경기장에서의 체험을 형성하는 것은 경기장 진입로에

---

18) ESPN 존ESPN ZONE

스포츠 테마 레스토랑인 ESPN 존은 스포츠를 테마로 하는 식사와 엔터테인먼트 복합 공간이다. 1998년 7월 메릴랜드 주 볼티모어에 1호점을 오픈한 이래 뉴욕, 워싱턴, 시카고, 라스베가스, 덴버, 애틀랜타, 에너하임 등 8개의 대규모 점포를 운영할 만큼 성공을 거두었다. ESPN 존의 성공 배경에는 스포츠를 좋아하는 미국인들에게 스포츠 시청뿐만 아니라 직접 스포츠를 체험할 수 있는 공간을 제공한 데 있다. 뉴욕 점의 예를 들면, 2개 층에 33,000평방미터(약 927평)의 바와 레스토랑, 게임 공간이 구비되어 있다. 전형적인 ESPN Zone은 스크린 룸, 스포츠 아레나, 그리고 스튜디오 그릴 등 3개의 구역으로 나누어져 있다. 스크린 룸에는 약 160대의 TV 모니터가 설치되어 있는데, 화장실 안에도 TV 모니터를 설치해 고객들이 경기를 한순간도 놓치지 않도록 배려하고 있다. 또한 2층에 설치된 281평 규모의 스포츠 아레나에는 암벽타기, 복싱, 농구, 축구, 하키 등의 게임공간이 마련되어 관람뿐만 아니라 직접 경기를 체험할 수 있게 만들었다. 스튜디오 그릴에는 치킨윙, 치즈프라이, 슬라이더 등 스포츠 바에서 제공하는 다양한 음식이 맥주, 와인 등 다양한 주류와 함께 판매된다.

있는 재미있는 문구의 광고, 어린이 치어걸, 뮤직 밴드 등이 전부였다. 그러나 점차 엔터테인먼트의 가치가 향상되고 팬들의 기대치가 높아짐에 따라 지금의 팬들은 프로그램화된 이벤트와 편의시설이 통합된 경기장 건축시설, 전반적인 종합 엔터테인먼트 체험을 기대하고 있다.

예를 들어, 근래 새롭게 들어선 미식축구 경기장들은 팬 미팅장소, 상세한 선수 소개, 커다란 스코어보드, 거실의 TV보다 더 매력적인 뉴미디어와 같은 시각적인 심볼들이 잘 어우러진 종합 엔터테인먼트 장소로 기대되고 있다. 체험 커뮤니케이션은 팬들로 하여금 TV와 컴퓨터를 떠나 경기장에 오길 잘했다는 확신을 심어 줄 것이다.

시사점

• 스포츠가 제공하는 체험은 다른 곳에서 얻을 수 없는 독특함을 지녀야 한다. 체험은 팬들의 기본적인 욕구를 터치할 수 있는 유쾌한 요인을 가지고 있어야 한다.

• 가장 효과적인 체험은 그 환경을 더욱 효과적으로 만들고 상품의 차별화를 부각시킬 수 있도록 배경 장면, 음악, 사운드와 같은 연극적인 커뮤니케이션 장치들을 활용할 것이다.

• 체험을 통한 커뮤니케이션은 장기적인 관점에서 소비자와의 관계를 형성할 수 있다. 따라서 스포츠 상품을 팬들의 경험의 중요한 부분으로 편입시킬 수 있는 정서적인 다리를 놓는 데 초점을 맞추어야 한다.

바이러스 커뮤니케이션

바이러스 커뮤니케이션은 잠재 고객들을 만들어 내고 그들과 연결고리를 형성하기 위해 입소문을 이용하는 전략이다. 이러한 전략은 커뮤니케이션의 미개척 영역에 속한다. 입소문 전략은 신기술의 발달과 시장 세분화에 힘입어 오늘날 산업의 소통방식으로 자리 잡고 있다. 마치 바이러스처럼 몇몇 선택된 소비자들에게 메시지가 주입되고 주변 소비자들에게 빠른 속도로 퍼지는데 특히 이러한 커뮤니케이션 과정은 인터넷에서 큰 효과를 거두고 있다.

어떤 바이러스 메시지들은 대놓고 제품을 팔지도 않고 심지어 브랜드도 언급하지 않는다. 여기서 포인트는 사람들 사이에서 그 제품에 관한 말들이 나오게 만들고 나아가 영향력 있는 핵심 인물들이 그것에 대해 이야기하게 만드는 데 있다. 바이러스 커뮤니케이션의 성공을 위한 좋은 출발점은 정보가 담긴 메시지를 주변 친구들에게 퍼트릴 정보 유통자로서 잠재력이 가장 큰 열성적이고 영향력 있는 팬들을 겨냥하는 것이다.

패스트푸드 산업에서 바이러스 커뮤니케이션의 성공적인 사례가 버거킹의 '치킨 하인'이다. '치킨 하인' 웹사이트에서는 네티즌들이 게임을 하며 닭 복장을 입은 남자를 조종하여 모이를 쪼게 만들거나 맘대로 움직일 수 있다. 이로 인해 하루 방문객이 1,650만 명을 넘어설 정도로 성공을 거두었다.

이 쌍방향 웹사이트는 이용자들이 치킨 복장의 남자 사진을 볼 수 있도록 링크를 걸어 놓았고 또한 치킨 마스크를 다운로드받을 수 있는 기능을 제공하고 있으며 이메일로 친구들에게 웹사이트 링크를 전송할 수 있도록 하고 있다. 이 전략의 가장 중요한 구성요소는 버거킹 브랜드의 직접 판매보다는 이용자들에게 재미를 선사하고 이를 친구들에게 알려 주게 만드는 데 있다.

바이러스 커뮤니케이션의 강점은 제품 중심의 광고와 마케팅 메시지에 있기보다는 소비자가 개발한 메시지 중심의 소통에 있다.

그동안 스포츠브랜드는 바이러스 커뮤니케이션 방향으로 움직여 왔다. NBA는 팬들이 친구들과 가족들에게 이메일 메시지를 퍼트릴 것을 기대하며 2004-2005 시즌 결승전 동안 팬들에게 결승전 경기를 놓치지 않고 시청하도록 상기시켜 주는 300만 통의 이메일 메시지를 전송했다. 또 다른 예로 텍사스 대학교 미식축구 프로그램은 팀의 선수와 감독의 비디오 장면들을 제공하는 인터넷 비디오 잡지 「브이맥 Vmag」을 제작하여 팬들에게 배송했고, 바이러스 커뮤니케이션 전략을 활용함으로써 잡지 수령자의 22.5%가 친구들에게 이를 전달하는 효과를 거두었다.

영국의 축구팀 위건 애슬레틱은 메시카드mesh card를 통해 바이러스 커뮤니케이션을 이용하고 있다. 메시카드는 일종의 사람 대 사람을 기반으로 브랜드를 광고하는 디지털 명함으로 이를 사용하는 팬들 관한 정보를 수집할 수 있다는 장점이 있다. 위건 팬들은 한번에 20장의 명함에 등록할 수 있고 그들 취향에 맞게 명함을 스스로 제작할 수 있으며 명함을 통해 다른 팬들과 헌신과 충성을 교감할 수 있다. 이와 같은 사례에서 볼 수 있듯이 바이러스 커뮤니케이션은 동료나 친구를 활용하여 많은 팬들에게 접근하게 만들고 인터넷의 잠재력을 활용하고자 하는 전략이다.

시사점

- 가장 효과적인 바이러스들은 그림을 그리는 아이, 카드를 보내고 싶은 욕구, 비슷한 취미를 가진 사람들과 커넥션을 만들고 싶은 욕구와 같은 기본적인 경험에서 끌어낼 수 있다.

- 바이러스들은 복잡할 필요가 없다. 단지 시각적이고 활동적이며 팬들이 서로 연결될 수 있는 무언가를 던져 주는 것이면 충분하다.

- 바이러스들은 효과면에서 단기적일 수 있다. 따라서 바이러스의 사용은 체계적인 후속 전략이 있는 계획된 패키지가 요구된다.

논쟁 커뮤니케이션

팬들은 자신들이 좋아하는 스포츠와 관련된 크고 작은 주제들로 논쟁하는 것을 좋아한다. 스포츠가 지닌 특성 중에서 말다툼, 갈등 관계, 스캔들과 같은 것들은 팬들의 관심을 불러일으키는 촉매역할을 한다. 스포츠맨십에 벗어난 행동, 심판의 이해할 수 없는 판정, 감독해임을 결정한 경영진의 태도 등은 극적인 리얼리티의 중요한 소재임에 틀림없다. 과거를 돌아보면 프로레슬링과 나스카와 같은 스포츠를 제외한 대부분의 스포츠 조직들은 사실 논쟁에서 한걸음 뒤로 물러서 있었으며 미디어가 중요한 커뮤니케이션 과정을 기획하고 조율했다.

워싱턴 레드스킨스의 쿼터백이었던 조 타이스만이 최고급 개인관람석에 느긋하게 앉아서 쿼터백의 직업윤리를 비난한 사실이나 ESPN 진행자인 스티븐 스미스가 계약조건에 관한 청중의 진솔한 질문을 거칠게 공격한 것들이 좋은 예다. 선수나 팀의 행동에서 결점을 찾아내려고 하는 분석가와 비평가들의 맹공격이 계속되고 있는 동안 오늘날 스포츠브랜드가 이러한 논쟁의 중앙무대를 포기하는 것은 핑계에 불과하다. 논쟁은 스포츠에 활력을 주는 기름과 같고 관심과 시청을 유도하는 중요한 엔터테인먼트 요인이다.

격식을 차리지 않고 자발적으로 발전하는 논쟁에 기반을 둔 상호작용은 팬들의 눈에 광고나 공공 메시지보다 솔직한 스포츠 조직의 의도와 태도로 비춰지곤 한다. 미디어의 정밀한 관찰과 비판과 논쟁이 있을 때 팬들은 해당 스포츠브랜드로부터 그것의 성격을 잘 드러내 주는 반응을 볼 수 있을 것이라고 생각한다. 따라서 스포츠브랜드는 의견 교환을 위한 공간을 제공하고 궁극적으로는 스포츠 논쟁을 커뮤니케이션 전략의 중요한 부분으로 활용해야 한다.

시사점

• 논쟁에 참여하고자 하는 의지는 그 스포츠브랜드가 지닌 근본적인 가치를 바탕으로 해야 한다. 브랜드가 일련의 논쟁 주제들에 대해 보이는 반응을 통해서 팬들은 그 스포츠가 팬들의 입장에 서 있는지, 나아가 그 스포츠브랜드의 이면에 있는 솔직한 본성과 가치가 무엇인지 알게 될 것이다.

• 궁극적으로 논쟁은 상호작용이다. 논쟁은 실망, 무관심, 문제해결 욕구, 의혹, 불신과 같은 일반적인 의사소통의 욕구를 반영한다. 이러한 상호작용 욕구들이 침묵으로 묻혀 있기보다는 다루어질 때 최대의 효과를 노릴 수 있다. 스포츠브랜드 관계자들이 이러한 욕구들을 다루도록 격려하라. 너무 방어적이지 않는 것이 중요하다.

• 제한되고 절제된 논쟁이라는 것은 존재하지 않는다. 또한 어려운 논쟁거리들을 회피하는 것은 브랜드를 파괴하는 지름길이다. 스포츠브랜드는 사소한 말다툼뿐만 아니라 약물 복용과 같은 심각한 문제들까지도 이야기의 장을 오픈시켜야 한다. 필요하다면 논쟁 분야의 전문가를 찾아내서 관련 지식과 확신을 가지고 적절하게 대응할 수 있어야 한다.

손상된 브랜드 관계

커뮤니케이션 프로그램을 개발하는 데 있어서 항상 브랜드 관계의 훼손 문제가 불거지기 마련이다. 이러한 이슈는 2가지 유형으로 구분된다. 첫 번째 유형은 어느 커뮤니케이션 프로그램에서든 반복해서 발생할 수밖에 없는 운명적인 상황과 관련된다. 예를 들면, 하트퍼드 지역의 NHL 팀이 다른 도시로 이적하자 이 도시로 새롭게 들어온 AHL의 하트퍼드 울프 팩은 이 지역 팬들의 상당한 반대와 적대감을 운명처럼 안고 가고 있다. 또 다른 예는 탁 트인 공기 속에서 좋은 날씨를 즐기며 야구를 관람하고 싶어 하는 일부 팬들을 스스로 쫓아내 버린 메트로돔을 통해 브랜드를 소통하고 있는 미네소타 트윈스가 있다.

소외감을 느끼거나 소원하게 된 팬들과 소통할 때는 이러한 감정들을 주의 깊게 다뤄야 한다. 울프 팩의 경우, 경영진의 설득적 연설, 선수들이 참여하는 특별 이벤트, 새롭게 정착한 지역사회를 위한 자선활동과 봉사활동과 같은 폭넓은 프로그램들을 개발하여 지역 팬들이 NHL팀을 잊고 울프 팩으로 돌아서도록 해야 할 것이다.

미네소타 트윈스의 경우, 근대적인 시설 건축을 위한 재정적인 동의의 필요성에 대해 주정부와 입법부 그리고 팬들과 소통하는 구단 경영권의 문제를 해결해야 한다. 손상된 브랜드의 또 다른 예는 팀의 가치와 정신에 흠집을 내는 여러 의혹들과 오랫동안 지워지지 않는 과거의 스캔들, 과거 실패했던 시장(도시)을 홈팀 도시로 다시 선택한 결정, 참여에 인색한 지역에 진입한 스포츠에서 찾아볼 수 있다.

손상된 관계의 두 번째 유형은 장기적인 브랜드 커뮤니케이션에 문제를 초래하는 단 한 번의 사건과 관련된다. 이러한 브랜드 손상 유형에는 선수의 구속이나 집행유예, 기타 사고, 파업과 리그 중단, 간통 스캔들 등이 있다. 콜로라도 주립대학교의 미식축구 프로그램은 선수모집과 관련된 폭력사건과 성희롱과 관련된 일련의 의혹의 중심지였다. 그 여파로 주지사의 신랄한 비난과 미디어의 쉴 새 없는 비평, 그리고 대학 운동부의 책임자와 대학교 총장까지 사임하는 사태를 초래했다. 콜로라도 대학교는 곧 선수 선발과 훈련 정책을 바꾸었지만 여전히 팬들에게 브랜드(콜로라도 대학교 미식축구 프로그램)가 새롭게 변화했다는 확신과 믿음을 주기 위해 노력을 기울여야 할 형편이다. 한 번의 사고로 발생하는 위험이 바람직하게 관리되지 않는다면 영원히 회복하지 못할 수도 있다.

그러나 미리 최악의 상황을 예측하여 계획을 세워 두면 브랜드를 훼손시키는 많은 상황들을 비켜 나갈 수 있다. 일단 브랜드 손상이 발생하면 관련 정보들을 면밀히 검토하고 활용 가능한 커뮤니케이션 방법들을 평가·선택하여 빨리 결정을 내리고 움직여야 한다. 양키스의 1루수 제이슨 지암비가 스테로이드 복용 의혹에 관해 배심원에게 증언한 내용이 새어 나갔을 때 장타자로서 그의 이미지는 바로 타격을 입었다. 운동능력을 향상시키는 약물을 복용했다는 사실은 떳떳한 경쟁을 가치로 삼는 스포츠 정신에 반한 것이었으며, 그간의 그의 활약이 일종의 사기였음을 의미했다. 지암비는 봄철 훈련동안 펼쳐질 미디어 공세에 앞서 사과에 나섰다. "나는 팬들을 실망시켰고 또한 미디어와 양키스를 실망시켰다고 생각한다."

이 과정에서 지암비는 매니저, 에이전트, 구단주와 함께 공식 기자회견을 가졌고 이미지 개선을 위한 과정에 돌입했다. 단기적으로 보면 지암비는 의심받을 만한 행동으로 비난의 타깃이 되었고 아직 완전히 밝혀지지 않은 약물 복용 혐의로 고소를 당했다. 그러나 적절한 방식으로 사과를 표명한 지암비의 초기 진화는 스테로이드 복용 의혹에 대해 솔직하지 못했던 다른 선수들과는 대조적인 대응 방식이었다. 장기적인 관점에서 보면 지암비는 잃어버린 신용을 상당부분 회복했다. 결국 다음 시즌에서 향상된 플레이와 겸손하고 성실한 자세 등을 보여 준 결과 몇몇 미디어, 팬 그리고 비평가들의 비난을 희석시켰다.

처음부터 어떤 것도 손상되지 않도록 하는 것이 최선의 방책이다.

그러나 브랜드 커뮤니케이션에서 문제는 발생하지 않을 수 없다. 커뮤니케이션 옵션들을 이해하고 이들을 빠르고 결단력 있게 비교하여 결정하는 일은 훼손된 브랜드 관계를 오히려 지속적인 팬 커넥션의 발판으로 전환시킬 수 있는 중요한 기회가 될 것이다.

● 결론

우리는 "스포츠브랜드를 차별화시키고 팬과의 관계를 형성하라."는 2가지 목적을 가지고 제7장을 시작했다. 그러나 오늘날의 커뮤니케이션 환경은 이러한 목적을 달성하는 데 많은 어려움이 있다는 것을 알게 되었을 것이다. 시장은 수많은 메시지와 채널들이 북적거리고 소비자들의 커뮤니케이션 방법은 점점 더 지적이고 기교적이며 매우 복잡해지고 있다. 이러한 환경에서 경쟁하기 위해서 스포츠브랜드는 의사소통방법에 있어서 더욱 팬 중심적이 되어야 한다. 팬들의 기대치를 이해해야 하고 그들의 관심을 끌 만한 적절한 자극들이 무엇인지 인식해야 한다. 아울러 반향을 일으킬 수 있는 메시지를 고안해야 하고 팬들에게 다가갈 수 있는 채널들을 선택해야 한다.

커뮤니케이션 환경이 점점 더 격렬해지고 있지만 우리에게는 효과적인 스토리라인과 시장의 시끄러운 소음들을 차단하고 스포츠브랜드를 차별화시킬 수 있는 스타 · 문화적인 트렌드 · 지역사회, 체험 · 바이러스 · 논쟁 커뮤니케이션과 같은 독특한 전략들이 있다. 제8장에서는 차별화와 커넥션 형성에 성공한 스포츠브랜드가 어떻게 시장에서 경쟁력을 유지하고 그 위치를 유지할 수 있는지에 대해 이야기하고자 한다.

The Elusive Fan

Reinventing Sports in a crowded marketplace

제3부

스포츠팬 유지하기

1947년 영화 「육체와 영혼 *Body and Soul*」은 복싱 영웅 찰리 데이비스의 성공과 타락 그리고 구원에 관한 이야기다. 원래 아마추어 복서였던 데이비스는 아버지의 죽음 이후 가족의 생계를 위해 프로복싱에 뛰어들었다. 부지런한 데다 빠르고 강한 펀치를 지닌 데이비스는 프로에서 만난 모든 상대를 확실하게 제압했다. 타락한 복싱 프로모터이자 마피아 보스였던 로버트는 데이비스의 연승을 눈여겨보고 그를 자신의 비즈니스로 끌어들였다. 데이비스는 재정적 보상에 눈이 멀어 로버트의 제안을 받아들이고, 이는 데이비스의 도덕적 위기를 초래하는 원흉이 되었다. 로버트의 관리 하에 데이비스는 계속해서 상대를 KO시켰고 많은 돈을 버는 스타가 되었다. 또한 엘리스라는 여인의 유혹에 넘어가기도 한다. 이러한 과정에서 그의 여자친구였던 페그와 가장 친한 친구이자 매니저였던 쇼티는 변해 버린 데이비스와 더 이상 함께하지 못하고 떠나게 된다. 로버트가 미리 짜여진 경기에서 일부러 질 것을 요구할 때까지 데이비스는 자신이 얼마나 타락했는지 자각조차 하지 못하고 있었다. 그 마지막 경기에서 데이비스는 로버트의 지시를 거부하고 상대를 이겨 버린다. 그리고 그는 다시 페그와 재회하고 관중들은 데이비스가 순수했던 과거의 자신으로 돌아왔다고 생각하게 된다.

이 영화는 복싱이라는 스포츠의 가장 우아했던 순간과 어둠을 동시에 포착하고 있다. 또한 복싱의 독특한 육체적·정신적인 면들을 묘사하면서 복싱이 쇠락하게 된 원인이 무엇인지 정확하게 짚고 있다. 여러 측면에서 이 영화는 20세기 중후반에 걸쳐 복싱이 겪었던 어려움을 비유적으로 보여 주고 있다. 『육체와 영혼』에서 복싱은 부당한 규정, 도박, 부패, 의심스러운 약물 검사 등으로 곤혹을 치렀다. 이러한 요인들은 전 세계적으로 복싱이란 스포츠에 불명예를 가져다주었고 급격한 쇠퇴를 초래했다. 한때 가장 인기 있는 스포츠였던 복싱은 이제 스타 복서들이 등장할 때에만 겨우 관심을 받는 수준으로 전락했다.

복싱의 쇠퇴는 스포츠브랜드에게 새로운 현실을 의미한다. 특정 스포츠가 쇠락한다는 것은 시장은 불안하고 팬들은 점점 유동적으로 변하고 있음을 여실히 증명하기 때문이다. 치열한 경쟁과 뉴미디어의 출현으로 팬 층을 확보하는 일은 점점 어려운 일이 되고 있다. 갈대 같은 팬들이 만연한 시대에 복싱은 여전히 활로를 모색 중이다.

팬 커넥션 유지 전략

스포츠브랜드가 성공적으로 형성된 후에도 브랜드는 신선한 이미지를 유지하고 소비자와 유통 채널을 포함한 환경 변화에 적응하기 위해 노력해야 한다. 그렇지 않으면 여러 곤경에 처할 수 있다. 어려운 상황 유형은 타 브랜드의 경쟁 이벤트로 인한 견제, 날씨 혹은 입장료 상승처럼 일시적일 수도 있다. 이때 스포츠 상품은 가격 조정이나 의사소통 개선을 통해 브랜드를 다시 활성화할 수 있는 방안을 마련할 것이다.

반면 어려운 상황이 오랜 시간 계속되는 경우도 있을 것이다. 스포츠팬들은 선수들의 반사회적인 행동이나 파업을 보면 TV 채널을 돌려 버리거나 아예 해당 스포츠에 대한 흥미를 잃게 될 수도 있다. 스포츠 의사결정자에게는 관중 없이 선수들만 몸을 풀고 있는 모습이나 경기장 곳곳이 열쇠로 잠겨 있는 황량한 미식축구 경기장 그리고 관중으로 가득 찼던 경기장에 몇몇 극성스러운 팬들만이 자리를 지키고 있는 장면만큼 실망스러운 모습이 또 있을까?

스포츠브랜드가 쇠락의 길을 걷지 않도록 하기 위해서는 문제의 원인을 정확하게 진단해야 하며 해결책과 더불어 궁극적으로 팬과의 관계를 유지하고 성장시킬 수 있는 부양책도 개발해야 할 것이다.

● 스포츠브랜드 쇠락의 원인

그렇다면 스포츠브랜드가 쇠락한다는 것은 무엇을 의미하는가? 일반적으로 스포츠산업에서 쇠락을 측정하는 기준은 크게 2가지로 나뉜다. 먼저 관중 참여율, TV 시청률, 판매율 그리고 전반적인 수익 관련 수치와 같은 측정 가능한 지표들이 있다. 이들은 브랜드의 건강 상태를 나타내는 가장 기본적인 지표이며 시장의 현 위치를 설명할 때 자주 쓰인다. 두 번째는 질적인 기준으로서 브랜드 이미지의 약화, 미디어 보도 감소, 팬과의 관계가 대표적이다.

쇠락이 쉽게 측정되는 것이건 그렇지 않은 것이건 간에 브랜드 파워 악화의 징조가 나타나기 시작했다면 이미 '유지'라는 문제가 심각한 상황이다. 쇠락 조짐이 보일 때 스포츠브랜드들은 그러한 결과를 만들어 내고 있는 요인들을 파악해서 제거해야 한다. 이제 가장 일반적으로 나타나는 스포츠 쇠락의 원인들을 살펴보자.

기대에 못 미치는 경기 운영 능력

가장 일반적인 원인은 선수들의 경기 운영 능력이 기대에 미치지 못해 형편없는 경기로 팬들을 실망시킬 때 발생한다. 실력이 나쁘다는 것은 승률과는 별개의 문제다. 예를 들어, 한 농구팀의 승률이 50%를 넘었다면 기술적으로 볼 때 시즌 동안 높은 승률을 유지한 것이지만 올스타들로 구성된 이 팀이 챔피언 결정전에 진출하지 못해 팬들을 실망시켰다면 경기력이 낮다고 할 수 있다. 반면 시즌 내내 꼴찌를 맴돌다가 지난 시즌에 12경기 중 단 2승만 거둔 미식축구팀의 경우 이번 시즌에는 4승을 했다면 팬들의 예상을 뛰어넘은 수준 높은 경기를 보여 줬다고 할 수 있다.

모든 스포츠와 운동경기에는 어떤 수준의 경기력이 받아들일 만하고 혹은 뛰어난 것인지를 판가름해 주는 기준과 척도가 존재한다. 전통적으로 경기 실력이 낮은 편이었던 밴더빌트와 같은 사립대학교 미식축구팀이 시즌 동안 7승 5패의 성적을 거두고 전통적인 강호들을 물리치고 볼 게임에도 진출한다면 뛰어난 경기력을 인정받게 될 것이다.

반대로 큰 규모의 대학교인 루이지애나 주립대학교 미식축구팀이 이와 같은 성적을 거두었다면 기대 이하의 경기력으로 간주되어 감독은 사퇴 압력을 받고 팬들의 불만은 더 쌓일 것이다. 모든 스포츠 구단들은 낮은 경기력의 기준을 설정할 필요가 있다. 팀들이 팬들의 기대치를 만족시키지 못한다면 그간의 연승행진과 뛰어난 수준의 경기실력에 매료된 평범한 팬들은 쉽게 흥미와 관심을 잃어버릴 가능성이 높다.

참여율 감소

팬들의 참여율이 떨어진다는 것은 스포츠브랜드에 중대한 문제가 있음을 알리는 적신호다. 또한 스포츠브랜드의 장기적인 파워를 위협할 수도 있다. 프로골프의 경우, 높은 TV 시청률과 시청자들을 가지고 있지만 실제 골프 참여자의 수는 감소하는 추세다. 미국 골프 연맹의 보고에 따르면 재정적인 부담과 시간 부족을 이유로 인해 매년 거의 300만 골퍼들이 골프를 그만두고 있다.

투자한 시간과 노력을 보상받기 위해 골프를 계속하는 사람들도 있긴 하지만 라운딩 수는 매년 꾸준히 감소하고 있으며 2002년 이후 골프화 판매는 8%나 줄어들었으며 골프 클럽, 가방, 볼 등의 판매도 7%나 하락했다. 이처럼 매년 하락하는 수치들은 우연일 수도 있지만 보다 체계적인 문제들이 골프 산업에 영향을 미치고 있음을 알리는 신호가 된다.

재정적 지원 감소

스포츠브랜드가 정치 또는 국내외 경제 여건 때문에 재정적인 어려움을 겪을 때 대응할 수 있는 일반적인 해결책은 예산 삭감이다. 하지만 이는 또 다른 쇠락을 초래할 수도 있다. 체조, 레슬링, 수영, 다이빙과 같은 올림픽 스포츠가 좋은 예다. NCAA 대학교들은 대학 운동부의 예산이 빠듯하거나 학원 스포츠에서 남녀차별에 대처해야 할 때 이 같은 스포츠 종목들을 포기한다. 특히 남자체조의 경우 202개의 대학팀이 운영되었던 1972년 이후 꾸준히 감소하여 현재는 19개 팀만이 간신히 명맥을 유지하고 있다. 예산 삭감으로 인해 학교 간의 경기보다는 지역 아마추어 리그에 참가하거나 클럽팀에 참가하고 있는 고등학교도 비슷한 문제에 직면해 있다. 또한 대다수 프로스포츠는 기업의 스폰서십에 의존하고 있다. 미국여자축구연맹의 사례처럼 그러한 수입원 없이는 스포츠 조직들은 생존에 큰 어려움을 겪을 수 있다.

취약한 리더십

  카리스마가 부족한 리더십도 쇠락의 원인이 될 수 있다. 왜냐하면 리더십은 내부 브랜드 운영과 브랜드 성품을 비롯한 스포츠에 영향을 미칠 수 있기 때문이다. 예를 들면, 올림픽은 역사적으로 리더십 문제로 인한 갈등이 끊이지 않았다. 장기간 올림픽 조직위원회의 수장이었던 사마란치 위원장의 투명성과 의사결정에 대한 여러 가지 문제점들이 제기되기도 했다. 아울러 몇몇 위원들이 올림픽 개최지 선정 과정에서 뇌물을 제공받았다는 의혹이 제기되는 등 부패와 관련된 여러 사건들이 국제올림픽위원회에 영향을 미쳤다. 올림픽의 재기를 보증할 수 있는 방법 중 하나는 IOC 위원장인 자크 로게의 현실적이면서 비전 있는 리더십과 국제 안티도핑 에이전시의 의장인 딕 파운드의 약물 복용 반대에 대한 확고한 입장에 있을 것이다.

  리더십의 자질은 항상 논란이 되어 왔고 경영인, 감독, 코치와 선수 선발과 재임에 중요하게 작용한다. 리더십은 스포츠 세계에서 마법과 같은 단어이며, 리더십의 실패는 분쟁을 가져온다. 이러한 리더십 문제는 미디어의 흥미로운 먹잇감이다. '지나친 언행으로 직장을 잃은 실리아스', '리더십이 실종된 CU', '실종된 리더십으로 괴로운 제이스' 같은 머릿기사로 논란을 확산시키는 것이다. 존 우든, 루 홀츠, 조 토레 같이 성공한 감독들은 오랫동안 재임했을 뿐만 아니라 모든 영역의 경영인들에게 가이드가 될 만한 리더십의 원칙을 주제로 책을 집필하기도 했다. 홀츠의 저서 『매일 승리하기: 성공을 위한 경기 전략 *Winning Every Day: The Game Plan for Success*』은 어떻게 강력한 리더십이 스포츠에서 한 사람의 성공을 이끌 수 있는지를 보여 주고 있다. 대개 이러한 책들은 어려웠던 어린 시절, 성공의 걸림돌, 발전적인 지도자, 행운의 기회, 멈추지 않는 승리의 비결 등으로 구성된다.

　가끔 개인을 신성시하는 리더십 원칙의 상업화에도 불구하고, 쇠락을 막기 위해서는 보다 사회적인 네트워크 모델이 필요하다. 리더는 강하고 자신감 있는 성격 이외에도 유능하고 리더의 힘을 살려 줄 수 있는 조력자와 오너십, 혹은 스포츠브랜드를 지원하는 데 몰입된 조직적인 리더십도 지닐 필요가 있다. 리더십은 전체 조직을 통해 발현되는 것이 중요하며, 리더 한 사람에게 모든 희망을 거는 것은 대부분의 조직이 저지르는 실수일 것이다. 결국 스포츠 리더십은 상호 협력적인 모험을 전제로 해야 한다. 스포츠 리더는 자신의 비전을 공유할 수 있어야 하고 조직의 모든 구성원들에게 공동의 목표를 확신시키고 나아가 설득과 이해를 통해 브랜드 가치를 주입시킬 수 있어야 한다.

고가 전략

　스포츠 상품에 책정된 가격과 팬들이 기꺼이 지불하고자 하는 금액에 괴리가 클 경우도 쇠락의 원인이 된다. 마이너 리그 야구와 같은 몇몇 스포츠의 경우 그리 비싸지 않은 입장권이 팬들을 유입하는 요소로 작용하기도 한다. 팬들은 자신의 투자에 비해 돌아오는 것이 많다고 느낄 경우 가치 방정식의 결과가 높은 것으로 인지한다. 메이저스포츠와 대학스포츠는 좌석별 가격에 가족을 배려하지 않거나 너무 비싼 가격을 감당할 수 없는 팬들을 고려하지 않아 팬들의 비난을 받아 왔고 결국 참여율 하락을 초래했다. 또한 가격이 선수들의 고액 연봉과 연관되어 있다는 인식과 오직 회사만이 입장료를 지불할 능력이 있다는 인식은 팬들이 경기장에 가지 않고 집에서 TV나 컴퓨터로 경기를 보도록 만든다.

스타파워의 약화

스타파워가 없다면 스포츠브랜드는 황폐화되고 만다. 스타는 팬들의 관심을 끌어내는 구심점이자 팬들과 가장 효과적으로 관계를 형성할 수 있는 연결고리다. 미국에서 아마추어레슬링이 쇠퇴한 원인은 타이틀 9 때문이기도 하지만 댄 게이블과 같은 스타가 부족했던 것도 큰 몫을 했다. 선수 시절에는 대학스포츠계와 올림픽의 전설이었고 이후 아이오와 대학교에서 유능하고 화려한 감독 생활을 했던 그는 지난 20세기 말 수십 년 동안 각종 흥미로운 기록을 만들어냈으며 아마추어레슬링에 관한 언론보도를 장악했다. 게이블에 관한 미디어 보도는 극적인 이야깃거리들을 자극했고 레슬링에 관한 지속적인 보도를 끌어냈다. 그러나 이후 게이블과 같은 위상을 계승할 스타가 없는 아마추어레슬링은 고전을 면치 못하고 있다.

스타파워의 약화 현상이 나타날 때는 새로운 스타를 발굴할 수 있는 기회를 높이기 위해 최신 커뮤니케이션 전략들을 개발하고 발전시켜야 한다. 대학미식축구에서 스타파워를 지닌 마이애미, 버지니아 테크, 보스턴 칼리지가 빅 이스트 컨퍼런스를 떠나버린 사건은 정체성 위기를 초래했고 이를 상쇄하기 위해 컨퍼런스는 다른 팀들을 영입하는 데 미친 듯이 매달렸다. 이 사례에서 볼 수 있듯이 대학 컨퍼런스도 스타파워를 잃어버릴 수 있다.

루이빌과 신시내티와 같은 좋은 미식축구팀들이 합류하긴 했지만 막강한 스타파워를 지닌 팀들의 이탈은 빅 이스트 컨퍼런스 브랜드에 치명적인 손실을 가져왔다. 또한 비평가들은 "과연 빅 이스트를 볼 챔피언십 시리즈에 포함시켜야 하는 것인가? 컨퍼런스 리그 조직으로 지속될 수 있을까?"라는 의문을 제기했다. 그러나 빅 이스트는 16개 팀으로 구성된 올스타 농구 컨퍼런스를 형성하여 몇몇 미식축구팀의 이탈에 대응했다.

인디 레이싱 리그[19]는 3년 연속 TV 시청률이 감소하고 있는데 이는 스타레이서들의 파업이 계속되고 있기 때문이다. 심지어 서킷 레이스를 강조하는 미국의 가장 큰 미디어 시장에서 특수 시장을 겨냥한 광고 캠페인은 도리어 시청률 하락을 초래했다. 특히 이목을 끌었던 알 언서, 에이제이 포이트, 마리오 안드레티와 같은 과거 유명한 스타 레이서들 때문에 새로운 스타의 부재가 더 확연히 드러났던 것이다. 그러나 2005년 인디애나폴리스 500에 출전한 여성 레이서 대니카 패트릭의 등장은 전례 없는 미디어의 관심을 받았고, 그 결과 TV 시청률은 상승세를 타기 시작했다. 이는 새로운 세대의 스타가 IRL의 재건을 위해 중요하다는 점을 증명했다.

변화하는 인구통계학적 특성

스포츠브랜드와 소비자의 인구 구조 변화가 쇠락을 야기하기도 한다. 메이저 리그 야구에서 흑인선수의 수는 1974년 27%에서 2004년 9%로 감소했다. 이러한 변화가 흑인팬에게 미친 영향은 막대했다. 1960년 설문 조사에서 야구를 가장 좋아한다고 응답한 흑인팬은 전체 응답자 중 43%를 차지했지만 2000년과 2002년 사이에 실시한 조사에서는 단 5%만이 그렇다고 응답했다.

선수들의 인구 구조가 팬들의 인구 구조와 늘 일치한다거나 그대

---

19) 인디 레이싱 리그 Indy Racing League: IRL
타원형 트랙에서 개최되는 미국의 대표적인 자동차 경주 대회. IRL로 더 알려져 있다. 1996년에 챔프카에서 분리 독립한 IRL은 FIA의 통제를 받는 유럽 중심의 오픈 휠 레이스와 별개로 미국에서 독립적으로 발전했다. IRL은 인디애나폴리스 모터 스피드웨이 종합 경주장을 가진 미국의 헐맨앤컴퍼니(Hulman and Co.)사가 소유하고 있다. IRL은 2개 리그를 주관하고 있는데, 하나는 IRL과 동의어인 인디카 시리즈(IndyCar Series)이고 다른 하나는 인디카 시리즈의 발전된 형태의 메나즈 인피니티 프로 시리즈(Menards Infiniti Pro Series)다. 이외에 독립기념일에 열리는 가장 큰 자동차 경주인 인디 500도 주관하고 있다.

로 반영되는 것은 아니지만 전통적으로 강한 파워를 지녔던 흑인 소비자 시장에서 야구의 쇠퇴는 인구통계학적 특성에 대해 다시 살펴봐야 하는 이유를 보여 주고 있다. 또한 여성의 스포츠 참여증가와 같은 또 다른 인구통계학적 변화는 남성 중심 스포츠의 쇠락을 알리는 신호가 될 수 있다. 실제로 고등학교 스포츠에서 활약하는 여자선수의 수는 1990년 190만 명에서 2004년 300만 명으로 증가했고 이러한 성장은 여성 스포츠가 새로운 팬 커넥션의 기회를 창출하면서 몇몇 남성 중심 스포츠들의 인기를 반감시키고 있다.

문화적 변화

문화적 변화는 스포츠브랜드의 시장 위치에 영향을 미칠 수 있다. 시골에 거주하는 인구가 많았던 1900년대 초, 캐나다 프린스 에드워드에서 펼쳐지는 이색 마차경주대회 하니스 레이싱은 댄 패치와 같은 매우 빠른 경주마가 출전하는 메이저스포츠였다. 사냥과 같은 스포츠 또한 시골 지역의 급속한 도시화나 아버지와 아들 간의 전통적인 관계를 약화시키는 편부모 가정의 증가에 따른 영향을 받았다. 또한 지역사회 참여율이 저조해지면서 전통적인 팀스포츠보다는 개인 스포츠를 즐기는 사람들이 많아졌다. 문화적 변화에 파장을 맞추지 못하는 스포츠는 쇠락의 길로 접어들 수밖에 없다.

미흡한 스캔들 관리

스캔들이 발생했을 때 제대로 대처하지 못하면 스포츠브랜드는 치명상을 입게 되며 심한 경우 붕괴될 수도 있다. 대개 범법 행위, 규칙 위반 또는 반사회적 행동 등으로 스캔들이 일어난다. 1919년 시카고 화이트삭스가 월드시리즈에서 일부러 패배했던 사건, 즉 시카고 '블랙' 삭스 도박 스캔들은 영화와 소설의 소재가 되었고 팬들은 팀의 이름을 아예 '블랙삭스'로 바꾸는 저주를 통해 불쾌함을 표출했다. 코비 브라이언트의 성희롱 사건, 라파엘 팔메이로의 스테로이드 복용, 뉴저지의 글렌 리지 고등학교에서 발생한 강간 스캔들 등은 개인과 팀의 윤리성을 위협했다.

스캔들에 살아남는 팀이나 스타도 있다. 하지만 한때 막강한 대학농구 명가였던 뉴욕 시티 칼리지는 도박 소송으로 인해 몰락했고 올림픽 수영 금메달리스트 미첼 드 브루인은 약물 복용 혐의로 스포츠계에서 영구 제명되었다.

이처럼 스포츠브랜드의 쇠락은 대개 9가지 범주를 중심으로 발생한다. 그러나 쇠락의 원인들은 보다 광범위할 것이다. 뉴멕시코 대학농구 경기장 사례는 다양한 주요 쇠퇴요인들을 설명해 주고 있다.

뉴멕시코 주립대학교 농구경기장의 쇠락

역사적으로 뉴멕시코 주립대학교 남자농구팀은 미국 뉴멕시코 주 앨버커키 시민들의 전폭적인 지지를 받고 있었다. 남자농구팀은 뉴멕시코 주립대학교의 가장 명성 있는 팀이자 프로팀이 없었던 앨버커키 시민의 지역팀으로 자리 잡았다. 1966년 이래 움푹 들어간 코트와 떠들썩한 관중들로 유명한 피트(The Pit, 뉴멕시코 주립대학교의 농구경기장)에서 열리는 경기에 수백만의 로보스(Lobos, 뉴멕시코 주립대학교의 마스코트) 팬들이 참가했다.

그러나 1999–2000 시즌 이후, 로보스팬들의 참여율이 처음으로 급격히 하락했다. 2004–2005 시즌에는 아예 피트 역사상 최저치를 기록했다. 이러한 사태에는 몇 가지 원인이 작용했다.

(1) 수준 낮은 경기력

로보스는 경기 실력 문제를 극복하기 위해 경기력 향상 계획을 수립했다. 이에 뉴멕시코 주립대학교는 유능하고 명성 있는 프란 프라실러를 감독으로 고용했고 그는 16강 진출을 약속했다. 그러나 프라실러 감독은 재임 동안 16강에 진출하지 못했고 선수들은 코트 밖에서 문제를 일으키고 다녔다. 로보스팬들은 로보스가 승리를 거두고 대학교의 위상을 높이겠다는 약속을 이행하지 못한 것에 대해 매우 실망하게 되었다.

대책

로보스는 리치 매케이를 새 감독으로 영입했고 이후 주요한 변화를 단행했다. 매케이에 대한 팬들의 기대치는 이전 감독에 대한 기대보다 훨씬 낮았지만, 새로운 선수를 선출하고 2005년 NCAA 토너먼트에 진출하면서 새로운 도약을 위한 발판이 마련되었다. 이를 통해 팀의 기풍과 분위기는 점차 회복되고 있다.

(2) 낙후된 시설

로보스가 제공하는 시설은 팬들의 기대를 반영하지 못했다. 피트는 1966년에 지어졌고 가장 기본적인 시설만 갖춘 채 운영되고 있다. 경기장이 양호한 상태이기는 하지만 팬들이 이용하기에는 불편함이 많았다. 입장권이 매진될 만큼 팬들의 관심이 집중된 중요한 경기나 NCAA 토너먼트가 열리는 날에는 극에 달했다. 특히 전후반 휴식시간 동안에는 화장실에 가려고 이동하는 사람들과 매점에 줄을 서서 기다리는 사람들 때문에 중앙 홀은 북새통을 이루기 때문에 팬들은 자기 좌석을 비우고 움직이는 데 곤란을 겪어야 했다. 사람들끼리 밀고 밀리는 가운데 불쾌한 감정이 솟을 수도 있다. 핫도그 하나 사 먹으려는 팬들의 작은 소망을 해결하지 못해 안락함을 제공하기는커녕 안전사고까지 발생시킬 우려가 있었다.

대책

피트는 NCAA 토너먼트에서는 인기 있는 코트다. 피트를 대체할 경기장을 설립할 계획은 없지만 대학교는 이미 여성 화장실을 확충했고 팬들에게 더 편리한 시설로 변화시키기 위해 중앙 홀 확장공사를 시행하고 있다. 가장 중요한 변화는 피트 바로 옆에 남녀농구팀을 위한 연습시설을 만들었다는 점이다. 또한 피트는 몇 가지 결점을 보완하기 위해 최신 트레이닝 시설과 미디어룸을 마련할 예정이다.

(3) 충족되지 않은 기대감

이미 로보스에 브랜드화된 팬들의 경험에 비쳐볼 때 이러한 변화와 노력으로 그들의 기대를 충족시키기에는 역부족이었다. 최근 피트 경기장에 대한 비판 중 하나는 팬들을 흥분시키고 분위기를 고조시키는 거칠고 사나운 응원열기가 사라졌다는 것이다. 피트가 길들여진 고양이처럼 보이는 이유는 조용히 자기 자리에 앉아서 응원하는 팬들의 모습 때문인 것 같다. 피트 경기장이 들어선 초창기부터 로보스는 시즌 입장권을 구매한 충성스러운 팬 층을 확보하고 있었다. 이러한 팬들은 뉴멕시코 주립대학교 농구 프로그램의 소중한 지원자들이다. 하지만 종종 피트 경기장은 홈 관중들이 즐겁게 응원할 수 있는 기회를 마련해 주지 않았으며 심지어 보다 적극적인 참여와 응원이 필요한 경기에서 일부 학생들을 배제시키기 일쑤였다.

대책

학교 운동부는 학생들의 참여를 격려하고 지역의 충성스러운 장년 층 팬들의 기대를 만족시켜 피트 경기장에 활력을 불어넣으려 시도하고 있다. 이를 위해 뉴멕시코 주립대학교는 2가지 방법을 모색했다. 우선 지역의 충성스런 장년팬들을 위해 계단에 손잡이를 설치하여 좌석까지 안전하게 내려갈 수 있게 했다. 또한 학생들의 참여 또한 피트 경기장에서 팬들의 스포츠 경험에 중요한 요소임을 이해하게 됨에 따라 10년 전에 없었던 학생석을 부활시켰다. 또한 시즌 입장권을 지닌 팬들이 불편을 감수해야 하는 위험이 있긴 했지만 홈 관중의 응원열기를 살리기 위해 학생들과 밴드를 코트 가까운 곳으로 배치했다.

점차 성장하고 있는 미식축구, 여자농구팀, 저렴한 가격에 쉽게 접근할 수 있는 고교미식축구와 농구시장, 양질의 로보스 농구 경기도 마찬가지다. TV 중계로 인한 경쟁이 치열해짐에 따라 이는 지역팬들의 농구 경기관람에 또 다른 위협요소가 되었다. 펜웨이 파크나 램보 필드처럼 오늘날 피트 농구장은 경기장의 역사를 보존하는 일과 높아진 팬들의 기대에 부응하는 보다 현대적인 기술을 적용하는 것에서 균형을 유지해야 한다.

팀에 변화를 주고 시설을 개선하고 다양한 세대의 팬들을 만족시키는 노력을 통해 뉴멕시코 주립대학교는 피트 농구장을 주요 매력 포인트로 재건하기 시작했다. 그러나 경기장에 직접 참여할 때에만 얻을 수 있는 소중한 가치들이 없다면 로보스팬들은 여전히 집에서 TV로 농구 경기를 볼 것이다. 혹은 그들의 열정과 헌신을 미식축구, 여자농구팀과 같은 대학교 내 다른 팀들에 쏟을 수도 있고 심지어 뉴멕시코 주립대학교와 전혀 상관없는 팀으로 그들의 관심을 옮길 수도 있다.

스포츠브랜드의 쇠락을 가져오는 요인들은 수없이 많다. 스포츠 의사결정자들은 이상의 요인들을 발견하고 제거해야 한다. 이제 스포츠브랜드의 쇠락을 막고 건강한 상태로 회복시키는 방법들을 살펴보자.

● 팬 커넥션 부양을 위한 과제

'부양한다'는 말은 팬과의 관계를 유지하고 발전시키는 과정으로 이해될 수 있다. 팬들이 특정 스포츠브랜드에 끌리게 되었을 때 그 관계를 오랫동안 유지시켜 마침내 높은 수준의 충성도를 지니게 하는 것이 가장 이상적이다. 그러나 갈대 같은 팬들로 구성된 스포츠 시장에서는 팬과의 관계를 위협하는 4가지 주요 요소, 즉 직접참여, 간접참여, 미디어 그리고 위기가 있다.

직접참여와 관련된 과제

직접참여는 스포츠팬으로 입문하는 하나의 과정이다. 스포츠에 참여하는 동안 예비 팬들은 경기 내용을 이해하게 되며 운동 기술을 습득하는 과정에서 어려움도 겪게 된다. 또한 같은 스포츠에 참여하는 친구들과 가족은 일체감을 느낄 수도 있다.

직접참여의 효과는 스포츠마다 다르다. 야구나 농구와 같은 경우에는 참여경험이 장기적인 흥미를 유도하는 데 매우 중요한 역할을 하지만 경마, 복싱, 로데오, 여자 롤러더비 등은 팬들이 직접 참여할 수 있는 기회가 적다. 대신 유토피아 연결고리나 대리경험 연결고리를 통해 자극을 받을 수 있다.

끝까지 살아남는 스포츠가 되고 싶다면 다음과 같은 직접참여 이슈를 점검하는 일은 매우 중요하다.

• 우선 핵심적인 과제는 어린 아이들이 실제 운동 경기를 해보도록 기회를 만들어 주는 것이다. 참여 기회는 클리닉, 학교 체육활동, 주니어 프로그램, 부모와 자녀가 함께하는 활동, 여타 프로그램 등에서 찾을 수 있다. 부모와 자녀가 함께 참여할 때 어떤 스포츠를 선택할지는 또 다른 문제다. 미래 시점을 겨냥한 스포츠라면 그 시점에 스포츠에 참여하게 될 연령을 고려하여 전략을 구상해야 한다. 따라서 스포츠 입문 시점은 두 살이 될 수도 있고 유년기 시절 내내 계속될 수도 있다.
이러한 입문 시점은 구매자(아이, 부모)들이 스포츠 공급자들의 마케팅 메시지에 귀를 기울이는 시기이기도 한데 이를 '스포츠 커넥션 윈도sport connection window'라고 한다. 특정 목표시장을 겨냥한 스포츠 프로그램은 특히 이러한 커넥션 윈도에서 중요하게 다뤄져야 한다. 커넥션 윈도가 열렸을 때, 스포츠 프로그램은 최고의 조건을 제시하며 공략해야 한다. 커넥션 윈도는 대개 한 번 열리고 닫힌 후에는 다시 열리지 않을 것이기 때문이다.
부모의 감독과 제도적인 통제 하에 있는 오늘날 유소년 스포츠 활동의 특징을 이해하는 것은 중요하다. 또한 아이에게 스포츠 활동을 강요하는 부모와 부모의 지시에 반항하는 아이 사이에서 발생하는 갈등에도 유의해야 한다. 앞서 언급했듯이 부모들은 승패에 집착하기 때문에 수많은 아이들이 중도에 스포츠를 포기한다. 따라서 강요와 반발심에 관한 논의는 매우 중요하다. 이러한 현실은 받아들이기 어려운 흐름이며 부모, 학교, 유소년 프로그램 간의 관계가 아이들의 스포츠 참여를 저해하는 위험이 될 수 있음을 암시한다.
앞을 내다보는 스포츠일수록 단순히 스포츠 입문 수준의 참여경험을 통해 포지셔닝하기보다는 기존의 스포츠와 심각한 제도적 통제에 반발하고 있는 12~13세의 유소년들에게 어필할 수 있는 자유로운 형태의 카운터스포츠로서 입지를 굳히는 것이 더 유리하다. 지금까지 이러한 카운터스포츠는 전략에 의한 것이 아니라 우발적으로 발생했다. 익스트림 스포츠는 청소년 들의 사회적 권위에 대한 반발감을 잘 이용한 대표적인 사례다. 아직 체계 화되지 않은 북미 롤러하키 챔피언십을 NHL이 후원하도록 하는 것, 공원 이나 학교 운동장에서 행해지는 자유로운 픽업 게임을 제도화하고 지원하 는 것 등도 가능한 전략이다.

• 부모의 강요나 제도적 통제가 역풍을 맞고 있다는 명백한 신호는 점차 통제가 완화되고 있는 분위기에서 찾을 수 있다. 이를 통해 부모나 코치 들은 스포츠맨십과 페어플레이를 중요하게 여기며 지나치게 집착하는 태 도를 보이지 않게 된 것이다. 잦은 부상, 시간 규정, 틀에 박힌 플레이에 대한 염려가 부분적으로 작용한 것으로 보인다. 메인 스포츠코칭센터[20], 유소년스포츠연맹[21], 포지티브코칭연맹[22]과 같은 기관들은 스포츠맨십, 지역사회 자부심 그리고 승리보다 중요한 가치 중심의 경험을 추구하고 있다. 이러한 움직임은 고등학교 볼링이 부각되기 시작한 현상에서도 확 인할 수 있는데 이는 스포츠의 세분화에 대한 요구와 격렬하지 않은 신 체활동과 쾌적한 공간을 원하는 청소년들의 욕구가 반영된 것이라고 볼 수 있다.

---

20) 메인 스포츠코칭센터The Maine Center for Sport and Coaching
메인 대학교가 1992년에 창설했다. 메인 주에 있는 청소년들과 어린이들이 참여하는 모든 스포츠 팀과 조직의 코치들을 위해 직업 훈련을 제공하며 스포츠를 하나의 교육 과정으로 만드는 것을 목 표로 활동하는 청소년 스포츠 조직이다.

21) 유소년스포츠연맹National Alliance for Youth Sports
1981년에 청소년과 어린이들에게 긍정적이고 안전한 스포츠 교육을 제공할 목적으로 설립된 조직이 다. 스포츠 관리자, 코치, 심판, 부모, 그리고 청소년들에게 다양한 프로그램과 서비스를 제공한다.

22) 포지티브코칭연맹Positive Coaching Alliance
1998년에 설립된 PCA는 비영리 기관으로 미국 내 중·고등학교와 청소년 스포츠 조직의 코치, 부 모, 그리고 관리자들에게 매년 교육과 워크숍 프로그램을 제공한다. 지금까지 5,000번이 넘는 워 크숍을 1,100개가 넘는 학교와 청소년 스포츠 조직에게 제공했으며 300만 명이 넘는 어린이와 중·고등학교 학생 선수들이 참여했다. PCA는 "청소년 스포츠의 변화를 통하여 스포츠가 청소년 을 변화시킨다."는 미션을 바탕으로 설립되었다.

- 새로운 참여시장을 개척하고 양성하는 움직임도 나타나고 있다. 예를 들어, 하키는 자녀 때문에 참여했다가 리그를 만들어 정기적으로 경기를 하는 여성팬들의 덕을 보고 있다. 미국 내 기업들은 마라톤을 임원 후보의 직업윤리와 추진력을 판가름하는 시험대로 활용했다. 새로운 조직이 구성됨에 따라 새로운 규정들과 정비가 이뤄지고 관중 지원을 위한 잠재력이 강화될 것은 분명하다. 스포츠브랜드의 최대 관심사는 그들 스포츠의 근본적인 대중적 변화를 모니터링하고 새로운 혁신을 촉진시킬 수 있는 길을 모색하는 데 있을 것이다.

- 청소년과 성인의 스포츠 참여를 구성하는 요소들을 정의하는 것은 매우 중요하다. 판타지 리그, 비디오게임, 스포츠 웹사이트와 같은 새로운 스포츠 미디어 기술은 잠재적인 팬들이 실제 스포츠에 참가하도록 묶어 주는 힘을 가질 수 있다. 스포츠는 실제로 참여하는 것이 가장 이상적이지만 직접 스포츠 활동을 하지 않는 온라인 형태의 참여(판타지스포츠, 비디오게임, 웹사이트)의 성장도 중요한 관계형성 경로로 인식해야 한다. 또한 새로운 스포츠 미디어 테크놀로지는 젊은 참여자들에게 스포츠에 관한 역사, 기록, 논쟁, 그리고 상호작용을 교육시키는 효과도 지닌다.

간접참여와 관련된 과제

경기장 관람과 같은 간접참여는 스포츠 이벤트와 선수들의 인기를 보여 주는 척도라고 할 수 있다. 오늘날 스포츠 참여는 가격, 시간, 교통, 직장, 가사일, 새로운 취미의 출현 등 수많은 이유로 그 매력을 잃고 있다. 이에 대한 전략으로 스포츠 산업은 팬들의 의지와 스포츠 이벤트 참여에 영향을 미칠 수 있는 커뮤니케이션 전략을 수립해야 한다.

고질적인 교통체증, 유가상승으로 인한 여행 감소, 관람시간 못지 않은 이동시간 등의 제한점들을 극복하고 팬들을 경기장으로 끌어들일 수 있는 방법은 무엇일까? 우선 팬들을 경기장까지 운송하는 새롭고 경제적인 방법을 모색하고 경기장을 설계할 때부터 이 작업을 계획하는 것이 좋다. 하이 스피드 전차나 경기장까지 바로 접근할 수 있는 도로 등이 그 방법일 것이다. 어쨌든 모든 시설개발 프로젝트는 교통계획을 염두에 두어야 한다. 이러한 계획은 지역사회 전체를 만족시킬 수 있는 새로운 교통 인프라와 시스템을 개발하기 위해서 관련 부서 공무원, 스포츠 의사결정자, 세금을 내는 시민 등 모든 이해집단의 협조를 필요로 한다.

팬들이 직접 경기장에 갈 수 없는 경우에는 팬들이 있는 곳으로 경기장을 끌어오는 방법도 있다. 이는 목표지역 주위에 위성시설을 설치할 수 있는 적합한 장소를 찾는 것을 의미한다. 이러한 미디어 전략은 경기장에 투자한 어마어마한 금액을 생각해 볼 때 그리 합리적인 방안이 아닌 것처럼 보일 수 있다. 그러나 미래의 교통체증과 혼잡에 대한 예측이 확실하다면 스포츠 의사결정자들은 이벤트들을 그들의 목표시장에 보다 접근성이 높은 곳으로 옮기는 것 외에는 다른 선택이 없을 것이다. '(스포츠 미디어를 통해) 이벤트를 팬들이 있는 곳으로 끌어오는' 전략은 마치 독재 시대에 팬들이 있는 곳을 찾아가던 순회공연이 부활한 듯한 느낌을 준다. 스포츠브랜드는 새로운 건축 기술을 도입하여 더 유연하게 이벤트를 개최할 수 있는 조립식 건축법 등에서 아이디어를 얻을 수도 있을 것이다.

팬들은 경기를 즐길 때 TV로 볼 것인지 다른 매체로 볼 것인지, 직접 경기장에서 갈 것인지 등 관람 방법을 선택해야 한다. 예를 들어, 슈퍼볼 도시로 몰려들었던 주요 스폰서 기업들은 슈퍼볼 XL을 위해 추위를 견디며 디트로이트까지 가느니 카지노, 해변 그리고 커다란 HD TV가 준비된 '슈퍼볼 중계 파티'를 따라 라스베이거스나 카리브 해로 가는 것이 낫다고 생각하고 있다.

이처럼 스포츠 관람 문화가 바뀌면서 경기장 이벤트는 TV 중계를 중심으로 하는 미디어 이벤트와 경쟁하고 있다. 결과적으로 이벤트는 점차 분산되고 있으며 실제 경기장에서 벌어지는 현장감의 중요성은 점차 희석되고 있다. 팬들은 매일 이러한 스포츠 소비 형태 중 어느 한 가지를 선택하고 있으며 슈퍼볼 사례처럼 일부 팬들을 위한 현장 이벤트 자체는 스폰서들의 반감을 사기도 하고 시간과 돈이 다른 곳에서 훨씬 더 생산적으로 활용될 수 있다는 소비자들의 변심도 막지 못하고 있다.

경기장 관람이 지닌 한계를 극복하기 위한 또 다른 해결책은 뉴미디어 기술의 장점을 살린 경기장 시설을 건축하는 것이다. 이러한 전략은 팬들에게 경기장에서의 팬들 간의 우정과 감동, 그리고 미디어 시청 중 어느 한 가지를 선택하라고 강요하지 않는다. 나스카의 경우 실제 경기장 관중석에서 라디오 중계를 듣는 수많은 나스카팬들을 위해서 '캥거루 TV'라고 불리는 멀티미디어 핸드세트를 브랜드화한 나스카 넥스텔을 선보였다. 이 소형무선 TV에는 경기장에 온 팬들에게 맞춤형 정보와 비디오카메라 앵글, 오디오 옵션, 지정된 좌석에서 볼 수 없는 다양한 카메라 앵글을 제공하는 리모콘과 헤드폰이 장착되어 있다.

캥거루 TV는 경기장의 팬들이 급격한 턴, 타이어 교체, 레이서와 팀원 간의 대화내용 등 TV 중계에서만 볼 수 있는 경기 장면을 제공한다는 장점을 지닌다. 나스카의 전략은 팬들의 경기장 관람과 미디어 니즈를 모두 만족시키며 이를 통해 TV로 경주를 즐기는 팬들이 직접 경기장을 찾도록 하는 것이다.

쌀쌀한 날씨나 조명이 깜빡거리는 좁은 복도 등 열악한 장소에서 열리는 이벤트라 하더라도 직접 경기장에 가서 보고자 하는 팬들은 항상 있기 마련이다. 안타깝게도 이처럼 헌신적인 팬들은 대부분 스포츠브랜드팬들 중 소수에 불과한데 이러한 작은 몫을 위해 경쟁하는 것은 서로에게 손해다. 미래를 내다보고 정치적·환경적·문화적 변화에 대비하여 적응하는 것은 스포츠브랜드의 생존을 위해 필수적이다.

미디어와 관련된 과제

경기장 관람률이 낮아짐에 따라 이익을 창출할 수 있는 다른 채널을 찾고 있는 스포츠 조직들이 많아졌다. 대부분의 스포츠들은 기존 TV 네트워크와 직접 경쟁할 수 있는 자사 미디어 프로그램을 개발 중이거나 실행하고 있거나 탐색하고 있다. 또한 미디어와 스포츠 간의 계약은 그 무게중심이 미디어 네트워크, 케이블, 스폰서 지원금에서 점차 스포츠 조직이 생산한 스포츠 퍼포먼스의 마케터이자 프로모터가 되는 이익분배 모델로 옮겨 가고 있다.

주요 미디어 시장에서의 경쟁이 더욱 치열해짐에 따라 TV를 통한 침투력을 상실했거나 이를 누릴 수 없는 스포츠는 뉴미디어를 이용한 멀티채널 방식으로 자체 스포츠 미디어 개발을 추진해야 한다. 뉴미디어는 신생 스포츠가 소비자들을 세분화하고 개별화하여 비용 대비 고효율을 올릴 수 있는 방식으로서 미디어 메시지를 효과적으로 전달할 수 있다. 또한 뉴미디어는 신생 스포츠가 정보기술 전문가를 고용하거나 더 세련된 방법으로 뉴미디어를 관리할 수 있는 특수 컨설팅 회사를 아웃소싱할 것을 요구하고 있다. 예를 들어, CSTV.com은 250여 개의 대학스포츠 프로그램의 웹사이트를 관리하고 승마, 펜싱, 크로스컨트리 같은 무명 스포츠에 노출기회를 제공한다. 이러한 제3자의 아웃소싱이 없다면 대학의 마이너스포츠들은 잠재시장에 접근하기 힘들 것이다.

스포츠 세계에서 미디어라는 강력한 존재는 우리로 하여금 스포츠 참여를 어떻게 정의해야 하는지에 대해 생각하게 만든다. 새로운 스포츠 참여 환경에서, 매든 NFL 2006 비디오게임을 즐기는 30세 남성과 휴대폰에서 20분짜리 대학경기들을 고르고 있는 사람 모두 오늘날 스포츠 참여의 일면을 보여 주고 있다. 스포츠와 팬 간의 참여 관계에서 단지 경기 관람을 한 가지 요인으로만 인식하는 것은 부족함이 있다. 이러한 변화는 다음과 같은 공식으로 표현할 수 있다.

참여 = 팬들이 다양한 채널을 통해 스포츠에 소비하는 시간의 양

좀 더 세련된 접근방법은 직접참여에 가장 큰 점수를 주는 식으로 스포츠 소비채널에 따라 점수를 다르게 부과하는 것이다. 스포츠브랜드가 해야 할 일은 큰 이익을 가져다주는 채널에 투자하는 시간을 늘리고 팬과의 장기적인 관계 유지를 위해 노력하고, 경기장 관람을 촉진시키는 것이다. 비디오게임 개발자, 휴대폰 공급업자, 스포츠 하이라이트 제작자들은 모두 스포츠를 위한 중요한 잠재 연결고리들이다. 경기장 참여 또한 여전히 중요하며 기술적인 부분에서 팬과의 연결고리들을 형성하는 것은 필수적이다.

스포츠 참여의 새로운 정의와 환경은 스포츠브랜드로 하여금 미디어와 친근한 상품을 생산하도록 요구한다. 이러한 측면에서 스포츠가 TV에서 어필할 수 있도록 만들고 비디오게임을 제작하며 적극적인 블로그 활동을 촉진하는 일은 매우 중요하다. 강력한 미디어의

뒷받침이 없는 스포츠브랜드는 경쟁자와의 싸움에서 고전을 면치 못할 것이다.

스포츠 소비채널 측정

스포츠팬과 관계를 형성해 주는 채널은 매우 많다. 어떤 스포츠는 경기장을 통해 특별하고 고유한 경험을 제공하는 것을 과업으로 삼고 어떤 스포츠는 TV나 비디오게임 제작에 주력하여 이익을 거둔다. 스포츠 의사결정자들은 팬들이 스포츠브랜드에 소비하는 시간을 각 채널별로 비교하기 위해 평균가중점수를 이용할 수 있다. 스포츠 소비채널 이용 실태를 측정하는 이유는 첫째, 팬들이 어떠한 경로를 통해 스포츠 이벤트에 참여하는지를 파악하는 것과 둘째, 채널믹스channel mix를 향상시키기 위해 각각의 채널에 주어진 예산과 자원을 어떤 비율로 배정할 것인가 하는 문제를 이해하는 데 있다. 물론 채널분석을 통해 이익을 산출하는 것은 어렵다. 그러나 이러한 측정은 브랜드로 하여금 현재의 채널믹스를 돌아볼 수 있도록 자극하고 나아가 미래에 전개될 스포츠 채널믹스의 트렌드와 수익가능성을 예측할 수 있도록 도와준다.

이러한 평가는 소비시간과 이익점수가 있는 채널당 이익지표라고 할 수 있다. 소비시간은 목표시장 또는 전체 팬들이 채널이용에 사용한 시간의 백분율이다. 목표이익률은 실제이익과 목표이익에 근거하여 각 참여 채널들에 할당된다. 예를 들면, 어느 스포츠브랜드가 팬들의 직접참여를 주력 사업으로 삼고 이익의 50%를 경기장 참여를 통해 창출하고자 한다면 해당 스포츠 의사결정자는 실제 경기장참여채널에 50%의 점수를 배당하고 다른 채널들은 나머지 퍼센트의 비율을 나누어 배정할 것이다. 다음은 이러한 모델이 적용되는 사례를 보여 준 것이다.

소비채널	소비시간(%)	목표이익률(%)	점수
경기장	20	50	0.1
TV	40	25	0.1
라디오	5	5	0.0025
비디오게임	25	10	0.025
인터넷	10	10	0.01
합계	100	100	0.2375

이처럼 채널 비교를 하는 이유는 팬들의 경기장 참여를 극대화시키기 위해서다. 그러나 표에서 볼 수 있듯이 대부분 팬들은 TV 시청을 통해 해당 스포츠브랜드를 소비하고 있다. 이런 상황에서 브랜드 의사결정자는 몇 가지 선택을 할 수 있다. 우선 TV 시청자들을 경기장으로 유도할 수 있도록 그들의 건강한 TV 채널을 이용할 수 있을 것이다. 또는 자사 브랜드가 TV를 통해 충분한 이익을 창출하지 못하고 있음을 인지하고 현재 팬들의 채널소비 성향을 반영할 수 있도록 목표이익률을 조정할 수도 있다.

또는 비디오게임 이용시간이 전체 이용시간의 4분의 1을 차지함에도 불구하고 목표이익률은 10%에 불과한 것을 알 수 있다. 결정이 어떻든 간에 스포츠 의사결정자들은 팬들의 스포츠 소비 형태를 전체적으로 파악할 수 있으며 그것이 이익과 어떻게 연결되는지도 이해할 수 있다.

이러한 표를 통해 스포츠브랜드 의사결정자들은 어떤 채널들이 성공적인지를 모니터하고 재정적 목표달성을 위해 어떤 채널이 향상될 필요가 있는지 파악할 수 있다. 또한 이러한 측정은 스포츠 의사결정자들에게 진단과 평가 매트릭스로 작용하기도 한다. 즉 스포츠 의사결정자들은 이러한 매트릭스를 통해 진단 점수를 산출할 수 있고 목표설정을 위한 기준으로도 활용할 수 있으며, 초기 점수를 고려하여 미래 수행점수를 테스트할 수도 있을 것이다.

예를 들어, 어떤 스포츠에서는 경기장 참여 중요도가 TV나 비디오게임보다 낮을 수도 있고 이는 앞에 제시된 표의 방식으로 반영될 것이다. 앞으로 채널 소비행동은 훨씬 더 다양해질 것이고 팬들이 어떤 채널을 통해 스포츠브랜드를 소비하는지 모니터하는 것은 팬과의 관계를 유지 발전시키는 데 매우 유용하다.

위기와 관련된 과제

미디어 중심의 문화에서 스포츠브랜드는 위기가 될 수 있는 예기치 않은 사건들에 자주 직면한다. 재정적인 수입이 증가하고 미디어가 보다 많은 정보에 접근하고자 함에 따라 스포츠브랜드에 영향을 미치는 위기의 순간은 더욱 늘어나고 있다. 스포츠브랜드들이 어렵게 형성한 팬과의 관계를 보호하기 원한다면 위험을 초래할 만한 이슈들을 미리 예측해야 한다.

위기는 위협, 불확실성, 통제결핍이라는 3가지 요소로 정의된다. 일반적으로 참여자, 미디어, 팬들은 위기에 관계되거나 그 결과로 영향을 받기 마련이다. 여기서 참여자란 피해를 입은 집단, 여론조성자(오피니언 리더), 정치적 관계자 등을 말한다. 이들은 주로 위기와 관련된 목표 집단이거나 의사결정자들이다. 미디어는 위기와 관련된 이슈들을 보도하고 견해를 제공하면서 팬들을 위해 그 내용을 걸러 낸다.

팬과의 관계를 보호하고 향상시키는 노력들은 위기 '커뮤니케이션' 측면에서 논의되어야 할 것이다. 위기 상황은 브랜드의 박애주의적 의지를 나타내며 결단력을 증명함으로써 팬과의 관계를 유지하고 향상시킬 수 있는 관계 형성 기회라고 생각해야 한다. 다행히 위기상황에서 팬과의 관계를 정의하는 상황들은 그리 많지도 않다. 다음과 같이 위기를 유형별로 정리하여 가능한 해결책들을 생각해 보자.

| 블랙호크스 다운_팬과 멀어지다

• 위기

NHL 구단주들은 2004-2005 시즌 동안 모든 경기를 포기했다. 구단주들은 선수들의 연봉을 제한하는 샐러리캡 제도를 도입하고자 했다. 이에 선수협회는 피고용인 권리 조항이 바로 그런 제도로부터 선수들을 보호하고 있다고 주장하면서 거부로 맞대응했다. 이에 대해 리그는 매 시즌 수백만 달러의 적자를 보고 있다며 구단주와 선수 간의 연봉 논쟁이 다음 시즌 시작 전에 조속히 해결되어야 한다고 주장했다. 정작 위기감은 경기가 중단되었는데도 팬들이 아이스하키를 그리워하지 않는다는 데 있었다. 리그, 구단주, 선수 간의 갈등이 파국으로 치닫자 팬들은 관계자들이 문제를 해결하려는 의지는 있는지 의구심을 갖게 되었다.

• 대응

파업을 알리는 기자회견에서 시카고 블랙호크스의 구단주 빌 워츠와 경영인 밥 풀포드는 그동안 경영진들이 선수들에게 매우 관대했다는 입장을 고수했고 요즘 선수들이 50~60년 전 선수들처럼 되기를 바란다고 말했다. 또한 풀포드는 자기 세대 때 선수들은 미국산

쉐비를 타고 다녔지만 지금 선수들은 벤츠를 몰고 다닌다고 비난했다. 그는 또한 헤게모니가 선수들 쪽으로 이동하고 있고 저울의 추가 너무 한쪽으로 치우치고 있다고 주장했다.

• 평가

블랙호크스는 스포츠 시장이 급속하게 변화했음을 인식하고, 팬들도 해결책을 함께 찾고 싶어 하며 결코 NHL을 비난할 생각이 없다는 것을 이해할 필요가 있었다. 팬들은 구단 경영진이 자기 선수들에게 적대감을 가지고 있고 오늘날 스포츠 환경과 동떨어져 있다는 느낌을 받고 있었다. 따라서 구단주들은 격한 감정으로 선수 개개인을 공격하기보다는 팬들이 원하는 것이 무엇인지 찾기 위해 선수들과 협력하고 싶다는 바람과 나아가 상호 공평한 계약이 가장 우선적으로 고려되고 있다는 점을 표명할 필요가 있었다.

| "나를 회원으로 받아들이는 클럽에는 관심이 없다." 그루초 막스
_분별 없는 공방이 낳은 위기

• 위기

여성위원회 위원장인 마사 버크는 여성들의 클럽 참여(토너먼트 참여)를 허용하지 않는 마스터즈의 고향, 어거스타 내셔널 골프 클럽[23]을 성차별로 고소했다. 이에 어거스타 클럽 회장인 후티 존슨은 사설 클럽은 자체적으로 회원을 선택할 권리가 있다는 입장을 취했다. 존슨은 한때 '목에 칼이 들어와도' 여성들의 클럽 참여를 허용하지 않겠다고 말하면서 그의 입장을 확고히 했다. 이렇게 자초된 위기는 사설 클럽으로서의 권리와 성차별에 관한 논쟁을 불러일으켰을 뿐 아

니라 미국 골프의 가장 신성한 토너먼트의 의미를 훼손시키는 결과
를 초래했다.

• 대응

이 사건의 초기 대응은 관련 단체들의 폭발적인 반응과 미디어의
관심을 촉발시켰다. 두 대표 간의 개인적인 논쟁은 국제규모의 이벤
트를 주관하는 사설 골프클럽으로서의 권리를 주장하던 어거스타 클
럽에 관한 논쟁의 핵심에서 벗어나 있었다. 버크와 존슨 간의 논쟁은
핵심주제에서 벗어나 문제를 질질 끌었고 관련 없는 범위까지 끌어
들여 서로 흠집 내기로 일관했다. 심지어 버크는 "내가 지금 후회하
는 유일한 것은 이 논쟁이 나와 후티 존슨에 관한 이야기로 변질되었
다는 것이다."라고 인정했다. 결국 양편에서 난발한 원색적인 비난
들은 버크와 존슨의 입장에 어느 정도 동정심을 보였던 사람들까지
소원하게 만드는 위기를 초래했다. 두 집단 모두 지원군을 얻기는커
녕 어느 쪽이 팬과 지원자의 이탈을 최소화시킬 수 있을 것인가가 문
제가 되어 버렸다.

---

23) **어거스타 내셔널 골프클럽** Augusta National Golf Club
PGA 대회 중에서 가장 규모가 큰 마스터즈, 브리티시 오픈, U.S. 오픈, 그리고 PGA 챔피언십을 메
이저 대회라고 부른다. 메이저 대회는 전통적으로 명문 사설 골프장에서 열린다. 다른 3개 대회는
매년 개최되는 코스가 달라지지만 유독 마스터즈 대회만은 어거스타 내셔널 골프 코스에서만 열렸
다. 미국 조지아 주의 어거스타라는 작은 마을에 자리 잡은 이곳은 1935년에 주식회사로 설립되었
다. 현재 직원은 200여 명이고 멤버십을 가진 회원 수는 300명이 채 안 된다고 한다. 회원은 철저
하게 남성만 받아들인다. 처음에는 백인 남성만 받았으며 최근에야 흑인에게도 문호를 개방했다.
회원들은 대부분 일류기업의 CEO들이며 평생회원 자격이 유지된다.
다른 3개 대회는 일종의 오픈 대회이므로 예선을 거쳐 출전 선수를 결정하는 반면, 마스터즈 대회
는 주최측에서 참가자를 선정한다. 최근에는 선수의 나이를 제한하여 아놀드 파머나 잭 니클라우스
같은 노장들에게 출전권을 주지 않으려고 했을 정도로 이 클럽의 정책은 무척 보수적이다. 마스터
즈 우승자에게는 전통적으로 전 대회 우승자가 초록색 재킷(그린재킷)을 입혀 주는 것이 관례인데,
이 그린재킷은 어거스타 내셔널 멤버들만 입는 일종의 유니폼이라고 한다. 타이거 우즈처럼 한 번
이상 우승한 사람에게는 다시 새 재킷을 주지 않는다.

• 평가

이듬해 어거스타 내셔널 클럽은 스폰서와 광고 없이 마스터즈 토너먼트를 중계하며 위기를 관리했다. 이는 상업적 이익을 추구하지 않고 사설 클럽의 입장을 순수하게 유지할 것이며 다른 사람의 시선은 신경 쓰지 않고 묵묵히 자신의 길만 가겠다는 의지로도 해석될 수 있다. 어거스타 골프 클럽은 또한 버크의 입장을 반대하는 여성 집단과 골프에 대한 공격이라고 느꼈던 여자 프로골퍼들로부터 지지를 받았다. 결국 위기감은 무뎌졌지만 무자비한 공격과 분별 없는 방어가 근본적인 원인에 심각한 손상을 입혔다.

┃밥 나이트_위기에 대한 강력한 조치가 없었다

• 위기

인디애나 대학교 농구팀 코치인 밥 나이트는 인디애나 대학교와 동일시되는 인물이다. 팀의 연승, 군사훈련을 방불케 하는 연습 그리고 깔끔한 농구 프로그램 운영으로 쌓은 명성으로 인해 상징적인 인물이 된 것이다. 그러나 기자회견장이나 코트에서 그가 내뱉는 괴성같은 폭언은 재미있긴 하지만 가끔 대학교 이미지에 손상을 주기도 했다. 또한 미국인이라면 모두 알고 있는 질식할 정도로 강도 높은 훈련 과정을 녹화한 동영상도 떠돌았다. 나이트와 관련된 이상의 모든 것들은 대학교 행정부와 밥 나이트 간의 논쟁을 불러일으켰고 결국 심각한 갈등 끝에 결국 나이트가 해고되는 사태에 이르렀다.

• 대응

대학교는 나이트의 문제를 해결하기 위해 정기적으로 해고 경고를 보내기도 하고 결국 어떠한 반사회적인 행동도 용납되지 않는다는 내용의 정책들을 마련하는 등 수많은 노력을 기울였다. 그러나 대학교 행정부는 결단력 있게 나이트를 해고하지 않음으로써 너무 많은 시간을 끌었고 농구팀에 대한 통제력을 상실했다. 당시 미디어 스포츠의 스토리라인은 대학농구팀 감독이 대학교를 통제하고 있고 총장은 도망치고 있다는 루머에 관한 내용들이었다.

• 평가

위기 관리자들에게 나이트의 문제에 대한 교훈은 명확하다. 위기 발생 초기에 신속하게 움직였다면 대학교의 권위와 통제력을 빠르게 재평가하고 인디애나 대학농구 프로그램이 시트콤이 되는 것을 막을 수 있었다. 인디애나 대학교는 시간 관리에 미흡했고 나이트에게 통제권을 넘겨줘 버린 듯한 인상을 주었으며 결국 대학기관의 리더십에 대한 끝없는 위기와 혼란 속으로 빠져들었다. 결국 나이트가 해고되고 위기가 사라진 후에도 나이트 문제에 대한 미흡한 조치들은 인디애나 대학교 농구팀이 지역팬들로부터 신뢰를 다시 얻는 데 어려움을 주었고 팀의 명성을 회복하는 데도 걸림돌이 되었다.

┃ 소사 게이트_빠른 대응으로 화재를 진압할 수 있다

• 위기

시카고 커브스의 존경받는 슬러거인 세미 소사는 타격 후 배트가 부러진 사고로 곤란을 겪었다. 부러진 배트 주위로 코르크 파편이 흩어졌는데 이 사건으로 그에게 비난이 쏟아졌고 조롱거리가 되었다 (배트 재질에 코르크가 섞이면 공의 반발력을 높여 주어 타구가 더 멀리 나가는 효과가 있다. 따라서 이 사건은 홈런타자인 세미 소사의 명성에 흠집이 되기에 충분했다). 소사는 스포츠 역사상 가장 축하받을 수 있으면서 동시에 의문스런 홈런 기록을 앞두고 있는 시즌에 임하고 있었지만 여전히 가장 시장성 있는 유명 선수였다. 그가 속였다는 일말의 증거만으로도 그동안 성취했던 모든 성과들은 심각하게 손상될 수 있으며 상업적인 면에서도 큰 타격이 될 수 있었다.

• 대응

소사의 입장은 자신이 매우 정직한 실수를 저질렀다는 것이었다. 그는 신속하고 매우 예의바르게 사과했고 어떠한 변명도 하지 않고 처벌을 달게 받아들였다. 또한 그러한 혼란과 실수가 다시는 발생하지 않을 것이라고 맹세했다.

"나는 단지 타석을 준비하고 있었고 단지 굴러다니는 배트를 잘못 골랐을 뿐입니다. 팬과 모든 분들께 사과드립니다."

• 평가

메이저 리그는 소사가 가지고 있는 76개 배트 모두를 X레이 촬영했고 그의 배트 안에 코르크나 불법 재료가 쓰이지 않았음을 밝혀냈다. 야구위원회 부위원장인 샌디 앨더슨은 "우리는 X레이 결과에 대해 매우 기쁘게 생각한다. 검사결과는 어젯밤 세미가 해명했던 내용과 일치한다."라고 검사 결과를 발표했다. 몇몇 팬들과 미디어들이 의심을 하기는 했지만 대부분의 단체들은 긍정적인 반응을 보였고 이 우연한 사건은 급속하게 퍼졌다. 소사의 재빠른 대응은 신속한 사과의 중요성을 다시 한번 일깨워 준다. 몇몇 팬들은 그러한 위기해결 방법에 만족하지 않았을지도 모르지만 소사와 메이저 리그 측의 반응은 상황이 더욱 악화되는 것을 막았다는 것을 확신하고 있다.

| 공부하지 않으면 경기에 뛸 수 없다_ 퍼미안 고교 미식축구팀 사례

• 위기

1990년 텍사스 오데사 지역의 퍼미안 고등학교에 관한 책이 발간되면서 위기가 발생했다. 저자 비싱어는 퍼미아 고교미식축구팀과 시즌 내내 함께했고 퍼미안 고등학교의 학풍과 스포츠 문화에 관해 상세히 기록했다. 학교 당국은 모범적인 운동 프로그램을 운영하는 학교의 좋은 예를 보여 주는 이 책의 발간이 학교에 이득이 될 것이라고 생각했다. 그러나 저자가 책을 통해 표현한 내용은 학교당국의 기대와 큰 차이를 보였다. 한 지역 주민은 다음과 같이 회상했다. "나는 그가 인디애나의 시골에 있는 한 고교농구팀이 주 챔피언십을 거머쥐는 감동적인 순간을 묘사했을 것이라고 생각했다. 하지만 그런 식의 책이 아니었다." 비싱어는 책에서 퍼미안 고교의 인종차별주의와 선수들에 대한 느슨한 학업 관리를 고발했는데 이는 지역사회 주민들을 당황하게 만들었고 마이크 윌리스의 「60분 리포트」와 같은 미디어에 소개되어 퍼미안 고등학교에 대한 부정적인 이미지에 쐐기를 박았다.

• 대응

오데사 시 행정부와 지역 주민들은 분개했고 그동안 비싱어에게 속았다고 분개했다. 작가는 살해위협까지 받을 정도로 도시 주민들 사이에는 배신감이 팽배했다. 학교 당국은 관련된 모든 비난과 책임에 반응했지만 가장 효과적인 대응은 학교가 준수해야 할 교육 필수 조건과 규정들을 엄격하게 이행하는 것과 운동부의 운영과 학교 목표 간의 관계를 보다 통제력 있게 관리하는 것이었다.

• 평가

비싱어가 학교 운동부에 접근하는 것을 허용하면서, 학교 당국은 비싱어의 정확한 동기를 파악하지도 않았고 자기 학교 스포츠 프로그램을 평가하지도 않았다. 외부 사람들은 용납되기 어려운 연습훈련 과정에서의 부조리와 부당함보다 미식축구팀의 성공을 더욱 중요하게 여겼다. 가장 효과적인 전략들은 문제해결을 위한 학교 당국의 장기적인 결정이었다. 퍼미안의 병폐는 다른 고교스포츠에서도 쉽게 찾을 수 있는 문제였던 만큼 치료의 필요성이 있었다. 다행히 2004년 영화 「프라이데이 나이트 라이트 *Friday Night Light*」에서는 오데사 시와 학교가 좋은 이미지로 묘사되어 비싱어 책 사건으로 인한 부정적 이미지를 상쇄할 수 있었다.

팬 중심의 위기 커뮤니케이션 가이드

1단계 : 계획 관리

대응 권한이 누구에게 있는지, 권한이 주어지는 기간은 어느 정도인지 그리고 어떠한 파워를 가지는지를 명시하라. 리더십은 사전에 결정되어야 하고 리더들은 대변인 역할의 결정, 적절한 타이밍, 권한 위임 등의 사안들에 대한 절대적인 결정을 내리고 조정할 수 있는 권한을 부여받아야 한다. 계획은 상세하게 문서화되어야 하고 위기 동안 발생할 수 있는 모든 주요 커뮤니케이션 범주에 따라 지원 계획도 확실하게 마련해야 한다. 이러한 계획은 적합한 핵심인물들이 없거나 집행이 미흡하거나 존재하지 않을 경우 실패하기 마련이다.

2단계 : 문제 분석

효과적으로 위기를 해결하고 대중의 기대를 만족시키기 위해서는 모든 사실들을 종합하고 분석하라. 이 단계에서는 나의 가용 자산을 목록에 기록하고 나의 상황을 평가하고 잠재된 문제들을 현실적으로 바라보는 게 중요하다.

3단계 : 목표 메시지

상대방을 움직일 수 있으며 위기를 명쾌하게 해결할 수 있는 메시지를 개발하라. 모든 커뮤니케이션이 한 목표로 집중되어야 하고 서로 상반되지 않는 것이 매우 중요하다. 목표 메시지는 주요 논지들을 분명히 포함해야 한다. 이 단계에서는 상대방(스포츠 언론 또는 법적 상대)이 할 반박 내용을 예측해야 하며, 적절한 답변을 준비하고 연습하는 것도 포함된다. 이상적으로 메시지는 위기에 대한 명확한 해답을 제시해야 한다. 만약 그것이 불가능하다면 메시지는 해결에 도달하기 위해 취해질 단계들을 논리적으로 열거해야 한다.

4단계 : 실행

예산, 시간 배정, 미디어, 지역 기관들, 사람들의 구전 등이 포함된 메시지 배포 계획을 결정하라. 위기가 발생한 시간 동안 모든 정보는 1단계에서 이미 결정된 관리 계획을 통해 조정되어야 한다. 만약 실행단계가 없다면 위기관리 계획은 책장에서 먼지만 쌓일 것이고 실제 직면한 위기들은 즉흥적으로 처리될 것이다.

● 팬 커넥션 유지 법칙

스포츠브랜드는 그 생명력을 연장시키는 과정에서 수많은 장애물
을 만나게 된다. 쇠락의 다양한 원인에 대해 말할 때 어떠한 관계유
지 전략에서도 적용될 수 있는 보편적인 법칙이 존재한다.

법칙 1. 경쟁이 치열하고 세분화될수록 스포츠브랜드는 팬과의 관계
에 더욱 의존하게 된다.

새로운 경쟁자들이 시장에 진입하고 세분화가 지속됨에 따라 시
장의 경계는 계속해서 허물어지고 재구성되기를 반복할 것이다. 팬
과의 가장 *끈끈한* 관계를 촉진시킬 수 있는 스포츠브랜드는 이처럼
빠른 변화를 견디고 극복해야 한다. 반면 불안정한 스포츠 시장은 팬
과의 관계를 약화시킬 것이다.

법칙 2. 스포츠브랜드는 자신의 핵심시장을 우선 관리해야 한다.

핵심 시장과의 관계를 유지하고 발전시키는 것은 모든 스포츠브
랜드들이 해야 할 기본적인 일이다. 이를 간과하는 것은 근시안적인
시각이다. 결국 브랜드의 쇠퇴기에 가장 충실한 지원군들은 시즌 입
장권을 가지고 있거나 해당 스포츠브랜드와 관련된 라디오 쇼에 전
화 연결을 시도하고 비시즌 기간 동안에도 팀의 이벤트에 참여하는
팬들일 것이다. 이러한 핵심 시장(충성스런 팬)에 대한 적절한 관심과
배려가 없다면 팬과의 관계 유지전략을 시도하고 있다고도 말할 수
없을 것이다. 심지어 매우 외골수적인 팬들이라 하더라도 그 지원이
무조건적이진 않다.

법칙 3. 스포츠브랜드들은 팬들의 기대를 파악하고 분류하고 만족
시키는 데 합리적이어야 한다.

스포츠브랜드는 팬들에게 성취될 수 있는 것만을 약속해야 한다.
만약 프로아이스하키팀의 홍보 자료들이 팀의 성실한 플레이, 좋은
매너, 지역사회 중심의 마인드를 지닌 선수에 관한 내용을 담고 있다
고 하자. 그런데 실제 팀 구성원들이 게으르고 경기에서 좋지 못한
매너를 보이거나 팀워크가 아닌 이기적인 플레이를 보인다면 팬들에
게 약속된 것과 실제 팬들이 느끼고 경험한 것의 차이로 인해 결국
팬과의 관계가 약화될 것이다.

이처럼 지켜지지 않은 약속은 브랜드의 성품에 흠이 되고 팬과의
관계 유지 노력에 손상을 입힐 수 있다. 선수나 감독 영입과 계약을
통해 팬들의 기대를 강화할 때 브랜드의 일관성을 보다 쉽게 성취할

수 있다.

팬들의 기대는 꾸준히 일관성 있게 만족되어야 하고 나아가 그러한 기대를 넘어서야 한다. 이는 값싼 치킨 샌드위치가 기대보다 맛있다거나 스타 투수를 직접 볼 수 있는 사인회와 같은 행사들에서 느끼는 즐거운 경험과 같은 기본적인 것들이다. 이처럼 '즐거움을 가져다주는 요인'은 팬들이 해당 스포츠에 시간과 돈을 투자한 것에 대해 후회하지 않고 기대하지 않았던 것을 경험할 때 발생한다.

법칙 4. 스포츠브랜드는 핵심가치를 유지하고 변화과정을 통제함으로써 '스포츠의 진면목'을 지켜야 한다.

어떠한 관계유지 전략도 핵심적인 브랜드 특성을 유지하면서 스포츠의 진정성을 지켜야 한다. 포화된 시장에서 스포츠브랜드는 경쟁자와 차별화시킬 수 있는 명확한 포인트를 설정해야 한다. 각각 스포츠브랜드가 지닌 특유의 진정성은 그러한 차별성을 표현해 준다.

'스포츠답다'는 것은 선수들이 얼마나 열심히 경기에 임하는지 그리고 선수와 감독들이 어떻게 행동하는지와 같이 경기를 묘사하는 데 사용되는 독특한 언어적 표현과 경기장의 모습과 이미지 등을 말한다. 심지어 팬들은 실내 경기장에서의 냄새와 온도에 대한 기대도 가지고 있다. 스포츠브랜드는 그 스포츠가 지녀야 할 이러한 고유의 속성과 특성들을 거절할 수 없으며 브랜드 유지 전략에서 그 스포츠의 진정성을 강조해야 한다.

법칙 5. 스포츠브랜드는 꾸준히 진화하는 시장의 움직임을 놓치지 않고 새로운 팬 커넥션 형성을 위해 한발 앞선 활동을 펼쳐야 한다.

스포츠브랜드가 장수하기 위해서는 시장에 대한 장기적 비전을 지녀야 한다. 시장은 정기적으로 변화하며 팬들의 기호는 다양해지고 있다. 스포츠브랜드의 전성기는 반복적으로 회전되곤 한다. 전통적으로 충성스런 팬들이 그 브랜드를 영원히 지원할 것이라는 보장은 없다. 팬 층을 유지하기 위해서는 다른 소비시장에서 새로운 커넥션을 형성하는 동안에도 기존의 핵심시장과의 끈을 계속 유지하는 전략이 요구된다. 새로운 목표시장은 언젠가 형성될 것이고 브랜드는 이러한 새 시장을 확인하고 이들을 추적하는 데 있어서 한발 앞서 나가는 것이 중요하다. 여기서 핵심은 세대 간의 전이가 끊임없이 이어지도록 새로운 시장과의 관계를 형성하는 동안 현재의 관계도 유지하는 데 있다.

법칙 6. 스포츠브랜드는 최고의 활동들을 접목시켜 시너지 효과를 노려야 하며 새로운 관계와 개념에 접근해야 한다.

다른 스포츠 활동들을 모방하는 것으로는 충분치 않다. 어느 시점이 되면 그러한 브랜드 활동들은 일반화되기 마련이고 따라서 보다 새롭고 혁신적인 전략이 실행되어야 한다. 스포츠 이벤트를 판타지 게임 또는 멀티시티 글로벌 투어와 여타 다중마케팅 계획과 결합시켜 팬들을 스포츠로 끌어들이는 전략 등 아직 더 개척되어야 할 스포츠 마케팅 활동과 관련된 시너지 효과들이 있다.

차가운 핫도그의 경고

이제 3회 초다. 팬들은 즐거운 시간을 보내고 있고 팀은 매우 열심히 경기에 임하고 있다. 좌석도 깨끗하고 팬들은 이제 맛있는 핫도그를 먹으며 관전할 준비가 되어 있다. 구내매점도 잘 운영되고 있다. 매점 직원들도 친절하고 줄도 빨리 움직이고 서비스도 신속하다. 핫도그는 4달러 50센트, 음료수는 3달러 50센트, 프레젤은 2달러 50센트이며, 나초 치즈는 4달러 50센트, 전부 다해 15달러면 된다. 팬들은 핫도그에 머스터드소스를 바르고 피클을 넣어 한입 크게 먹는다. 그런데 핫도그가 차갑다!

만약 팬들이 경기장에서 음식에 대한 좋지 못한 경험을 할 경우, 팬들은 앞으로 경기장 음식을 좋아하지 않게 되고 심한 경우 불쾌한 경험으로 인해 다시는 경기장을 찾지 않을 수도 있다. 또한 이러한 경험은 "경기장 운영이 부실하다", "선수들 연봉이 터무니없이 높다", "매점이 돈벌이에만 매달린다" 등의 일련의 불평을 쏟아 내게 만들 것이다. 설상가상으로 심지어 경영진은 핫도그가 잘못 관리되고 있으며 팬들이 이에 불평하고 있다는 사실조차도 모르고 있다.

이러한 불쾌한 경험을 막기 위해서 스포츠브랜드가 팬들로부터 피드백을 받을 수 있는 방법은 무엇일까? 가장 좋은 수단은 인터넷이다. 인터넷은 고객들의 피드백을 수렴하는 새로운 방식을 열어 주었다. 예를 들어, 포드 자동차는 포드디렉트닷컴FordDirect.com에서 고객들의 기호를 명확하게 표현할 수 있게 했고 자동차 생산 전에 이 정보들을 이용했다.

야구팀 역시 인터넷을 통해 차가운 핫도그에 대한 피드백과 나아가 팬들이 좋아하는 간식과 음료에 관한 정보들을 얻을 수도 있다. 또한 팬 피드백 메커니즘은 팀과 선수에 관한 견해나 의견도 수렴할 수 있는 장점이 있다. 그럼에도 불구하고 스포츠브랜드의 약점은, 피드백의 필요성을 인식하고 채널들도 마련해 놓지만 접수된 불평에 대해 반응하지 않는 경우가 빈번하다는 것이다. 만약 **스포츠브랜드**가 팬 친화적이 되기로 결정하고 불쾌감을 바로 시정할 수 있는 메커니즘을 제공하고자 한다면 신속하게 뜨거운 핫도그를 만들어 내도록 가용자원을 배분하여 문제를 해결해야 할 것이다.

● 팬 커넥션 유지 전략

이제 스포츠브랜드가 팬과의 관계를 유지하고 그들의 참여를 활성화시킬 수 있는 전략들을 살펴보자.

이벤트 전략

브랜드 인지도를 높이고 소비를 촉진시키기 위해 시즌 기간 동안 챔피언십이나 올스타 경기 같은 특별한 경기 유치 등의 이벤트 전략을 실행하는 것도 좋은 방법이다. 이 경우 일반적인 시즌 경기에 매력을 더해 주고 팬들이 기존에 많은 관심을 갖지 않았던 시범 경기, 정기 리그, 비시즌 경기 등에도 참여해야 할 이유를 만들어 준다. 이러한 전략은 팬과의 접근성에 방해가 되는 규정을 극복하는 수단으로도 작용한다. 대학농구팀의 시즌 첫 공개 연습을 제도화시킨 대학농구 프로그램들의 발명작인 '미드나이트 매드니스[24]'는 성공적인 이벤트 전략 모델이다.

---

24) **미드나이트 매드니스** Midnight Madness
   NCAA는 미국 대학교 농구팀이 여름에는 연습을 할 수 없도록 규정하고 있다. 미드나이트 매드니스는 일종의 팬 행사인데 연습이 허가되는 전날 밤에 팬들과 선수들이 체육관에 모여서 파티를 하다가 자정이 되면 청백전을 하기도 한다. 대학농구 시즌의 시작을 알리는 날이라고 할 수 있다.

또 다른 사례로는 NFL 드래프트를 들 수 있다. NFL 드래프트가 진행되는 시기는 NBA와 NHL 플레이오프가 한창 진행 중이고 PGA는 정기시즌에 있으며 MLB 시즌이 끝난 지 한 달 정도되는 4월에 시작된다. 잘 알려지지 않은 대학미식축구 선수들을 선발하는 드래프트는 그 자체만으로는 흥미로운 행사가 아니다. ESPN과 함께 NFL은 팬들의 관심을 끌어내고 이들이 17시간의 생중계를 시청하고 나아가 비시즌 동안에도 NFL에 대한 관심을 유지시키고자 하는 목적으로 드래프트 자체를 이벤트로 재구성했다. NFL 드래프트는 각 팀이 어떤 선수를 선발할지 예측하기 힘들다는 점과 여러 가지 흥미로운 특성들을 충분히 이용하여 드래프트 이벤트를 TV로 포장함으로써 성공을 거두었다.

드래프트는 또한 팀 전력에 바로 보탬이 될 수 있는 이제 갓 대학교를 졸업한 신인 선수의 잠재력을 강조하면서 드래프트에서 벌어지는 선수선발의 중요성을 강조했다. 심지어 비중이 떨어지는 무명선수 드래프트도 그럴 듯하게 포장하여 스카우트가 팀 생계를 꾸려나가는 데 상당히 의미가 있다는 주제로 흥미를 북돋는다. NFL은 이러한 전략들을 프로모션 광고, 스타선수의 인기, 그리고 다음 시즌을 위한 해결책에 대한 팬들의 희망과 결합시키면서 선수선발과 팬들의 관심 끌기라는 두 마리 토끼를 모두 잡았다.

스타 전략

스타파워는 그 자체만으로도 스포츠브랜드를 유지하고 지탱시킬 수 있다. 사람들은 스타와 자신을 동일시하기도 하며 스타를 탐구하는 일을 흥미롭게 여긴다. 과거 스포츠 스타들은 다른 영역의 시장들을 넘나들곤 했지만 통상적으로 스포츠 스타의 가시성을 높이는 원동력은 스타의 스포츠 기술, 미디어, 또는 팬들이 해당 스타에게서 발견한 흥미와 관심이 어우러질 때 발휘된다.

인디애나 주립대학교의 래리 버드는 보스턴 셀틱스로 드래프트되었다. 그는 몇몇 뛰어난 팀 동료들과 함께 작은 시골 출신다운 소박한 성격과 슈팅 기술을 결합시킴으로써 시장성 있는 스타로 부상했다. 그는 또한 극적인 게임에서 레이커스의 매직 존슨과 경쟁 구도를 형성함으로써 이득을 보았다. 대중들은 래리 버드와 레이커스와의 만남이라는 두 스타의 경쟁을 흥미롭게 보았다.

이러한 스타 브랜딩 사례들은 스타파워의 강력한 영향력을 보여주었으며 역사적으로 스포츠브랜드에 흥미를 불어넣어 주는 동력이 되었다. 시장이 스타를 발견할 때 스포츠 의사결정자는 보다 쉽게 스타 브랜드 구성요인들을 배치할 수 있다. 새로운 환경에서는 그 시스템이 보다 정교해지고 돌아오는 몫도 점점 커진다. 스타 상품들은 시장의 선택을 받기 위해 진열장에서 손님을 기다리지만은 않을 것이다.

오늘날 브랜딩 세계에서 보다 많은 스포츠 조직들이 브랜드 성격을 개발하는 데 관심을 기울이고 있으며 다양한 세분 시장들을 양육하기 위해 그러한 성격들을 매력적으로 포장하고 있다. 결과적으로 스포츠나 리그는 점차 시장 세분화와 잠재된 팬들에게 효과적으로 어필할 수 있도록 스타들을 지원하고 있다. 스타 지원은 스타 공급이 안정적이고 말썽이 그다지 없는 자산이라는 이유 때문에 유지 발전의 주요 전략이 되었다.

예들 들어, 메이저 리그 야구는 "나는 야구를 위해 산다."는 카피의 광고에 적합한 많은 스타선수들을 확보하고 있다. 리그는 브랜딩 포지셔닝에서 스타 모델이 중요하다는 것을 인식하고 있기 때문에 어떤 스타를 시장에 내보낼 것인가에 대해 고심하고 있다. 스타파워에 대한 새로운 관심들은 이러한 브랜딩 기회와 가능성들이 얼마나 가치가 있는지를 증명하고 있다.

해외시장 개척

해외시장으로의 확장은 높은 수익을 가져다줄 수 있고 이미 다져진 국내 팬 층을 기반으로 장기적인 투자를 할 수 있다. 만약 진출하려는 스포츠가 해외시장에서 생소한 것이라면 현지화를 위해 교육 프로그램을 만들 필요가 있으며 교육을 통해 브랜드 충성도를 형성시키는 기회를 마련할 수도 있다. 현실적으로 해외시장은 전혀 개발되지 않는 곳에서부터 조금씩 침투되고 있는 시장이나 완전히 점령당한 곳에 이르기까지 다양한 형태로 존재한다.

글로벌 확장은 나스카, MLB, NFL, NBA와 같은 수많은 스포츠브랜드의 주요 마케팅 전략 중 하나다. NBA는 소비자만 미국의 전체 인구와 맞먹는 3억 명에 가까운 중국 농구 시장을 사로잡기 위해 힘쓰고 있다. 중국어로 된 NBA 웹사이트를 만들고 휴스턴 로키츠의 센터 야오밍을 전면에 내세우고 위성방송을 통해 중국 전역에 경기를 생중계하면서 NBA에 대한 중국 팬들의 관심은 더 높아졌다. 2004-2005 NBA 결승전에서는 최소한 1억 1,500만 명의 중국 시청자들이 샌안토니오 스퍼스와 디트로이트 피스톤스의 두 번째 경기를 지켜본 것으로 집계되었다.

스포츠브랜드가 국내시장에서 성공하지 못했을 경우 해외에서 먼저 브랜드 프로모션을 실행할 수도 있다. K-1의 밥 샙은 몇 년 동안 NFL 미식축구 선수로 뛰었지만 고질적인 부상, 스테로이드 복용 의혹과 계속된 방출로 인해 NFL 경력이 매우 짧았다. 이후 그는 프로레슬러가 되려고 시도했지만 실패했고 윌리엄 페리와의 복싱 경기를 본 일본의 K-1 리그로부터 주목을 받게 되었다. 밥 샙은 일본으로 건너갔고 6개월간의 훈련 후 K-1 파이터로 활약했다. 이러한 토대를 기반으로 TV 쇼와 광고에도 출연하고 책과 음반까지 내면서 일본에서 일약 유명인사로 떠올랐다. 일본에서의 성공과 말 많은 경력들로 인해 그는 다시 미국 시장에 복귀할 기회를 얻게 되었다. 물론 잠깐이긴 했지만 할리우드 영화 「엘렉트라 *Elektra*」와 「롱기스트 야드 *Longest Yard*」에서의 출연은 미국시장으로의 첫 번째 복귀를 의미했다. 밥 샙은 해외시장 진출을 택함으로써 더 많은 이익과 명성을 얻었고 고국인 미국 시장에서도 자신의 잠재력을 포지셔닝했다.

새로운 목표시장과의 관계 형성

세분화된 목표시장에서 브랜드의 쇠락 기미가 보인다면, 이는 스포츠브랜드가 시장세분화 전략을 재점검하고 다른 시장과의 새로운 관계를 형성해야 할 시기임을 뜻한다. 다른 목표시장에서 어필하기 위해 브랜드를 재포지셔닝하면 브랜드의 생명을 연장하고 아직 개발되지 않은 시장을 이용할 수 있다.

이미 언급했듯이 복싱은 브랜드 쇠락을 겪었다. 복싱의 현재 목표시장과 과거의 목표시장들은 반응을 보이지 않고 있고 복싱 브랜드가 부활하는 데 필요한 근본적인 힘을 제공하지 못하고 있다. 복싱이 새로운 관계 형성을 위해 어떤 길을 가야 할까? 한 가지 가능성은 복싱의 성별 목표시장에서의 변화에 있다. 문화 트렌드를 고려할 때 복싱은 여성시장을 공략함으로써 새롭고 생존력 있는 고수익 시장을 발견할 수 있을 것이다.

여성 소비자들의 복싱에 대한 참여는 프로스포츠뿐 아니라 체력과 몸매관리 측면에서 꾸준히 증가하고 있다. 안전과 자기방어, 그리고 몸매유지에 대한 중요성이 커지면서 복싱을 하려는 여성들이 더 늘어나고 있는 것이다. 또한 아카데미상 수상작 「밀리언 달러 베이비」는 역사적으로 남성의 점유물이었던 역할에 여성복서를 조명함으로써 새롭게 등장하고 있는 여성 복싱시장을 이용했다.

시장세분화의 기회들이 항상 명확하게 존재하는 것은 아니다. 많은 스포츠들이 청소년시장과 가족시장 그리고 전망이 밝은 타 인종시장을 목표시장으로 겨냥해 왔다. 경마와 같은 몇몇 스포츠들은 주말 오후에 여가를 즐길 수 있는 장년층이라는 명확한 목표시장이 존재한다. 심지어 급속하게 세분화되고 있는 시장에서조차도 재혼한 부모로 구성된 가족이나 이혼남과 이혼녀들을 목표로 프로모션하는 경우는 드물다. 이슈는 세분화된 시장들이 점점 더 독특해지고 있고 시장은 보다 작은 단위로 분열되고 있으며 어떤 목표시장과 관계를 형성할 수 있는 기회는 많아지고 있지만 항상 편리하고 익숙한 곳에서 기다리고 있지는 않다는 점이다.

추억과 향수를 이용한 전략

과거를 소재로 한 마케팅은 여러 세대의 팬들을 한번에 포섭할 수 있다는 장점이 있지만 대체적으로 과거 경험에 보다 쉽게 반응을 나타내는 나이든 팬들에게 더 효과적이었다. 시간을 거슬러 올라가 보면 그 옛날의 스포츠는 상업적이지도 않고 개인적이었기 때문에 과거에 대한 향수(유토피아 연결고리)전략은 매우 효과적이며 이는 또한 오늘날 탐욕스러운 산업과 유행에 대한 저항을 대변하는 역할을 할 수도 있다.

그동안 과소평가되어 온 과거에 대한 향수 전략의 장점은 젊은 층

시장에 대한 새로운 어필에 있다. 경기통계와 판타지스포츠, 비디오 게임, 기념품 등에 큰 관심을 보이는 열정적인 젊은 사람들은 스포츠에 관한 역사적 관심이 자신들의 취미를 더욱 풍부하게 만들 수 있다고 생각한다. 1941년도 유니폼, 야구 카드 경매, 스포츠 퀴즈, 야구 배트, 초창기 라크로스 스틱 또는 1950년대 프로레슬러 고지어스 조지가 입었던 가운 등은 과거 스포츠를 연결시켜 주는 소중한 연결고리가 되고 있다. 한때 장년 층을 겨냥한 평범한 일차원적인 연결고리였던 것이 브랜드 확장을 위한 커다란 잠재력을 가지고 보다 젊고 다양하게 세분화된 시장으로까지 관계를 형성하며 발전했다. 이러한 조건 속에서 스포츠브랜드는 고전적인 스포츠 취미를 중심으로 클럽들을 조직할 수 있고 역사적인 경기장이나 경기 유적지 관광을 계획할 수도 있으며 나아가 웹사이트 경매를 후원하거나 직접 자사 브랜드를 위한 시장을 운영할 수도 있을 것이다.

라이벌 전략

라이벌을 만드는 것은 브랜드 인지도를 형성할 수 있는 가장 강력한 방법 중 하나다. 갈등 구조에 대한 대중의 본성과 관심을 이용하면 효과적으로 팬들의 흥미를 지속적으로 유지시킬 수 있다. 그 형태는 선수와 감독 간의 말다툼, 선수 간의 싸움, 구단주와 연고지 간의 불협화음, 스캔들, 또는 선수, 팀, 리그 간의 라이벌 의식 등과 같이 다양하다. 라이벌 구도는 스포츠 이벤트에 관심을 유도하고 스토리라인을 생산해 주는 특별한 역할을 한다.

노스캐롤라이나와 듀크 대학교 농구팀 간의 라이벌 의식은 팀을 뛰어넘어 두 도시, 대학교의 학생회, 졸업생 간의 대결로 상징된다. 경기 결과는 팀 성적뿐 아니라 관련된 모든 사람들의 명예와 자존심이 걸린 중요한 문제다. 라이벌 구도의 장점은 스포츠 이벤트를 팬들의 인식을 반영하는 무엇으로 전환시킴으로써 팬들을 완전히 몰입하게 만든다는 점에 있다.

스포츠브랜드는 잠재적인 라이벌을 추구하고 개발할 수 있으며 이를 통해 팬들을 이벤트에 끌어들일 수 있다. 라이벌 형태는 지리적 경쟁구도(플로리다 대학교 대 플로리다 주립대학교), 선수 간 성격 차이(샤킬 오닐 대 코비 브라이언트), 학교 간 경쟁(미드랜드 고등학교 대 오데사 퍼미안 고등학교 미식축구팀), 역사적 배경(어번 대 앨라배마), 계층 간 경쟁(이탈리아 라지오 주 대 로마 시), 우연히 형성된 경쟁구도(미시간 대 미네소타) 등이 있다. 최근 형성된 빅텐과 ACC 컨퍼런스 간의 대학농구 경쟁은 리그 간 경쟁구도를 만들어 낸 좋은 예로 이미 시즌 초부터 높은 관심을 끌어냈다.

마켓 시너지 전략

마켓 시너지는 다양한 상품을 한데 모아 다양한 팬들을 위해 원스톱 쇼핑 서비스를 제공하는 것을 말한다. 스포츠, 음악, 패션, 음식, 음료, 뉴미디어와 같은 영역들을 하나의 종합 엔터테인먼트 체험으로 결합시키는 것이다. 마켓 시너지 전략의 목적은 제품판매뿐 아니라 팬들의 관심을 끄는 다양한 제품들을 통합시킨 라이프스타일을 시장에 선보이는 데 있다.

스포츠브랜드는 잠재력 있는 팬 시장을 극대화하기 위해서 새로운 마케팅 관계를 모색할 수 있으며 다양한 수준에서 팬과의 관계를 형성할 수 있다. '토니 호크의 붐붐 허크잼 투어'는 익스트림 스포츠를 음악, 비디오게임, 패션, 그리고 젊은 팬들을 유혹할 수 있는 청소년 중심의 라이프스타일을 결합시키고 있다. 관광 상품은 다양한 엔터테인먼트 욕구를 지닌 팬들을 끌어들이기 위해서 엔터테인먼트와 스포츠를 새로운 시너지믹스로 통합하고 있다. 여기서 강조점은 시장을 세분화하는 것과 시상식과 포상, 상장, 혹은 특별한 체험으로 구성되는 수많은 경험적 관계들을 결합시키는 데 있다. 스포츠브랜드는 길거리 농구를 후원하거나 스포츠 관련 영화제작을 위해 스토리 콘테스트를 벌이거나 동호인들끼리 우정을 쌓을 수 있는 블로그를 제공할 수도 있다.

2006 시트코 배스마스터즈 클래식은 스포츠를 콘서트 환경으로 끌어올린 엔터테인먼트 시너지 개발의 좋은 예일 것이다. 이 대회에서는 ESPN이 소유하고 중계하는 매년 열리는 이벤트로서 50만 달러가 걸린 1등 상금에 도전하는 세계 최고 수준의 프로배스 낚시 선수들을 볼 수 있다. 얼핏 보면 실제 프로배스 낚시는 시상식전에 끝나고 시청자들은 하이라이트들만 보기 때문에 시청자들에게 어필하지 않을 것처럼 느껴지기도 하지만 원래 낚시는 빠르게 진행되는 스포츠가 아니다.

이 이벤트에 주목하게 되는 이유는 음악, 조명, 그리고 WWE 스타일로 프로낚시선수들을 프로모션하는 과정들이 한데 어우러져 중계되기 때문이다.

경기 후 선수들은 트럭으로 운반된 자신의 보트가 있는 TV 중계이벤트 장소에 도착하여 마이크를 잡고 팬들에게 인사를 하고 떠들썩한 환호가 펼쳐지는 관중들의 환영을 받는다. 숨가쁘게 진행되는 해설자의 입담과 낚시 과정에서 겪은 선수들의 이야기로 관중들의 분위기가 고조되면서 다소 평범해 보이는 낚시가 무대의 중심에 서게 된다. 승자는 색종이 세례를 받고 가족들의 찬사와 푸짐한 선물도 받는다. 낚시 스포츠 프로모터들이 대중문화 트렌드에 접목하여 긍정적인 변화를 가져올 수 있다는 점을 이해하면서 낚시 스포츠도 각광을 받고 있다. 그 증거로 2006 클래식이 대회 사상 가장 높은 시청률을 기록하면서 이후 시청률도 꾸준히 상승하고 있다.

스포츠브랜드는 팬들을 단순한 무작위 광고 캠페인이나 일회성 직접 프로모션이 아닌 다양한 상호 연계된 경험들에 접목시켜야 한다. 다양한 수준의 경험 전략은 만족스런 스포츠 체험을 제공할 수 있다는 장점과 과거와 다른 독특한 방식으로 팬들에게 다가설 수 있는 잠재력을 지닌다. 물론 결합들은 실제 이벤트의 특성을 왜곡시킬 수 있는 위험이 있고 산만한 느낌을 줄 수도 있다. 하지만 엔터테인먼트 형태들이 거침없이 각 영역들을 넘나드는 시대에서 이러한 전략의 활용은 중요한 의미를 지닌다.

● 결론

지금까지 브랜드 쇠락을 가져오는 수많은 원인들과 이러한 쇠퇴의 원인들이 지속적인 관계 형성을 위한 스포츠브랜드의 능력에 어떠한 영향을 미치는지 살펴보았다. 의사소통 피드백이 일상화되고 팬과의 풍부한 연결 수단들이 존재하는 오늘날에는 팬과의 관계유지를 위한 잠재력은 그 어느 때보다 다양하다. 그러나 동시에 경쟁적인 환경은 스포츠 참가, 관람, 미디어 그리고 위기와 관련된 제반 문제점들을 낳고 있으며 이는 팬과의 관계 유지를 위해서 스포츠브랜드가 계속해서 다뤄야 할 도전들이다.

이처럼 경쟁적인 시장에서 스포츠브랜드는 자신의 강점과 약점을 정리하고 유지 발전을 위한 기본적인 룰을 이해해야 한다. 브랜드는 이벤트 전략, 스타 전략, 해외시장 개척, 새로운 목표시장과의 관계 형성, 추억과 향수를 이용한 전략, 라이벌 전략 그리고 마켓 시너지 전략 등 목표가 분명한 전략들을 통해 브랜드 쇠락을 막고 팬과의 관계를 유지 발전시킬 수 있을 것이다. 제9장에서는 스포츠 시장에서 가장 성공적인 브랜드 사례들을 살펴 보기로 하자.

매년 5월 첫째 주 토요일이 되면 미국은 켄터키 경마대회로 열기가 달아오른다. 1875년에 시작된 켄터키 경마는 지금까지도 팬들의 뜨거운 관심을 받고 있다. 2005년 대회에서는 대회 역사상 두 번째로 많은 15만 6,435명의 관중이 참석했으며 전미 시청률 7.3%를 기록했고 1억 330만 명이 이 경기에 베팅을 했다. 이상의 수치들은 이야기의 일부분일 뿐이다. 경마팬들은 다양한 방식으로 이 대회를 찾고 있으며 거칠고 화려한 파티들에 참여하면서 일주일 동안 경마 대회의 매력에 흠뻑 빠진다.

이는 우연이 아니다. 켄터키 경마대회는 방문객들을 사로잡을 만한 근대화된 남부 이미지를 기획했다. 이제 켄터키 경마는 봄, 소생, 상류사회 재현을 상징하게 됐으며 이 브랜드는 주 전체에서 소통되고 있다. 이 이벤트의 결정체는 수백만 달러를 들여 처칠 다운스의 인테리어를 완전히 근대화시킨 데 있다.

이외에도 켄터키 경마는 다양한 확장 브랜드도 가지고 있다. 예를 들어 잘 훈련된 세 살짜리 순수혈통 말들과 말의 주인들, 트레이너, 기수, 역사적 유물인 경마장, 그리고 팬들이 자체적으로 형성한 독특한 사회·문화적 환경 등이 그것이다. 이처럼 전체 상품을 통해 캔터키 경마대회가 브랜드화되고 있으며 이 경마대회는 지속적으로 팬 커넥션을 생성하고 오늘날 스포츠 우량주로 남아 있다.

스포츠브랜딩 성공 사례

켄터키 경마대회가 100년 이상의 유구한 역사를 지니고 있긴 하지만 시장에서 그 역사만큼 위치가 확고한 것은 아니었다. 이 대회역시 계속해서 변하는 경쟁시장의 위협 속에서 다른 스포츠 제품들과 마찬가지로 갈대 같은 팬들을 끌어들이고 그들과의 관계를 유지할 수 있는 핵심 자산을 찾아내고 브랜드를 형성하기 위해 많은 노력을 했다. 제9장에서는 시장에서 차별화에 성공한 스포츠브랜드 사례들을 분석할 것이다. 각각의 사례들은 스포츠브랜딩이 어떻게 각분야에서 작용할 것인지 그리고 어떻게 팬과의 장기적인 관계의 잠재력을 높일 수 있는지를 살펴보기로 하자.

● 선수의 브랜드화

선수는 스포츠의 주요 실행자로서 강점을 지니며 이는 선수의 이미지가 계속해서 팬들에게 노출됨을 의미하기도 한다. 수많은 유통채널을 통해 선수들이 다양한 영역에 진출하는 일도 가능해졌다. 선수들은 자신의 잠재력을 발휘해 스포츠 경력을 바탕으로 다른 영역에서 새로운 활동을 시도해 볼 수 있다. 이와 같은 브랜드 확장에서 중요한 것은 특정 목표시장을 타깃으로 하는 브랜드를 만들어 내는 선수 자신의 능력이다.

마리아 샤라포바는 열일곱 살의 나이에 윔블던을 제패하여 일약 스타가 되었으니 별다른 노력 없이 한 번의 스트로크만으로 완벽한 브랜드를 성립한 것처럼 보인다. 하지만 샤라포바라는 스타 브랜드는 그녀가 테니스를 시작한 초창기부터 혹독한 훈련과 스포츠 에이전시인 IMG의 철저한 관리를 통해 만들어진 것이다. 오늘날 샤라포바는 투자 브랜드 마케팅의 교과서이며 갈대 같은 팬들과 관계를 형성하기 위해 스포츠 선수를 포장하는 방법을 보여 주는 모범사례다.

샤라포바는 신데렐라 이미지와 외국인 같지 않은 이민자라는 결합이 극적인 스토리라인을 구성하고 있다. 시베리아에서 태어난 샤라포바는 초등학교 시절 아버지를 따라 플로리다로 이주했는데 당시 나이가 너무 어려서 닉 볼레티에리 테니스 아카데미[25]에서 퇴짜를 맞았다. 이후 2년간 힘들게 자비로 훈련한 후, 세계적인 코치들에게

---

25) 닉 볼레티에리 테니스 아카데미
    닉 볼레티에리라는 미국인 코치가 운영하는 전 세계적으로 유명한 테니스 스쿨. 전 세계에서 모여드는 테니스 유망주들의 집합체라고 할 수 있으며 안드레 애거시, 모니카 셀레스, 짐 쿠리어, 마리아 샤라포바 등 많은 테니스 챔피언들을 배출해 낸 명문 테니스 스쿨이다.

지도받을 수 있는 볼레티에리 캠프에서 장학금을 받게 되었다.

스포츠 마케팅과 브랜딩의 스타 발굴 및 육성 전략의 전형적인 모델인 샤라포바는 열한 살 때 IMG와 계약을 맺었다. 이는 명백히 개발전략의 일환이었고 초창기에 나이키와 계약을 맺어 트레이닝 의류와 신발과 같은 스포츠 용품 영역에서 자신의 재능을 개발하기 시작할 수 있었다. 샤라포바의 테니스 기술과 더불어 상업적 가치를 더욱 높이기를 원했던 매니지먼트팀과 그녀의 아버지는 초창기 광고 계약들을 거절하기도 했다. IMG의 에이전트 막스 아이젠버드는 "이것은 결코 돈에 관한 것이 아니다. 우리는 뭔가 큰 것이 터질 것을 예감했고 모든 것을 깨끗하게 유지시킬 필요가 있다는 점에 모두 동의했다."고 당시 입장을 정리했다. 물론 샤라포바 개발 비용으로 50만 달러를 투자하고 장기적인 투자 상환을 바라고 있는 IMG 입장에서는 돈 문제를 초월할 수는 없었을 것이다.

드디어 샤라포바는 테니스 트레이닝과 IMG의 프로모션 활동에 대한 보답으로 2004 윔블던 대회에서 우승했다. 윔블던에서의 우승으로 팬들에게 알려진 샤라포바는 신체적 매력에 있어서 러시아 출신 테니스 선수 겸 모델인 안나 쿠르니코바와 견줄 만큼 키가 크고 매끈한 선수였다. 그러나 계속된 광고활동을 통해 샤라포바는 금발 미녀라는 이미지보다는 타이거 우즈와 같은 위상으로 포지셔닝했다. 그녀는 윔블던 우승 이후 일 년 동안 10개의 광고 계약을 맺음으로써 연간 150~200억 달러의 수입을 올렸다. 샤라포바는 한 번의 그랜드슬램 우승으로 더 뛰어난 업적을 남긴 린제이 데이븐포트(3회 그랜드슬램)와 쥐스틴 에넹(4회 그랜드슬램)과 같은 정상급 여자 선수들보다 더 많은 광고수입을 올리는 강력한 브랜드로 성장했다. 현재 샤라포바는 할리우드 스타와 같은 매력, 흥미로운 스토리라인 그리고 프로 선수의 능력이 결합된 경쟁력을 갖춘 브랜드다. 그녀는 잡지 표지에도 등장하고 있으며 할리우드 스타처럼 파파라치들이 따라붙을 정도로 유명세를 치르고 있다.

물론 샤라포바는 인기 스포츠 종목의 세계최고 대회에서 우승할 정도의 실력을 갖추고 있으며 자신의 경기를 향상시키기 위해 노력을 기울이고 있다. 그녀가 신체적인 매력과 젊음을 가지고 있고 이러한 매력이 성공에 기여했다는 사실도 부인하고 싶지 않다. 그러나 명확한 점은 샤라포바 자신, 매니저, 코치들이 그녀의 기술과 특성들을 이용하여 테니스 슈퍼스타로 탈바꿈할 수 있도록 전략적인 방식을 통해 그 재능을 개발하고 육성시켰다는 것이다. 느리지만 점진적인 단계를 거쳐 샤라포바 브랜드는 시장에 진출했다. 지속적인 생존과 발전의 측면에서 제2의 쿠르니코바가 되지 않으려면 우승 횟수를 충분히 쌓아야 할 필요가 있다. 나아가 그녀의 브랜드 네임을 활용할 수 있는 패션과 엔터테인먼트 영역에서 그녀가 지닌 가시성을 기회로 전환할 필요가 있다.

마리아 샤라포바

브랜드 : 지성과 매력이 결합된 세계 최고의 테니스 브랜드

변 화 : 아홉 살짜리 시베리아의 테니스 유망주에서 톱 테니스 스타이자 수많은 기업과 계약하는 유명선수로 체계적인 성장을 거듭했다.

관여도 : 그녀는 자신의 브랜드를 접촉할 수 있는 많은 채널들을 창출했고 뛰어난 테니스 기술, 할리우드 스타와 같은 명성, 신체적인 매력을 하나의 패키지로 포장하여 폭넓은 팬들에게 어필하고 있다.

성 품 : 팬들은 그녀의 강력한 브랜드에 명확하게 반응하고 있다. 그녀의 직업윤리를 인정했기 때문이다. 또한 테니스 기술과 뛰어난 외모의

결합으로 젊은 층에게 관심을 끌고 있다. 그러나 경기력이 저하된다면 제2의 쿠르니코바로 전락할 수 있는 위험이 있다. 항상 우선되어야 하는 과제는 테니스 기술과 경기력에 집중하는 것이다.

● 구단주의 브랜드화

프로스포츠 구단주를 브랜딩하는 것은 구단주의 대중적인 가시성을 높여 주고 가끔 팬들과 구단주 사이에 존재하는 갈등을 풀어줄 수 있다는 측면에서 의미가 있다. 팬들이 떠올리는 구단주의 이미지는 욕심 많고 이기적이며, 친구도 없는 부자나 팬들의 욕구에 그리 관심이 없는 경영인인 경우가 많다. 구단주를 사심 없는 브랜드로 변모시키는 것은 개개인의 선수보다 영속적인 기반 위에 구단의 가치를 배가시킬 수 있는 효과적인 전략이다.

마크 큐반은 스포츠 오너십을 미디어 시대와 접목시켰다. 그동안 논쟁이 많았던 억만장자 큐반이 댈러스 매버릭스를 인수하기 전까지 대부분의 사람들은 스포츠 구단주들을 나이 많고 고리타분하며 심지어 그들이 운영하는 구단과는 색채가 전혀 다른 사람이라고 생각했다. 사실 대체로 구단주와 그 가족들은 유리칸막이가 쳐진 VIP석에 앉아서 비싼 포도주를 즐기며 경기에는 관심 없는 듯한 모습을 보이곤 했다. 야구 구단주이자 마케팅 개척자인 빌 비크처럼 예외인 사람들도 있지만 일반적으로 구단주들은 자기 팀의 성격과 스타일에 중심적인 역할을 하기를 꺼린다. 심지어 독점세대(1900~1950)와 TV 세대(1950~1990) 시절의 상징적인 구단주였던 워싱턴 레드스킨스의 조지 프레스턴 마셜과 필라델피아 워리어스의 에디 고틀립도 매우 조용하고 비밀스런 구석이 있었다.

마크 큐반은 전혀 다른 전술을 가지고 있었다. 그 전술이 실행되기 시작하면서 전통적인 오너십의 기반이 흔들렸고 이에 미디어 매체들은 당황했다. 큐반은 금욕주의적 구단주는 아니다. 자주 자극적인 멘트들을 날렸지만 팀 선수들을 위해 세계적 수준의 환경을 조성했다. 그러나 이러한 모든 것들은 단지 구단주의 성격을 변화시키는 그의 이미지 형성의 배경막에 불과했다. 구단주 역시 열광적인 팬 중한 명이며 팀과 함께 보내는 시간이 가장 행복하고 경기장에 오는 것을 좋아하며 경기장의 다른 팬들처럼 응원하고 야유도 보낼 수 있다는 점을 보여 주었다. 이를 통해 NBA 역사상 가장 당황스런 구단 중하나였던 매버릭스를 새로운 경기장을 갖춘 브랜드이자 경쟁력 있는 팀으로 변모시켰다.

인터넷 비즈니스를 통해 억만장자가 된 큐반이 뉴미디어를 그의 브랜드 커뮤니케이션 전략의 중심에 놓았다는 사실은 놀랄 만한 일은 아니다. 그는 자신의 블로그(blogmaverick.com)를 가지고 있으며 팬들이 직접 자신에게 코멘트와 비판을 가할 수 있도록 이메일을 공개했다. 그는 블로그를 통해 팬들의 관람 경험과 관련하여 결정된 구단의 방침을 설명하기도 하며 '나는 필 잭슨을 소유하고 있으며 잭슨의 팬들로부터 끊임없이 피드백을 받는다' 라는 제목의 글을 올려 논란을 불러일으키기도 했다.

큐반은 자신을 팀의 상징으로 프로모션하려는 피닉스 선스의 로버트 사버와 미네소타 바이킹스의 지기 월프와 같은 새로운 프로 구단주 세대를 만들어 내는 밑거름이 되었다. 신세대 구단주들은 팬들을 기쁘게 하고 놀라게 하는 구단주의 열정과 에너지와 의지가 있어야 팬 충성도와 시장점유율에 보답할 수 있다는 사실을 인식하고 있다. 큐반의 사례처럼 자신(구단주)이 생산한 상품을 직접 즐기고 고객(팬)들이 자신(구단주)과 같이 그 상품을 즐기도록 자극하는 CEO만큼 현명한 것은 없다. 이러한 신세대 구단주들의 접근방식은 구단의 수익성을 높여 주었고 구단주 스스로 팀의 가장 열성적인 팬이 되어 대중적 인기와 즐거움을 유발했다.

마크 큐반

브랜드 : 모든 팬들을 즐겁게 만들고 싶어 하는 응원 단장

변 화 : 진지한 구단주의 캐릭터에 도전하는 전략으로 당돌한 신세대처럼 현존 체제를 압박하여 무너뜨리는 역할의 중심에 섰다.

관여도 : 큐반은 팬들이 상호작용할 수 있는 매버릭스 농구 관람 전략을 만들어 냈다. 새로운 시대가 요구하는 팬과의 상호작용 방식을 이해하고 있으며, 그가 옳든 그르든 간에 그의 헌신과 약속은 무조건적인 것이었다. 그는 스포츠 세계를 새롭게 출현하고 있는 신기술과 보다 캐주얼한 대중음악, 영화, 여타 예술형태에 접목키시고 있다.

성 품 : 팬들은 팀과 선수 복지에 대한 그의 헌신에 긍정적인 반응을 보이고 있다. 선수, 리그, 사회가 실망스러운 행동을 하더라도 큐반은 선수와 리그의 옹호자가 되어 언제나 웃음을 잃지 않고 모든 것들을 정상적으로 되돌려 놓을 것이다.

●감독의 브랜드화

오늘날처럼 선수 회전율이 매우 빠른 시대에, 감독의 브랜드화는 팀을 오랫동안 유지시키는 역할을 하며 나아가 팀, 프로그램 그리고 리그 브랜드의 핵심적인 매력요소가 될 수 있다. 선수들은 생명이 짧은 데 반해 감독은 장기간 활동한다는 점을 감안한다면 프로스포츠뿐만 아니라 아마추어스포츠도 감독을 브랜딩하는 전략을 고려해 보아야 한다. 감독은 또한 팀을 지도할 뿐만 아니라 해당 스포츠 프로그램을 팬 저변에서 마케팅한다는 점에서 중요한 역할을 수행한다.

버몬트 대학교 농구 감독인 톰 브레넌은 NCAA에서 승률이 높은 감독이 아니었지만 감독으로 재임하는 동안 승패 기록이 브랜드에 큰 영향을 끼치지 않을 정도로 많은 인기를 누리고 있다. 예일 대학교 감독을 맡고 있을 때는 4년 동안 46승 58패를 기록했고 버몬트 대학교에 온 이후에는 첫 58경기 중 8경기에서만 승리를 거뒀으며 19년 후 5할이 채 안 되는 승률로 은퇴했다. 이 정도 승률이면 대부분의 대학교에서는 버티기 힘들 것이다. 그러나 브레넌은 버몬트 팬들의 사랑을 받는 브랜드를 개발했고 자신을 버몬트 주 문화 아이콘으로 만들었다. 그로 인해 브레넌은 변두리 대학교 감독에서 미국 내 유명인사가 되었다.

브레넌의 브랜드는 주요 대학교 코치들과 자신을 차별화시킴으로써 형성되었다. 그는 공공연히 자신의 역할은 팀 전략보다는 상징적인 감독으로서 더 의미가 있다고 고백했다. 호프스트라 대학교의 감독인 톰 페코라가 톰 브레넌을 '모든 사람들의 좋은 삼촌' 이라고 표현했듯이 그는 유머가 넘치고 여유롭고 포근한 인상을 주었다. 브레년 스스로도 사람들을 기분 좋게 만들고 "그들의 마음의 골대에 공을 가득 집어넣는 것이 인생의 목표 중 하나였다."고 말하기도 했다. 심지어 경기 전날 상대방 감독을 저녁식사에 초대하기도 했는데 이러한 전략은 역사적으로 자유로운 버몬트 주의 팬들을 사로잡기에 충분했다.

브레넌이 자신의 브랜드를 소통하는 주요 채널은 경기장이 아니라 버몬트에서 가장 인기 있는 모닝 드라이브 라디오 쇼인 「콤앤더코치」[26]였다. 그는 버몬트 주를 상징하는 스포츠 인물이 되었고 자작시 낭송, 정치적 이슈에 대한 거침없는 비판 그리고 아침 6시 30분에 상대팀 감독에게 전화를 거는 기이한 행동으로도 유명했다. 라디오 프로그램은 버몬트 주민들이 브레넌 감독에게 접근할 수 있는 다양한 기회들을 제공했으며 농구장이 아닌 다른 장소에서 팬들과 관계를 형성할 수 있도록 만들어 주었다.

이 정도면 그는 대학교 농구팀 감독보다는 라디오 진행자로서 낮은 승률에도 불구하고 인기 있는 유명인이 되었다고 말할 수 있다. 그는 또한 자선기금 모금행사, 비즈니스 세미나, 청소년 스포츠 행사, 고등학교 졸업식 등에서도 대중 연사로 활동하면서 자신의 명성을 지역사회와의 커뮤니케이션 기회로 전환시켰다.

이처럼 브레넌은 대중에게 노출되는 것을 즐겼고 자신을 비롯한 버몬트 대학교와 버몬드 주의 이름을 알릴 수 있는 다양한 방식을 통해 차별화했다. 전통적으로 아이스하키가 강한 버몬트에서 브레넌은 버몬트 주와 뗄 수 없는 동일한 개념이 되어버렸다. 버몬트 주지사인

---

26) **콤앤더코치** Corm and the Coach
　톰 브레넌이 스티브 코미어가 함께 1992년부터 2008년 7월까지 진행했던 아침 라디오 방송. 스포츠, 농구, 정치, 연예, 지역 뉴스 등 다양한 주제를 다뤘으며 미국 유명 라디오 쇼인 「하워드 스턴 쇼」나 「새터데이 나이트 라이브」보다 높은 청취율을 기록할 정도로 인기를 누렸다.

짐 더글러스는 "톰 브레넌은 버몬트의 감독이다. 그는 버몬트 대학교와 버몬트 주의 정신을 대표한다. 나는 조만간 브레넌이 주지사 시장 경선에 뛰어들지 않기를 바랄 뿐이다."라고 고백할 정도였다.

결과적으로 톰 브레넌은 버몬트 농구 프로그램을 성공시키기 위해 자신의 브랜드 파워를 이용했다. 특히 3회 연속 NCAA 토너먼트 진출이라는 성과의 일등 공신인 버몬트 토박이, 테일러 코펜래스와 같은 좋은 선수를 끌어오는 데에서 그의 브랜드 파워는 빛을 발했다. 그는 감독재임기간 동안 다른 디비전 I 소속 대학교들로부터 장학금까지 제의받은 버몬트 주 출신 농구 유망주들을 속속 버몬트 대학교로 데려왔다. 또한 유망한 학생선수들을 위한 프로그램을 격려했고 결국 2003-2004 시즌 동안 자신의 선수들이 최소한 평점 3.41 이상의 학업 성적을 올리게 했다.

버몬트 대학교에서의 임기가 끝나는 시기에 3,266석의 패트릭 경기장은 입추의 여지가 없을 정도로 팬들로 가득 찼으며 학교와 선수들에 대한 미디어의 관심도 최고조에 달했다. 결국 버몬트 대학교 농구프로그램이 승자의 자리에 올라선 것이다.

톰 브레넌의 사례에서 보면, 승률이 브레넌을 브랜딩한 것은 아니다. 실제 브레넌은 감독으로서 능력을 보여 줄 수 있는 최소한의 승률만을 관리했기 때문이다. 결국 그의 성공은 강하게 형성되고 잘 관리된 스타 브랜드의 산물인 것이다.

톰 브레넌

브랜드 : 브레넌은 주민들의 삶에 매우 가까운 존재였으며 그의 진짜 재능은 농구에 대한 반독재적인 입장과 결합되었다.

변　화 : 로터리 클럽의 점심 모임에서 라디오 방송국의 총경영자의 눈에 띈 브레넌은 계획된 전략의 수혜자였다. 토크쇼 진행방식에서 드러난 브레넌의 솔직하고 놀라울 정도로 개인적인 느낌들을 드러내는 발언들은 호기심이 가득한 수많은 라디오 청취자들을 사로잡았다. 그는 라디오 인터뷰에서 초조해하는 농구팀 감독 이미지를 전하기보다는 자신의 생각을 억제하지 않았으며 정치적 · 예술적 · 개인적인 견해를 마음껏 피력했다.

관여도 : 브레넌은 버몬트 소비자들에게 접근할 수 있는 다양한 채널들을 이용했다. 다른 감독들과 달리 버몬트 주민들의 일상에서 벌어지는 일들과 관련된 친근감과 편안함을 만들어 냄으로써 스포츠와 관련없는 라디오 쇼를 통해 팬들에게 자연스럽게 접근했다. 이는 브레넌의 스토리라인을 확대시켰던 위험한 전략이었지만 결국 은퇴후 ESPN 대학농구 분석가가 될 수 있는 기회를 제공했다.

성　품 : 브레넌은 전문가로서의 삶에 솔직하기 위해 노력했기 때문에 버몬트 주민들의 신뢰를 얻을 수 있었다. 그의 솔직함과 적절한 유머는 그를 흥미롭고 신뢰할 만한 사람으로 만들어 주었다. 가식 없고 교활하지 않은 우직함을 최고의 성품으로 여기는 버몬트 주에서 브레넌은 주민이 원하는 바를 보여 주는 확실한 상징물이었다.

● 경영인의 브랜드화

스포츠 경영인들도 브랜드가 될 수 있다. 미디어가 스포츠의 비즈니스 측면을 자주 다루면서 선수계약, 팀 홍보활동, 스타디움 계약, 마케팅, 제반 팀의 운영과 관련된 역할을 담당하고 있는 관계자들의 노출기회가 늘어나고 있다. 특히 경영진을 브랜딩하는 전략은 스포츠팀들의 재정적 현실과 프로선수들의 높은 이적률 등을 고려할 때 매우 효과적이다. 경영진 입장에서 팬과 관계를 맺는 것은 팬들로 하여금 더더욱 팀의 의사결정에 관심과 흥미를 갖게 할 수 있으며 팬에게 보다 안정된 구단 경영의 모습을 보여 줄 수 있다.

MLB의 오클랜드 애슬레틱스의 총책임경영자인 빌리 빈은 팀과 메이저 리그 야구에서 스타가 되었다. 1997년 총경영자직을 넘겨받은 이후 빈의 임무는 제한된 예산으로 성공적인 팀을 꾸려 나가는 것이었다. 이러한 과정에서 빈은 기존 메이저 리그 야구팀의 경영인들과 차별화된 태도를 보였다. 통계분석을 신뢰하지 않고 여전히 스카우팅 보고서에만 의존한 채 경륜 있는 대학선수들보다는 고교스타선수들에게만 어마어마한 계약 보너스를 지불했던 오랜 관행을 따르지 않은 것이다. 빌리 빈을 소재로 한 마이크 루이스의 베스트셀러 『머니볼 *Moneyball*』에서 빈은 출루율, 타격률, 대학선수 선발과 선수의 경기력을 예측하기 위한 통계분석 방법을 강조한 팀을 구성하는 방식으로 자신의 브랜드를 형성했다.

통계학자 빌 제임스는 야구에서 통계적 분석과학을 확립했고 빈은 다른 데 돈을 헤프게 쓰는 경영자들과 달리 제임스의 이론에 투자했다. 그의 혁신적인 태도, 캐주얼한 외모, 유럽 역사에서 펑크락까지 꿰뚫는 박학다식함 그리고 기존의 가치를 뛰어넘는 새로운 가치를 추구하는 행동은 빌리 빈만의 브랜드를 형성하는 조건으로 충분했다.

빈의 브랜드는 우연히 만들어진 것이 아니다. 잘나가던 야구선수였던 빈은 1980년 드래프트 1라운드에서 뉴욕 메츠 신인으로 선발되었고 6년간 메이저 리그에서 활약했지만 자신의 가능성을 충족시키지 못했다. 1990년 은퇴 후 오클랜드 애슬레틱스의 스카우트 담당자로 합류했고 1993년 부사장으로 승진하여 샌디 앨더슨 밑에서 일을 배웠다. 앨더슨에게서 경영기술을 연마한 빈은 1997년 총괄 경영인 직을 인수받은 후 앨더슨이 기초를 다진 토대를 확장시켰다. 결국 1999년과 2001년, 빈은 「더 스포팅 뉴스 *The Sporting News*」와 「베이스볼 아메리카 *Baseball America*」에서 각각 수여하는 '올해의 프로야구 경영인상'을 받았고 팀은 2000년에서 2003년까지 4회 연속 플레이오프에 진출했다.

빈은 자신의 재임기간 동안 예산부족으로 연봉 지불이 버거운 팀의 간판 선수들을 트레이드하거나 자유계약 선수로 풀어 주었다. 이러한 조치는 대부분 시장과 팀들에게 받아들이기 힘든 것이며 팬들의 반발을 사기에도 충분하다. 그러나 팬 층을 확고하게 다지고 윤리적 성품과 믿음을 주어 왔던 빈은 팀의 최고 간판선수를 팔아 버리는 의사결정을 강행하며 이익을 남기는 구단을 운영하고 있다.

이러한 과정에서 많은 팬들은 빈의 브랜드와 관계를 형성했다. "우리가 신뢰하는 빌리", "빌리가 이번엔 어떤 결정을 내릴까?"라는 문구가 새겨진 애슬레틱스 제품들이 선보였고 이는 어리석게 보이는 빈의 선수거래 결정이 어떻게 팬들의 지지를 받고 있으며 팬들에 의해 강화되고 있는지를 보여 주는 증거다. 또한 빈은 애슬레틱스 네이션이라는 웹사이트를 통해 팬들과 상호작용하며 반발심을 일정부분 누그러뜨릴 수 있었다. 아울러 팬들이 접근할 수 있는 방법도 열어 놓고 자신의 결정과 조치를 정당화하고 있으며 팀 선수명단 변화에 대한 반감을 희석시키면서 팬과의 관계를 형성하고 있다.

그러나 빈이 자신의 브랜드를 지속적으로 발전시키는 능력이 있는지에 대해서는 분명히 의문의 여지가 있다. 빈은 여전히 빠듯한 예산으로 팀을 운영하고 있으며 젊은 유망주를 얻기 위해서 팀 내

최고의 선수들을 내보내고 있기 때문이다. 2004-2005 겨울 시즌에서 빈은 팀의 스타급 선발투수였던 팀 허드슨과 마크 멀더를 한 푼의 이윤도 남기지 않고 트레이드했다. 어떤 측면에서 보면 빈의 브랜드에 의구심을 가진 팬들의 인내와 이해심은 한도에 다다랐을 수도 있다. 그러나 새로운 구단주 루 울프는 빈의 명성을 중심으로 구단을 더욱 포지셔닝하는 전략에 주력하기로 하고 빈과의 계약을 2012년까지 연장했다. 구단주 울프는 빈과의 계약연장에 관해 다음과 같이 언급했다.

"우리가 선수 한 명을 위해 1억 달러를 지불하는 것이 좋습니까? 아니면 빌리와의 계약을 연장하는 게 낫겠습니까? 저는 빌리가 우리와 오랫동안 함께하도록 결정하는 게 옳다고 생각합니다. 이러한 결정은 마치 여러분의 선수가 여러분과 함께 선수 인생을 마치기를 원하는 것과 다를 바 없습니다."

이러한 사례에서 볼 수 있듯이 애슬레틱스는 브랜딩 전략의 초점을 빈에게 두고 있다. 시장 경쟁은 치열해지고 팀의 얼굴들이 빠르게 바뀌고 팬들의 기대치가 높아지고 있는 현실에서 이러한 관점의 변화는 모든 스포츠 조직에게 중요한 교훈을 준다. 경영인의 브랜드화는 이러한 상황과 현실들을 안정시킬 수 있으며 스포츠브랜드를 확장하는 데 기여할 수 있을 것이다.

빌리 빈

브랜드 : 기술 혁신과 통계분석에 기반을 둔 반문화적 야구 브랜드. 빌리 빈은 형식과 전통에 얽매이지는 않는 실리콘 벨리의 천재 스타일을 미국에서 가장 오래된 전통 스포츠인 야구에 도입했다.

변　화 : 빈은 변화하는 야구 경제학을 충분히 이해하고 있었던 샌디 앨더

슨에게 지도를 받을 기회가 있었고 앨더슨의 전통적인 상하의 조
직문화와는 대조적으로 자신만의 개성을 가미했다. 빈은 캐주얼한
차림새를 유지했고 치장하지 않았으며 햇볕에 그을린 자연스런 스
타일로 자신의 핵심 팬들과의 관계를 강화했다.

관여도 : 인습에 얽매이지 않은 개성적인 외모와 행동 그리고 팬들이 쉽게
다가갈 수 있는 접근성을 통해 인터넷 서핑, 비디오게임을 즐기는
오늘날 팬들에게 강하게 어필하고 있다. 팬들은 이미 확립되어 있
는 기존의 관습들을 지혜롭게 뛰어넘는 빈의 전략들에 동감하고
있고 나아가 빈의 결정이 옳았는지 판단하고 그러한 모험에 동의
하거나 반대하기 위해서 그들 나름대로의 계산에 근거하여 컴퓨터
방법들을 활용할 수 있다.

성 품 : 빈은 돈 없는 가난한 구단의 경영인으로서 앞만 보고 쏘는 사수와 같
다. 이러한 이미지는 넉넉지 않은 평범한 팬들의 반응을 얻고 있다.

● 프로그램의 브랜드화

고등학교 운동 프로그램이 정상급 대학교와 프로팀들을 벤치마킹하
는 것은 어떨까? 얼핏 생각하면 별로 그럴듯해 보이진 않는다. 고등학
교는 예산이 제한되어 있고 대학교와 프로팀들에 비해 팬들의 기대치
도 다를 것이기 때문이다. 역사적으로 고등학교는 지역사회를 기반으
로 성장해 왔고, 대학교와 프로스포츠 프로그램과 같은 세련된 세계는
필요하지도 않고 너무 사치스런 것처럼 느껴졌다. 그러나 이러한 트렌
드에 변화가 감지되기 시작했다.

텍사스 댈러스 교외에 위치한 사우스레이크 캐럴 고등학교는 정

상급 대학교와 프로스포츠 프로그램을 벤치마킹하여 미식축구 브랜드를 만들었다. 캐럴 고등학교는 정상급 팀들을 벤치마킹하여 브랜딩하는 것이 어떻게 팬들에게 어필할 수 있는지, 어떻게 팬과의 관계를 향상시킬 수 있는지, 그리고 어떻게 새로운 관계들을 형성할 수 있는지 보여 주는 좋은 사례다.

캐럴 고등학교가 속한 교육청은 학교 운동부 프로그램의 재포지셔닝을 위한 기금조성 캠페인에서 지역에 대한 자부심을 심어 주었고 스포츠 세계에서 고교스포츠의 역할을 재정립하기 위해 퍼스트 채널 고교스포츠 프로그램에 동참했다.

이 학교는 2001년 총감독으로 토드 닷지를 고용하면서 브랜드 재창조를 위한 첫걸음을 내디뎠다. 닷지는 쿼터백 뒤에서 풀백이 뛰어 돌진하는 위시본 공격 포메이션과 같은 전통적인 텍사스 미식축구의 공격형태 대신 스프레드-패싱 공격을 실행했다. 그는 이러한 패스 공격을 이용하여 보다 폭넓게 경기장을 활용하여 득점율을 높이고 궁극적으로는 보다 재미있고 시청자들에게 어필할 수 있는 미식축구 팀을 개발했다. 캐럴 고등학교의 공격 포메이션은 상대팀이 수비하는 데 어려움을 주었다는 점뿐만 아니라 보다 빠른 플레이 스타일로 많은 관심을 끌어냈다는 점에서 중요한 변화였다.

새로운 감독 고용과 함께 캐럴 고등학교는 1,530만 달러를 들여 실내 연습장과 1만 명을 수용할 수 있는 새로운 미식축구 경기장을 건설했다. 새롭게 건축된 드래곤 스타디움 콤플렉스는 좌석, 라커룸 시설, 필드 컨디션, 주차시설에 이르기까지 최신 설비와 장비를 갖추고 있다. 메이저 리그 프로축구팀인 댈러스 번과 같은 프로팀들이 2002 시즌 홈경기 스케줄을 드래곤 스타디움에서 소화했고 2001년도에는 가끔 NFL의 댈러스 카우보이가 연습경기장으로 사용하기도 했다.

　주경기장 필드 표면에 대한 논쟁이 있기도 했지만 프로급 수준의 경기 시설로 인해 캐럴 고등학교는 스타급 학교로 포지셔닝했고 팀의 또 다른 매력 포인트를 갖추게 되었다. 사우스레이크 미식축구 프로그램은 시너지 효과를 얻고 있다. 이처럼 감독을 고용하는 것만으로는 충분치 않다. 새로운 감독 고용과 함께 정상급 스타디움을 건설함으로써 팬들의 관심을 촉발시켰고 미디어 노출효과도 만들어 냈던 것이다.

　사우스레이크 캐럴 드래곤에 대한 팬들과 졸업생들의 지원과 성원 또한 팀의 브랜드에 기여하고 있다. 팬들은 자신을 '드래곤 제국Dragon Nation'의 일원임을 자처하고 많은 팬들이 게임을 위해 '그린 아웃Green Out'이라는 이벤트에 참여하고 있다. 그린 아웃 기간 동안 팬들은 초록색 옷을 입고 경기장에 입장하며 몇몇 팬들은 몸과 머리를 온통 초록색으로 페인팅한 채 응원한다. 팬들은 스타디움 외곽에서 열리는 '테일케이트 파티'를 열기도 하고 원정경기를 보러 가기도 한다.

　사우스레이크에 거주하지 않는 경우에는 인터넷으로 팀 관련 뉴스와 경기를 관전하거나 사우스레이크에 있는 옛 친구들과 이웃들을 통해 경기소식 등을 놓치지 않고 듣는다. 사우스레이크 캐럴 고교 미식축구경기에 참여했거나 지역에 거주했던 팬들에게 팀의 성공은 자신들의 정체성과 밀접하게 연관된다. 심지어 학교는 드래곤 위원회를 조직하여 그동안 관심을 두지 않았던 주민들과도 커넥션을 형성하고 있다.

　또한 서포터 운영과 졸업생 후원단체는 팀의 기금조성을 돕고 있고, 미식축구 프로그램의 스타성을 유지하고자 심혈을 기울이고 있다. 드래곤스 덴Dragon's Den이라 불리는 스타디움의 선물 가게는 그린 아웃용 상품을 주요 세일 품목으로 하는 중요한 비즈니스로 성장했다. 가게 매니저인 데브라 킨저는 "우리는 연중 내내 드래곤 의류의 판매에 전력을 다하고 있다. 다른 팀 팬들이 가게에 들어서면 깜짝 놀라 뒷걸음치기도 한다. 어떤 팬들은 거의 대학교와 프로 수준의 관심을 가지고 있다." 라고 말한다. 경기장 선물 가게의 수익과 지역의 사진 사업장에 있는 드래곤 스토어의 수익은 모두 학교 후원클럽으로 들어가며 학교 운동부 기금조성을 돕는다.

사우스레이크 캐럴은 댈러스 변방의 지역사회 미식축구팀에서 2004년, 2005년, 2006년, 텍사스 주 고교챔피언을 휩쓴 완벽한 브랜드로 변모했다. 지역에서 유일한 공립 고등학교의 팀은 다소 치열하지 않은 경쟁과 헌신적인 지역주민 덕을 보고 있다. 그러나 캐럴 고등학교는 경쟁력 있는 미식축구 프로그램을 계속 유지하기 위한 선수양육 모델에 전념하고 있으며 모든 사우스레이크 지역의 유소년 미식축구 프로그램들이 드래곤이라는 이름을 사용하고 캐럴 고등학교와 동일한 시스템으로 플레이하도록 명령하고 있다.

이렇게 되면 언젠가 이 팀은 공격라인을 운영하도록 준비된 12명의 어린 쿼터백들만으로 채워질 수도 있을 것이다. 이러한 경쟁적인 전략에도 불구하고 만약 강력한 브랜드를 계속해서 유지하고자 한다면 또 다른 유통기회를 찾아야 하고 팬 저변을 다른 지역사회 주민들에게까지 확대해야 하며 나아가 프로팀과 대학팀처럼 팬들의 기대가 무엇인지를 모니터해야 한다.

다른 고등학교 프로그램에게 사우스레이크 모델은 재정적 곤란과 자원부족으로 경쟁적 압박에 무너지고 있는 고교 운동 프로그램들에게 좋은 지표가 되고 있다. 미래는 혁신적인 코치와 최신 기술을 갖춘 경기장, 그리고 근대화된 인터넷 상품판매를 지닌 통합되고 시너지효과를 지닌 스포츠 프로그램을 개발하는 데 달려 있다.

사우스레이크 캐럴 고등학교 미식축구 프로그램

브랜드 : 대학미식축구팀의 프로그램을 밴치마킹하여 팬들의 기대수준을 뛰어넘은 시골의 고교미식축구 프로그램.

변 화 : 리더십, 시설, 지역사회 관심을 통합시키는 데 초점을 맞추고, 지역 고교미식축구 프로그램도 고급화될 수 있다는 것을 증명했다. 아울러 고등학교 수준이 아닌 프로팀 수준의 미식축구 활동을 벤치마킹하는 노력을 기울였다.

관여도 : 지역사회에서 자라나 지역사회 기금으로 운영되는 미식축구 프로그램은 시민들이 투자의 결과를 직접 눈으로 확인할 수 있도록 도와주었다. 자녀들이 팀에서 뛰는 것을 볼 수 있었고 그만한 시설과 성공을 부러워하는 다른 지역 주민들의 질투어린 시선을 즐길 수 있게 되었다.

성 품 : 지역사회 주민들은 사우스레이크 캐럴 미식축구 프로그램의 뛰어난 경기력을 통해 강한 동질감을 느꼈고 이는 주민들의 지역사회 가치 체계를 강화했다.

● 리그의 브랜드화

만약 우리가 비디오게임에 익숙한 요즘 세대들이 즐겨 보는 MTV에 적합한 볼링경기를 만들려면 경기를 매우 흥미롭게 만들어야 한다.
– 랍 글레이저, 프로 볼링선수 협회 공동의장 –

전직 마이크로 소프트 직원이었던 글레이저와 다른 2명의 공동 소유주들은 프로볼링선수협회를 인수했다. 당시 그들은 볼링을 50대 이상이 즐기는 스포츠에서 젊은이 중심의 엔터테인먼트로 변화시킨다는 명확한 미션을 가지고 있었다. 이를 위해서 그들은 브랜드를 리모델링해야 했고 젊은 세대들과의 관계를 완벽하게 소화할 수 있는 커뮤니케이션 전략을 개발해야 했다. 전 직장에서 신기술로 단련된 글레이저와 그의 동료들은 소비자와의 새로운 플랫폼을 개발하는 것이 볼링 리그를 공격적인 스포츠 상품으로 변화시키는 데 중요한 역할을 할 것이라고 믿었다.

이를 위해서는 새로운 목표시장을 설정한 후 브랜드를 촉진시킬 만한 볼링 선수들을 발굴해야 했다. 첫 단계는 프로볼링 선수들의 이미지를 뚱뚱하고 몸매가 형편없는 남성에서 매력적인 외모를 갖춘 21세기형 선수들로 재포지셔닝하는 것이었다. 협회는 젊고 미묘한 매력과 기술을 겸비한 볼링의 전설, 딕 웨버의 아들 피트 웨버를 새로운 슈퍼스타로 주목했다. 심지어 그는 마치 미식축구의 터치다운 댄스와 축구의 골 세레모니 같은 동작인 '크러치찹^{crotch chop}'을 개발했다. 웨버를 비롯한 요즘 젊은 볼링 선수들은 상대 선수들을 조롱하거나 관중들을 향해 재미있는 표정과 제스처를 취하는 등 자신만의 독특한 개성을 나타내려고 노력했고 이러한 경기모습들은 TV 중계를 통해 그대로 방송되었다. 협회는 또한 선수 간 라이벌전, 일대일 경기 그리고 진귀한 스윙기술을 보여 주는 특별 이벤트 등을 개발했던 전직 나이키 경영팀을 고용했다. 또한 여성시장 확대를 기대하며 여성 선수를 경기에 출전시키는 등 변화를 시도했다.

나아가 젊은 시청자들에게 접근하기 위해서 두 채널을 이용했다. 우선 젊은 남성층 시청자를 타깃으로 삼아 ESPN과 TV 중계 계약을 맺었다. 또한 유머러스하고 가끔은 냉소적이거나 풍자적인 내용을 담은 광고들을 개발했고 이를 통해 다소 따분한 분위기의 볼링 이미지를 바꾸는 데 일조했다. 두 번째 채널은 이전까지 작은 사무실에서 몇몇 사람들이 관리해 왔던 프로볼링 리그 웹사이트를 새롭게 단장했다. 글레이저와 마이크로소프트 출신 동료들은 웹사이트에 웹캐스트 기능을 추가하고 상세한 선수 프로필과 피드백을 주고받을 수 있는 메시지 보드를 제공했다. 홈페이지는 현재 스타선수들의 활약상을 집중 보도하고 있으며 과거 스타에 관한 정보는 얼 앤서니의 41개 타이틀이 유일하다.

사실 볼링은 여전히 미디어로부터 지속적인 관심을 받지 못하고 있다. 그러나 그들의 전략은 디트로이트, 로체스터, 뉴욕과 같은 핵심 시장들을 형성하고 나아가 사회적 관습, 스타선수, 유토피아 연결 고리를 강조하여 계속해서 젊은 세대들에게 어필하는 것이다. 또한 협회는 「평범한 젠틀맨 리그 *A League of Ordinary Gentleman*」라는 독립영화를 후원했는데, 이러한 연대는 예술 장르인 독립 영화 속에서 볼링을 등장시킴으로써 리그에 이득을 가져다 주었다. 현재 볼링은 쿨한 스포츠일까? 많은 사람들은 볼링이 어느 정도 시장을 잠식하고 있다고 말한다. 2004년 18세에서 34세 사이의 남성 세분시장에서 시청률이 80% 상승했고 볼링 토너먼트의 웹캐스트를 보기위해 웹사이트에 방문하는 사람의 수가 매년 30만 명에 이르고 있으며 회원 또한 지난 5년 동안 75% 증가했다.

프로볼링선수협회

브랜드 : 전통을 유지하면서도 미디어 세대들을 위해 엔터테인먼트를 제공하는 스포츠.

변 화 : 젊은 층을 목표시장으로 겨냥하고 있다. 대중문화에 적합한 볼링을 만들 수 있도록 젊은 스타선수와 스토리라인과 유통 채널을 선택했다.

관여도 : 볼링은 참여 중심적인 스포츠다. 따라서 열정적인 참가자들에게 편의를 제공하고 미디어를 통해 시청자들에게 즐거운 경험을 선사할 필요가 있다. TV 중계와 웹사이트상의 스타선수에 대한 높은 접근성은 스타와 팬의 친근한 관계를 형성하는 데 도움을 준다.

성 품 : 다른 프로 선수들과 달리 프로볼링 선수들은 모든 사람들이 지닌 평범한 특성을 지니고 있으면서 동시에 훌륭한 운동능력을 지니고 있다.

● 시설의 브랜드화

스포츠 시설도 마치 스타선수처럼 시장에서 차별성을 지닌 독특한 브랜드가 될 수 있다. 브랜드화된 시설의 장점은 팬들은 경기뿐만 아니라 경기장 시설이 팬들의 전반적인 경험에 제공하는 그 무엇 때문에 이벤트에 매료된다는 점이다. 참가선수가 누구이고 팀의 경기내용이 어떻고, 경기 결과가 어떻든 간에, 브랜드화된 시설은 다양한 연결고리와 채널을 통해 팬들의 흥미와 관심을 촉진시킨다. 이처럼 다양한 연결고리를 제공하면 팬들은 실제 경기 결과에 크게 연연하지 않게 되며 이는 팬과의 관계형성의 기반을 훨씬 더 폭넓은 경험으로 확대시킨다.

자동차 경주는 1959년 플로리다 주 마이애미에 위치한 데이토나 인터내셔널 스피드웨이에서 시작되었으며 그 인기는 나스카의 명성과 함께 성장했다. 데이토나 500Daytona 500이라는 '그레이트 아메리칸 레이스Great American Race'는 매년 아홉 번의 레이싱 대회를 개최하여 '레이싱의 월드 센터'로 통한다. 인터내셔널 스피드웨이의 트랙은 카레이싱 외에도 각종 친교모임, 자동차 쇼, 운동경기, 화보촬영지,

자동차 성능테스트, 경찰의 운전훈련을 위한 매력적인 시설이 되었다. 이러한 명성에 힘입어 1996년에는 IMAX 영화관, 드라이빙 시뮬레이션 시설 그리고 레이싱 세계의 장막 뒤에 펼쳐지는 장면을 제공하는 전시관을 갖춘 테마 파크, 데이토나 유에스에이를 선보였다.

그러나 이러한 매력적인 요인에도 불구하고, 급속히 성장한 나스카는 데이토나 레이싱 제국의 위상을 위협하기 시작했다. 첫 번째 도전은 카레이싱의 확대와 도시화를 위해서 나스카가 LA, 시카고, 라스베가스, 마이애미, 뉴욕과 같은 대도시 인근에 새로운 트랙 시설을 마련한 것이었다. 아이러니하게도 이 트랙들은 나스카의 프리미엄 브랜드인 데이토나와 경쟁관계를 형성했고 21세기 나스카 레이스에 대한 팬들의 기대치는 커졌다.

또 다른 과제는 점차 부각되는 안전과 보안의 문제가 도마에 오르면서 팬들이 경주차 정비 구간까지 입장하여 내부 운영까지 들여다보는 것이 가능했던 자유롭고 편안한 분위기의 데이토나가 매우 위축되었다는 점이다. 새로운 슈퍼스타 레이서와 협력 스폰서 그리고 국내 미디어의 관심은 팬들과 레이스 간의 간격이 멀어지게 했고 결과적으로 데이토나는 경주차들의 충돌과 예기치 않은 사고와 같은 박진감 있는 레이싱 문화를 구현하지 못했다. 이러한 위협들에 대처하고 나스카의 전통 남부 스타일 트랙의 명성을 유지하기 위해서 데이토나는 변화를 필요로 했다.

데이토나는 2005년에 팬존을 오픈하는 등 수백만 달러를 투자한 거대한 혁신을 감행했다. 값비싼 티켓을 구매한 팬들은 경기장 내부까지 더 접근하여 새롭게 지어진 관중석에서 피츠 내 정비팀원들이 차를 점검하고 작업하는 모습을 볼 수 있게 되었다. 새로 설계된 내부 트랙에서는 레이서들이 피츠에서 팬들에게 사인해 주고 팬들의 사진촬영을 위해 포즈를 취할 수도 있게 되었다. 한 기자는 이러한 건축적 친밀감을 '치밀하게 고안된 친밀함'이라 표현하며 20만 명의 사람들이 스탠드를 채우도록 하기 위해서는 스포츠가 친밀성을 갖추려는 환상을 지속적으로 유지해야 한다고 지적했다.

팬들은 자신이 좋아하는 레이서와 친숙해질 수 있고 각 팀들이 어떻게 경주차를 준비하는지를 지켜볼 수 있으며 나아가 레이싱 경험에 지속적인 흥미를 느낄 수 있다는 점에서 팬존의 효과는 상당하다. 어느 팬은 데이토나의 변화에 대해 이렇게 말했다.

"작년의 경우 차고 통행권이나 피츠 입장권 등을 가지고 있지 않으면 실제 자동차 경주 이면에서 벌어지는 것들에 접근할 수 있는 기회가 전혀 주어지지 않았다. 심지어 경주차조차도 가까이서 볼 수 없었다. 변화된 지금의 방식은 사람들에게 레이싱의 일부분이 되는 듯한 느낌을 준다."

이처럼 모든 곳에 접근할 수 있는 팬존에서의 경험, 예를 들면, 길가에서 펼쳐지는 서커스단과 밴드의 공연 등은 데이토나에 참여하는 팬들에게 가치 있는 경험을 제공하고 있다. 넥스텔의 나스카 커뮤니케이션 디렉터인 마이크 무니는 데이토나의 특징을 이렇게 강조한다.

"다른 스포츠를 보면 경기 시작 전까지는 경기장 필드에 접근할 수 없다. 기본적으로 데이토나는 다양한 채널을 통해 즐거운 경험을 선사하는데 이것이 바로 팬들이 그날의 레이싱 경기 결과와 그것의 중요성과 상관없이 이 경기에 참가하는 중요한 이유다."

지난 100년간을 돌아보면 스포츠 엔터테인먼트에서 관심은 스포츠의 성장, 더 많은 팬들의 유입과 팬들을 수용할 만한 거대한 시설을 건설하는 것이었다. 그러는 동안 스포츠를 형성하는 질적인 요인들은 처음부터 간과되곤 했다. 포커나 마라톤 같은 스포츠가 지닌 매력은 선수와 팬들 사이의 보다 깊은 관계 형성을 자극하는 친밀감에 있다. 이러한 질적인 요인들은 팬들의 스포츠 경험을 더욱 강화시켜 주고 아울러 전통적인 기존의 팬들 뿐 아니라 보다 개인주의적 환경에서 성장한 젊은 층들에게 매력적이다. 심지어 나스카와 메이저 스포츠들조차도 팬과의 친밀성을 개발하는 것이 경쟁시장에서 장기적인 성공을 위해 중요하다는 사실을 이해하기 시작한 것도 불과 몇 십년 밖에 되지 않았다.

데이토나 인터내셔널 스피드웨이

브랜드 : 팬들이 매우 가까운 곳에서 카레이싱을 즐길 수 있는 세계적인 레이싱 시설.

변　화 : 데이토나는 수족관과 동물원 세계를 스포츠 시설에 적용시킴으로써 스포츠 이벤트 역사를 다시 썼다. 실제 라이브 레이싱 이벤트 운영의 일상들을 방해하지 않으면서 실감나게 관람할 수 있도록 허용했다.

관여도 : 팬존은 카레이서, 경주차, 팬 사이의 관계를 형성해 준다. 피츠나 차고 입장권과 같지는 않지만 팬들은 자동차 준비의 내부 세계에 수많은 방식으로 접근할 수 있게 되었다.

성　품 : 팬 저변과 보다 친밀한 관계를 형성하고 대중적인 나스카 경험을 재구성하려는 노력의 일환으로 시설 혁신이 이뤄졌다.

● 스포츠 용품의 브랜드화

스포츠 발달 초창기에는 스포츠 의류들이 지금처럼 다양하지 않았다. 당시에는 자신이 참여하지 않거나 회원이 아닌 공공기관이나 회사의 이름이 들어간 의류나 모자를 착용하는 것은 아직 문화적 트렌드는 아니었다. 당시는 회사나 팀 이름이 들어간 모자나 의류를 착용하면 매우 싸구려 인상을 주었던 시절이었고 동네 의상실에 가서 로고나 팀 이름을 보이지 않도록 수선하는 모습을 어렵지 않게 볼 수 있었다. 그러나 오늘날 팀 아이덴티티에 대한 욕구, 스포츠 의류에 표현된 스토리 커넥션, 스포츠브랜드와 패션의 만남은 스포츠 산업을 완전히 재정비했다.

미첼앤네스 노스텔지어Mitchell & Ness Nostelgia Company는 역대 유명 스포츠팀의 진품 유니폼, 모자, 기타 스포츠 의류들을 재생산하는 특화된 스포츠 용품 회사다. 필라델피아를 기반으로 1904년 처음 문을 연 미첼앤네스는 1980년대에는 생존에 위협이 될 정도로 심각한 어려움을 겪었다. 채권자들을 피해 소유주 피터 카폴리노는 동네 서점에 있던 자신의 매장에 숨어 지내기도 했다. 서점에서 구내 스포츠 용품점을 운영하는 동안 과거 1940년대를 돌아보는 스포츠 잡지들을 읽게 되었고 "야구복과 팀 로고의 세세한 부분들에 주목하기 시작했다."

오래 전 야구복에 사용된 것과 같은 모직으로 된 직물을 찾게 된 피터는 미키 맨틀, 베이브 루스, 조 디마지오, 헨리 애론, 워렌 스판, 사첼 페이지 같은 과거 스포츠 영웅들의 유니폼들을 실험적으로 만들기 시작했다. 이 야구복들은 인기 판매품목이 되었고, 급기야는 1987년 「스포츠 일러스트레이티드」에 소개되었다. 2년 뒤 카폴리노는 MLB와 그의 야구 의류들을 독점적으로 생산 판매할 수 있는 라이센싱 계약을 맺었다. 그로부터 10년 후인 1999년에는 NBA와 2000년에는 NFL로부터 선수들의 유니폼들을 재생산할 수 있는 허가권을 얻게 되었다.

카폴리노는 이전까지 존재하지 않았던 영역을 개척했고 유산으로 물려받곤 했던 선수 유니폼의 수요를 창출했다. 그는 좋은 품질, 정밀한 제작, 고상함과 노스텔지어를 기반으로 브랜드를 형성했고 그의 회사는 제한된 독점시장에서 뛰어난 실적을 거둘 수 있게 되었다. 그러나 미첼앤네스가 강력한 브랜드로 입지를 다질 수 있었던 것은 젊었던 시절을 돌아보고 싶어 하는 중년 백인남성을 목표시장으로 한 진귀한 스포츠 기념품 브랜드 중심으로부터 젊은 층과 패션 중심, 그리고 도시 거주민들을 겨냥한 보다 세련된 의류 생산으로 변화를 시도한 데 있었다.

그간 몇 번의 브랜드 형성 기회는 미첼앤네스 브랜드의 변화와 유통을 이끌었다. 1999년 초 애틀랜타 출신인 스카페이스, 저메인 더프리와 그룹 아웃캐스트 출신의 빅보이, 앙드레 같은 랩 스타들이 자신들의 뮤직비디오에서 미첼앤네스의 '드로백 저지[27]'들을 입기 시작했다. 카폴리노는 "어느 날 갑자기 애틀랜타 지역의 힙합 아티스트들이 나의 충성스런 고객이 되었다. 그들은 이 펑키한 색깔들을 좋아했고 이런 의상이 어린 시절 그들의 스포츠 영웅들의 것이었다는 것에 매우 만족했다. 그래서 내가 만든 스포츠 의류들을 입었고 뮤직 비디오 촬영에서도 마찬가지였다. 언젠가 사람들이 '헤이, 카폴리노! 네가 만든 놀란 라이언 야구복을 MTV에서 봤다.'고 전화했고 나는 한동안 정신이 멍했다."라고 회상했다. 2001년 오랜 고객이었던 루벤 할리는 이러한 트렌드의 잠재력을 눈치챘고 카폴리노에게 힙합 영역에서의 보다 전략적인 마케팅이 상당한 이익을 낼 수 있다고 설득했다.

급기야 카폴리노는 할리를 고용했고 할리는 스포츠 의류를 홍보

---

27) **드로백 저지** throwback jersey
미첼앤네스 노스탈지어가 생산하는 미국 프로스포츠팀들의 오래된 유니폼. 특히 1980년대 메이저 리그에서 처음 시도된 마케팅 이벤트의 일환으로 프로선수들뿐만 아니라 대학스포츠팀의 선수들도 팀 전성기 시절 유니폼을 시즌 동안 몇 차례 입고 경기에 나오기도 한다.

하기 위해 뉴욕의 나이트클럽과 레코드사를 방문하기도 하면서 많은 시간을 할애하는 '풀뿌리 유통'에 초점을 맞추었다. 또한 할리는 제이지, 션 '디디' 콤스, 스눕독과 같은 랩 스타들이 뮤직비디오와 공공장소에서 드로백 저지를 입도록 로비를 했고 몇몇 랩스타들은 자신들의 노래에서 드로백 저지를 언급하기 시작했다.

할리에 따르면 자사 브랜드의 최고의 전환점은 2002 아메리칸 뮤직어워드의 사회자였던 디디가 시상식 내내 다양한 미첼앤네스 제품들을 입은 것이었다. 또한 운동선수들도 기자회견장이나 공공장소에서 미첼앤네스 의류들을 입기도 했다. 결과적으로 미첼앤네스는 제품의 효과적인 노출과 젊은 층 시장에 반향을 일으킨 유명인 광고로 이득을 얻게 되었고 브랜드를 스타 반열에 올려놓았다.

이 브랜드는 50달러 선의 중저가부터 250~350 달러에 이르는 프리미엄 의류들을 선보였다. 2000년에는 280만 달러어치 노스텔지어 의류들을 판매했고 2003년 말에는 판매액이 4,000만 달러를 기록했다. 당시 카폴리노는 "롤렉스, 구찌, 베르사체와 미첼앤네스. 이들이 바로 브랜드네임이다."라고 흥분했다. 그러나 노스텔지어 트렌드가 주춤하면서 이러한 인기도 사그라졌고 구찌와 베르사체와 달리 카폴리노는 새로운 패션들을 만들어 내지 못했다. 과거 스포츠 의류들에 대한 시장의 관심과 흥미를 유지시키기 위한 비책이 필요한 시점이다.

미첼앤네스는 제품 생산 라인에서 새롭고 차별화된 특성들을 꾸준히 개발함으로써 브랜드를 극대화시켜야 한다. 이와 관련하여 이들은 각 팀마다 그리고 각 시대마다 경기장 안내원들이 입었던 운동복 재킷을 시장에 선보이는 전략을 세웠다. 보다 격식을 차린 복장으로 움직이고 있는 스포츠 트렌드를 감지한 것이다. 이러한 전략은 또한 그들이 독점권과 가격을 통해 브랜드 프리미엄을 유지해야 함과 동시에 새로운 시장 개척을 위해 그들의 제품라인을 확대시켜야 한다는 것을 인정한 셈이다.

미첼앤네스

브랜드 : 팬들을 일등석에 태우고 그리운 과거로 안내하는 팀과 스타 제품의 재창출.

변 화 : 미첼앤네스는 믿을 만한 스포츠 의류를 생산하는 회사에서 새로운 분야를 개척한 회사로 변화했다. 이를 통해 자사 제품을 이용하는 힙합 아티스트들을 발견했고 그들 제품을 착용하면서 제품의 전략적 노출을 도왔던 아티스트와 스포츠인들과의 체계적인 네트워크를 형성하면서 마케팅 접근을 세분화시켰다.

관여도 : 스포츠 의류는 구매자, 팀, 해당 의류를 입는 스타 간의 교환의 형태다. 당신이 제품을 구매한다면 이는 과거에 대한 존경과 회귀를 의미하며 친구들에게 이것의 중요성을 표현하는 것이고 기꺼이 이를 위해 돈을 지불할 의지가 있음을 보여 주는 것이다.

성 품 : 결국 구매자는 진품, 품질, 기타 세부사항에 대한 객관적인 합의가 없는 다소 독점적인 제품을 구매한다.

● 이벤트의 브랜드화

반경 100km 이내에 아무것도 없다. 누구나 그에게 미쳤다고 말할 것이다. 그는 1,563명이 거주하는 아주 작은 시골도시에 살고 있고, 그는 그 지역에 18홀 골프코스를 조성하겠다고 말하고 있다. 지금은 네 개의 18홀 코스가 들어섰으며 티타임tee time조차 구하기가 힘들 정도이다.

−골프 코스 디자이너 피트 다이−

86회 PGA 챔피언십이 위스콘신 주의 콜러에 있는 휘슬링 스트레이츠에서 열렸다. 이 이벤트는 전 세계 팬들의 관심을 끄는 프리미엄 이벤트였다. 토너먼트는 입장권 판매(9만 4,470명)와 팬 참여(30만명) 모두에서 기록을 수립했다. 위스콘신 경제에 미친 효과는 7,690만 달러에 이르렀는데 이는 뉴욕의 로체스터에서 열렸던 2003년 토너먼트의 두 배에 가까운 것이었다. 또한 2002년 미네소타의 차스카에서 열린 토너먼트의 기록보다 무려 2,500만 달러가 더 많았다.

휘슬링 스트레이츠 PGA 챔피언십의 성공을 이끈 원동력은 코스였다. 1998년 피트 다이가 설계한 이 코스는 고대 영국의 해변가 코스들을 업데이트하여 부활시킨 것이다. 미시간 호수에 위치한 이 코스는 영국의 해변가의 느낌과 바람의 조건들을 그대로 재현하고자 했다. 골프가 처음 태동했던 그 시절 코스처럼 휘슬링 스트레이츠는 골프카트와 같은 근대화된 편의시설을 허용하지 않았기 때문에 누구나 걸어야 한다. 심지어 골퍼들과 관중들은 스코틀랜드 지방에서나 볼 수 있는 코스를 배회하고 있는 검은 양들도 볼 수 있다.

설계와 디자인 또한 '거대한 모래지역', '깊은 벙커', '긴 풀들이 높이 물결치는 언덕들', '큰 물결 모양의 그린'과 '천연목초지 같은 페어웨이'가 있는 영국의 골프장 모델을 모방했다. 대다수 미국의 골프코스들은 보다 깔끔하고 정리되어 있는 느낌이며 코스를 예측할 수도 있는 반면 휘슬링 스트레이츠는 마치 400년 동안 자연스럽게 조성된 천연물과 같은 느낌을 주는 예측할 수 없는 골프 코스다.

영국의 골프코스를 그대로 위스콘신에 옮겨놓은 듯한 이 코스는 유토피아 연결고리를 자극하기에 충분하고 이곳에서 열리는 모든 이벤트에 고상한 품격을 더해 준다. 실제로 미국골프협회USGA와 PGA

는 US오픈과 PGA챔피언십 같은 메이저 토너먼트의 개최지로 휘슬링 코스를 선점하고자 경쟁해 왔으며 이곳에는 이미 2010년 PGA 챔피언십이 예정되어 있다. 휘슬링 스트레이츠의 매력은 위스콘신 주의 가시성을 높여 주었으며 골프 세계를 위스콘신 주의 기회와 비즈니스로 끌어들였다.

위스콘신의 한 저널리스트는 "갑자기 우리는 소와 옥수수밭이 있는 자갈 해변가가 되었다."라고 했다. 미국 시장에서 명확하게 차별화된 휘슬링 스트레이트츠의 매력은 위스콘신의 골프 이벤트들에 가장 강력하게 영향을 미치고 있다. 이러한 브랜드를 유지하기 위해서는 처음부터 다져 온 그 위상을 계속해서 강화해야 하며 이를 통해 이 골프코스를 그대로 복사하여 등장할 미국 내 새로운 코스들의 견제에 대처하고 명품 코스로서 꾸준히 메이저 골프 이벤트들을 유치해야 할 것이다.

휘슬링 스트레이츠

브랜드 : 테마파크인 엡코트의 미국 골프 버전. 토너먼트, 도전과 놀라움의 새로운 기준을 설정해 준 고품격 골프 코스.

변　화 : 잘 정돈된 전통적인 아메리칸 스타일 골프 코스의 관례를 깬 결정과 선수들에게 보다 도전이 될 만한 영국의 해변가 코스의 느낌을 그대로 살리고자 하는 노력으로 골프 경험을 새롭게 확립했다.

관여도 : 코스에서 플레이를 하든지 아니면 토너먼트를 보든지 간에 이 코스는 골퍼들과 팬들을 과거의 스포츠와 연결시키고 경기에 역사적인 관점을 제공해 준다.

성　품 : 어려운 코스를 조성하여 골프를 예측하기 힘든 스포츠로 재포지셔닝하고 있으며, 보다 전략적이고 경기력 중심의 경기를 유도한다.

● TV 쇼의 브랜드화

열정적인 팬은 세분화된 스포츠 세계에서 각종 정보들을 열심히 찾아다닌다. 그러한 팬들을 유지하고 개발하는 중요한 요소는 그들을 스포츠의 보다 상세한 내부 세계로 연결시키는 것이다. 스포츠 토크쇼, 인터넷 채팅, 스카우팅 리포트, 드래프트와 관련된 재미있는 이야기들은 항상 이처럼 스포츠에 목마른 시장을 겨냥한다. 혹자는 스포츠는 엔터테인먼트일 따름이고 실제 세계는 일과 관련된 심오한 토픽들에 관한 것이라고 주장할 수 있다. 스포츠 제품의 브랜딩에 있어서 새로운 트렌드는 반대 견해를 취하고 스포츠를 격렬하고 경쟁적인 일상의 중심에 던져 넣으면서 논쟁을 이끄는 데 있다.

「워싱턴 포스트」의 스포츠 컬럼니스트인 토니 콘하이저와 미카엘 윌본은 「파든 디 인터럽션 *Pardon The Interruption*」이라는 ESPN 토크쇼를 진행한다. 이 쇼는 매일 오후 약 30분간 스포츠 이슈에 관해 일대일 토론과 논쟁을 생방송으로 중계한다. 쇼에서 콘하이저와 윌본은 그날의 스포츠 헤드라인에 대한 견해를 교환하는데 '좋은 경찰, 나쁜 경찰Good Cop, Bad Cop', '역할 놀이Role Play', '영혼의 긴급통화Psychic Hotline'와 같은 소품과 의상을 착용하고 말싸움 게임을 하며, 특별손님과 인터뷰를 하는 '파이브 굿 미니츠Five Good Minutes'로 논쟁을 마무리한다.

진행자 간의 논쟁은 정해진 시간 동안 싸우는 복싱처럼 진행되며 종이 울리면 매 라운드가 끝난다. 시청자들은 TV 화면 구석에 뜨는 그날의 토픽들과 논쟁 라운드의 남은 시간, 남아 있는 다음 논쟁 토픽들을 볼 수 있고 흥미롭게 논쟁을 따라갈 수 있다. 이러한 포맷으로 PTI는 스포츠와 논쟁 그리고 스포츠를 주제로 친구들 사이에 흔히 발생하는 것을 보여 주는 TV 쇼케이스 간의 결합을 활용했다.

토크쇼의 브랜드는 변화의 원칙에 입각하고 있다. 콘하이저와 윌본은 자신들의 독특한 개성과 스포츠 논쟁을 토대로 브랜드 콘셉트를 창출했다. 토크쇼에서 콘하이저는 정통 백인으로서 뉴욕 주립대학교를 졸업한 뉴요커이고 스포티한 상의와 넥타이를 맨 채 코미디언과 동네 형님을 역할을 연기한다. 반면 윌본은 노스웨스턴 대학교를 졸업한 시카고출신의 흑인이며 넥타이를 매지 않고 보다 현대적인 스타일의 의상을 입은 쿨한 어린 동생으로 연기한다. 둘 다 스포츠 분야에서 경험이 풍부한 믿을 만한 베테랑 스포츠 컬럼니스트들이다. 그러나 종종 자신들의 견해와 입장에서 한발도 물러서지 않은 고집 센 형제처럼 논쟁한다.

콘하이저와 윌본은 워싱톤 D.C라는 지역시장에서 자신들만의 개성과 토크쇼를 테스트했다. 그들은 PTI와 비슷한 논쟁 포맷을 이용하여 농구 시즌 동안에는 풀코트 프레스 Full Court Press, 미식축구 시즌에는 「레드스킨스 리포트 Redskins Report」라는 TV 프로그램에 또 다른 2명의 저널리스트들과 출연하기도 했다. 그러나 콘하이저와 윌본은 2001년 ESPN이 PTI를 중계를 시작하기 전까지는 미국 내에서 지금과 같은 관심과 인기를 끌지는 못했다. 그들은 자신들이 지닌 독특한 성격의 차이를 견지하는 전략과 그들의 스포츠에 대한 지식과 의견에 대해 윤리적 성품을 확립시킴으로써 독특한 개성과 TV 콘셉트 모두를 현실화시켰다. 실제로 콘하이저와 윌본 그리고 이들의 토크쇼는 매우 인기를 얻게 되었고 제이슨 알렉산더가 콘하이저 역을 말콤 자말-워너가 윌본 역을 맡아 연기하는 CBS의 시트콤인 「리슨 업! Listen up!」이라는 프로그램이 방영되기도 했다.

결국 성공적인 브랜드는 팬들의 흥미와 관심을 유도하며 PTI는 효과적으로 팬과 스포츠를 의미 있는 교환의 형식으로 연결시켜 주는 매개체로서 기능을 담당한다. 콘하이저와 윌본이 이메일에 답하는 '메일 타임Mail Time' 이라는 코너처럼 실제 참여가 이 토크쇼의 논쟁적인 특성인 것이다. 두 진행자들은 논쟁의 불씨를 지피는 역할을 하고 시청자들에게 이에 동의하는지 안 하는지를 생각하게 만들며 나아가 자신을 지지하는 시청자들을 데리고 논쟁을 확대시킨다.

토크쇼는 단지 스포츠에 관한 것을 뛰어넘어 이제는 두 스타의 논쟁적인 행동과 시청자들을 자극하는 상호작용에 관한 논쟁이 되었다. 두 스타들의 흥미로운 진행과 스포츠 외의 다른 토픽들까지도 논쟁하는 포맷은 프로그램을 더욱 폭넓은 시청자들을 끌어들인다. 쇼의 형태가 중요한 포인트이긴 하지만 콘하이저와 윌본의 상이하고 독특한 캐릭터를 강조하고 촉진하는 노력 또한 이루어지고 있다.

파든 디 인터럽션

- **브랜드 :** 토크쇼는 크리스 매튜스와 함께하는 MSNBC의 시사토론 프로그램「하드볼」과 폭스의 프리게임pre-game 쇼「NFL 선데이 스튜디오 쇼」의 결합 형태. 논스톱 형태, 예측 불가능한 진행, 30분간의 스포츠 논쟁이 어우러진 스포츠 토크쇼다.
- **변　화 :** PTI는 워싱턴 DC 지역 TV쇼에서 두 스타 진행자들의 독특한 캐릭터와 논쟁을 내세운 TV 프로그램으로 성장했다.
- **관여도 :** 서로 다른 관점을 지닌 솔직한 전문가들이 이끄는 매우 감정적이고 논쟁적인 스포츠 대화에 팬들을 몰입시켰다.
- **성　품 :** PTI 토크쇼는 저널리스트들의 스포츠 경력, 명성과 민감한 주제까지도 논쟁하고자 하는 이들의 의지에 따라 믿을 수 있는 전문가들의 스포츠 의견들로 채워진다.

● 팀의 브랜드화

　50여 년 전 대부분 여성 스포츠 참여자들은 올림픽 선수들이었다. 나머지 극소수의 여성들은 테니스 프로선수와 골퍼들이었고 느린 왈츠와 같은 게임룰에 따라 플레이를 해야만 했던 고교여자농구 선수들이었다. 얼마나 시대가 바뀌었나? 타이틀 9이 통과됨에 따라 역할모델로서 여성 선수들의 출현과 여성의 체력에 대한 강조가 스포츠를 새롭게 정의했다.

　남성과 여성 대학선수 프로그램을 동등하게 지원을 해야 한다는 연방법 타이틀 9의 가이드라인을 따르기 위해서 2000년 노스웨스턴 대학교 운동부는 새로운 여성 팀을 스포츠 프로그램에 더 추가시켜야 했다. 이에 따라 대학 체육부는 1991년까지 아홉 시즌 동안 운영했던 여자라크로스팀을 부활시켰다. 새롭게 부활된 라크로스팀은 2002년 다양한 수준에서 경기를 시작했고 단기간에 강력한 라크로스 브랜드로 성장했다. 2005년까지 여자라크로스팀은 전국에서 노스웨스턴 대학교에 대한 관심을 이끌어 냈을 뿐 아니라 마침내 2005 NCAA 내셔널챔피언에도 올랐다. 이는 1941년 남자펜싱팀이 내셔널챔피언이 된 이래 처음 있는 경사였다. 어떻게 이들은 단기간 내에 자신의 브랜드를 창출하고 성공할 수 있었을까?

　첫째, 노스웨스턴 대학교는 스타급 코치인 켈리 아몬트 힐러를 고용했고 그녀의 비전에 따라 팀을 구성할 수 있도록 모든 권한을 위임했다. 켈리는 메릴랜드 대학교 시절 여자라크로스 선수로서 팀이 내셔널챔피언에 올랐고 1995년과 1996년 2년 연속 올해의 선수로 뽑혔던 인상적인 기록을 보유한 감독이었다. 그녀의 가족들 또한 스타선수들이었다. 남동생인 토니 아몬트는 NHL 선수이자 올림픽 은메달리스트였고 남편인 스콧 힐러는 올아메리칸 대학라크로스 선수출신이자 2002년 메이저 리그 라크로스 리그에서 올해의 감독상을 수상했다. 스타 자질을 지녔던 켈리는 다음과 같이 인정했다.

"나는 노스웨스턴의 운동 프로그램을 바로 신뢰했다. 첫날부터 여자라크로스 프로그램을 내 자신의 소유물로 만들었고 내가 원하는 방식 그대로 팀을 꾸리고 다듬을 수 있었다."

노스웨스턴 대학교는 아몬트 힐러를 고용하여 팀 개발에 전권을 주어 결국 라크로스 프로그램을 적합한 형태로 포지셔닝했고 미래 팬들의 관심을 끌어올 수 있는 기반을 다질 수 있었다.

둘째, 아몬트 힐러는 팀을 꾸리기 위해 혁신적인 시너지 전략을 활용했다. 라크로스 문화가 성숙하지 않았던 지역에서 선수들을 발굴해야 하는 과제를 안고 있었던 그녀는 전통적인 라크로스 기술을 지닌 선수보다 운동능력을 지닌 선수들을 선발했다. 그녀는 남자 경기처럼 격한 기술보다는 여자라크로스팀을 위해 혼합된 형태의 새로운 기준을 설정했다. 그녀는 잠재력 있는 선수들에게 라크로스 기술을 가르칠 수 있다고 생각했고 보다 빠른 스타일의 경기를 지향하는 그녀의 스타일에 맞게 선수들을 훈련시킬 수 있다고 생각했다.

예를 들면, 그녀는 운동장에서 럭비를 하고 있던 쌍둥이 코트니와 애쉴리 코스터를 발견했다. 며칠 후, 그녀는 운동장에서 뛰고 있던 쌍둥이 자매들을 다시 만날 수 있었고 다가가 라크로스를 하고 싶은 마음이 있는지 물었다. 처음엔 거절당했다. 그러나 아몬트 힐러는 끈질기게 부탁했고 며칠 후 자매에게 라크로스를 가르칠 수 있었다. 결과는 매우 빠르게 나타났다. 쌍둥이 자매는 2005년 내셔널 챔피언십에 출전하는 스타팅 멤버가 되었고 노스웨스턴 대학교 신입생 시절

농구선수였던 코트니는 팀의 첫 번째 올아메리칸이 되었다.

마침내 노스웨스턴 라크로스팀은 팀의 브랜드를 강화할 수 있는 기회를 극대화할 수 있었다. 전통적으로 동부 엘리트 스포츠인 라크로스는 서부지역으로 급속하게 확산되고 있으며 보다 대중화된 경기로 변화하고 있다. 2001년에서 2004년까지 참여자 수가 10만 명 이상 증가하는 등 미국 내에서 가장 빠른 성장을 보이는 스포츠 중 하나가 되었다. 아울러 고교스포츠에서 라크로스 참여율은 1994-1995 시즌과 2003-2004 시즌을 비교하면 무려 174%의 성장률을 보였다. 라크로스가 계속해서 팽창함에 따라 중서부의 여자라크로스의 개척자로서 노스웨스턴은 아직 개척되지 않았지만 성장 기미가 보이는 주변 시장을 활용하고 있으며 나아가 지속적인 팬과의 관계를 형성할 수 있는 잠재력을 보장받고 있다.

노스웨스턴 여자라크로스팀

브랜드 : 여자라크로스 스포츠를 새롭게 확립한 공격적인 중서부 대학팀. 선수와 팬들에게 새로운 기준점을 제시했고 미개척 시장에 어필할 수 있는 새로운 형태의 스포츠브랜드 형성.

변 화 : 자신의 명성과 선수 선발, 라크로스의 장단점에 대한 통찰력을 통해 단기간에 브랜드 리더를 양성할 수 있었던 스타 감독.

관여도 : 새로운 스포츠(라크로스)의 출현을 위해 전혀 적합하지 않은 장소에 모든 구성 요소를 연결시킨 불도저 유형.

성 품 : 팀은 성공뿐 아니라 지역적 한계, 역사적 선례들을 극복함으로써 신뢰를 쌓았다.

● 성공한 스포츠브랜드의 공통점

이처럼 성공한 스포츠브랜드들이 공통적으로 가지고 있는 것은 무엇일까? 이들은 강하고, 누구나 식별할 수 있는 차별화된 브랜드로 변모했고 벤치마킹과 혁신이라는 중요한 브랜드 차별화 수단을 실행했던 좋은 예이기도 하다.

벤치마킹

역사적으로 프로 · 대학 · 고교스포츠와 여타 경쟁 스포츠 산업 간의 경계는 견고했다. 팬들은 팀, 선수, 코치 또는 스포츠 시설이 특정 수준에서 어떻게 운영되어야 하는지에 대한 일정한 기대감을 가지고 있다. 한때 고교미식축구팀이 럭셔리한 스위트룸과 전자 광고판이 갖춰진 자체 스타디움을 소유한다는 것은 상상하기 힘들었고, 여자 라크로스 대학팀이 격렬한 몸싸움을 하며 경기를 한다는 것도 생각조차 하기 힘들었다. 그러나 오늘날 경쟁시장에서 성공적인 스포츠브랜드들은 자신의 모델로 다른 강력한 브랜드들을 자주 벤치마킹한다. 벤치마킹의 대상은 다른 경쟁자들일 수도 있고 동일 스포츠의 한 단계 높은 수준의 브랜드일 수도 있으며 혹은 완전히 다른 스포츠의 브랜드일 수도 있다.

더욱 치열해지는 경쟁과 높아진 팬들의 기대감 그리고 소속된 스포츠산업에서 가장 좋은 운영능력을 배워야 한다는 절박감과 가장 적합한 양질의 요인들을 자신의 브랜드에 접목시켜야 된다는 스포츠브랜드의 시대적 요구 등으로 벤치마킹의 필요성이 대두되고 있다.

벤치마킹의 또 다른 측면은 스포츠 산업영역을 뛰어넘어 다른 분야의 최고의 브랜드들을 추적하는 데 있다. 어떤 스포츠가 '스포츠 중심'이 된 나머지 그들의 제품을 좁은 맥락에서 바라보는 것은 실수다. 예를 들어, 패션, 전자제품, 여타 소비 제품 산업의 브랜드들이 고객들을 끌어들이고 이들을 계속 유지하기 위해서 무엇을 하고 있는가? 다른 일반 브랜드들도 스포츠와 다를 바 없이 장기적인 브랜드 충성도를 추구하고 고객들이 자사 제품을 더욱 소비하도록 자극하고자 노력한다. 또한 타 산업의 브랜드들도 스포츠브랜드와 경쟁 관계에 놓여 있고 따라서 다른 산업분야의 브랜드들이 소비자와 어떻게 상호작용하는지를 이해하는 것은 브랜드 차별화를 이끌 수 있는 중요한 요소일 것이다. 경쟁이 치열한 시장에서 스포츠브랜드들은 다른 산업의 브랜딩 트렌드를 이해해야 하고 팬과의 관계를 극대화하고 경쟁자들로부터 팬들을 빼앗기 위해서는 타 영역까지도 기꺼이 벤치마킹해야 한다.

그러나 벤치마킹의 위험은 스포츠브랜드들이 단순하게 경쟁자들의 전략을 그대로 받아들여 결과적으로 차별성을 잃어버릴 수도 있다는 점이다. 시장에서 독특한 차별성을 유지하기 위해서는 벤치마킹을 혁신과 결합시키는 센스를 발휘해야 할 것이다.

혁신

당신의 브랜드에서 경쟁자들이 흉내 낼 수 없고 소비자들이 아무데서나 얻을 수 없는 독특한 것은 무엇인가? 팬들에게 관심을 끄는 매력들이 얼마 지나지 않아 일반적인 것이 되고 구식이 되어 버리는 요즘 시장에서 팬들의 흥미를 반짝 끌 수 있는 변화는 더 이상 중요하지 않다. 이러한 경쟁시장에서의 차별화는 항상 프리미엄 위치에 있어야 할 것이고 팬들의 기대는 브랜드가 자신들에게 다가서는 방법과 흥미를 유지하는 방안에 있어서 보다 창의적이 될 것을 요구하고 있다.

혁신은 새로운 브랜드, 예기치 않은 파트너십, 미개척시장에서의 브랜드 형성, 스포츠브랜드와 타 분야와의 결합 등과 같은 수많은 활동을 통해 발생할 수 있다. 잠재력 있는 혁신 가능성은 미디어 채널과 가용 정보의 성장과 함께 확장되어 왔으며 이러한 새로운 커뮤니케이션 방법들을 차별화된 커넥션 전략으로 전환시킬 수 있는 스포츠브랜드는 반드시 큰 성과를 거둘 수 있을 것이다. 역사적으로 친밀하지만 어느 구경꾼도 없는 고립된 성격을 지닌 스포츠인 배스 낚시 스포츠보다 좋은 예는 없다. 시트코 배스마스터즈 클래식의 예에서처럼, 오늘날 스포츠는 보다 많은 팬들을 위해 볼 만한 스포츠를 만들어 내고 있는 엔터테인먼트 영역으로부터 그 전략들을 수용하여 결합하고 있다.

벤치마킹과 혁신은 서로 독립적이면서도 시너지 효과를 지니며 작용한다. 스포츠브랜드는 타 분야에서 효과적으로 움직이고 있는 부분들을 모방하고 차별화를 위해 혁신을 시도해야 한다. 그러나 이러한 차별화 전략들은 해당 브랜드의 관계자들이 변화된 스포츠 상품 포지셔닝을 자신의 것으로 내재화할 때만 성공할 수 있을 것이다.

● 결론

제9장에서의 사례들은 효과적인 브랜딩과 팬과의 관계 형성 전략을 말하고 있다. 이러한 브랜딩 사례들은 변화의 중요한 예가 될 수 있음에도 대부분의 스포츠 커뮤니케이션과 마케팅 현실에 적용되고 있지 않은 실정이다. 대부분의 경우, 스포츠산업에서 브랜딩은 여전

히 출발단계이고 성장하고 있는 분야이다. 스포츠 의사결정자들은 너무 오랜 세월동안 승리, 독점, 스탠드를 가득 채운 관중, 부풀려진 시청률이란 행운에 의존했다. 떨어질 몫이 크고 시장이 복잡해질수록, 체계적이고 전략적인 접근으로 브랜드 형성을 실행하는 스포츠들만이 살아남을 수 있을 것이다. 제10장에서는 스포츠산업의 미래와 스포츠브랜딩과 갈대 같은 팬의 관점에서 본 스포츠산업에 대해 살펴보자.

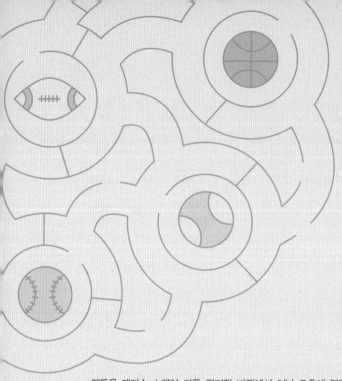

팬들은 매디슨 스퀘어 가든 경기장 바깥에서 이날 오후에 열릴 저녁 농구경기를 기대하며 옹기종기 모여 있었다. 그러나 이 경기는 NBA나 대학경기도 아니었고 고교 스타들이 펼치는 맥도날드 올아메리칸 이벤트도 아니었다. 이곳의 팬들은 공식적인 형태의 농구를 기대하고 있지도 않고, 수비와 공격 리바운드, 점프슛을 보려고 오지 않았다. 이곳에 모인 팬들은 승리에는 관심이 없다. 이들은 쇼를 보기 위해 이곳에 온 것이다. 이곳에는 핫소스^{Hot Sauce}, 식 위트 잇^{Sik Wit It}, 에스컬레이드^{Escalade}, 프로페서^{Professor} 등의 닉네임을 지닌 스타들이 출연한다.

이상에서 묘사된 스포츠는 스트리트 볼이며, 매디슨 스퀘어 가든에서 열리는 메인 이벤트인 앤드원믹스테이프 투어가 그것이다. 농구화와 스포츠 의류 회사인 앤드원^{And1}이 주최하고 후원하는 앤드원믹스테이프 투어는 다중채널 경험을 제공하기 위해 스포츠, 패션, 음악을 하나의 형태로 결합시킨다. 2000년 이후, 이 이벤트는 세계 각 도시들을 순회하며 농구의 하위문화를 브랜딩하고 있으며 게임의 성장을 위해 미디어를 활용하고 있다.

ESPN2는 앤드원 광고 계약과 다음 시즌 믹스테이프 투어팀의 멤버로 뛸 수 있는 특혜를 주는 리얼리티 시리즈를 편성했고 비디오게임 제작업체인 유비소프트는 투어의 톱스타들이 등장하는 앤드원 스트리트 볼 비디오게임을 제작하고 배포했다. 또한 힙합음악과 스트리트 볼 하이라이트를 모은 믹스테이프 DVD도 출시되었다. 이 투어는 마치 1920년대 할렘 글로브트로터스의 쇼 타임이 환생한 것 같았다. 그 개념을 대중적인 프로그램 형태로 현대화시켰고, 특정 라이프스타일을 신생 스포츠에 결합시킨 브랜드를 창조했다.

The Future Of Fan Connection

팬 커넥션의 미래

앤드원믹스테이프 투어 이벤트의 구조는 역사적으로 가장 성공한 스포츠인 야구, 미식축구, 하키, 농구와는 완전히 다르다. 스트리트 볼에서는 심판과 규칙은 형식적인 것에 불과하며 기본적으로 승리와 패배는 그리 중요하지 않고 선수 개개인의 기량이 중요한 볼거리이며, 경기는 스포츠다우면서도 그에 못지않게 엔터테인먼트 중심적이다. 스트리트 볼 투어가 구조화되고 제도화된 전통적인 스포츠 범주에는 어울리지는 않지만 목표시장인 열한 살에서 열일곱 살의 농구 마니아들 사이에는 폭넓게 인기를 누리고 있는 성공한 브랜드가 되었다. 믹스테이프 투어를 발판으로 앤드원은 2004년에만 1억 8,000만 달러의 수익을 올렸고 나이키 다음으로 두 번째로 많은 NBA 스타들이 광고에 출연하는 브랜드가 되었다.

또한 강력한 인터넷 인프라와 국제적인 도시에서 열리는 투어 일정이 결합됨으로써 이 투어는 세계적으로 이목을 끄는 이벤트로 성장하고 있다. 아울러, 믹스테이프 DVD는 미국에서 꾸준히 판매율 상위를 달리는 스포츠 DVD가 되었고 ESPN2는 믹스테이프 투어의 오리지널 프로그램을 방영하는 리얼리티 쇼를 제작했다. 여러 측면에서 스트리트 볼과 앤드원믹스테이프 투어는 앞으로 팬 커넥션의 성공을 보장하는 요인들이 변화하고 있음을 명확히 보여 주고 있다. 또한 믹스테이프 투어는 팬들의 상호작용, 미디어 채널 간의 네트워크, 다양한 연결고리를 활용한 팬들의 스포츠 경험 제공에 있어서 교과서적인 사례다. 스트리트 볼은 부모나 다른 기관의 통제 없이 젊은 이들이 참여할 수 있는 공터 야구게임이나 투핸드 터치 미식축구의 현대적인 농구버전이다.

그러나 스트리트 볼 같은 게임들이 오늘날 스포츠 세계가 직면한 변화 중 유일한 것은 아니다. 우리가 스포츠와 더불어 성장하고 평생 팬으로 살아가는 그런 이상적인 시대는 더 이상 존재하지 않을 것이다. 일생에 걸쳐 행해지는 이상적인 스포츠 참여 즉, 아이들이 여섯 살 때 농구놀이를 시작하여 수많은 지역 농구리그에 참여하고 고등학교때도 농구를 즐기고 친구들과 TV로 농구를 시청하면서 부모와 게임을 보러 경기장을 찾기도 하고 대학에서도 계속 농구팬이 되어 농구를 하고 마침내는 성인이 되어서도 프로농구팀의 평생 시즌 입장권을 구매하는 그런 이상적인 참여형태는 급속하게 사라지고 있다. 여전히 농구나 야구처럼 직접참여의 형태에 의존하다가 점차 대학이나 프로수준의 경기들을 관람하는 데 돈을 쓰도록 유도하는 스포츠도 있으며 경기장 관람의 형태로 정의될 수 있는 스포츠와 스포츠 관련 활동들의 수도 점차 증가하고 있다.

그러나 닷지볼, 테이블 하키, 마라톤과 같은 스포츠와 비디오게임과 같은 스포츠 관련 엔터테인먼트 활동들이 반드시 경기장 관람 스포츠가 되도록 유도할 필요는 없다. 미디어나 인터넷을 통해 스포츠를 시청하는 사람들로 구성된 또 다른 범주의 소비자들이 존재하고, 이들은 30초짜리 스포츠 하이라이트에서 판타지게임에 이르기까지 다양한 형태의 미디어와 인터넷 환경에서 스포츠를 소비하며 이러한 소비가 실제 스포츠 이벤트 참여를 이끌어 낼 수도 있고 그렇지 않을 수도 있다.

미국에서 축구는 직접참여율이 높은 스포츠이지만 이러한 참여를 축구에 대한 팬들의 관심과 흥미로 전환시키지 못하고 있다. 이에 반해 미식축구는 사람들이 직접 하지는 않아서 실제 직접참여율은 낮지만 팬들 사이에 흥미와 인기가 가장 높은 미국의 대표적인 스포츠이다.

이처럼 팬들의 다양한 참여와 소비 형태는 수익을 창출하고 생존을 위해 열정적인 팬들을 끌어들여야 하는 스포츠에 도전이 되고 있다. 미래 스포츠의 성공을 이끌 가장 중요한 동력들이 무엇이고 이것이 미래 스포츠 의사결정자들에게 암시하는 바가 무엇인지를 평가하는 데 있어서 그러한 강력한 힘을 만들어 주는 기술적 · 문화적 트렌드를 이해해야 하며 나아가 보다 나은 수익을 보장할 수 있는 생산적인 관점에서 그러한 동력의 원천인 기술과 문화적 트렌드를 주목할 필요가 있다.

● 스포츠브랜드의 성공을 이끄는 6가지 미래 동력

오늘날 스포츠시장은 팬의 규모가 예전보다 훨씬 커졌지만 팬들에게 다가가 관계를 형성하는 것은 더욱 까다롭고 힘들어지고 있다. 시장이 발전하고 변화함에 따라 이러한 난해한 조합은 팬과의 관계 형성을 훨씬 더 어렵게 만들고 있다. 민첩하게 미래를 내다보는 스포츠라면 지금부터 제시될 6가지 미래 동력들을 지속적으로 평가하고, 다양화되고 복잡한 시장에 대한 대처로서 변화를 실행해야 할 것이다.

동력 1 : 팬과의 상호작용 증대

스포츠산업이 독점 · TV · 하이라이트 세대로 발전하면서 팬들의 스포츠 경험도 급속하게 변화했다. 오늘날 팬들은 스포츠 정보에 보다 가까이 접근하고 있고 스포츠브랜드와의 상호작용 또한 증가하고 있다. 팬과 상호작용하는 것과 개별적인 관계를 형성하는 것, 그리고 그들과 감정적 부분까지 교감할 수 있는 연결고리를 형성하는 일은 오늘날 스포츠브랜드의 핵심 목표다. 메이저 리그 축구 레알 솔트 레이크팀의 어느 팬이 주변의 다양한 채널을 통해 팀에 관한 정보로 자신의 하루를 채울 수 있다는 사실은 그리 놀랄 만한 일이 아니다.

예를 들어, 그는 아침엔 팀 관련 뉴스를 읽기 위해 「솔트 레이크 트리뷴 *Salt Lake Tribune*」의 스포츠란을 뒤적일 수 있고 출근길엔 전날 밤 열린 경기의 스포츠 토크 라디오를 청취하고 낮 시간에는 팀 웹사이트에서 그날의 뉴스와 부상자 명단을 볼 수 있다. 퇴근 후에는 레알 솔트 레이크를 자신의 팀으로 하여 MSL 비디오게임을 하면서 하루의 긴장을 풀고 HDTV로 야간경기를 보거나 혹은 인터넷 게임중계를 볼 수도 있고 자신의 판타지 축구팀이 어떻게 되었나 보기 위해서 그날 야간경기가 끝날 즈음에 판타지 축구 점수를 볼 수도 있다.

이상의 이야기는 가정이긴 하지만 오늘날 스포츠 소비시장에 세분화된 수많은 미디어 채널들과 정보원들은 오늘날 팬들이 왜 붙들기 힘든 갈대 같은 존재들이 되었는지를 잘 설명해 주고 있다.

이처럼 잠재력을 지닌 새로운 상호작용은 경기장에서의 팬들의 경험에 관해 고려할 것을 요구하고 있으며 나아가 하루하루 발생하는 커뮤니케이션에 초점을 맞출 것을 요구하고 있다. 이러한 커뮤니케이션 기회들이 신문기사든 이메일이든 간에 이런 모든 것들은 스포츠브랜드가 시장에서 어떻게 기능을 수행하는지를 보여 주는 결과물들이다.

과거의 스포츠브랜드는 성공을 위해 단지 몇 개의 채널들만 관리하면 되었다. 그러나 오늘날 스포츠브랜드들은 다양한 소통채널을 통해 팬들에게 도달하는 수많은 인상적인 스포츠 자극들을 활용하기 위해서 스포츠가 팬들의 일상에서 어떤 역할을 하는지를 이해해야 한다. 미래에는 이벤트 참여와 팬들이 경험하는 다양한 미디어 채널들을 통합하는 상호작용적인 스포츠 체험을 브랜딩할 수 있는 스포츠가 최후의 승자가 될 것이다.

| 적용 | 스포츠는 쌍방향 스포츠 체험을 브랜딩해야 한다.

시장은 점점 더 많은 사람들로 북적거린다. 따라서 팬 중심의 상호작용 경험을 제공하는 것이 시장에서 차별화를 꾀하는 데 가장 성공적인 요인이 될 것이다. 점차 소비자들은 자신의 커뮤니케이션 환경을 통제하고 있고 이러한 미디어 경험들이 실제 경기장에 참여하는 것보다 더욱 매력적이 됨에 따라, 오늘날 스포츠브랜드는 사람들이 미디어에 치중된 스포츠 경험의 패턴에서 탈출할 수 있도록 실제적인 인센티브를 제공해야 한다. 쌍방향 스포츠 체험이란 경기장 관람, 미디어, 스포츠 참여 요소들을 팬들을 끌어들이는 요인으로 통합시키는 것을 의미한다.

NBA의 미네소타 팀버울브스가 시즌 입장권 패키지 판매를 위해 노력하고 경기장 관람에 흥미를 끌어내기 위해 기울이는 노력들을 상상해 보자. 팀버울브스는 팬과의 상호작용을 극대화할 수 있는 변화를 위해 팀이 공급할 수 있는 일련의 이벤트들을 활용할 수 있다. 시즌 입장권이 제공하는 서비스에는 열 번의 홈경기와 세 번의 선수들과의 점심 또는 저녁 미팅, 그리고 레이커스와의 특별경기 유료 시청권 2회, 팀의 간판선수인 케빈 가넷과의 스포츠 영화 관람 등이 포함될 수 있다. 또한 시즌 입장권을 구매한 팬들 중 뽑힌 20명에게는 집안 거실에서 TV로 경기를 즐길 수 있도록, 구단에서 마련한 음식을 집으로 직접 배달해 주며 경기 후 선수 중 한 명으로부터 직접 전화를 받는 영광을 누릴 수도 있다.

완전히 다른 전략이 구사되어 서로 다른 리그, 연령, 수준의 스포츠를 한데 묶을 수도 있을 것이다. 시즌 입장권에 미시간 울버린스와 디트로이트 라이온즈, 미시간 주 고교미식축구 챔피언전을 볼 수 있는 티켓이 포함될 수도 있다. 이 경우 목표시장은 미시간 주의 디트로이트와 앤아버 지역의 미식축구 팬들일 것이다. 이들은 시즌 입장권 구매로 팀버울브스 경기뿐 아니라 미시간 미식축구팀의 경기도 즐길 수 있을 것이고 파밍턴 인근에 있는 '미시간 스포츠 명예의 전당'을 둘러볼 수 있는 등 완벽하게 미식축구를 경험할 수 있는 기회를 얻게 될 것이다.

이상의 예에서 볼 수 있듯이 스포츠브랜드는 팬들의 경험을 조율하고 있고 동시에 팬들이 스스로 만들 수 없는 매력적인 경험들을 개발함으로써 좋은 의도를 보여 주고 있다.

이상의 새로운 스포츠 경험에서는 모든 것이 연결된다. 입장권과 관련하여 스포츠는 자동차 조립과 비슷하다. 스포츠는 동일한 플랫폼 위에 형성되지만 서로 다른 특색과 즐거움을 지니고 있다. 팬들의 스포츠 경험을 보다 세분화시키고 다양한 가격을 제공하고 그리고 소비자 스스로에게 스포츠와 상호작용할 수 있는 다양한 방식에 선택권을 주는 것이 미래 스포츠브랜딩 성공의 중요한 열쇠이다.

동력 2 : 스타파워 확장

스타파워를 지닌 스포츠브랜드는 제품의 프리미엄을 얻을 수 있는 잠재력을 지닌다. 팬들의 흥미와 관심 수준을 높은 단계로 끌어올릴 수도 있으며 나아가 팬들과 장기적인 관계를 형성할 수 있는 잠재력을 지닌다. 이외에도 스타파워는 시장에서 브랜드를 차별화시켜 주고 팬들에게 브랜드의 경쟁력 있는 장점을 전달해 줄 수 있는, 역사적으로 팬들을 스포츠와 연결시켜 주는 가장 강력한 연결고리 중 하나다. 따라서 스포츠브랜드가 성공하기 위해서는 스타파워가 반드시 필요하다. 스타파워는 미래의 팬과 수익성 있는 지속적인 관계를 형성시켜 주는 기회를 높여 주기 때문이다.

오늘날 스타파워는 스타 이상의 것들을 포함한다는 점이 다르다. 스타파워에는 스포츠 시설, 음식, 팀, 장소나 지역, 팬 문화도 포함된다. 스타가 성장하여 어떻게 브랜드에 통합되는가를 조율하고 관리하는 것은 스포츠브랜드의 필수 과제다. 이와 관련하여 MLB의 볼티모어 오리올스가 캠던 야드로 불리는 야구장 우측 담장 뒤편 공원에 미국에서 가장 긴 빌딩(볼티모어&오하이오 웨어하우스)이 들어설 수 있도록 한 결정은 스타 파워가 경기장 시설 설계영향을 미친 좋은 사례다.

오리올스는 구장 리모델링에 이 기념비적인 빌딩과 같은 재질의 벽돌을 사용함으로써 자신의 브랜드를 더욱 강화했다. 물론 혹자는 이 빌딩을 무너뜨리고 경기장 뒤편에 펼쳐진 다운타운과 항구의 멋진 경치를 살려야 한다고 주장할 수 있을 것이다. 그러나 이러한 주장은 스타파워(미국의 기념비적인 빌딩)를 모르고 하는 소리다. 경쟁자보다 더 강한 스타파워를 추구했던 볼티모어 오리올스는 자신의 홈구장을 MLB의 다른 모든 구장들과 차별화시켰고 이를 통해 경쟁력을 지닌 영속적인 스타파워 브랜드를 만들어 낼 수 있었다.

2005년 MLB의 워싱턴 내셔널스가 창단되었을 때, 인근 지역 볼티모어 오리올스의 시장을 위협했다. 볼티모어팀의 경제 컨설턴트 아니반 바수는 경쟁력 분석과 평가에서 "볼티모어 오리올스는 여전히 생존력을 지닌 팀이다. 왜냐하면 볼티모어팬들은 야구를 사랑하고 캠던 야드는 여전히 매력적인 공원으로 남아 있기 때문이다."라고 평가했다. 이상의 이야기는 스타파워의 재정립을 보여 주는 예다. 스타가 반드시 선수일 필요는 없다.

| 적용 | 스포츠브랜드 스타들을 발굴하고 그 효과를 극대화하는 것이 생존의 관건이다.

대부분의 스포츠브랜드들이 스타파워를 창출해 낼 만한 잠재력을 지니고 있음에도 현실에서의 노력과 시도는 부족하다. 아마도 구단주들은 스타 개인이 팀을 떠나거나 사회적으로 물의를 일으킬 것을 두려워하거나 혹은 구단 경영팀이 진짜 스타를 발굴할 만한 판단력과 식견을 가지고 있는지를 의심해서일지도 모른다. 또는 스타 잠재력을 지닌 다양한 시설과 기술이 있지만 단지 이를 작동케 하려는 노력이 부족할 수도 있다.

이러한 시각은 스타가 이끄는 스포츠 세계에서 더 이상 생존력이 없다. 스포츠브랜드는 스타 개발이 정해진 규칙을 일관성 있게 지키고 드로백 재킷이 물을 방수해야 한다는 명제만큼 중요하다는 것을 반드시 인식해야 한다. 결국 스타파워는 참여와 시청자와 구매자를 유인하며 궁극적으로는 수익을 끌어낸다.

다행히 오늘날 스포츠브랜드는 스타를 발굴할 수 있는 폭넓은 기회들을 가지고 있다. 이러한 많은 기회와 스타 세계의 확장을 인정하는 팬들이 늘어남에 따라 스포츠브랜드의 생존 가능성은 높아졌다. 스포츠브랜드는 자신들이 지닌 스타 발굴 대상의 목록을 작성할 수 있고 스토리라인과 브랜딩 기회들을 발견할 수 있다. 또한 자신들이 소유한 선수, 시설, 팀, 이벤트 또는 여타 스포츠 제품의 스타파워를 높일 수도 있다. 물론, 스포츠 제품이 스타가 될 수 있느냐 하는 여부는 그것이 해당 스포츠 영역에서 요구하는 최소한의 기술과 능력을 보유하고 있느냐에 달려 있다.

예를 들어, 스포츠 시설이 갖춰야 할 최소한의 능력이란 현대적인 편의시설을 의미할 것이다. 그 대상이 감독이라면 스포츠를 지도하고 실제 경기를 조율할 수 있는 능력을 의미하며 선수의 경우 공식 경기에서 충분히 이길 수 있는 탁월한 운동능력을 의미한다. 만약 제품이 스포츠가 요구하는 이러한 최소한의 능력을 넘어서기만 한다면 스타파워를 극대화할 수 있는 스토리라인을 만들어 내고 발전시킬 수 있는 분명한 잠재력을 지니게 된다고 할 수 있다.

미국볼링협회는 볼링 게임의 재정립을 결정한 후에 디안드라 애스배티라는 매력적이고 뛰어난 기량을 지닌 선수를 선택했다. 결국 그녀는 여자볼링을 비주류 스포츠에서 메이저스포츠로 끌어올리는 지렛대 역할을 한 스타선수가 되었다. 볼링협회가 애스배티를 선택한 것은 현장에서의 스타파워 원칙을 잘 설명해 준다. 즉 협회는 최소한의 경기 능력을 넘어서는 애스배티를 발견했고 여자볼링을 스포츠로 성장시킬 수 있도록 다양한 채널을 통해 그녀를 포지셔닝했던 것이다.

동력 3 : 청소년 시장 공략

청소년들에게 접근하여 관계를 형성하는 것 또한 스포츠브랜드의 주된 도전거리가 될 것이다. 스포츠브랜드가 청소년들과 관계를 형성하고 그들을 여생 동안 브랜드를 소비하는 팬으로 유지하는 것은 그야말로 이상적이다. 그러나 오늘날 청소년 시장에는 많은 옵션들이 존재함에 따라, 이들과 평생 관계를 형성하는 것은 이전보다 훨씬 어려워지고 있다. 초등학교 3학년 학생이 방과 후 할 수 있는 일이 무엇인지 생각해 보자. 수백 개에 달하는 위성방송이나 케이블 TV 채널 중 하나를 선택해 볼 수도 있고, 스포츠 비디오게임과 하이스피드 인터넷 서핑, 인터넷 채팅, 문자메시지 전송, 휴대폰 게임, 이동식 디지털 뮤직 플레이어에 MP3 업로딩하기 등 수많은 것들에서 선택할 수도 있다.

여기서 한 가지 아이디어는 이러한 미디어 다중행동media multitasking behavior을 음료, 패션, 음악, 스포츠 등 다양한 주제들로 청소년 층을 겨냥한 수많은 메시지에 결합시켜야 한다. 사실 지금까지는 청소년 시장의 관심, 시간, 구매력, 충성심을 얻기 위한 경쟁은 결코 치열하지 않았다. 하지만 미래에는 이러한 경쟁이 더욱 치열해질 것이다.

이러한 상황이 스포츠에 의미하는 것은 무엇일까? 청소년과 스포츠 간의 관계형성 과정이 과거처럼 단순하지 않다는 것이다. 프로그램에 따라 움직이는 아이들, 안전에 대한 부모의 걱정, 전문화된 스포츠 참여 과정 그리고 뉴미디어의 영향은 이러한 관계형성을 더욱 복잡하게 만들고 있다.

특히 스포츠 참여선택을 축소시키는 여러 압력들이 거세지고 다양한 옵션 중 부모와 아이들이 유소년시절 어떤 스포츠를 선택해야 할지 고민하게 됨에 따라 이상의 4가지 요인-과도한 프로그램에 따라 움직이는 아이들, 부모의 안전에 대한 걱정, 참여의 전문화, 뉴미디어 영향-들은 청소년 시장의 기능에 지속적으로 영향을 미칠 것이다. 이처럼 복잡한 청소년 시장 환경에서, 스포츠 참여를 결정하는 중요한 순간에 청소년 시장에 접근하여 관계를 형성하고 이 관계를 성인 시절까지 지속시키며 새로운 세대에 꾸준히 적응하는 스포츠브랜드는 생존과 성공을 보장받을 수 있을 것이다.

| 적용 | 스포츠브랜드는 자신의 상품을 끊임없이 문화와 기술의 변화에 적응시켜야 한다.

최근 혁신적인 변화 중 좋은 사례는 래퍼인 스눕독이 창설한 '스눕 청소년미식축구 리그다. 한때 스눕독은 자기 아들이 뛰는 로랜드 레이저스의 학부모 코치로 활동했고 마침내 레이저스 챔피언십 시즌 동안 공격과 수비 코치를 전담했다. 그는 자신이 직접 녹음한 메시지가 담긴 챔피언 기념 DVD를 팀을 위해 선사하기도 했다. 또한 2005년 플로리다 잭슨빌에서 열렸던 슈퍼볼에 앞서 스누퍼볼^{Snooper Bowl}을 주최했고 잭슨빌 지역의 팀과 레이저스 올스타팀이 겨루는 경기를 보기 위해 1만 5,000여 명의 팬들이 모이기도 했다.

자신의 청소년미식축구 운영을 원했던 스눕독은 2년 후 레이저스에서의 봉사를 그만두고 자신의 컨퍼런스를 창설했다. 스눕독의 스타파워와 공격적인 선수모집 그리고 아이스 큐브와 레드 핫 칠리 페퍼와 같은 스폰서십과 콘서트를 통한 재정 지원은 많은 어린 선수들이 스눕독의 컨퍼런스에 참여하도록 자극했다. 이곳 리그 선수들은 게임 하이라이트를 보여 줄 수 있는 TV 모니터가 장착된 스쿨버스를 타고 여러 도시를 순회하며 경기를 하면서 프로미식축구 선수 못지않은 대접을 받았다.

그러나 오렌지카운티의 많은 팀들이 스눕독에게 어린 선수들을 빼앗기자 조직위원들이 들고 일어나 스눕 청소년미식축구 리그가 오래된 자신들의 리그를 죽이고 있다고 성토하면서 스눕독의 새로운 리그는 오렌지카운티 지역에서 격렬한 논쟁을 불러일으켰다. 로랜드 레이저스의 부모 중 한 명인 샌디 곤잘레스는 "스눕독은 처음부터 우리가 수년간 이뤄 온 것들을 송두리째 빼앗아갈 속셈으로 레이저스에 참여했다."고 분개했다. 그러나 청소년 스포츠시장에서 새로운 전쟁의 상징이 된 스눕 리그는 청소년스포츠 참여에 또 다른 벤치마킹을 알리는 신호가 되고 있다. 그는 현대 청소년 문화와 조화 속에서 리그를 창설했고 관심과 흥미를 유도하기 위해 자신의 스타파워를 이용하여 마침내 청소년 미식축구를 쿨한 브랜드로 재정립했다.

스포츠브랜드가 테크놀로지와 청소년 간의 관계를 관리하는 것은 중요하다. 휴대폰, 비디오게임, 음성, 문자 메시지, 기타 인터넷 커뮤니케이션 공간을 지닌 오늘날 청소년들은 커뮤니케이션 역사상 유례 없는 테크놀로지 중심의 네트워크에서 살고 있다. 청소년 중 50% 이상이 자신의 TV를 가지고 있고 휴대폰과 인터넷 커뮤니케이션을 통해 자신들의 삶을 관리하고 있다.

청소년의 미디어 문화는 강한 네트워크를 형성하고 있으며 그들의 사회적 단서와 규범 중 상당 부분이 다양한 메시지 시스템을 통해 동료집단으로부터 나온다. 이러한 뉴 커뮤니케이션과 미디어 환경은 청소년들을 부모와 더욱 단절시키고 신문, 잡지, 책과 같은 전통적인 인쇄매체로부터 격리시키고 있는 것 같다. 이처럼 커뮤니케이션 문화가 급속하게 변화하고 있지만 여전히 청소년들에게 접근할 수 있는 기회는 무한하며 과거에 결코 시도해 보지 않은 다양한 방식으로 채널들은 항상 열려 있다.

어떻게 스포츠산업이 빈틈없어 보이는 청소년 세계를 비집고 들어갈 수 있을까? 이를 위해서 스포츠브랜드들은 청소년 커뮤니케이션 채널들에 접근해야 하며 이처럼 붙들기 힘든 갈대 같은 청소년 시장에 내재되어 있는 그들만의 언어와 흐름, 그리고 문화적 코드들에 적응해야 한다. 이외에도 스포츠브랜드가 청소년 시장에 관계를 형성하기 위해서는 청소년들의 메시지를 만드는 생산자가 되어야 하며 유통 채널 중 최신의 것들만 이용하여 청소년에 초점을 맞춘 콘텐츠를 만들어 내야 한다. 이는 메시지 개발에 보다 많은 비용과 책임이 따름을 의미한다. 메시지 개발과 유통에서의 변화는 스포츠 보도를 보장하는 미디어와 스포츠 간의 상호 의존관계를 지속적으로 재정립할 것이다. 이러한 환경에서 스포츠브랜드는 청소년 시장에 접근하기 위해서 새로운 파트너와 협상을 할 것이고 인기 있는 대중문화 트렌드에 주목할 것이며 나아가 더 많은 것들을 요구하는 청소년들에게 적합한 스토리라인을 생성할 것이다.

동력 4 : 팬 중심적인 글로벌 스포츠브랜드의 높은 수익성

세계 도처의 스포츠브랜드들은 서로의 시장을 침범하고 있다. 대부분의 스포츠들이 국제 경기를 개최하고 있으며 다른 나라의 스포츠브랜드팬이 되는 데 방해가 되는 걸림돌은 거의 사라졌다. 특히 위성과 인터넷 기술의 발달로 지리적인 문제도 더 이상 제약이 되지 않는다. 물론 중국팬들이 맨체스터 유나이티드와 첼시 경기에 직접 참여하기는 힘들겠지만 휴대폰으로 경기정보를 추적하거나 브랜드화된 팀 레스토랑(맨유 혹은 첼시 레스토랑)에서 그 경기를 볼 수 있다. 글로벌 시장으로의 확장은 스포츠브랜드에게 잠재력 있는 새로운 팬들을 만들어 주며 미래 스포츠산업의 운영 방법에 변화를 가져오고 있다.

세계화는 여전히 성숙 단계에 있다. 글로벌 스포츠의 선두주자인 NBA 선수들은 외국에 나가 게임을 지도하고 가난한 나라의 국민들에게는 삶의 기술까지도 전수하는 등 여전히 국경과 상관없이 농구 프로그램을 발전시키고 있다. 최근 개발된 야구 월드컵인 월드베이스볼 클래식이나 크리켓, 럭비 월드컵, 그리고 여타 국제 경기 같은 스포츠 이벤트들도 여전히 국제적인 관심거리로 성장하고 있다. FIFA는 베트남과 같은 새로운 시장에 축구를 소개시키면서 글로벌 시장으로 확장했으며 현재 베트남은 국제 경기를 하는 국가대표팀을 보유하고 있다. 이를 통해 FIFA는 호치민 시에서 축구복과 모자 등을 구매하면서 국제 축구 커뮤니티의 구성원으로 참여할 미래의 팬들을 양성해 내고 있다. 이처럼 세계화 움직임은 21세기 스포츠브랜드의 핵심적인 동력이 될 것이며 자신의 현재 시장을 지키면서 나아가 옛 시장과 개발 중인 글로벌 시장 모두로 확장을 꾀하는 스포츠는 경쟁력을 지니게 될 것이다.

| 적용 | 스포츠브랜드는 글로벌 시장으로의 진출에 이상적인 것이 무엇인지 결정해야 한다.

시장은 점차 세계화되어 가고 있지만 우리는 아직 어떻게 대처해야 하는지 확실히 알지 못한다. 스포츠브랜드를 위해 글로벌 마케팅 전략이 적합할까? 글로벌 시장들이 스포츠브랜드에 도움이 될까, 아니면 오히려 해가 될까? 그리고 그 비용은 어느 정도일까? 어떻게 자국의 핵심시장을 소외시키지 않고 글로벌 시장에 접근할 수 있을까? 어떻게 스포츠브랜드가 실제적이면서 효과적으로 확장될 수 있을까? 세계화 과정에서 이상의 문제들에 대한 답은 조심스럽게 분석되어야 한다.

스포츠 세계화는 지속적인 변화의 과정에 있고 도처에 극복해야 할 도전들이 존재한다. 미국에서 크리켓이나 축구의 경우, 외국 스포츠에 대한 팬들의 거부로 오랫동안 자리를 잡지 못하고 있다. 이에 반해 중국의 경우처럼 농구나 축구 같은 외국 스포츠를 적극적으로 받아들이는 사례 또한 존재한다. 국내의 핵심 시장들을 부양하면서도 실용적인 방법으로 국제화 전략을 실행함으로써 세계화로의 확장을 꾀하는 스포츠브랜드는 분명히 성공할 것이다.

세계로의 확장을 위해 노력하지 않는 스포츠브랜드들의 말로는 급속한 쇠락밖에 없다. 오늘날 스포츠는 자동차, 철강, 전자와 같이 오래된 산업들의 경제적, 정치적 경륜에서 상당 부분의 것들을 배웠다. 오늘날 스포츠브랜드가 시장에서의 위치를 유지하는 일은 더 어려워지고 있다. 매력적인 브랜드들이 다양한 미디어 채널들을 통해 어느 지역이든지 신속하게 이동하고 있으며 또한 기본적인 프로그램을 가지고 타국의 전통 스포츠시장을 잠식할 수 있을 만한 능력을 보유하고 있기 때문이다. 세계화 도전에 대한 가장 효과적인 방안은 잠재적인 국제 시장을 겨냥하는 것과 나아가 이들의 문화를 보다 잘 이해하고 프로그램들을 이에 적응시킴으로써 연결다리를 놓는 데 있다.

동력 5 : 접근하기는 쉬워도 사로잡기는 힘들어진 팬들

새로운 세분화 테크놀로지는 과거보다 훨씬 더 많은 양의 소비자 정보들을 생산해 냈다. 구매 제품 목록을 정리해 놓은 고객 로열티 카드와 고객의 기호를 추적하는 상업용 웹사이트에서부터 사람들이 즐겨보는 TV 프로그램 목록을 정리하는 디지털 비디오 레코더에 이르기까지 오늘날 의사결정자들은 소비자의 구매습관에 대해 보다 완벽하게 이해하고 있다. 또한 라디오 주파수 조회와 쉬지 않고 고객들을 추적하는 GPS와 같은 기술 덕분에 소비자에 대한 이해와 지식은 꾸준히 심화될 것이다. 이처럼 새로운 기술 환경에서 의사결정자들은 고객이 원하는 것이 무엇인지 이해할 것이고 그러한 기대를 충족시키는 제품들을 생산할 것이다.

이처럼 오늘날 스포츠 의사결정자들은 팬들에 대해 더 잘 알게 됨에 따라 이익을 확대하고 있다. 하지만 이처럼 풍부한 지식과 함께 어떤 세분시장을 표적으로 할 것인가에 관한 어려운 선택을 해야 하는 부담 역시 안고 있다. 도처에 넘어야 할 도전들이 산재해 있다. 수많은 스포츠브랜드들이 여전히 자료들을 어떻게 정리해야 하는지에 관한 문제와 이러한 정보들을 가장 효과적으로 활용하는 방법들에 관한 문제들로 고민하고 있다. 또한 어떤 커뮤니케이션 채널에 돈을 투자해야 하는지와 어떤 경쟁자들을 벤치마킹해야 할지 그리고 많은 정보를 가지고 있고 그들이 제공한 스포츠 서비스에 대한 필요성을 덜 느끼고 있을 법한 소비자들과는 어떻게 협력할 것인지에 대한 여러 가지 이슈들을 결정하기 위해 노력하고 있다.

이러한 상황들은 스포츠시장을 훨씬 더 위험하게 만들고 있다. 이제 누구나 소비자에 관한 정보에 접근할 수 있고 활용하기 때문이다. 따라서 전통적인 소비자 조사능력의 힘은 점차 약해지고 있다. 이러한 시장상황에서 스포츠브랜드들은 정보의 범람과 이에 따른 선택에 대한 부담과 위험 그리고 적합한 세분화 전략 수립과정에서 파고드는 운명적인 무기력함과 싸워야 하는 곤경에 처해 있다.

| 적용 | 스포츠브랜드는 현명하게 시장을 세분화하고 적합한 소비자 층을 목표로 해야 한다. 이와 함께 수익성이 없는 팬 커넥션까지도 관리할 의지가 있어야 한다.

만약 경쟁자와 커뮤니케이션 채널들이 많지 않다면, 대중시장을 공략하는 것이 더 현실적이다. 오늘날 스포츠팬들은 점점 작은 시장들로 세분화되고 있다. 이처럼 급속히 세분화되고 있는 시장들과 커넥션을 형성하기 위해서는 더 많은 상호작용과 더 많은 관계 형성 그리고 팬 중심의 접근이 요구된다. 세분화된 팬들과 관계를 형성하는 데 필요한 자원들은 세분화되지 않은 대중 시장을 공략하는 데는 유용하지 않을 것이다. 흑자로 전환하는 투명한 경제학이란 스포츠브랜드가 세분시장의 중요성에 따라 우선순위를 부여해야 함을 뜻하며 어떤 경우는 다른 시장과의 관계를 청산해야 함을 의미하기도 한다.

가장 그럴듯한 자원을 활용하여 상당한 수익을 창출할 수 있는 방안이 있고 그것에 전체적인 의견의 일치가 있다 하더라도 여타 다른 요인들로 인해 이러한 결정이 기각될 수도 있다. 스포츠 의사결정자들이 자신들의 팀 경기를 보기 위해 돈을 지불하기를 원하는 팬들과 팀 경기장을 위해 세금을 내는 지역 팬들을 외면한다는 것은 실제로 가능하지도 않다. 수익성 있는 시장에 더 많은 돈이 투자되어야 하고 잠재성이 적은 시장은 포기하라는 말이 있다.

스포츠에서의 시장 세분화는 다른 산업에서는 알 수 없는 딜레마가 존재한다. 스포츠브랜드는 모든 사람들이 운동에 참여할 수 있어야 하고 경기장에도 갈 수 있어야 하며 홈팀의 성공과 실패를 함께 나눌 수 있어야 한다는 민주주의적인 이상에 기반하고 있다. 수익 창출도 중요한 문제이긴 하지만 지역사회가 기대하고 있는 스포츠브랜드의 책임감과 선의적인 활동도 무시할 수 없다.

물론 이는 열정적인 팬들과 보다 수익성 있는 팬들에게 집중하는 것이 중요하지 않거나 성공적이지 않다는 것을 의미하는 것은 아니다. 그러나 종종 스포츠브랜드들은 지역사회라는 중요한 요소를 간과하는 위험한 실수를 저지르곤 한다. 만약 스포츠브랜드가 지역사회로부터 인정받기 위해서 폭넓은 지지기반이 필요하다면 스포츠의 정치적·사회적·문화적 책임감으로 인해, 단지 이익을 위해 특정 세분시장들을 무시하지는 못할 것이다. 대부분의 스포츠브랜드들은 그들이 보스턴 레드삭스든, 뉴욕 양키스든지 간에 지역과 연계되어 있고 지역적 의무를 지니게 된다. 이러한 관계들은 스포츠 팀이 홈 시장에서 원활하게 기능을 수행하도록 해주며 주법원, 시의회, 지역의 관할 부서들은 팀의 자금난, 경기장 주변 교통체증, 경기 당일 경찰 지원 등의 문제에 관한 방법들을 모색할 수 있다. 효과적인 스포츠브랜드라면 목표시장에 서비스를 제공하는 데 있어서 스포츠, 지역, 지역사회 간의 관계가 우선시되어야 한다는 점을 보장하는 전략이 있어야 할 것이다.

동력 6 : 스포츠와 팬의 관계는 항상 변화한다.

불안정한 스포츠 시장에서 경쟁하고 노력하는 데 따르는 위험은 일종의 자기만족이다. 성공한 스포츠브랜드는 시장에서의 위치에 만족하며 성공적인 사업을 방해하는 것들에 조심스럽게 대응할 수 있다. 세계에서 가장 가치 있는 스포츠브랜드 중 하나인 뉴욕 양키스의 운영팀 임원인 론 트로스트는 "우리는 항상 걱정하고 있다. 우리는 뉴욕 양키스 브랜드가 무엇을 의미하는지 모니터하려고 노력하고 이를 재정립하려고 시도하고 있다. 우리는 정말 팬들이 보고 있는 것을 똑같이 보려고 노력한다. 팬들은 과거에 발생한 적절치 못한 사건들을 기억할 것이다. 그리고 이러한 기억들은 브랜드 이미지에 영향을 미치기 마련이다."라고 인정했다. 트로스트의 언급은 스포츠 비즈니스에서 일하는 사람들에게 그리 놀랄 만한 말은 아니다.

팬들은 스포츠 외에 다른 엔터테인먼트 활동들로부터 끊임없이 유혹을 받을 것이며 가족과 직장일로 인해 스포츠를 소비할 시간이 제한될 것이고 나아가 커뮤니케이션 기술로 포화상태에 이를 것이다. 기술이 빠르게 발달하고 팬들은 무언가에 투자할 자원과 시간을 찾아야 한다는 부담이 증가함에 따라 시장에서의 변화도 빠른 속도로 심화될 것이다. '끊임없이 움직이는 타깃'이란 말은 오늘날 스포츠브랜드와 팬들의 관계를 잘 묘사해 준다.

| 적용 | 변화는 계속되는 과정이다.

변화에 대응하지 않는 스포츠브랜드는 살아남을 수 없다. 이 책의 핵심 전제는 스포츠브랜드는 변화하려는 의지가 있어야 하고 또 할 수 있어야 한다는 것이다. 여기서 변화란 단지 일회성에 그치지 않고 변화하는 시장의 기대와 경쟁에 꾸준하게 반응하는 것을 말한다. 오늘날 인기 있는 스포츠브랜드들도 결코 미래의 성공을 보장할 수는 없다. 문화는 발전하고 미디어는 변화하며 새로운 세대들은 다른 스포츠에 빠져든다. 이러한 모든 것들은 시장을 더욱 불안정하게 만들고 있다. 한때 별처럼 빛났던 메이저스포츠였던 복싱과 경마는 쇠퇴했고 폭넓은 인기를 누리던 실내사이클과 같은 스포츠는 이제 사라졌으며 한때 시대를 풍미하던 사우스웨스트 컨퍼런스도 사라졌다. 오늘날 가장 인기 있는 스포츠인 나스카, 포커, NFL도 이러한 경쟁 시장에서 예외가 될 수는 없다. 심지어 마리아 샤라포바와 타이거 우즈와 같은 슈퍼스타들과 AC 밀란과 뉴질랜드의 올 블랙스와 같은 상징적인 팀들도 미래를 어떻게 관리하고 경영하느냐에 따라 쇠락의 길에 놓일 수 있을 것이다. 오늘날 산업에서는 변화 말고는 아무것도 확실하지 않다.

미래 변화를 유도할 통제변수는 '예측'이란 말로 요약될 수 있다. 문을 닫을 지경에 이르러서야 변화를 시도하는 스포츠브랜드는 살아남기 힘들 것이다. 성공적인 스포츠브랜드들은 경쟁자들보다 한걸음 앞서 시장에서의 문화적·경제적·기술적 변화들을 예측하고 적절하게 반응했다. 앞으로 스포츠시장이 맞닥뜨리게 될 도전이 경쟁적인 엔터테인먼트인지 기술적인 변화인지 글로벌 브랜드의 침투 혹은 그 무엇이 될지 알 수 없다. 하지만 분명한 것은 성공적인 브랜드는 언제나 변화의 한가운데서 치열하게 싸우고 있다는 것이다.

● 결론

지금 이 순간에도 갈대 같은 팬들은 태어나고 있다. 앞으로 수십 년 동안 수백만의 아이들과 부모들은 어떤 스포츠에 참여하고 시청하며 즐길 것인가를 결정할 것이다. 어떤 부모들은 자신들이 좋아했던 스포츠를 자녀들에게 물려줄 것이고 그 스포츠는 다음 세대까지 그 가족의 곁에 남아 있을 것이다. 어떤 아이들은 스포츠 전문가로부터 지도를 받을지도 모른다. 심지어 이 책에서 언급되지 않은 스포츠를 즐기거나 스포츠가 아닌 다른 활동들을 선택할 수도 있을 것이다. 지금 우리가 알고 있는 것은 팬들을 확보하려는 경쟁이 전례 없이 치열하다는 점과 이들과의 소통을 위해서는 민첩하고 시장 중심적인 스포츠브랜드가 요구된다는 점이다.

오늘날 각각의 세대가 문화에 자신들만의 정체성을 새겨 넣음에 따라 스포츠브랜드들은 항상 변화해야 하며 팬과의 관계를 강화하고 생존을 보장할 수 있는 연결고리들을 찾아야 할 필요가 있다. 스포츠 의사결정자들은 이러한 관점에서 자신의 브랜드를 조명해야 하고 동시에 어떤 변화든지 팬들의 시각을 기반으로 팬들과 관계를 형성해야 한다는 점을 이해해야 한다. 오직 이러한 시각을 통해서만 갈대 같은 팬들의 마음을 사로잡을 수 있다.

The Elusive Fan

오늘날 전 세계 스포츠시장은 급격한 환경 변화를 맞고 있다. 이 책은 이러한 변화를 크게 세 가지(신생 스포츠의 등장으로 인한 스포츠 생산자 간 치열해진 경쟁, 스포츠 미디어 기술의 혁신적인 발전에 따른 신생 스포츠의 성장, 다양한 스포츠 옵션들로 인해 과거보다 훨씬 복잡해진 스포츠팬들의 소비 행동)로 분석하고, 스포츠산업이 이러한 변화에 적응하여 성공할 수 있는 전략을 제공한다. 특히 체계적인 브랜딩 과정을 통한 차별화된 변화(transformation)를 강조하고, 오직 이러한 변화와 차별화 과정을 통해서만 '붙들기 힘든 오늘날의 스포츠팬(The Elusive Fan)'과 성공적인 관계를 형성하여 경쟁력 있는 스포츠브랜드로 성장할 수 있음을 주장한다.

저자들은 세계적인 브랜드 마케팅 권위자들로서 전문적인 마케팅 이론에 스포츠의 다양한 브랜딩 사례들을 접목하여 스포츠브랜딩 과정을 체계적으로 정리하고 창의적인 아이디어들을 제시한다. 물론 저자의 분석과 예측 그리고 다양한 제안들은 주로 미국의 현실과 조건에 기반하여 전개되고 있다. 하지만 오늘날 스포츠산업이 다양한 커뮤니케이션 채널을 통해 점점 세계화되어 세계 스포츠 소비시장의 특성이 점점 한 점으로 응축되고 있는 현실을 감안할 때 저자가 제안한 스포츠브랜딩 과정과 다양한 아이디어들은 오늘날 대한민국 스포츠산업에 시사하는 바가 매우 크다고 본다.

이 책에는 마케팅과 커뮤니케이션 학계 그리고 전 세계 주요 글로벌 회사의 마케팅 상담 고문으로 활동해 온 저자들의 브랜드 마케팅에 대한 통찰력과 지식, 그리고 현장 경험이 고스란히 녹아 있다. 따라서 스포츠 조직의 구성원(연맹 관계자, 구단의 경영주, 선수, 선수 매니저)은 물론이고, 스포츠 용품 회사, 스포츠 미디어 종사자, 광고 에이전시 종사자, 커뮤니케이션·광고·경영학·스포츠 경영학을 공부하는 학생, 나아가 기업 이미지 제고에 스포츠를 활용하고자 하는 마케팅 관계자 모두에게 매우 유익한 도서가 될 것이다.

또한 이 책은 스포츠 소비시장을 스포츠 생산자의 시각에서 분석하고 해석한 기존 스포츠 마케팅 관련 도서들과 달리, 브랜드 커뮤니케이션 전문가인 저자들이 스스로 스포츠팬의 입장에서 스포츠산업을 조명함으로써 오늘날 스포츠 브랜드가 지닌 도전과 과제를 현실적으로 진단하고, 보다 실용적인 해결 방안들을 제시하고 있다. 스포츠나 마케팅 분야에 대해 전반적인 이해나 경험이 없는 일반인들도 쉽게 접근할 수 있을 만큼 내용이 사실적이고 흥미로운 사례들을 중심으로 구성되어 있다는 점도 이 책의 큰 미덕이다.

끝으로, 이 책을 번역하는 과정에서 느꼈던 어려움과 고민은 직역과 의역 사이에 존재하는 의미의 차이를 어떻게 독자의 입장에서 해석하느냐는 것이었다. 다행히, 텍사스 오스틴에서 함께 공부했던 스포츠 경영학과와 광고학과의 여러 선생님들의 도움으로 이러한 난해한 작업들을 무사히 마칠 수 있었다. 학업으로 바쁜 와중에도 원고의 의역을 도와준 이승환, 문장호, 안홍민, 권오윤, 권민우 선생님께 깊은 감사의 말씀을 드리며, 지난한 번역 작업을 위해 항상 맛있는 커피를 준비해 준 아내에게도 고마움을 전하고 싶다. 아울러 번역 작업을 격려해 주시고 조언을 아끼지 않으신 전용오 교수님과 방송대학교 출판문화원 관계자들께도 감사의 마음을 전한다.